教育部人文社会科学研究青年基金项目
"基于语料库的汉语主观性成分互动模式研究"（编号：18YJC740026）

黄蓓 ◎ 著

Research on the Interactional Patterns of Chinese Subjectivity Elements

汉语主观性成分互动模式研究

ZHEJIANG UNIVERSITY PRESS

浙江大学出版社

·杭州·

图书在版编目(CIP)数据

汉语主观性成分互动模式研究 / 黄蓓著. — 杭州 ：
浙江大学出版社，2023.11
ISBN 978-7-308-24201-1

Ⅰ．①汉… Ⅱ．①黄… Ⅲ．①汉语—语法—研究
Ⅳ．①H14

中国国家版本馆 CIP 数据核字(2023)第 174967 号

汉语主观性成分互动模式研究

黄　蓓　著

责任编辑	黄静芬
责任校对	杨诗怡
封面设计	北京春天书装图文设计工作室
出版发行	浙江大学出版社
	（杭州市天目山路 148 号　邮政编码 310007）
	（网址：http://www.zjupress.com）
排　　版	杭州朝曦图文设计有限公司
印　　刷	广东虎彩云印刷有限公司绍兴分公司
开　　本	710mm×1000mm　1/16
印　　张	25.25
字　　数	440 千
版 印 次	2023 年 11 月第 1 版　2023 年 11 月第 1 次印刷
书　　号	ISBN 978-7-308-24201-1
定　　价	128.00 元

序

前不久,黄蓓告诉我,她的教育部项目结题成果即将由浙江大学出版社出版,嘱我作序。看到她发来的封面,"汉语主观性成分互动模式研究"几个大字映入眼帘,令我耳目一新。通读完书稿,我更觉得这是一部相当有学术分量的著作,在研究内容和理论方法上都有所突破,于是欣然应允,为本书作序。

在跟随我攻读硕士学位期间,黄蓓就展现出了较强的批判思维能力和较大的学术潜力。犹记得 15 年前,在为硕士论文选题时,她主动选择了主观性与主观化作为毕业论文的研究对象。当时,国内的主观性研究才刚刚起步,选择这个富有挑战性的论题需要相当大的勇气。但是,黄蓓成功驾驭了这个选题,并荣获重庆市优秀硕士学位论文,这也是对她的科研能力的肯定。此后,她的学术潜力日渐显露。在读博期间,她沿着主观性这条道路继续前行,从循着前人的足迹探寻,到独辟蹊径提出狭义主观性理论,实现了由"照着说"到"接着说"的突破。博士毕业后,她迎难而上,选择继续在主观性领域深耕,提出了一系列原创性研究论题,先后主持一项国家社科基金项目及两项省部级课题。可见,这是对她多年主观性研究的认可。

"十年磨一剑。"本书的出版是作者多年来在该领域思考的结晶。作者在主观性领域深耕多年,具备深厚的理论积淀,以及对汉语事实的高度敏感性。要实现汉语主观性研究的重要突破,二者缺一不可。本书以汉语主观性成分为研究对象,从基于认知观的狭义主观性理论出发,采用基于语料库的方法,研究汉语主观性系统中涉及的成分互动问题,探索主观性成分的互动模式、互动过程中的认知机制及互动效果,进而揭示主观性对汉语语法系统的塑造作用。本书总结了不同主观性范畴的典型互动模式,结合典型案例分析,揭示了汉语主观性系统内部成分间的相互作用、相互依存关系,有助于进一步挖掘主观性对汉语语法系统的深刻影响。

汉语主观性成分林林总总,表现形式极为多样,对其互动规律的探寻绝非易事。以往的主观性研究大都停留于描写层面,偏重个案式、印象式的分析,对不同语言层面的主观性未能做到区别对待,有"眉毛胡子一把抓"之嫌,不仅过于笼统,而且有"一叶障目,不见泰山"之感。要从杂乱无章的语言现象中发掘规律,从无序中创造出有序,需要研究者兼具演绎与归纳能力,大胆假设,小心求证。从呈现在我面前的这本书稿来看,黄蓓成功地做到了这一点。

在理论视野上,本书立足主观性研究的前沿,在反思既有研究不足的基础上提出主观性的互动观,系统发掘了汉语词汇、语法、构式范畴内部及三大范畴间的主观性互动模式。作者独具理论慧眼,提出了许多深刻而独到的见解,表现了作者对语言主观性的深刻认识和前瞻思考。如作者区分了广义语言主观性与狭义语言主观性,对词项、语法标记及构式的主观性分别进行定位,提出主观性的互动观,详细刻画了汉语各典型主观性范畴的相互作用,剖析了其互动机制与互动效果。作者提出的这些观点均具前瞻性,对主观性研究有引领作用。

在研究方法上,本书将理论建构与实践探讨相结合,定性研究与定量研究相结合。作者关于主观性的思考不仅具有理论高度,反映出作者具备较强的理论思辨能力,而且有大量语言事实及语料库数据的支撑,数据翔实,例证充分。作者熟悉本领域的研究现状,对现有研究的不足有着清醒的认识。作者旁征博引,论据信手拈来,参考文献引证丰富,并采用了大量脚注。全书有40多万字,图表接近100个,例句多达700多个。这些细节表明作者在本书的写作上下足了功夫,体现了其严谨的治学精神。

整体来看,本书有四大创新之处。一是论证了主观性成分之间存在互动作用,提出了主观性的互动观。对于主观义到底是如何实现的,传统研究的定位尚存在不尽如人意之处。作者在指出当代主观性研究的个体观及分解论倾向的基础上,构建了主观性的互动观,重新审视了主观性的实现方式,论证了主观性成分间的互动关联。二是发掘了汉语主观性范畴内及范畴间的互动模式,揭示了主观性系统的内部规律。汉语主观性成分之间彼此互动,形成了相对稳定的共现模式。发掘这些互动模式,对于理解汉语主观性的表征方式、发掘汉语主观性的运作规律具有重要意义。三是揭示了主观性成分间的互动效果。作者论证了汉语主观性成分间的互动作用可能造就共时层面的集群效应与压制效应,以及历时层面的拉链效应与推链效应。四是揭示了主观性对汉语语法系统的深刻影响。作者论证了主观性可造就汉语中的主—客分化倾向,造就主观性在语法结构中的左向分布,造就汉语中的有标记编码,甚至带来对汉语常规句法的突破。

诚然,本书还存在一些不足之处。由于篇幅所限,一些重要的互动模式未能覆盖,在一定程度上影响了研究的系统性。个别地方文字表述稍显晦涩,部分表格设计不够合理,如内容过多导致断页。在研究方法上,语料库量化方法可以贯彻得更彻底一些,如可采用构式搭配分析法计算词项与构式的主观性互动强度。

当然,瑕不掩瑜。本书在学术观点、学术思想、研究方法等方面均有较大创新,其学术价值不可低估。本书的出版,不仅有利于深化汉语主观性研究,而且有利于进一步认识语言主观性乃至主观化的本质及其实现方式,对汉语句法—语义界面研究也有一定的参考价值,必将对主观性及汉语研究产生积极影响。作为黄蓓的硕士生导师,我由衷地为她取得的进步感到高兴,并预祝她在未来取得更好的成绩,在主观性研究领域获得更大的突破。

文 旭

2023 年 7 月 28 日

于西南大学外国语学院

前　言

在当前非客观主义意义观兴盛的背景下,主观性(subjectivity)作为对抗客观主义意义观的最有力砝码之一,在当代语言研究中受到了越来越多的重视,成为认知语言学、功能语言学及语用学领域中一个举足轻重的概念。在功能语言学、语用学及话语分析兴起的背景下,对言语及其优先性的重视,自然引向对言语主体的地位的关注。说话者因素及其语用推理渗入语言运用的方方面面,因而话语的主观性成为功能—语用—话语学派的重要课题。认知语言学奉行体验主义认知观,将意义等同于概念化(conceptualization),而体验的背后必然隐藏着一个体验的主体——"人",概念化本身也预设了某个概念化主体(conceptualizer)的存在。作为一种主客观统一的意义观,认知语义观首次将"人"作为核心要素植入语义及语法的架构中。对功能—语用—话语学派而言,主观性反映在言语主体的立场、视角、推理因素对语言使用过程的干预中。对认知学派而言,主观性反映在概念化主体对其所识解(construe)情景的介入中。

新世纪伊始,沈家煊先生的《语言的"主观性"和"主观化"》(2001)一文将主观性理论引入国内,迅速引起汉语学界的重视,掀起了汉语主观性研究的热潮。如今,20多年过去了,这股热潮方兴未艾,关于汉语主观性研究的文献汗牛充栋,可谓"前人之述备矣"。已有研究分别探讨了主观性在汉语词汇、语法与构式范畴中的体现,揭示了汉语作为一种主观性显著的语言的特质。然而,关于汉语主观性乃至整个语言主观性的实现方式,迄今未有定论。

对主观性表现手段的认识随着研究的不断拓展而深化,但其庐山真面目在一个接一个的个案分析的掩盖下依旧不容易看清。其中,最大的问题在于研究思路上的个体观和分解论。当前的主观性研究多采用个案分析法,逐一挖掘语言中的主观性标记。然而,这种个体观和分解论思路有很多问题。首先,个体成分的主观性往往不能单独实现。例如,第一人称代词并不单独传递主观性,认知动词亦然,主观性是由两者合力传递的。即便做到了穷尽列

1

举,得到的也将不过是一个主观性标记的清单。其次,将主观性归为个体词项的意义的做法,忽视了主观性实现的语境制约条件,可能会机械地将整个句子的主观性分析为词项的主观性。忽视主观语境谈论个体词项的主观化,有先入为主之嫌,即认为某个词项发生了主观化,再到语料中寻求支撑性证据。再次,传统上界定主观化(subjectification)的标准越来越频繁地用于带有强主观性的语境中,这本身就预设了主观化的发生并非自主的过程。最后,这种做法忽视了不同主观性标记间的内在关联。集中探讨个别成分的主观性,尽管可操作性较强,但在主观性的判断标准上,可能因缺乏相互比照而失之主观。

有鉴于此,当代主观性研究在研究思路上亟待改进。要消除个体观和分解论的弊端,改变这种"见木不见林"的局面,可取的做法是观照整个主观性系统,将主观性成分看作相互关联而非彼此孤立的成分,进而考察主观性成分间的互动关联和相互制约关系。只有纵观全局,才能避免"一叶障目,不见泰山"。

本书在批判性地吸收已有研究成果的基础上,发现主观性成分之间具有高度依存关系,并在反思现有主观性研究中的个体观倾向的基础上,提出主观性的互动观。在此基础上,本书以汉语为观察阵地,从基于认知观的狭义主观性理论出发,采用基于语料库的方法,研究汉语主观性系统中涉及的成分互动问题,探索主观性成分的互动模式、互动过程中的认知机制及其互动效果。

基于对主观性本质的新认识,本书围绕"互动"二字展开。首先,本书构建了主观性的互动观。本书主张主观性发生于词项与构式的互动中,主观性语义是两者彼此选择、彼此顺应的结果,既不能单纯被视为词项的属性,也不能单纯被视为构式的属性,而是自两者的互动中浮现出来的一种非组合意义。其次,在主观性的互动观的指引下,本书从汉语语料出发,发掘汉语主观性成分间的互动模式,探讨其互动效果。本书将具体回答如下三个问题:1)在主观性范畴内部,程度不同的主观性成分是如何发生互动的?2)不同主观性范畴之间是如何发生互动的?3)主观性成分间的互动会带来什么样的效果,对整个语法系统又有着什么样的深刻影响?

本书共分十三章。第一章提出本书的研究问题。第二章在评述当代不同理论范式下的主观性研究的基础上,设定本书的研究目标。第三章在总结当代主观性研究的个体观倾向的基础上,提出主观性的互动观。第四章概述汉语中的主观性范畴。第五章至第七章依次描述汉语词汇、语法、构式范畴内部的主观性互动模式。第八章至第十章依次描述词汇与语法范畴、词汇与构式范畴以及这三大范畴间的主观性互动情况。第十一章考察汉语主观性成分的互动效果。第十二章考察主观性对汉语语法系统的渗透作用。第十三章概述全书的研究结论。

本书首次就主观性成分的互动问题展开系统探讨，立足主观性研究的前沿，在反思既有研究不足的基础上提出主观性的互动观，尝试从互动论视角构建汉语主观性的互动理论模型，并结合多种类型的汉语个案进行分析，将理论构建与实践探讨相结合，定性研究与定量研究相结合，初次揭示了主观性对汉语语法系统的塑造作用。在新理论视角的观照下，本书发现了以往汉语主观性研究所忽视的重要规律，揭示了汉语主观性成分间的相互依存关系，就汉语主观性的表征方式及其特点进行了有益探索，揭示了主观性对汉语语法系统的深刻影响。

本书提出的主观性的互动观及在此基础上构建的汉语主观性成分互动模式，有助于我们深入认识语言主观性的本质，深化对汉语主观性的表征方式的认识，展现汉语作为一种主观性显著的语言的特质，揭示主观性对汉语语法系统的渗透作用。本书的分析表明，汉语主观性成分构成了一个有组织的系统，该系统对整个汉语语法系统存在深刻影响，甚至具有变革作用。"一种语言的常规句法规范是可表达、可理解的界限，但言语主体有'冲撞界限的冲动'。"（陈嘉映，2003：151）这一点在汉语中体现得淋漓尽致，这是汉语作为一种主观性显著及意合特征明显的语言所带来的必然结果。

由于时间、精力、学养所限，本书在观点和覆盖面上还存在很多不足，敬请各位方家批评指正。本书的构思是本人在主观性领域进行长期思考的产物，其中离不开众多师长和前辈的指点和提携。篇幅所限，这里仅能提及最重要的几位师长。

感谢我的硕士研究生导师文旭教授。作为我的学术启蒙导师，他以极高的专业水平带我进入认知语言学研究的殿堂，是他对科研的孜孜以求激发了我对科研的向往之情，是他硕博共享的开课模式助我打开了主观性研究的大门，并使我最终选择将主观性作为硕士论文的选题方向。文老师独特的学者魅力让我们领略到了科研的美妙。记得他上课时经常说：这个话题很有趣。然而，当年的科研"小白""啃"起他推荐的大部头英文原版著作——如 *Foundations of Cognitive Grammar*（Ⅰ，Ⅱ）[《认知语法基础》（上、下卷）]、*Concept，Image and Schema*（《概念、意象与图式》）、*Grammar and Conceptualization*（《语法和概念化》）时，常常头痛欲裂，哪里发现得了有趣之处。不过,我抱着"死磕"的心理"啃"下去,竟渐渐领悟到了科研之精微。接触认知语法 6 年后,我斗胆翻译了认知语法的奠基之作 *Cognitive Grammar：A Basic Introduction*(《认知语法导论》)。而沿着主观性的足迹深挖数年后,我甚至敢于质疑罗纳德·W. 兰艾克(Ronald W. Langacker)的主观性理论了,也正因如此,才有了我后来的主观性研究"续集"。而今回头来看,这一切都得益于文老师当年为我们制订的高水准阅读计划。目前,我的书架上最惹人注目的还是我当年攻读硕士学位期间复印的 20 余本认知语言学专著。他鼓励我们尽量读原版著作,看核心期刊文献,因为"看二流的文献充其量只能写出二流的文章"。这对于我磨炼心性、深入思考乃至后来攻读博士学位都起到了不可替代的铺垫作用。正是文老师对我潜移默化的影响,促使我后来走上了治学之路。

感谢我的博士研究生导师张建理教授。张老师的包容和支持,使我得以在攻读博士学位期间继续思考我在主观性研究中悬而未决的问题。与此同时,他在构式语法领域的真知灼见对我的主观性研究具有很大的启发作用,我的主观性的互动观的雏形便得益于他引发的关于构式与词项互动问题的探讨。我在攻读博士学位期间,深深受益于张老师的关心、爱护和谆谆教诲。作为老师,他指点迷津,让人如沐春风;作为长辈,他关怀备至,让人感念至深。他严谨细致、一丝不苟的作风一直是我学习的榜样;他如春风化雨般的教导和不拘一格的思路给予我无尽的启迪。师从张老师,实乃平生不可多得之幸。在我博士毕业后,张老师一如既往地关心着我的工作和生活。看到我尘虑萦心,不思进取,毫无长进,张老师几度鞭策我,告诫我科研来得困难去得容易。得知我获得了一年的访学机会后,他勉励我,要利用好这一年的时间,争取提高科研水平。得知我的选题有幸被浙江大学出版社列入出版计划后,他一直关注书稿进展情况,并就相关问题提出了许多建设性意见。而今书稿终于收尾,然而,当我写下此致谢时,张老师已经永远离开了我们,我不由得两行清泪流下来。

另外,还要感谢在主观性研究中与我有过直接或间接交流的一些学者,我或在不同场合聆听过他们的讲座,或与他们进行过口头或书面交流。他们的真知灼见对我形成自己的理论思考起到了重要的作用,在此谨致谢忱。这些学者包括加州大学伯克利分校的兰艾克教授,斯坦福大学的伊丽莎白·C. 特劳戈特(Elizebath C. Traugott)教授,安特卫普大学的简·纳茨(Jan Nuyts)教授,莱顿大学的阿里·费尔哈亨(Arie Verhagen)教授,鲁汶大学的德克·希拉茨(Dirk Geeraerts)教授、汉斯·德·斯梅特(Hans De Smet)教授,以及浙江大学的彭利贞教授。此外,本书引用了众多参考文献,在此对于这些文献的作者也一并致以谢意。由于时间和精力所限,或许未能覆盖所有重要的汉语主观性研究,在此表示歉意。

　　本书是教育部人文社会科学研究青年基金项目的结题成果,在此要感谢教育部社会科学司的资助。几度春去秋来,总算给了这个项目一个交代。本书的出版还得到了宁波大学外国语言文学学科建设经费的资助,在此一并谨致谢忱。从构思到成书的近 5 年时间里,研究框架几经修正,数易其稿,其中甘苦不一而足。感谢学院领导对我访学的支持,以及我访学期间的合作导师浙江大学邵斌教授的大力支持,正是这些帮助使我有足够的时间来保证项目的完成进度,如期付梓。本书得以出版,还要感谢浙江大学出版社的大力支持,尤其要感谢本书的责任编辑黄静芬女士为本书的出版所付出的辛勤劳动,她专业、耐心、细致的审校对书稿质量的提升起到了很大的作用。另外,衷心感谢我的家人,没有他们的理解、支持和分担,本书是几乎不可能完成的。

　　家有小女四五岁,正是调皮恋母时。女性科研工作者似乎总会面临更大的压力和挑战。科研与育儿之间的矛盾似乎永远无法调和,一边是理性的思考和纠结,一边是孩童的眼泪和欢笑。付梓前夕,我先后经历了感染新冠病毒的煎熬、导师离世的伤痛和父母双双住院的焦心。在身心俱疲的状态下,是张老师壮心不已的精神感染了我,内心仿佛有个声音在告诉我:挺住! 坚持就是胜利! 犹记得 10 年前张老师曾发给我一篇关于出离的小文,当时不解其中意。而今人到中年,我才由衷地感受到科研需要一份出离的情怀和一颗淡泊宁静的心。

　　从跌跌撞撞地进入主观性研究的大门至今,我已经走过了 15 个春秋。中间有过迷茫,有过顿悟,有过放弃,有过不舍。正是这份不舍让我在几近"废弃"的状态下重拾初心。兜兜转转发现,热爱,一如既往。唯有热爱,可抵岁月漫长。希望本书不是我学术思考的终点,希望前面这句话不只是希望。路漫漫其修远兮,吾将踏着张老师的足迹上下而求索。

　　相逢有期,伯乐难遇。知性有余,知音难觅。落笔之时,正是张老师离开我们两个月的日子。谨以此书献给敬爱的张老师。

黄　蓓

2023 年 8 月 17 日

于宁波大学甬江之畔

目　录

第一章　绪　论

长期以来,客观主义意义观在西方哲学及语言学中占据统治地位。在其笼罩下,意义超越了意义使用主体"人"的限制,变得高高在上。然而,客观主义意义观并未考虑概念化主体是如何生成、理解并组织概念的,其最致命的弱点在于否认了人的理解之于意义的作用。这一点始于 17 世纪培根的经验主义原则,该原则奠定了人们对主客体的取向,确立了"主客二分"的方法论原则。这种原则旨在排除主体的主观状态,以经验及研究对象的属性本身为依据,力求做到价值中立。在近代科学刚刚确立的时代,主客二分原则作为研究方法上的突破有其重要价值,但也无形中把作为"客观存在"的主体的情感和信念排除在外了。

近代科学将主观性视为"异端",进而将其排除在科学研究的范围之外,然而,主体的情感、信念等的存在是不争的事实。科学研究方法自然要最大限度地摒弃主体的主观情感和信念,然而,作为主体鲜活经验的一部分,情感和信念又是一种客观的存在,并且在语言中有鲜明的反映。如果说主观性不符合我们对科学的定义,那么应该修改的是我们对科学的定义,而不是主观性的存在这一客观事实。令人欣慰的是,情况正如 Langacker(2006:17)指出的那样,"主观性与主观化的重要性在语言学家中正得到越来越多的认可"。我们正是在这一大背景下谈论语言的主观性这一主题的。

在当前非客观主义意义观兴盛的背景下,主观性作为对抗客观主义意义观最有力的砝码,在当代语言研究中日益得到重视,成为认知语言学、功能语言学及语用学领域中一个举足轻重的概念。当代语言理论的核心要义之一正是对语言使用主体的高度重视。在这一背景下,以当代功能—话语语言学、语用学、认知语言学研究为依托,主观性研究异彩纷呈,涌现出众多流派,呈现出百家争鸣的景象。

第一节　语言的主观性

一、主观性概念的嬗变

主客二元对立的思维模式渗透在西方思想文化的各个方面,这些二元对立概念包括:主观性与客观性、观念与对象、思维与存在、现象与本质、感性与理性等。主观性—客观性作为一对重要的二元对立概念,明确将主体与客体割裂开来,从而造成了主体与客体的分离和对立。在《牛津英语词典》(*The Oxford English Dictionary*)(第二版)对"objective/subjective"的定义中,其哲学层面的意义包括:(古义)"objective"指作为意识的对象而存在的,仅仅存在于头脑中的;"subjective"与这一概念相对,指自身。(今义)"objective"指感知或思想的对象,即被视为外在于心灵的或真实的实体;"subjective"指感知或思想的主体。相比之下,作为科学研究的一个重要指标,"客观性"可追溯至西方的实证主义传统;"主观性"则通常使人联想到带有个人性的见解、信念和态度,通常被等同于某种个人偏见,因而难登科学研究的大雅之堂。

主观性与客观性的对立以及主观性所受的极力排斥,在语言学研究中同样存在。事实上,自结构主义的语言研究范式发端之日起,主观性与客观性之间便被划定了严格的界限。结构主义本身是在科学主义的影响下发展起来的,因此现代语言学自诞生伊始,便秉承着命题式语言观。而致力于将语言学上升为一门科学的乔姆斯基,更是一名科学主义的狂热信徒。无论是索绪尔对语言(langue)和言语(parole)的划分,还是乔姆斯基对语言能力(competence)和语言运用(performance)的区分,初衷均在于纯化语言研究对象,而排除个人的具体语言使用。因此,这种排除将语言使用主体一并逐出了语言研究的领地。半个世纪以来,现代语言学一直将主观性排除在正统语言学研究之外。正如 Lyons(1982:103)所描述的那样:"一直以来,西方语言学界存在这样一种偏见,即语言本质上是(即便不完全是)用来表达命题式思想的工具。"这种"语言工具论"(linguistic organon)的观点将作为语言使用主体的人及其主观性一并排除在了语言研究之外。

而在当代,西方哲学出现了"语言转向"(the linguistic turn),哲学的意义观由此发生了重大的转变,以非客观化及语境化为主要标志。在此过程中,作为意义主体的人也逐步凸显出来。哲学的语言转向逐步催生了一种重视

主体的意义观。在人文主义复苏与科学主义式微的流变中，主观性研究悄然
兴起，并逐步与新的非客观主义语义观融合，成为语言学研究的一个重要内
容。对主观性的研究可以追溯至 Bréal(1964[1900])及 Bühler(1990[1934])
关于意义和意义变化的经典研究。最早从语言学角度探讨主观性的语言学
家当属 Jakobson(1957)。他首次明确区分了语言的表情功能与信息传递功
能。Bally(1965[1932])则首次将句子切分成主观成分与客观成分。他区分
了"断言"(dictum)与"模态"(modus)的概念，并将前者定义为说话者关于内
在及外在世界的表征的表达，将后者对应于"说话者自我"(speaking self)或
"思想者自我"(thinking self)(Bally,1965[1932]:36)。通过区分客观内容的
表达与说话者自我的表达，Bally(1965[1932])事实上将"主观性"这一概念与
情态联系了起来。不过，对主观性—客观性这一对立最明确的论述则来自
Benveniste(1971[1958]:225)，他区分了"句子主语"(sujet d'enonce)与"言者
主语"(sujet d'enonciation)，并强调了人称在语言学范畴中的地位：说话者正
是通过在语篇中用"我"指称自己，才使自己成为主语(subject)。因此，从字
面上讲，主观性的根基存在于语言使用中，它所关注的是言语主体如何介入
话语之中，以及这一介入对话语的形式层面会产生什么影响。换言之，主观
性关注的是语言中关于"自我"(self)的表达。

　　当前，主观性在语言分析中已被提升到前所未有的高度。Benveniste
(1971[1958]:225)对此有着精辟论断："主观性在语言中的标记是如此之深
刻，以至于我们不得不发问：倘若语言不是这般构造的，还能否名副其实地称
之为语言？"倘若事实真如埃米尔·本维尼斯特(Emile Benveniste)所言，一种
没有主观性的语言是无法想象的，那么，一个不考虑主观性的语言学便无疑
是一个悖论。当代语言理论的核心要义之一正是对语言使用主体的高度重
视，这可被视为从语言研究到言语研究这一宏观转向的必然产物。

　　语言的主观性不仅是语言哲学探讨的核心议题之一，而且是认知语言
学、功能语言学及语用学的元理论基础。在功能语言学、语用学及话语分析
兴起的背景下，对言语及其优先性的重视，自然引向对言语主体的地位的关
注。说话者因素及其语用推理渗入语言运用的方方面面，因而话语的主观性
(discourse subjectivity)成为功能—语用—话语学派的一个不容回避的问题。
而在认知语言学反客观主义的大潮中，主观性在与客观主义的对垒中更是被
提到了本体论的高度。认知语言学奉行体验主义认知观，将意义等同于概念
化，而体验的背后必然隐藏着一个体验的主体——"人"，概念化本身也预设
了某个概念化主体的存在。作为一种主客观统一的意义观，认知语义观首次

将"人"作为核心要素植入语义及语法的架构中。

两大主观性思潮分别将主观性置于语言运用层面与语言表征层面。对功能—语用—话语学派而言,主观性反映在言语主体的立场、视角、推理因素对语言使用过程的干预。对认知学派而言,主观性反映在概念化主体对其所识解情景的介入中。围绕两种观点分别形成了以兰艾克为代表的基于认知语法的主观性(化)理论,以及以特劳戈特为代表的基于历史语用学的主观性(化)理论。

兰艾克从共时视角出发,视主观性为意义识解的重要维度之一。意义通常是识解的产物,这是认知语言学的一个基本命题(Fauconnier,1985;Lakoff,1987;Langacker,1987,1990b;Sweetser,1990;Goldberg,1996;Talmy,1988,2000)。Langacker(1990b:5)明确指出:"语言表达式的意义无法约减为对其所指称情景的客观描述;同等重要的是概念化主体选择如何识解某一场景,并出于表达目的对其加以描述。"在认知语法中,主观性是作为视角的一个次范畴而存在的,从某种意义上讲也是识解关系最重要的维度。正如 Langacker(2006:37)所言:"如果说意义存在于概念化中,那么我们几乎不可避免地要设定主观识解的实体。"在他看来,一个真正可行的语义学必须同时考虑概念化的主体与客体维度。

特劳戈特则从历时视角出发,探讨说话者在意义演化中地位的变化。作为其立论基础,历史语用学关注的正是在历时层面上,语境及说话者因素如何制约说话者对表达式的理解。Traugott(1989:31)发现,意义演化似乎循着如下方向进行:

(a)由基于外在世界的描述转向基于内在(评价/感知/认知)情景的描述。

(b)由基于外在与内在情景的描述转向基于语篇或元语言情景的描述。

(c)意义变得越来越基于说话者关于命题的信念或态度。

意义演化进路构成了特劳戈特的主观化概念的内涵。在特劳戈特关于意义演化的单向性假设中,主观化发挥着重要作用。主观性的产生及语义化循着诱发推理理论模式(model of the invited inferencing theory)进驻语言系统:起初,词项在特定语境中引申出某种语用含义,即诱发推理(invited inference);而随着其在该语境中的反复使用,词项便可能获得一般会话含义的地位,即一般诱发推理(generalized invited inference);最终推理义(inference)可能获得规约化,即推理义蜕变为指称义(reference)(Traugott & Dasher,2002:34-42)。

两大主观性(化)理论清晰地表明,语言使用者,无论是在语言的共时建构维度,还是在历时演变维度,均发挥着不可或缺甚至决定性的作用。就共时层面而言,意义并非客观给定的,而是说话者主动建构的,其概念化主体地位将主观识解在语言中的普遍性与重要性演绎得淋漓尽致。就历时层面而言,意义不会自行发生变化,而是由说话者在一定的语境中促发的,因而说话者的语用推理就成为语义演变的原动力;这一语义—语用过程构成了历时主观化的内涵。至此,主观性在语言中的地位不断攀升,逐步进驻意义研究的核心。

二、选题的缘起

在当代人文主义空前复苏的大背景下,在各个相关学科的催生下,主观性在语言学中逐渐崭露头角,并与当前盛行的非客观主义意义观实现了融合,成为语言研究尤其是语义研究中一个无法回避的问题。语言中的主观性指的是语言的这一特性:自然语言在其结构及常规运作方式中,为言语主体提供了表达自我及其态度、信念的手段(Lyons,1982:102)。主观性体现在语言的不同层面上:在语言运用层面上,体现为说话者在话语中的自我表达,即话语的主观性;在语言结构层面上,体现为语言中的一些词语和语法结构形式编码的有关"自我"的语义特征成分(Finegan,1995:1)。

功能语言学、语用学、话语分析以及认知语言学均对主观性给予了充分关注。对言语及言语优先性的重视,自然引向功能—语用—话语学派对言语主体地位的关注。语言运用自然离不开语言运用者及其语用推理,这使得话语的主观性成为这些学派必须面对的问题,其所反映的是言语主体的立场、视角、推理因素对语言使用过程的干预。功能学派提出评价理论(Martin & White,2005),对人际意义中蕴含的说话者态度加以系统化。语用学派关注言者及听者的语用推理如何随时间的推移渗入词项的语义中,并提出了基于语用强化(pragmatic strengthening)的主观化思想(Traugott,1989)。话语分析学派提出了"立场"(stance)的概念(Englebretson,2007),重视文本所传递的作者的语篇态度。在践行非客观主义意义观的认知语言学中,主观性作为对抗客观主义最有力的砝码,更是被提到了前所未有的高度。意义被等同于概念化,人的因素浓缩为一个"概念化主体",因而语言使用者对意义的介入就成为一种必然。这样一来,认知语义观成功地将"人"作为核心要素植入语义及语法的架构中,主观性反映在概念化主体对其所识解情景的介入中(Langacker,1987,2008)。

在当代,系统化的主观性研究形成了两种取向:以 Langacker(1990a, 1997,1998,1999a,1999b,2003,2006)为代表的共时取向及以 Traugott (1982,1989,1995a,1999a,1999b,2003,2007,2010)为代表的历时取向。兰艾克从认知语法视角对主观性进行了系统论述,视主观性为意义识解的重要维度之一。当某一实体位于台下(offstage)未获得显性表征时,说话者对它的识解最具主观性。此时,它充当着概念构造的平台或出发点,而非概念化的作用对象。反之,当某一实体被置于台上(onstage)充当显性注意焦点时,说话者对它的识解最具客观性。此时,它仅仅作为概念化对象而存在。特劳戈特则从历史语用学的立场出发,探讨说话者在语义演化中的地位变化。其研究重心是作为历时过程的主观化,即起初主要表达具体的、词汇的及客观的意义的成分,通过在局部句法环境中反复使用,逐步获得抽象的、语用的、人际的及基于说话者的功能,也即语篇功能(Traugott,1995a:32)。

以上两种取向形成了两大主观性理论,在两者的指导下,涌现出众多发掘不同语言中不同范畴主观性的具体研究。① 就汉语而言,其关注点集中在以下四大范畴的主观性上:

(1)语法范畴的主观性。对情态的关注最多(徐义志,2003;汤敬安、白解红,2015;杨黎黎,2017),兼涉指示语(吴一安,2003;杨佑文、管琼,2015)、时体(陈前瑞,2003;文旭、伍倩,2007;王文格,2012)、语气(杨永龙,2003;何文彬,2013)、状语(李国宏、刘萍,2014;吴嘉琪,2018)、否定(Wang,2008;金立鑫,2014)、言据性(肖建华、吴小隆,2000)。

(2)词汇范畴的主观性。对副词的关注最多,如语气副词(杨万兵,2005;罗耀华、刘云,2008)、程度副词(谢翠玲,2003;李晋霞,2005;李俊玲,2007;牛庆,2017),以及多功能副词如"都"(徐以中、杨亦鸣,2005)、"还"(张宝胜,2003;武果,2009)、"也"(陈鸿瑶,2012),兼涉形容词(宋协毅,2000;黄蓓,2012;董秀芳、李虹瑾,2018)。

(3)语法构式的主观性。集中在把字句(沈家煊,2002;张黎,2007;牛保义,2009;李青,2011a)、被字句(马庆株,2003;李青,2011b;王春杰,2012)、条件句(王春辉,2015;唐燕玲、刘立立,2022)、判断句(张伯江、李珍明,2002;杨帆,2008;刘彬、袁毓林,2016 等),以及连词(曹秀玲、张磊,2009;郭才正,2011;陆方喆、李晓琪,2013),尤其是因果连词方面(李晋霞、刘云,2004;谭晓庆,

---

① 篇幅所限,这里仅提及具体语言现象的主观性研究,未涉及主观性理论探索及主观化、交互主观性与交互主观化方面的研究。

2016;梁珊珊、陈楠,2018);兼涉宏观分析(赵国军,2004;刘晓林、王文斌,2017)。

(4)语篇层面的主观性。集中关注点为话语标记(张博宇,2015;孙颖,2016)、指称模式(王义娜,2006)以及特殊语篇的主观性(高莉,2013;张现荣,2017)。

总体来看,尽管主观性研究日趋深入,研究成果层出不穷,但依然存在众多不尽如人意之处。其中,最大的问题在于研究思路上的个体观和分解论,即当前的主观性研究多采用个案式研究方法,逐一挖掘语言中的主观性标记。然而,这种个体观和分解论思路不乏问题。首先,个体成分的主观性往往不会单独实现。例如,第一人称代词并不单独传递主观性,认知动词亦然,主观性是由两者合力传递的。即便做到了穷尽列举,得到的也只是一个主观性标记的清单。其次,将主观性归为个体词项的意义的做法,忽视了主观性实现的语境制约条件,可能机械地将整个句子的主观性分析为词项的主观性。再次,传统上对主观化的界定标准越来越频繁地用于带有强主观性的语境中,这本身就预设了主观化的发生并非自主的过程。忽视主观语境谈论个体词项的主观化,有先入为主之嫌,即认为某个词项发生了主观化,再到语料中寻求支撑性证据。最后,这种做法忽视了不同主观性标记间的内在关联。集中探讨了个别成分的主观性,尽管可操作性较强,但在主观性的判断标准上,可能因缺乏相互比照而有失客观。

由此可见,主观性研究在思路上亟待改进。要消除个体观和分解论的弊端,改变这种"见木不见林"的局面,可取的做法是整体观照主观性系统,将主观性成分看作相互关联而非孤立的成分,考察主观性成分间的互动关联和相互制约关系。有鉴于此,本书在反思主观性的个体观不足的基础上提出了主观性的互动观,并以汉语为观察阵地,考察主观性成分间的互动模式,发掘主观性系统内部成分间的相互作用,揭示主观性对汉语语法系统的塑造作用。这亦是本书选题的缘起。

第二节 广义语言主观性与狭义语言主观性

对于主观性这一概念,我们可做或宽或窄的理解。宏观上,主观性可以分为广义主观性与狭义主观性。在第一层次上,广义主观性涵盖一切表达说话者态度、评价与情感的范畴,包括非语言主观性、前语言主观性及语言主观性。狭义主观性仅包括语言主观性。在第二层次上,可以区分广义语言主观性与狭义语言主观性。广义上的语言主观性涵盖了借助语言表达说话者态度、评价与情感的各个方面,具体包括以下四类:语言主观性、言语主观性、语篇主观性以及元语言主观性。狭义语言主观性仅包括语言主观性。接下来我们分别就各个层面的主观性加以概述。

一、划定广义语言主观性范畴

要划定语言主观性的界限,需要回答如下问题。主观性是否属于纯语言问题?答案是"否",那么语言在主观性解读中是不是第一性的?答案是"否"。据此可以区分非语言主观性、语言主观性与前语言主观性,从而划定广义语言主观性的范畴。

(一)非语言主观性—语言主观性

非语言主观性与语言主观性的分水岭是对主观性的解读是否涉及语言因素。非语言主观性的传递不需要借助语言媒介,面部表情、肢体动作均可用于传情达意。一个会心的微笑、一个不屑的眼神、一个轻佻的动作,都在无形中传递着动作主体的某种态度、情感或看法。不过,这种情感的流露通常是自发的、下意识的。相较于非语言手段及副语言手段,语言的使用总是表现出一定的理性特征,但我们在产生极端情绪如绝望、伤心、狂喜时,通常会变得语无伦次,语言也就失去了其功效。这是我们区分语言主观性与非语言主观性的理据。

非语言主观性主要体现在身势与表情传达的情感上。这在日常生活中比比皆是,构成了情感表达最直接、最有效的渠道。号啕大哭、捧腹大笑甚至哭笑不得皆为情感;一举手、一投足皆可传递出我们的情感。典型的情感表达如面部表情:微笑可表达接纳心理,皱眉则可表达某种不悦情绪。再如肢体语言:挠头可以表示迷惑或不相信,眯眼则可以传递出厌恶、不欣赏的态度。人的动作比理性更能表现情感和欲望,恰当运用非语言情感表现手段,可得到"此时无声胜有声"的效果。

除身势与表情外,非语言主观性的另一个重要传递手段是手势,相同的手势在不同文化背景下可传达出不同的态度。以竖大拇指的手势为例,该手势在世界许多地区表达的含义是赞扬,而在某些地区表达的是性侮辱之意,在其他国家还有一些其他含义。

在实际使用中,语言主观性与非语言主观性通常是交织在一起的,可以被称为多模态主观性。例如,表达难受的心情时,我们会说"难受死了",同时表现出一副愁眉苦脸相。不过,实际上采用一种渠道即可将这一主观性传达出来,即表现出一副愁眉苦脸相,而不说"难受死了",因为"难受"就"写在脸上"。客观条件不允许发话时,非语言主观性的用处就放大了。例如,对于聋哑人来说,手势与面部表情是表达主观性的最佳媒介。我们也完全可以不动声色地表达某种情绪,而不必辅以肢体语言或面部表情。这说明,语言主观性与非语言主观性是相互独立的,尽管二者界限并不分明,但本质有别。

(二)前语言主观性—语言主观性

前语言主观性与语言主观性的分水岭是主观性的解读是否涉及显性语言编码。前语言主观性反映的是语言编码时已然存在的以及编码过程中渗入的说话者因素。前者可被视为本体论意义上的主观性,涉及说话者的言说主体地位;后者则可被视为认识论意义上的主观性,涉及说话者的(主观)识解。

从本体论意义上讲,语言意义发端于人类主体的发话行为。可以说,任何语言使用均暗含了内在的说话者视角。这一主观性内蕴于所有的语言使用之中。选择说什么,怎么说,在一定程度上取决于说话者的价值判断(Vološinov,1973:106),这本身就是主观性最基本的体现(Scheibman,2002)。因此,即便是最客观的语言,也免不了带有主观色彩。这种主观性不是语言使用衍生出的概念,而是使用本身已预设的概念。它构成了谈论语言主观性的前提:正是由于说话者自身言说主体的地位,他才能使用语言无所不谈:谈论自身,谈论他人,谈论世界。主观性表达出的正是言者自身的心理状态与交际意图。Benviniste(1971)、Vološinov(1973)、Kristeva(1989)及 Scheibman(2002)所讲的主观性均可以置于这一层次上。

从认识论意义上讲,说出一句话时,说话者不仅要就所说内容加以选择,还要就如何表达这一内容加以选择。如对于"半杯水"的场景,既可将其描述为"the glass is half full",又可将其描述为"the glass is half empty",这就是识解的意蕴。意义涉及识解关系,而识解同时预设了客观场景与概念化主体的存在:不存在独立于概念化主体的客观场景,亦不存在独立于其所识解场景的概念化主体(Dewell,2007:411)。语言并不反射自在世界,而总是打上了概念化主体的烙印。在概念层面,我们或许有能力以某种不偏不倚的方式唤起某一概念内容,然而一旦将其加以语言编码,我们就必然会将特定的识解方式施加于其上。例如,图形(figure)—背景(ground)这样的关系就是人类识

9

解的产物。山峰与山谷之间并不存在内在的图形—背景关系,这种关系是概念化主体赋予的。在此意义上,任何被表征内容均经过了主体视角的过滤,这使得语言表达式的意义不可避免地带有视角特征。从这一点来看,语义并非客观存在的,而是来自说话者对情景的识解;语义上的差异也无须是真值条件意义上的,而可以是代表了对所描述情景的不同识解方式。在此意义上,不可能有纯客观的语言概念化。兰艾克的主观性概念可置于这一层次上。

然而,识解并不等于语言运用中的主观性,而是语言编码本身已经预设的概念。识解所贡献的意义并非语言表达式本身意义的一部分,这种主观性并未凝固到语言形式中,甚至并未进入编码义层面。比如,"the glass is half full"就其本身来看是一个客观的描述,"the glass is half empty"亦然。两者均涉及某个抽象的观察视角,但这一语义维度本身并未编码在表达式的形式中,只有从同义、多义表达的角度才能凸显出来。一旦凝固到语言中,特定的概念化方式就成为约定俗成的理解方式。

语言主观性不能简单等同于本体论或认识论意义上的主观性,前者意味着说话者有能力说,后者意味着说话者有能力选择如何说。诚然,每一次语言表达都预设了说话者的存在,都必须依赖一个认知过程,但这种主观性只能是前语言意义上的,不能简单将其与语言主观性画上等号。若将前语言主观性直接置于语言主观性的范畴,势必会得出如下结论,"人们对意义的认识和运用必然带有很大的主观性"(沈家煊,2001:269),或者"话语并无客观性可言,客观性则是最低程度的主观性"(刘瑾,2009:10)。只有当其在一定程度上编码于语言系统中时,我们才能将其视为真正的语言主观性表达。这是我们区分前语言主观性与语言主观性的理据。通过外部分层,我们划定了广义语言主观性范畴。尽管主观性的范畴经过这一限定已经大大缩小,但若要对主观性研究加以条理化,我们就有必要进一步划定狭义语言主观性范畴,从而将主观性概念与形义配对联系起来。

二、划定狭义语言主观性范畴

广义语言主观性涵盖一切在主观性的解读中涉及语言形式的主观性范畴,包括:1)指向命题的态度,这是狭义语言主观性作用的范畴;2)尚未规约化的说话者修辞策略,这是言语主观性作用的范畴;3)特劳戈特所谈论的语篇态度,这是语篇主观性作用的范畴;4)语言形式折射出的说话者态度,这是元语言主观性作用的范畴。这四类范畴分别指向主观性作用的不同层面,即语言（langue）层面、言语（parole）层面、语篇（discourse）层面及元语言（metalanguage）层面。语言层面的主观性道出的是语言的结构—意义编码的说话者因素，言语层面的主观性道出的是语言使用中蕴含的说话者态度，语篇层面的主观性道出的是语篇连贯（命题间关联）中涉及的说话者因素，元语言层面的主观性道出的则是对语言形式的偏离背后蕴含的说话者态度。

（一）语言主观性—言语主观性

　　语言主观性与言语主观性的分水岭是语境，即主观性的解读是否需要指涉情景语境。Lyons(1982:102)关于主观性的经典定义暗示了主观性可作用于不同层面：在语言运用层面上，体现为说话者在话语中的自我表达，即言语的主观性；在语言结构层面上，指语言中一些词语和语法结构形式编码了有关"自我"的语义成分，即语言系统的主观性。然而，当前研究未能厘清言语主观性与语言主观性的界限，这使得两个层面的研究未能做到合理分工。那么，言语主观性区别于语言主观性之处何在？首先，语言主观性作用于句子层面，涉及其所承载的命题态度；言语主观性则作用于话语（utterance）层面，涉及语言交际片段的意向意义。这些意向意义并非句子意义的一部分，而是需要听话者基于语境信息加以推导。其次，就其本质而言，言语主观性只能归入语用意义的范畴，而语言主观性本质上已经发生语义化。言语主观性是一种活动，语言主观性则是一种产品；前者是一种语用现象，后者是一种语法现象；前者是话语研究关注的对象，后者是语法研究的固有内容。再次，语言主观性与言语主观性的分水岭在于是否需要参照情景语境。语言层面的主观性涉及说话者针对命题的态度、观点或情感，这种意义已经凝固到语言形式中，无须参照情景语境；而在言语主观性的解读中，情景语境起着关键作用，语言形式的作用并非第一性的。如针对"Mrs. Green is an old bag."这句话，任何一个不正确的回答均可用于传递说话者回避、有所保留的态度，而不管实际说出的内容是什么（如"The flowers in the garden are beautiful.""I feel a little bit cold."或"It is raining outside."）。而在语言主观性中，"自我"已经凝固为某些词项或构式语义的一部分。如评注性状语具有内在的说话者指向性，仅限于说话者本人的判断（如"Surprisingly, Lee says John is actually a viscount."意为"surprising to the speaker, not to Lee"）。

　　本质上，言语层面蕴含的说话者态度是一种修辞策略，这种意义在很大程度上有赖于我们关于情景语境与文化语境的知识。言语意义上的主观性尚未获得形式表征，无法构成表达式内在意义的一部分，只能被视为一种增生意义。这种情景语境造就的主观性停留在含义阶段，无法锁定于特定形式，因而无从发生规约化，与显性主观性标记在性质上大相径庭。同时，言语所昭示的主观性是高度异质、言人人殊的，因此不是语言主观性稳固的存身之所。主观性的稳固载体是已获得形义配对的主观性成分，即语言系统层面的主观性。①

按照这一标准，修辞手段如隐喻、转喻、反讽的主观性均属于言语主观性的范畴。修辞之为修辞之处，就在于它尚未编码到语言形式中，因而其主观性只能作为言语意义上的主观性而存在。对修辞语言的解读高度依赖常识及背景知识。以隐喻为例，对于"The surgeon is a butcher."这句话，我们要解读出其所蕴含的对外科医生无能的嘲弄，就必须激活相关背景知识，如外科医生操作手术刀及其惯用方式、屠夫操作杀猪刀及其惯用方式等。再如，反讽通常涉及某种"王顾左右而言他"的效果，其实际意义与字面义背道而驰。反讽可以隐性传达说话者的某种命题态度（de Saussure & Schulz，2009），但这种修辞效果通常是情景语境的产物。反讽解读只有在所呈现的语境信息可使听话者假定字面义不相干的情况下才能成立，比如外面下着雨时却说"真是出去郊游的好天气啊"的情况。综上所述，修辞语言所传递的主观性仅仅是语言使用的属性，而非语言本身的属性。

（二）语言主观性—语篇主观性

语言主观性与语篇主观性的分水岭是辖域，即主观性作用的辖域是一个命题框还是多个命题框。语篇主观性聚焦于句子间的关联问题，表现为基于说话者而认定的主观关系，因此其作用对象往往是相邻句子或从句，其功能是表达说话者对所叙述语篇的态度。在这方面发挥作用的主要是连词及话语标记。它们在标记语篇间关系的同时往往也加入了说话者对语篇的理解。说话者采用特定连词编码相互关联的事件间的关系，通常折射出说话者的思维方式及其对语篇间关系及语篇参与者的态度（Traugott & König，1991：209）。如因果连词涉及时间上的先行后继，从而引发因果关联的推理，"John still loves Mary because he came back."这句话的成功解读离不开说话者对现实事态间关系的推理。

---

① 需要指出，语言主观性通常是言语主观性主观化的产物，此时情景语境诱发的推理义最终凝固到了形式上。某些言语主观性表达本身也是主观化的产物，如"这是要 X（火、疯、逆天、飞起来……）的节奏"所表达的评价义。

再如,话语标记一向被视为主观性的表现形式,原因主要在于它们不影响句子的真值,也不会增加其命题内容(颜红菊,2006;House,2013)。作为语篇组织的手段,话语标记可能或多或少伴随着说话者立场的表达,但这并非其主导功能。话语标记的一般历时走向是:从对客观世界的描述转向对说话者态度的表达,进而转向说话者—听话者互动层面。从其来源看,这类语篇组织成分蕴含的说话者立场通常与立场表达义的滞留相关。

语言主观性与语篇主观性存在系统性差异,不宜等量齐观。就其内涵而言,语言主观性主要体现在话语所编码的命题内容上,而语篇主观性主要体现在话语间关系的表征上。这是语言主观性与语篇主观性的本质区别。如连词所陈述的意义明确关联了两个命题,主观性正体现在这种关联的主观理据上。就作用层次而言,语言主观性涉及的是微观的命题结构,指向的是单个命题(命题态度);语篇主观性涉及的则是宏观的语篇结构,通常跨越两个命题。语言主观性的载体为词汇及语法结构,以命题为辖域;语篇主观性的载体则是更大的语篇单位,以语篇为辖域。就其功能而言,语篇主观性并不独立起作用,而总是与语篇功能交织在一起,发挥使语篇连贯、话题化的功能。编码化的主观性表达通常表现出功能专化倾向,语言主观性作为说话者态度的直接编码,无疑具备这一属性。相比之下,语篇成分主要履行的是语篇组织功能,标记说话者的态度仅仅是其附属功能。语篇主观性往往从属于其他功能。话语标记具有多重功能,如话轮转接、意义协商、话题接续、确认听话者的注意(Schiffrin,1987;Rehbein,2007),因此话语标记很难被视为内在的主观性标记。[①]

基于这些差异,我们不赞成某些学者(Breban,2010:111;吴一安,2003:405)将语篇成分纳入一般的主观性范畴的做法。为了解决主观性范畴的庞杂性问题,我们将命题态度置于语言主观性的范畴,将说话者对命题间关系的态度置于语篇主观性的范畴。这是我们区分语言主观性与语篇主观性的初衷。

(三)语言主观性—元语言主观性

语言主观性与元语言主观性的分水岭是形义比重,即在主观性的解读中起作用的首要因素是语义还是形式。元语言成分涉及某些特殊的具有自指

[①] 另外,从历时层面来看,语篇主观性的发展并不独立,往往伴随着话轮转接及语篇连贯功能的衍生。

性的语言成分,与此相对应,元语言主观性涉及对语言形式的刻意调用,借特殊的形式传递特殊的情感或评价意义。语言主观性涉及的则是特定形式本身编码的与说话者态度、情感或评价有关的意义。在形式特征上,元语言主观性往往表现出字面上的冗余,或是对词语字面义的偏离。这是其区别于语言主观性的特征之所在,也是我们判断元语言主观性的基本依据。元语言主观性的传递途径包括对默认认知图式的刻意强调,以及对默认交际框架的违反。

对默认认知图式的刻意强调主要涉及一些固定结构,涉及对原本显而易见的特征加以强调。如"A 是 A,B 是 B"格式,典型情况下,A、B 为同类身体器官(如"眼睛—鼻子""胳膊—腿"),如例(1)。再如"有 A 有 B"格式,可视为"A 是 A,B 是 B"格式的变体,如例(2)。[1]

例(1):四壁张贴着风华绝代的洋美人照,个个唇红齿白,<u>眼睛是眼睛,鼻子是鼻子</u>。(卫慧《床上的月亮》)

例(2):你的审美绝对和我们有出入。客观点儿讲,小伙子<u>有鼻子有眼睛</u>的,长得不错哎。(微博)

例(1)中的"眼睛是眼睛,鼻子是鼻子"与例(2)中的"有鼻子有眼睛的"从字面上讲并未提供新信息,近乎废话。[2] 在我们关于人体构造的默认认知图式中,正常人都有鼻子、眼睛。"人有眼睛"已经成为我们的类属知识的一部分,作为一个类指句,这句话是有意义的,因为它传递了关于人体基本构造的知识。但在具体层面,我们一般不说"张三有眼睛",只会说"张三没有眼睛"。也即"张三有眼睛"不是一个有用的陈述,因为我们根据三段论可以推理出:

---

① 本书例句采用每章重新编号的格式。为了保持例句的真实性,对有些语法不规范之处进行了保留。本书脚注中的例句也是每章重新编号。

② "有鼻子有眼"的语义更为丰富,偶尔可做字面义解释,如例(1)中的"有鼻子有眼"指生物学意义上的鼻子、眼睛;也可进一步引申至隐喻解释,比喻有根据,不是空穴来风的,如例(2)中的"有鼻子有眼"就是比喻传闻有一定依据。

例(1):养孩子真好,生生地养出这么一个小生命,<u>有鼻子有眼</u>,会哭会笑,会打呵欠。(周国平《妞妞》)

例(2):老百姓说得<u>有鼻子有眼</u>,也不知是真是假。(陈国凯《一方土水》)

　　　大前提:张三是人。

　　　小前提:人有眼睛。

　　　结论:张三有眼睛。

　　因此,"X 有眼睛"可以被看作对"人有眼睛"这一默认认知图式的刻意强调。同样,"鼻子是鼻子"这样的表达在逻辑上是对同一律的强调。同一律的内涵即为"A = A",既然"A = A",那么对于任何一个概念,均不存在"A ≠ A"的情况,因此也没必要说"鼻子是鼻子"这样的话了。而当日常语言交际中出现例(1)、例(2)这样的说法时,我们并不将其视为无用陈述,而是通过对默认认知图式的刻意强调来理解其所包含的信息。这里蕴含的信息是相关特征超出了正常情况,如鼻子比常人更翘挺,眼睛比常人更有神,从而传递出漂亮或英俊的含义。

　　对默认交际框架的违反涉及的是语言交际图式层面而非认知图式层面。这种违反表现在,在听话者不知情的情况下视其为知情,或者在赋予听话者话语权的同时自己占据话语权。这类元语言主观性与语篇主观性存在一定的重合,主要涉及某些自指型的话语标记,如"你说""你还别说""你知道"。"你还别说"带有肯定和强调的口气,或者在刻意强调值得注意的内容,从而加深听话者的印象。"你知道"通常说的是听话者不知道的情况,知道的话再告知对方就显得多此一举。而说话者也深谙这一点,他正是通过这种预先假定的知识,将自己的意思强加给听话者;或者唤起听话者的注意,将信息更有效地传递给对方。分别见例(3)、例(4):

　　　例(3):<u>你还别说</u>,会场上真有几分热闹了……(冯苓植《雪驹》)

　　　例(4):<u>你知道</u>,我虽然明白这些东西是怎么回事,但我不可能在那个年代用风箱和锤子造出坦克来。(杨冬《文明的故事》)

　　例(3)中,"你还别说"表明了说话者不容置疑的态度。例(4)中,"你知道"通过"将话塞到听话者的嘴里",诱导听话者接受自己的观点。这类表述在某种意义上具有操控功能。说话者刻意调用这种不经意的违反,却要求听话者按照默认认知图式去理解这种结构,从而收到操控话语的效果,同时带有某种责备或说教的口吻。

　　需要指出的是,语言主观性与元语言主观性并非截然对立的,而是构成了一个连续统。在某些情况下,两者密切交织在一起,从而产生强烈的表现力。汉语中不少格式均属此类,如重叠式结构("V＋Num＋是＋Num")(罗主宾,2012)、对举结构("你 A 你的 B,我 C 我的 D")(李丽君,2014)、"说什么"让步格式(杨梦源,2017)。这类格式介乎修辞与句法之间,可归入刘大为(2010a,2010b)所讲的修辞构式的范畴。

本节区分了广义语言主观性与狭义语言主观性。首先,区分了非语言主观性、前语言主观性及语言主观性,划定了广义语言主观性的范围。非语言主观性与语言主观性的分水岭是,主观性的解读中是否涉及语言因素;前语言主观性与语言主观性的分水岭是,主观性的解读是否涉及显性语言编码。非语言主观性涵盖身势、表情、手势等。前语言主观性涉及语言表征过程中介入的说话者因素,广义上涉及整个识解概念,狭义上涉及视角及参照点。其次,在语言主观性内部,划定了狭义语言主观性与言语主观性、语篇主观性及元语言主观性的界限。语言主观性与言语主观性的分水岭是语境,即主观性的解读是否需要指涉情景语境;语言主观性与语篇主观性的分水岭是辖域,即主观性作用的辖域是一个命题框还是多个命题框;语言主观性与元语言主观性的分水岭是形义比重,即在主观性的解读中起作用的首要因素是语义还是形式。①

第三节　研究目的与意义

一、研究目的

汉语主观性范畴林林总总,范畴内部各成分主观性表现不一。那么,在这些主观性范畴内部存在着什么样的相互作用?不同主观性范畴之间又存在什么样的互动关联?这对于理解主观性的本质、发掘主观性的运作规律具有重要意义。然而,关于这一点,目前的研究鲜有触及。本书的总体研究目

---

① 不过,这一区分是从共时层面做出的,各范畴之间并不存在严格的界限。从历时层面来看,不同主观性范畴间可能存在游移情况,这也反映了语言主观性的阶段性特征。言语主观性通常构成主观化的开端,其产物往往是语言主观性。如"I see"等言说动词短语在历史上发生了向认知义的转化,不再有时、体、态方面的变化,认识判断严格依赖于发话时刻,具备语言主观性的一般特征。"I think""I believe"等认知动词向话语标记的转化则体现出从语言主观性到语篇主观性的过渡。

标就是发掘汉语主观性成分间的相互作用及其互动模式。该总目标可分解为四大分目标：

（1）论证主观性成分之间存在互动作用，为互动模式的发掘做铺垫。

对于主观义到底是如何实现的，传统研究的定位尚存在不尽如人意之处。当代主观性及主观化研究表现出鲜明的个体观倾向，基本上是个案式展开的，并伴有严重的分解论倾向，将主观性归结为个体词项的意义。这种做法忽视了主观性实现的语境制约条件，也未能考虑到不同主观性成分间的相互作用问题。因此，本书的首要目标是论证主观性成分之间存在互动作用，从而为接下来刻画汉语主观性成分的互动模式做好理论铺垫。

（2）确立汉语各主观性范畴的权重，明确其在互动中的角色分工。

尽管主观性可作用于不同语言层面，但其权重存在差异。只有对各范畴的主观性加以合理定位，才能明确其在互动中的角色分工。因此，本书的一大目标是对词汇范畴、语法范畴及语法构式的主观性分别加以定位，明确各范畴在表达式整体的主观性解读中的作用。

（3）发掘汉语主观性范畴内及范畴间的互动模式，探索主观性系统的内部规律。

汉语主观性范畴林林总总，范畴内部各成分主观性表现不一。那么，在这些主观性范畴内部存在着什么样的相互作用？不同主观性范畴之间又存在什么样的互动关联？哪些范畴倾向于与哪些范畴共现？有无相对稳定的共现模式？发掘这些互动模式，对于理解主观性的本质、发掘主观性的运作规律具有重要意义。这是本书的重要目标，也是本书论述的重心。

（4）探讨主观性成分的互动效果，发掘主观性对汉语语法系统的影响与塑造作用。

汉语主观性成分彼此依存，相互作用，那么其互动表现出什么样的规律？是否存在一些共时与历时层面的宏观效应？主观性作为汉语的重要特征之一，对整个汉语语法系统有着什么影响？这是本书力图实现的终极目标。

二、研究意义

本书的选题具有丰富的理论价值和一定的实践意义。

（1）理论价值

第一，基于对当代主观性研究中的个体观倾向的反思，本书提出主观性的互动观，有望深化对主观性运作规律的认识。

第二,对汉语主观性成分间互动模式的刻画,有望揭示主观性在汉语中的表征方式,以及汉语主观性成分之间的互动关联,这对其他语言的主观性表征方式的探讨也具有一定的借鉴意义。

第三,对汉语主观性成分间互动效果的刻画,有望揭示主观性对汉语语法系统的渗透作用,对汉语句法—语义界面的研究也具有一定的参考价值。

第四,关于汉语主观性成分互动模式的发掘,可为历时主观化研究提供直接的参照框架。现有主观化研究基本采用个案分析的思路,这种孤立的视角可能会忽视相关主观性成分对主观化进程的推动作用。

(2)实践意义

第一,对于情感分析的启示:汉语主观性互动模式的建立,有望为汉语文本意见挖掘及情感计算提供新的启示。现有主观性标注方案单纯以孤立的词项作为主观性参数,在主观性特征的提取上有失全面。本书发掘的汉语主观性成分典型互动模式,可为情感分析标注方案提供必要的补充,并可作为一个重要的参数而融入其中。

第二,对于对外汉语教学的启示:对外汉语教学的最大难题不在于抽象的语法规则,而在于语法规则无法捕捉的主观义。通过将主观性锚定于结构语境,阐明主观性成分间的相互作用,发掘其典型的搭配模式,更有利于汉语学习者整体把握汉语主观性的特征,提高对外汉语教学效率。

第四节　研究对象与范围

本书以汉语中的主观性成分为研究对象,旨在发掘成分间的互动模式及其影响。不过,汉语主观性的表现手段林林总总,不一而足,需要限定研究层面才能加以概括。为此,我们区分了主观性作用的不同层面:语言层面、言语层面、语篇层面及元语言层面。在研究对象上,本书排除语境造就的言语主观性、特异性的习语与修辞的主观性、宽泛的语篇主观性,以及形式错位造就的元语言主观性,专注于获得形义配对的主观性表达。这涵盖三大范畴:词汇范畴、语法范畴与构式范畴。其中,词汇范畴包括实词范畴与功能词范畴;语法范畴主要涉及体、情态、人称及特殊语法标记;构式范畴涉及汉语中带有主观性的语法构式,如把字句、被字句、受事主语句、主观丧失句及主观认定句等。

就研究范围而言,本书主要限定在共时层面,聚焦于汉语主观性系统在共时维度上的内部相互作用。然而,汉语主观性系统作为一个高度活跃的系统,成分内部的相互作用并不是完全静态的,还可能涉及动态相互作用。鉴于主观性对语言使用的敏感性,历时演化往往带来主观性范畴的此消彼长,导致主观义的增强或减弱。为了对特定汉语主观性范畴有更充分的把握,必要时我们辅以历时研究,观察主观性范畴的历时演化,发掘范畴间的动态相互作用。不过,整体上,本书是将主观性作为一个共时概念加以考察的,即着眼于汉语共时系统中的主观性成分的行为特征,不考虑历时层面的主观化情况。主观性的相邻概念如主观化、交互主观性,同样不是本书关注的重点,必要时仅作为基础性概念提及。

第五节　研究思路与方法

一、研究思路

概括而言,本书在研究思路上遵循定位、建库、建模、探理四步法。

第一步,定位。系统梳理汉语各级各类主观性成分,就其主观性权重加以定位。

本书的基本假设是:实词范畴的主观性从属于其概念内容义,功能词范畴的主观性较为凸显;从实词范畴到功能词范畴,概念义与主观义呈此消彼长之势。语法范畴中,在主观性的表达上分化出三种情况:一是内在表达主观性的情况,二是从常规语法范畴分化出主观用法的情况,三是从常规语法标记中分化出主观性标记的情况。常规语法构式的主观性从属于其经验编码功能,其主观性的实现离不开词项主观色彩的浸染。

第二步,建库。基于确立的主观性范畴表,建立专用的汉语主观性语料库,进行语义标注。

本书确立的主观性范畴涵盖词汇、语法标记、语法构式三大范畴。其中,词汇范畴可细分为实词范畴与功能词范畴,在实词范畴中,主要考察认知动词与分级形容词的主观性;在功能词范畴中,主要考察语气副词及程度副词的主观性。在语法标记范畴中,区分内在表达主观性的情况(如认识情态、否定词"不")、分化出主观用法的情况(如第一人称代词"我"、体标记"了"),以及分化出主观性标记(如"他""给""个")的情况。就语法构式而言,主要考察被字句、把字句、受事主语句及领主属宾句的主观性。

第三步,建模。分门别类对汉语词汇范畴、语法标记范畴、语法构式范畴内部及范畴间的主观性互动模式进行刻画。

在汉语词汇范畴内部,主要考察程度副词与分级形容词、情感形容词与极性补语的主观性互动情况。在汉语语法标记范畴内部,主要考察"他"与"个",以及"个"与"给"的主观性互动。就汉语语法构式范畴而言,主要考察被字句与把字句、受事主语句与领主属宾句,以及被字句与领主属宾句的主观性互动。就词汇范畴与语法标记范畴的主观性互动情况而言,主要考察[第一人称+认知动词+程度副词+分级形容词]、[分级形容词+极性程度副词+了],以及[给+V+了]几大组合模式的主观性。① 就词汇范畴与语法构式范畴的主观性互动情况而言,主要考察把字句与动词主客观性的互动、被字句与施事及动词主观性的互动,以及受事主语句与补语主观性的互动。就汉语词汇、语法标记与语法构式范畴主观性的联合互动而言,主要考察[把+N+给+VP]、[被+N+给+VP],以及[是+个+NP]几大组合模式的主观性。

第四步,探理。分别从共时与历时层面揭示主观性成分的互动效果,探讨其对汉语语法系统的影响。

汉语主观性成分的互动效果体现在四个方面:一是主观性的集群效应,二是主观性的压制效应,三是主观性的拉链效应,四是主观性的推链效应。主观性对汉语语法系统的渗透作用体现在四个方面:一是造就汉语中的主—客分化倾向,二是造就主观性在汉语句法中的左向分布,三是造就汉语中的标记性编码,四是造就对汉语常规句法的突破。

二、研究方法

本书采取理论与实证、定性与定量相结合的方法,以基于语料库的分析思路为主,自上而下的分析思路为辅进行研究。自下而上的分析思路容易让人们做出先入为主的假设,从而形成对研究对象认识的偏差,而语料库驱动

---

① 本书区分组合模式、构式与结构。组合模式表明若干独立的成分发生组合,采用"[ ]"标记,成分之间采用"+"连接,如[是+个+NP]组合模式、[程度副词+分级形容词]组合模式。构式表明成分组合后已经形成稳定的形义配对,采用引号标记,成分之间除英文缩略词外均不采用"+"连接,如"是个 NP"构式、"程度副词+分级形容词"构式。结构则一般是非独立构式或构式片段,语义较为概括,主要为语料检索时采用,同样采用引号标记,如"被 N+V""把 N+V"结构。

的方法可能无法得出具有足够概括力的结论。这种方法上的有机融合可以最大限度地实现两者的优势互补。在定性研究部分,本书综合运用归纳与演绎、分析与综合、抽象与概括的方法,以期揭示主观性系统内部的互动规律。在定量研究部分,本书基于自建主观性语料库提取典型互动模式,进而基于北京语言大学语料库中心(BLCU Corpus Center,简称 BCC)大型语料库调查具体互动模式的频次,做出分析解释。由于自建语料库规模较小,因此在频次统计时需要借助大型语料库数据。同时,本书基于北京大学中国语言学研究中心(Center for Chinese Linguistics, Peking University,简称 CCL)古代汉语语料库,辅以部分历时语料调查,用于捕捉互动模式出现的临界点。为了捕捉新兴主观性互动模式,本书还参考了少量来自网页的语料。

　　BCC 语料库总字数约 150 亿,包括报刊(约 20 亿)、文学(约 30 亿)、微博(约 30 亿)、科技(约 30 亿)、综合(约 10 亿)和古汉语(约 20 亿)等多领域语料,是可以全面反映当今社会语言生活的大规模语料库。CCL 语料库中古代汉语语料约 2 亿字符,收录了从周代到民国的语料及《大藏经》、二十五史、历代笔记、十三经注疏、诸子百家、全唐诗、全宋词、全元曲、道藏、辞书、蒙学读物等的杂类语料。

　　由于大型语料库数据较为分散,因此,为了有效捕捉汉语主观性成分的互动模式,本书自建了专门用途语料库——汉语主观性语料库,以超大规模语料库 BCC 语料库作为母库。本书自建的语料库属于平衡语料库,可以兼顾不同语体的差异。基于我们确立的三级主观性语义范畴(一级为宏观范畴,涵盖情感、评价、认识;二级为具体范畴,如认识>认识情态;三级涉及语义次范畴,如认识情态>认识情态动词,结合主观性标记实例,如认识情态动词"会",对于每个主观性标记依次从母库中随机抽取 500 个相关例句,将各例句混合,得到容量为 500 万词的主观性语料库。接下来,对各个主观性标记加以系统标注,标注信息包括主观性范畴、主观性权重。此种标注方式有望提供影响不同主观性标记共现的结构与语义分布信息,有利于后续发掘其互动模式。为保证对汉语主观性成分的判断符合本族语者的直觉,本书同时辅以问卷调查法,实地调查本族语者关于主观性成分的判断与甄别情况。

第六节　各章内容

　　本书共分十三章,各章的具体内容安排如下。

第一章是绪论。本章首先呈现本书的核心概念——主观性,以及其发端的历史背景和地位的嬗变。在此背景下,呈现语言主观性的研究局面,概述现有研究的问题与不足,从而指出本书的努力方向。接下来明确研究对象和研究范围,阐明本书的目标和意义,交代研究思路和方法。

第二章就主观性研究加以综述。本章以时间为线索,以理论流派为主要脉络,对当代主观性思想进行系统回顾,包括早期主观性思想、基于认知语法的主观性理论、基于历史语用学的主观性理论、基于功能—话语分析的主观性理论,对其基本思想进行阐发,就其贡献与不足之处加以评述,从而指明本书的研究方向。

第三章基于对当前主观性研究方法中的分解论的反思,重新思考主观性的语言表征方式,提出主观性的互动观。本章分别就词项与构式的主观性加以定位,在此基础上提出主观性的词项—构式互动观,主张主观性的解读来自词项与构式的互动作用,既不能约减为词项的属性,也不能约减为构式的属性。

第四章勾勒了汉语中的主观性范畴,分别考察词汇范畴、语法范畴及构式范畴中的典型主观性成分。在词汇范畴中,重点考察认知动词、分级形容词、程度副词及语气副词的主观性。在语法范畴中,区分内在表达主观性的情况、分化出主观用法的情况,以及分化出主观性标记的情况。在构式范畴中,重点考察被字句、把字句、受事主语句,以及领主属宾句的主观性。

第五章至第七章围绕范畴内部的主观性互动模式展开。第五章考察词汇范畴内部的主观性互动模式。实词范畴与功能词范畴在主观性的表达上相互依存,形成稳定的互动模式。其互动表现为:强主观性成分拉动弱主观性成分,弱主观性成分为强主观性成分提供填充项。本章重点考察程度副词与分级形容词主观性的互动,以及评价形容词与极性程度补语主观性的互动。第六章考察语法范畴内部的主观性互动模式。携带主观性的语法标记可相互叠加,生成更大的主观性结构。本章重点考察"他"与"个"主观性的互动,以及"个"与"给"主观性的互动。第七章考察汉语构式范畴内部的主观性互动模式。携带主观性的构式可两两发生互动,彼此融合,从而形成新的主观性构式。本章分别就被字句与把字句主观性的互动、受事主语句与领主属宾句主观性的互动,以及被字句与领主属宾句主观性的互动展开考察,并基于语料库统计对新构式的语义特征加以界定。

第八章至第十章围绕范畴间的主观性互动模式展开。第八章考察汉语词汇范畴与语法范畴的主观性互动模式。携带主观性的词项与语法标记可彼此发生互动,融合为微型主观性构式。本章重点考察第一人称、认知动词与程度修饰结构"程度副词＋分级形容词"主观性的互动,分级形容词、极性程度副词与情态评价义"了"主观性的互动,以及主观性标记"给"、动词与"了"主观性的互动。第九章考察汉语词汇范畴与构式范畴的主观性互动模式。按照主观性的互动观,词项的语义特征与构式的语义特征存在相互作用,词项的主观性潜势在构式语境中得到激活,构式主观性的解读离不开词项主观色彩的浸染。因此,词项与构式的主观性互动倾向尤为显著。本章聚焦于把字句与动词主客观性的互动、被字句与施事及动词主观性的互动,以及受事主语句与补语主观性的互动。第十章考察汉语词汇范畴、语法范畴与构式范畴的主观性互动模式。在特殊主观性标记、构式与词项主观性的合力作用下,从语法构式中涌现出下位主观性构式。这种下位主观性构式的涌现,是对常规语法构式主观性弱化的补偿。本章重点考察两类典型互动模式:"给"与把字句、被字句及词项主观性的互动,以及"个"与认定构式及情感名词主观性的互动。

第十一章至第十二章围绕主观性在宏观层面上对汉语的影响展开。第十一章探讨汉语主观性成分的互动效果。汉语主观性成分在互动效果上呈四大效应:共时层面上的集群效应、压制效应及历时层面上的拉链效应、推链效应。集群效应涉及语义色彩的相容,压制效应涉及语义色彩的相斥。拉链效应涉及组合层面上强主观性成分对弱主观性成分的拉动,推链效应涉及聚合层面上主观性成分新老交替的态势。在几大效应的作用下,可能涌现出下位主观性构式。第十二章旨在揭示主观性对汉语语法系统的渗透作用,包括主—客分化倾向、主观性成分的左向分布、主观性的有标记编码及其对汉语常规句法的突破。

第十三章概述全书的研究结论,归纳本书的创新之处,指出本书的不足之处,并就后续研究做进一步展望。

第二章　当代主观性研究概览

　　主观性在语言中的重要性已成为不少语言学家的共识。其所涉及的是作为语言使用主体的人如何将自我的观点、视角或情感投射到语言使用及语言结构中。事实上，正如 Lyons(1994:13-14)指出的那样，主观性"或可说既不新鲜也不有趣……我们终生都在与之打交道，只是没有用一个专门术语去指称它罢了"。主观性也是钟情于语言研究的各派学者一直以来都在与之打交道的东西，对主观性的研究可谓由来已久。这些研究沉淀于历史的不同时段，上至近代，下至当代；散落在语言研究的各个角落，上至哲学主张，下至具体描述。尽管其所采用的术语形形色色，但总体上并未超出当代主观性研究的范围，更是构筑了当代主观性思想体系的坚实平台。

　　近代有威廉·冯·洪堡(Wilhelm von Humboldt)的语言创造观；现代有Bühler(1990[1934])的"语言功能图式"概念、Bally(1965[1932])的情态理论，以及 Jakobson(1957)的情感功能说；当代较有影响力的有 Kuno(1987)的移情(empathy)理论，Martin & White(2005)的评价理论(appraisal theory)，Halliday(1994)、Lyons(1982)、Perkins(1983)等关于情态的主客观性的论述。再有，Cornillie(2007)、Narrog(2005,2012)关于情态的系统阐发，以及Nuyts(2001a,2012)关于主观性与言据性(evidentiality)关系的主张。同时，还有泰德·桑德斯(Tide Sanders)关于文本所传递的说话者视角的论述(Sanders & Gisela,1996;Sanders & Spooren,1997)。另外，Austin(1962)的言语行为理论、格莱斯及新格莱斯会话含义理论(Grice,1975;Levinson,2000)、Halliday(1994)的语言元功能思想，均在某种程度上构成了当代主观性思想的来源。

　　功能语言学、语用学、话语分析和认知语言学都充分注意到了语言的主观性问题。功能—语用—话语学派对言语主体地位的关注，源于对言语及言语优先性的重视。说话者因素及其语用推理在语言运用中的方方面面均有体现，因此话语的主观性是功能—语用—话语学派的一个绕不开的问题。主观性反映在言语主体的立场、视角、推理因素对语言使用过程的干预。功能学派提出了评价理论（Martin & Rose,2003；Martin & White,2005），将其作为语篇语义学的一个重要组成部分。语用学派注重说话者的语用推理如何随时间推移渗入词项的语义中，提出了基于语用强化的主观化思想（Traugott,1989）。话语分析学派提出了立场的概念（Englebretson,2007），重视文本背后所传递的作者的语篇态度。而在认知语言学反客观主义的大潮中，主观性作为对抗客观主义最有力的砝码，在当前的认知语言学中更是被提到了本体论的高度。作为一种主客观相统一的意义观，认知语义观首次将"人"这一要素作为核心融入了语义及语法的架构之中，凸显了人在语言中的核心地位。

　　本章分别呈现早期主观性思想、基于认知语法的主观性理论、基于历史语用学的主观性理论、基于功能—话语分析的主观性理论，旨在展现当代主观性研究异彩纷呈的状态。

第一节　早期主观性思想①

一、洪堡特：主观性思想的先声

　　作为近代人文主义的先驱，洪堡特早在 1906—1936 年嗣后出版的《论人类语言结构的差异及其对人类精神发展的影响》（*Ueber die Verschiedenheit des Menschlichen Sprachbaues und Ihren Ein*）中，已经发出主观性（更恰当地说是主体性）思想的先声。他首次将人的因素提上议程，提出著名的语言创造观，强调人类精神力量的创造活动对语言的能动影响。他指出，语言绝不是产品（Ergon，即"制成品、所做的事"），而是一种创造活动（Energeia，即"作用、活动"）（转引自：姚小平，1995：121）。他所说的"活动"，就是精神的创造活动。"语言实际上是精神不断重复的活动……语言不是活动的产物，而是精神不由自主的流射。"（转引自：姚小平，1995：121）关于"精神"（Geist）一词，

---

① 　除了本部分中的早期主观性思想之外，还需要提及 Bréal(1964[1900])、Bühler(1990[1934])及 Jakobson(1957)关于意义及意义变化的经典研究，以及 Kristeva(1989)关于主观性与自我表达的关系的探讨，但尚未形成气候。我们在前文中已经略微提及，在此不再展开。

洪堡特认为,活跃于人的内心之中的力量就是精神。一般说来,整体、类,即人类精神,表现出更多规律性;而组成部分、个体,即精神个性,显现出更多自由性。因此,精神个性是独立自主地进行创造的力量。① 由于任何言语活动都始于个人并在个人之间进行,每个人在运用过程中都有可能进行创新,因此精神个性是言语活动中非规律创造行为的源泉。这里的精神个性在非规律性创造中的作用对于我们后面解释主观性压制,乃至整个语言新创行为,具有认知上的理据意义。

洪堡特首次明确主张个人对语言的创造性,强调语言存在异于、独立于心灵的一面,同时又存在从属于、依赖于心灵的一面。"语言就是这样一种特殊的存在,事实是语言客观地、独立自主地发挥作用,对人的主观认识产生影响;而它恰恰又在同一程度上受到主观的影响和制约。"语言对人的限制和规定,是语言客观所具有的"威力"的表现。"面对语言的威力,个人的力量显得微不足道。"反过来,人对语言必然施加"强力"的控制,人的精神活动无时无刻不在影响着语言;但是在语言和精神的相互影响中,后者(精神或思维)才真正起着主导作用和最终的决定作用。具体表现在:一方面,语言作为认知手段和表达工具必须满足精神活动的需要;另一方面,语言对精神的限制是相对的、有条件的。因此,洪堡特提出:"语言从精神出发,再反作用于精神,这是我们要考察的全部过程。"(转引自:姚小平,1995:145)

作为人文主义的先驱,洪堡特强调个人对语言的反作用,在其看来,只有在个人身上,语言才获得其最终的规定性。"一方面,语言的创造只有在每一具体个人的身上才能进行,而另一方面,个人只有在求得所有的人理解,并且所有的人都满足了他的这一要求的情况下,才能创造出语言。""在任何时候,任何情况下,一种语言对人来说都不可能形成绝对的桎梏。"(洪堡特,1997:49)尽管洪堡特尚未触及主观性这一概念,但他将精神视为深藏在语言之后的具有决定性力量的存在,这就涉及语言使用主体的能动作用,为随之而来的主观性研究——语言使用主体如何在语言中留下"自我"的印记——开启了大门。

然而,洪堡特的主观性思想在很大程度上是朴素的、思辨的,正如《论人类语言结构的差异及其对人类精神发展的影响》全书的风格一样。他甚至在

---

① 需要指出一点,洪堡特所说的"精神"(Geist)不等于"思维"(Denken)。因为"精神"是一个先在的本原,与个体有关但又不完全依赖于个体。而"思维"则不同,它是精神活动的一个主要方面,是具体的精神动力之一(洪堡特,1997:211)。

精神创造与语言创造的论述上存在自相矛盾之处。尽管洪堡特关于精神创造的论述存在矫枉过正的倾向，但其"精神"概念的提出，价值不亚于 20 世纪心理学中"意识"概念的出炉。

可惜的是，洪堡特所处的时代，正是科学主义盛行的年代，洪堡特的人文主义思想如同暗夜中划过天空的一颗流星，最终淹没在历史的洪流中。

二、本维尼斯特的主观性思想

本维尼斯特所探讨的主观性，本质上是说话者自立为主体并进驻语言的能力。从语言表达言说的那一刻开始，说话者便将语言打上了自身的烙印。因此，主观性也就成为语言表达中挥之不去的影子。在本维尼斯特看来，说话者的身份是通过互动得以确立的。他将说话者—听话者视为语言交际得以发生的先决条件，并将这一关系称为"交互主观性"（intersubjectivity）：交际双方互为言说主体，并意识到对方的言说主体地位。"话语是由语言构筑而成的，因其是由言说主体发出的，并且是在主体交互的情况下发生的。唯此，语言交际才成为可能……通过自称为'我'并将'你'与自身加以对照，说话者自立为主体。"（Benveniste，1971[1958]：230）

（一）本维尼斯特的主观性思想概述

本维尼斯特关于主观性的讨论集中在其《普通语言学问题》（*Problems in General Linguistics*）这一文集中的《语言的主观性》（"Subjectivity in Language"）一文。该文言简意赅，短短 8 页却蕴含了无比深邃的思想。

他首先驳斥了语言工具论，指出那种认为语言在交际的"刺激—反应"行为中充当着中介及工具角色的观点，实质上是将语言（langue，即统摄语言使用的抽象原则）与话语（parole，即具体的语言使用）混为一谈。① 倘若承认话语是使用中的语言，则话语必然是在交际主体间发生的，如此就不难发现了。这种"工具"属性源于语言被摆在工具的位置。至于语言传递信息的角色，非语言手段如手势、范例完全可以胜任。因此本维尼斯特强烈反对语言工具论，认为这种观念不过是"一种简单化的思想"，这是因为"谈到工具就是将人和自然对立起来"不过是将语言比作弓箭、轮子之类的东西。这些东西并非

---

① 本维尼斯特所讲的"discourse"与现行所称的"语篇"或"话语"并不同质，而是等同于"言语"（parole）。

自然所造之物,而是捏造出来的东西。而语言却寓于人的本质之中,并非人类捏造出来的(Benveniste,1971[1958]:223)。

在他看来,这种交流工具或媒介功能隶属于个体的发话行为或言语,并不属于语言本身。而言语要成为交流的媒介,就必须经由语言的允准。因而,正是在语言中并借助语言,人构筑了一个主体意义上的自己,因为唯有语言才能确立起现实中的"自我"概念。这里,Benveniste(1971[1958]:224)引出了主观性概念,即其所谓的"说话者自立为'主体'的能力"。他将主观性视为语言的一种根本属性:自我即说出"自我"的这个人("Ego" is he who says "ego".)(Benveniste,1971[1958]:224)。这也是主观性的基础所在,而这一点是由"人称"的语言学地位所决定的。只有同某个人说话时,我才自称"我",而称呼对方为"你"。

每个说话者在话语中指称自己为"我",从而自立为主体。出于这一点,"我"又设定了另一个人,一个完全外在于"我"的人,他构成了"我"的回声。我对他说"你",他反过来对我说"你"。在本维尼斯特看来,这种人称上的对立构成了语言的基本条件,也构成了主观性的语言学基础。作为表示"人"的语言形式,"我""你"在所有语言中均是存在的。因此,"一种不涉及人的表达的语言是无法想象的"(Benveniste,1971[1958]:225)。

本维尼斯特力主人称代词的特殊性,认为它并不像其他词语那样指向某个概念或某个个体。他写道:"我"指称什么呢?指称某种纯语言的特殊的东西,指称某种个人性的话语行为,借此指向说话者。说话者所指称的现实是话语现实,正是在某个话语片段中,说话者用"我"指称自己,从而声明自己的主体地位(Benveniste,1971[1958]:226)。因此,本维尼斯特断言,"主观性的根基存在于语言运用(即言语)中"(Benveniste,1971[1958]:226)。除了说话者赋予自身的语言身份外,没有其他客观证据可以表明其主体身份。

本维尼斯特还将主观性扩展到其他指示范畴。组织时空关系的词如"这""这里""那""现在""昨天""去年""明天"均以发话主体作为参照。其共性在于只能参照其所出现的话语片段加以界定。以时态范畴为例。无论过去还是现在,其分界线永远是"现在"。"现在"作为时间上的指称对象仅仅是一个语言事实,除了发话时刻外,没有其他表达能够表明我们此刻所处的时间。因此,"现在"是由每个说话者借助与之相连的话语片段确定的。这里,本维尼斯特借用时间性,再次说明了主观性正是寓于语言的使用中的。

本维尼斯特还注意到了人称代词与不同类型的动词结合的特殊性。说"我难受"时,我描述的是自己当前的状况;说"我觉得"时,我描述的是自己的某种印象;说"我相信"时,并不意味着我在描述自己相信的情况。在此,思维的运作并非语句描述的对象,因为"我相信"事实上是一个弱化了的断言。当我说"我相信天气要变"时,我是把一个原本非个人性陈述的事实变成了一个主观的语句,真正的命题即"天气要变"这个事实。诸如"I presume that""I suppose that"之类的说法表明的是对随后语句的某种态度,而非描述思维的运作。在这种情况下,真正的语句是"that"之后的命题,而非管辖该命题的私人性动词。因此,这些私人性动词是主观性的表现形式。然而,这种主观性的表现形式在第一人称之外并无立足之地。例如"You suppose that he has left."不过是重复"你"说过的话,"He supposes that"也不过是一个简单的陈述。

在言说谓词中,这种主观性就更明显了。Austin(1962)率先注意到,施为动词如"swear""promise""guarantee""certify""pledge to""commit to"明确要求第一人称主语。当我说"I promise""I guarantee"时,我事实上就是在做出承诺或保证。对此,约翰·L.奥斯汀(John L. Austin)并未做过多发挥,也未能从主观性的角度出发看问题。本维尼斯特则进一步主张,这些语句等同于行为本身,但这种等同条件并非动词意义所赋予的,而是话语的主观性使然。"I swear"是一个保证,"he swears"则不过是一个描述,与"he runs""he smokes"没什么两样。当一个行为借由"I swear"的说出得以实施时,主体的地位也借"I"的说出得以确立(Benveniste,1971[1958]:229-230)。

(二)本维尼斯特的主观性思想评价

本维尼斯特强调"人在语言中的现场"(L'homme dans la langue)。虽然本维尼斯特大谈人的语言身份,但他所谓的"人"只落实到语言中的人称范畴及以其为参照的指示范畴,而未能考虑人的心智维度。本维尼斯特确立了第一人称的绝对优先地位,认为人称范畴确立了人的语言身份,而他所谈的主观性正是这样一种主体身份。在他看来,人称、时态范畴构成了主观性的基本表现形式。本维尼斯特对主观性的论述带有朴素的思辨色彩,他所谈到的主观性主要聚焦于今天所讲的"指示"(deixis)范畴。他所参照的是生理自我,一个时空意义上的参照点,心理意义上的自我(认知主体)并未纳入其主观性的考察范围。当然,本维尼斯特注意到了不同人称与认知动词结合时产生的分化效果,这对于探讨主观性的实现条件颇具启发意义,可惜他将目光锁定在了第一人称范畴上,因而未能注意到其他范畴同样存在类似效果。

在本维尼斯特所处的时代,认知科学尚未兴盛起来,人们对自我及其认知地位的认识还相当朦胧,因此对主观性的认识尚停留在相当朴素的层面。例如,某些说法带有明显的循环论和自相矛盾色彩,如"语言使得主观性成其为可能,因其总是包含着适于表达主观性的语言形式……主观性在语言中的确立创造了人称范畴——不但在语言中如此,在语言外亦是如此"(Benveniste,1971[1958]:227)。基于以上观点,我们可以发问:到底是主观性允准了语言中的主观性表达,还是语言中主观性表达的存在确立了主观性的地位? 到底是人称范畴确立了主观性在语言中的地位,还是主观性使得人称的表达成其为可能? 本维尼斯特所谓的主观性不过是语言所确立的人的"主体身份",因此无法在语言之外找到对应物,这使得我们无法对其概念加以证伪。然而,Benveniste(1971[1958])的《语言的主观性》一文作为反对语言学中的客观主义的战斗檄文,论证了主观性在语言中具有极为重要的地位,是在客观主义占据主导的背景下发出的为主观性正名的呼声。这种呼声不仅自此扭转了主观性的非正统地位,引发了语言主观性研究的热潮,还为非客观主义意义观以及随之而来的认知语言学拉开了帷幕。承认主体在语言中的地位已成为认知语言学的基本信条。时至今日,本维尼斯特所开启的主观性研究的风潮依然存在,对于这位先辈我们永怀着感激之情,本书的最终目的也在于阐明"主观性在语言中的标记究竟何等深刻"。

三、莱昂斯的主观性思想

(一)莱昂斯的主观性思想概述

Lyons(1977)在其专著《语义学》(*Semantics*)(两卷本)中首次用到"主观性"这一概念。他写道:说出一段话时,说话者也同时对这段话加以评论,并表明对所说内容的态度。"这一主观性概念是极其重要的。"(Lyons,1977:739)这也是约翰·莱昂斯(John Lyons)主观性思想的萌芽。

Lyons(1982)正式撰文对主观性加以探讨。他首先尖锐抨击了语言学研究中盛行的科学主义思潮,指出现代英美语言学家一直有一种唯理论的偏见,即认为语言基本上是(即便不完全是)用来表达命题式思维的。莱昂斯的主观性思想直接发端于对真值条件语义学的反动。经典真值语义学的致命弱点在于,其关注对象仅限于客观的命题内容,因而无从处理主观现象,甚至无从处理陈述句以外的语言表达。他主张语义学研究应囊括自然语言中所有词汇、语法结构的意义,无论能否进行真值分析。通过这种"门户开放",他将主观性纳入了语义研究的视野。

而后，他对主观性进行了正式界定，即自然语言在其结构及常规运作方式中，为言语主体提供了表达自我及其态度、信念的手段（Lyons，1982:102）。这个定义一直被奉为主观性的经典定义。Finegan（1995:1）将其引申到历时层面，参照这一定义将主观化界定为"为表现这种主观性而在语言形式上的体现，或由一般语言形式演变为主要用于充当说话者主观性标记的过程"。

Lyons（1995:337）进一步阐释了他所理解的一般意义上的主观性：主观性指的是意识（认知、情感、感知）主体或行为主体（施事）的属性。它表达的是笛卡儿称之为"思想实体"的属性，即人们所说的自我或自我的属性。这一定义将主观性与意识主体关联起来，在某种意义上表现出心智主义的立场。莱昂斯的这一观点后来直接被兰艾克所继承并发展，成为认知学派主观性思想的重要来源之一。不过，莱昂斯主张，语言学家关注的应该是"言谈主观性"（locutionary subjectivity），也即语言使用中的自我表达。① 这也是他始终关注的重心。

当然，莱昂斯并不偏激地认为主观性在语言中无所不在，而是主张区分语言中的主观话语与客观话语，前者涉及说话者的自我表达，后者则涉及一组可交流的命题。② Lyons（1982:107）以例（1a）与例（1b）为例说明了主观表达与客观表达的区别：

例（1a）：I remember switching off the light.
例（1b）：I remember myself switching off the light.

按照莱昂斯的理解，例（1a）传达了某种主观看法，因其透露了说话者的意识，例（1b）则更为客观，可被看作对事件的报道，说话者将自身作为参与者加以提及。Lyons（1995）还提出了意识主体（subject of consciousness）的概念，其所涉及的是说话者从自身所处世界的视点出发，对外界加以评判和指称的情况。③

莱昂斯对主客观性区分的主张始于对情态问题的探讨，他关于主观性与

---

① 这趋近于我们后面所讲的言语主观性概念。

② 不过，在莱昂斯看来，话语带有主观性"还是非常可能的"（Lyons，1995:340）。

③ 这一观点在很大程度上为兰艾克所继承，兰艾克基于识解观的主观性侧重的正是作为意识主体的说话者隐匿于表达式背后的情况。

客观性的定义的基础也主要是情态判断所涉及的证据类型：如果表达的是一个纯主观的臆测，则情态判断是主观的；如果表达的是一个数学上可计算的概率，则情态判断是客观的。例(2)是他的经典例句：

例(2)：Alfred <u>may</u> be unmarried.

Lyons(1977:798)认为，在特定情况下，如阿尔弗雷德(Alfred)所在的社区 90 人中有 30 人未婚，但不确定是谁，则他未婚的可能性是客观存在的，此时"may"具有客观性。因此，语境就成为判断该句的主观或客观"值"的唯一标准。

不过，Lyons(1977)并不认为情态的主客观性是一种非此即彼的对立，而是构成了一个分级现象，量级的两端分别代表了弱主观性与强主观性。前者涉及说话者在对现实的评估中仅有微弱介入，后者则涉及说话者自身关于现实事态的信念。对于上述两种情况，Lyons(1982)分别称之为客观情态与主观情态。不过他指出，在日常语言使用中，客观情态与主观情态的界限并非泾渭分明，至少是"从认识论上来讲并不确定"(Lyons,1977:797)。下面是他举的例子：

例(3)：You <u>must</u> be very careful.

例(3)既可理解为道义情态，即"It is obvious from evidence that you are careful."，又可理解为认识情态，即"I conclude that you are very careful."。在情态的主观性来源的问题上，莱昂斯称"情态动词也许本身并不具备主观性，情态动词表示的不同类型、不同程度的主观性也许不是通过语法、词汇结构，而是通过说话者在话语中的重音、语调及副语言手段来表现的"(Lyons,1977:340)。

莱昂斯考察的主观性范畴并不囿于情态，还涉及指示、时态、人称等范畴，其重点考察对象是空间指示语。莱昂斯从说话者在空间指称中的介入，推断指示情景具有自我中心性，即将一切事物都与自身的视角相连。由此，说话者视角提供了"指示空间的零点"(the zero-point of the deictic space)(Lyons,1977:638)。同时，莱昂斯将时态与指示一并纳入其主观性概念下，因为在其看来，它们参照了话语语境，因而也同时参照了说话者。这在很大程度上承袭了 Benveniste(1971)的做法，不同之处在于，在本维尼斯特看来，人称范畴具有第一性;在莱昂斯看来,指示范畴具有第一性。

(二)莱昂斯的主观性思想评价

整体来看,莱昂斯的主观性思想的出炉,是针对当时语言学中盛行的科学主义倾向提出的,为主观性在语言中找到了一席之地,因此具有划时代的意义。作为语义学家,莱昂斯的批判矛头直指在语义学研究中占统治地位已久的真值条件语义学,声明说话者对自我的表达不能约减为一组命题。由此,他主张区分语言中的主观话语与客观话语。

然而,莱昂斯的主观性理论也并非完美无缺。Lyons(1982)所下的广为接受的定义是大有问题的,即其双重性问题。按照莱昂斯的定义,主观性在语言运用和语言结构两大层面均有体现。在语言运用中,主观性表现为说话者在话语中的自我表达;而在语言结构中,主观性则体现为语言中一些词语和语法结构形式编码了与"自我"相关的语义特征成分。这充分展现了主观性在人类语言使用和理解中的重要地位。这样一来,主观性既属于言语范畴,又属于语言范畴;既是一种活动,又是一种产品;既是话语研究关注的对象,又是语法研究的内容。但在实际研究中,存在着强调一方偏废一方的情况。莱昂斯的研究重心落在话语的主观性上,后来的研究者也深受其影响,使得语言结构、语义特征层面的主观性始终未能得到很好的研究,这限制了主观性探讨对语法乃至语言系统可能起到的塑造作用。这种偏废又直接导致了对主观化解读的偏废。对主观化的理解侧重主观性在语言形式上的表现,而这一点与语言结构层面的主观性是重合的。这不仅带来了术语使用上的混乱,而且大大助长了主观性与主观化概念的泛化解读。

四、小 结

早期主观性研究在很大程度上受哲学中主体性思想的启发,因此,其"主观性"概念更趋近"主体性"的意蕴,是在语言本体层面上谈论这一概念的。早期主观性研究的价值在于其确立了"自我"的价值,并将主观性纳入正统语义研究的范围。情态、人称、指示语等成为研究者关注的重心,但对主观性的认识还相当朦胧,甚至存在着某些将情态等同于主观性的误区。简言之,当时系统化的主观性理论尚未建立起来。

第二节　基于认知语法的主观性理论

本节将对兰艾克基于认知语法的主观性理论加以阐发,并就其优缺利弊做出评述。

一、兰艾克主观性理论的基本思想

早在1985年,兰艾克就初步论述了主观性的概念,而后20余年,其理论在认知语法框架下几经扩展、修订而日臻完善(Langacker,1990a,1998,1999a,1999b,2003,2006)。认知语法秉持了"感知与概念的同构性"的假设(Barsalou,1999),认为主观性—客观性概念应参照观察情景加以描写。从本义上看,主观性—客观性体现的是感知情景中的观察主体与观察对象的不对称性。当某一实体充当情景中的观察者,而完全意识不到自身的存在时,即可被认为带有主观性。而当该实体仅仅充当情景中的观察对象时,即可被认为带有客观性(Langacker,1985:21)。主观识解是观察者角色的典型特征,即自身并未被感知到的位于台下的感知经验场。与之相反,客观识解描述的是台上的注意焦点,自身并不参与观察。某一实体作客观识解时,是作为注意对象而存在的,比起主观识解时自然更为凸显。①

类比到概念化情景中,当某一实体位于台下并被隐性表征时,它构成了概念形成的平台与出发点,因此是概念化过程中的固有成分,而非概念化作用的对象,此时对其识解会带有最强的主观性。反之,当某一实体被置于台上,成为显性的注意焦点时,它仅仅扮演着概念化对象的角色,此时对其识解会带有最强的客观性(Langacker,1999b:149)。② 两种情况分别代表了"自我中心的观察格局"(egocentric viewing arrangement)与"优化观察格局"

---

① 比如说,我戴上眼镜时,它实际上是我视觉系统的一部分,因而是主观识解的,并不具有显著性。它帮助塑造了我的视觉经验,但我极少看到眼镜本身。但当我摘下眼镜细加审视,加以客观识解时,它便获得了显著性。

② 兰艾克在这里运用了一个本体隐喻:认识就是观看,主体就是观看者,世界就是由作为观看者的主体和作为被观看者的客体所组成的。这种主体和客体之间的观看隐喻构成了西方哲学的认识论基础。他对传统认识论主客二元论的存在图式的超越,表现在他主张主客既可相互分离,又可彼此融合。

(optimal viewing arrangement)，在两者之间还存在着中间状态，即某一实体同时充当概念化主体与概念化对象的情况。以下是 Langacker(1999b：149)所举的例子：

> 例(4a)：Vanessa is sitting across the table from Veronica.
> 例(4b)：Vanessa is sitting across the table from me.
> 例(4c)：Vanessa is sitting across the table.

例(4a)代表了优化观察格局，其中概念化主体与客体处于完全分离状态。瓦妮莎(Vanessa)与维罗尼卡(Veronica)均作为"台上"的概念化客体而存在，作为概念化主体的说话者则位于"台下"。例(4c)代表了自我中心的观察格局，此时，概念化主体置身于其所识解的场景中，说话者处于台下隐而不现，构成了界定瓦妮莎位置的参照点。在例(4b)中，说话者依然是界定瓦妮莎位置的参照点，但被置于台上，同时扮演着概念化对象和观察主体的角色，因而既非全然主观，也非全然客观。三种观察格局分别如图 2.1 所示。①

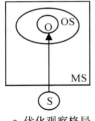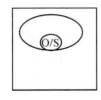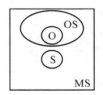

　　a. 优化观察格局　　　　b. 自我中心的观察格局　　　　c. 中间状态

图 2.1　观察格局

相对而言，例(4c)所反映的自我中心的观察格局代表了最主观的识解方式，尽管它与例(4b)均唤起了作为概念化主体的说话者，但例(4c)将说话者付诸隐含，因而较之于例(4b)主观性更强。从历时层面来讲，"across"的用法从例(4a)向例(4c)的过渡可视为一个主观化的过程。

　　在 Langacker(1990a)早期的主观性理论中，主观化被界定为某一关系从客观轴调整到主观轴。由此，主观化的本质即在于客观识解的关系被主观识解的关系所替代。Langacker(1998，1999a，2006)后期对该理论做出了修正。

---

① 　O = object of conception(概念化客体)；S = subject of conception(概念化主体)；OS = onstage region(台上区域)；MS = maximal scope of predication(最大述谓辖域)。

他接受了 Verhagen(1995)的观点,不再将主观化视为一种调整或替代关系,而是认为"主观成分本身始终寓于客观成分的概念化之中,仅仅是后者的消退使其得以凸显"(Langacker,1998:75;Langacker,2006:21)。于是,他对主观性进行了重新界定:"一个客观关系消退,留下一个原本寓于其中的主观关系,后者寓于前者的概念化过程中。"(Langacker,1998:76)这实质上道出的是语义弱化(semantic bleaching),即概念化主体的心理扫描(主观识解的关系)(图 2.2 中纵向虚线所示)始终寓于客观识解的关系中,后者则处于不断虚化中(图 2.2 中第 2 阶段),乃至最终消失(图 2.2 中第 3 阶段)。主观化的意蕴即在于客观概念内容的弱化及说话者主观心理扫描的滞留。语义弱化体现在多重维度上:1)地位从实际到潜在,从具体到虚化;2)注意焦点从台上转移到台下;3)从物理域过渡到社会域及经验域;4)力的来源从具体的移动者转移到虚化的概念化主体(Langacker,1999a:301)。

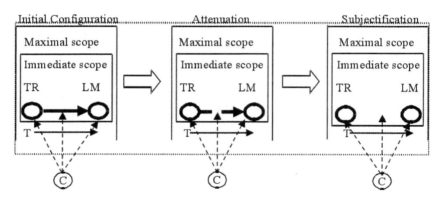

图 2.2　兰艾克主观化概念的不同阶段①

　　综合来看,兰艾克所讲的主观性本质上指向的是概念化的主体维度。作为对传统基于真值条件的语义观的反动,他强调语义研究必须同时考虑概念化的主体与客体维度:"如果说意义存在于概念化中,我们几乎不可避免地要设定主观识解的实体。"(Langacker,2006:37)主观识解的实体默认情况下即言者与听者。作为概念化主体,他们始终是支撑表达式意义的概念基底的一部分。当其在表达式背后隐而不现时,对其识解最具主观性。但其也可充当概念化客体,此时言者与听者因识解更为客观而获得了更大的显著性。极端

---

①　initial configuration(初始构造);attenuation(弱化);maximal scope(最大辖域);immediate scope(直接辖域);TR = trajector(射体);LM = landmark(界标);T = time(时间)

情况是将其置于台上作为注意焦点：对于第一人称与第二人称代词（I、you、we及其变体）而言，言者与听者均是凸显的对象，被显性提及，因而对其识解最为客观。按照这一思想，客观识解与显性提及相关，主观识解则与隐性的意识场相关。然而，隐性存在并不意味着全然缺失。兰艾克的主观性思想意在阐明的正是这样一个主题：构成表达式意义的概念化远远超出了其台上的内容，还包括在整体观察格局中，位居台下的概念化主体以何种方式对其加以把握。事实上，由于主观识解的成分并不具有显著性，因而越是主观的成分获得语言编码的概率越低。

兰艾克主张，任何表达式均同时包含主观识解与客观识解的成分，这里涉及认知语法的一个核心主张，即入场（grounding）。典型的语言交际中同时存在说话者与听话者，交际双方在互动过程中对意义及语言成分的价值加以协商。说话者、听话者及两者在言语事件中的互动情况构成了认知语法所谓的"场境"（ground）。入场即为将所描述的实体或事件锚定于场境的过程。专司这一功能的成分是入场谓词（grounding predication），包括名词短语中的限定词及限定小句中的时态与情态。入场作为一种语义功能，其形式表征即语法中的入场系统，实现于所有的名词短语与限定小句中。名词短语凸显的是某一事体类型的入场例示，限定小句凸显的则是某一过程类型的入场示例。由此，认知语法将入场视为构造句法成分的必有环节。对指称对象的认定或对所描述事件时间的判断必须参照交际情景，因此冠词与时态标记被称为"入场谓词"。入场谓词将某一事物或过程的语言表达式（即名词或动词）与其使用情景（即场境）关联起来。"场境作为参照点，为交际双方与特定实体建立心理接触提供了一条通道。"（Langacker，2008：266）入场成分只能是处于台下的隐性参照点，无法登台成为注意焦点，因而主观性最强。只有当被入场实体——要么是一个事体，要么是一个过程——位于台上，充当注意焦点时，它才是入场成分指向的对象。也就是说，入场成分凸显的是被入场实体，而非场境或入场关系，后者是高度主观识解的。

概括来讲，兰艾克的主观性理论主要关注的是在共时层面上，哪些成分做相对主观的识解，哪些成分做相对客观的识解。对应到历时层面上，他所关注的是哪些成分从相对客观的识解转向相对主观的识解。

二、兰艾克的主观性理论之功过

(一)兰艾克的主观性理论之功

兰艾克的主观性理论的功绩表现在驳斥了客观主义语义观,将主观识解植入语法意义的核心,并对语法化做出了认知上的解读。

1. 对客观主义语义观的驳斥

说话者在说出一句话时,不仅对所说的内容加以选择,而且对如何表达这一内容加以选择,如选择哪个成分做主语,是否采用主题化策略,是采用现在时还是过去时。这就是识解的意蕴。识解论主张语言表达式的意义本质上带有视角特征,选择特定词项/构式指称特定实体/情景时,必然同时为该实体/情景施加某种视角。这意味着,即便是最客观的语言也免不了带有主观色彩;选择说什么,怎么说,本身就是语言主观性最基本的体现。说话者对词语的选用即表明了其态度及修辞策略,如对同样一个情景,选用不同的动词就会折射出概念化主体在情景中的不同地位,例如:

> 例(5):He has <u>forgotten/left out/failed to notice</u> that the building has no elevator. (自拟)

同样是涉及心理状态的表达,"forget"与"fail to notice"暗示概念化主体处于台下,并不指涉台上的补语内容;"leave out"则将概念化主体置于台上,指涉了补语内容。因此,语义上的差异无须是真值条件意义上的,而不过是代表了对所描述情景的不同识解方式。识解观意在表明存在着基于说话者的语义维度,而"基于说话者"正是主观性的核心意蕴。如兰艾克所言:"倘若意义寓于概念化中,则我们几乎无法避免地去设定主观识解的实体。"(Langacker,2006:37)兰艾克意在说明,主观识解是概念化过程的产物,而非概念内容本身的属性。在此意义上,不可能有纯客观的语言概念化。这无疑是对客观主义意义观及真值条件语义学的有力驳斥。

2. 将主观识解植入语法意义的核心

兰艾克不仅强调识解在语义中的地位,还主张语法成分本质上是主观识解的。基本的语法成分如限定词、时态、情态等构成了入场成分,它们是概念参照点和主观化的产物,位于台下并被主观识解。^① 作为构造句法成分的必要环节,入场将简单名词实现为名词短语,将光杆小句实现为限定小句。因而一个完整的表达式必然同时包含主观识解与客观识解的成分。同时,许多语法概念均可被描述为基本日常经验的主观对应物,即内蕴于典型概念中的心理操作而被抽去其内容,继而用于其他情况。例如,名词凸显某一事体,涉及组合与物化的心理操作,其原型是一个实物概念。动词凸显某一过程,即在其时间进程中被顺序扫描的关系,其原型为施事、受事间的互动。所有格的意义涉及唤起某一参照点,从而在心理上通达某一目标的概念操作,其原型是所有权关系、亲属关系及整体—部分关系。因此,语法意义是图式性的,通常代表了基本经验的主观化(心理模拟),这体现在发端于这些经验的心理操作从中分化出来,成为自主的存在。语法抽去了具体表达式中的细节,因而在语法中,我们可更清楚地看到内蕴于其概念内容中的心理操作。

对于语法是否具有意义、语法意义的本质何在这样的问题,传统语法研究一直避而不谈。在通俗意义上,语法被认为是枯燥乏味的,纯属形式问题。兰艾克则旗帜鲜明地主张,语法不仅是有意义的,还能折射出我们的行动、感知及与世界打交道的基本经验,语法意义的核心就是一系列蕴含于这些鲜活生活经验中的心理操作。

3. 对语法化做出了认知上的解读

兰艾克所讲的主观化的本质在于语义弱化,而语义弱化正是语法成分发展过程中出现的必然特征。这对于语法成分的非内容性意义的解释颇具启发意义,可以在很大程度上涵盖一般的语法化走向。从认知识解观来看,从词汇到语法的过渡就是一个逐步脱去原有的概念内容、仅仅编码其识解方式的过程,是一个由客观识解转向主观识解的过程。这样一来,兰艾克在主观化与语法化之间就建立了高度对应的关系。他所关注的主观化的典型例子同样是语法化的典范。例如,"have"等领属动词是从表示物理控制的动词发展而来的,其初始义多为"抓住""捕获""握住""携带""得到"。寓于参照点(reference,简称 R)控制目标(target,简称 T)概念中的是一种参照点关系,其中,R 被唤起,成为理解 T 的基础。当动词被扩展至一般的领属用法,不再依赖具体概念内容时,唯一剩下的便是这种从 R 到 T 的心理运动。再如,情态词"may""will""must"在历史上分别是从表示"想要""知道如何""有能力"等意义的动词派生而来的,其所描述的是导向某种行为实施的潜在的力。例

---

① 关于此方面的拓展研究,参见:Cornillie(2005,2006)。

如,"must"表示强制性(不可遏制的力),"may"表示障碍的移除。这种力是主观识解的,不再寓于台上的小句射体中,而是寓于台下的场境中。

(二)兰艾克的主观性理论之过

尽管兰艾克的主观性理论将主观性研究推向了新的高度,但依然存在一些遗留问题:在理论架构上,表现在主观性的非形式表征、主观性参数过少的数量、对主观性的程度差异的忽视,以及入场谓词存在的概括力问题;在描写机制上,其前语言意义上的主观性、对概念内容中的主观性的怠慢、对非命题意义的悬置、对言语主体地位的忽视,以及对主观性的结构轴心的错失,使得其理论缺乏足够的概括力。

1. 理论内部的问题

(1)主观性的非形式表征

在兰艾克的框架下,概念内容本身必须被识解,或做相对主观的识解,或做相对客观的识解,识解寓于概念化主体而非客体之中。这意味着主观性不属于概念内容本身的属性,因而也无法锚定于语言形式。从共时角度来看,被主观识解并不等于语言成分本身带有主观性,而整个句子呈中性的说法又否认了句子本身带有主观性。从历时角度来看,主观化的本质又在于寓于概念内容的主观识解因素从中独立出来,成为词项的新的意义。由于概念内容业已虚化,因此,此种意义只能作为非编码意义上的识解方式而存在。在兰艾克的框架中,我们无法从主观化了的成分中找到主观性的印记,因而也无法回答主观化了的意义如何锚定于语言形式上的问题。

(2)主观性参数过少

兰艾克在认知语法框架下提出,主观性概念的初衷在于揭示说话者相对于命题内容的位置关系:概念化主体既可位于台上,又可位于台下。这使得其主观性框架刚性不足,说话者的介入仅仅体现在认识性入场(epistemic grounding)这一概念上,而后者又落实到具体的语法成分上:

> 参照说话者、听话者及其共有知识对一个实体的位置做出明示时,该实体就获得了认识上的入场。对于动词而言,时态和情态在认识上对其进行定位;对于名词而言,有定/无定标记确立其认识上的入场。入场将限定动词、从句与非限定动词、从句,以及名词短语与简单名词区分开来。(Langacker,1987:489)

经过这一限定,经典意义上的主观性——对说话者的视角、观点及情感的表达——在认知语法中是作为命题内容而存在的,是在概念化活动之前业已"客观"存在于主体世界中的,因而同样被视为入场作用的对象。不可否认的是,主观性的实现不仅仅是一个台上台下的问题,还与特定范畴编码的语义内容密切相关。

（3）主观性的程度问题

尽管不同的识解方式反映了主客观程度的高低,但在同一语言内部,特定的识解方式往往属于无标记说法,因此主观性的高低在语言编码时已经基本定型。如在现代英语中,"Vanessa is sitting across the table."相较于"Vanessa is sitting across the table from me."而言,是更常见的编码方式。即便是涉及同样识解方式的语言表达,也可能因语义范畴的差别而呈现出主观性的程度差异。如第一人称主语登台时涉及的是同样客观的识解模式,但与不同谓词共现时其主观性依然有别:当其与心理谓词共现时,表达的是一种主观心理状态;与物质谓词共现时,表达的则是外在的行为。因此,这种主观性程度上的差异无法在认知语法的识解框架下反映出来。[①]

（4）入场谓词存在概括力问题[②]

对于英语这样具有严整的语法标记的语言,入场谓词的说法或许是行得通的,一句话同时包含主观识解与客观识解的成分之说也或可成立。但对于不存在屈折系统（限定词、时态与情态标记）的语言而言,主客观识解同时反映在一句话的解释中的说法就很难站住脚了。即便是英语这样的屈折语言,

---

[①]　这里事实上涉及说话者的两面性,一方面是作为言语主体而存在,另一方面是作为行为主体而存在。心理谓词与物质谓词分别唤起的正是这两个不同的方面。

[②]　与之相关的是入场谓词的确定标准问题（参见:黄蓓,2010）:认知语法主张情态指向被入场成分的依据是不再接受时态定位,而这是完全基于形式,而且是英语语言系统中的形式来判断的。这就使其无法避免任意性的规定:道义情态［Narrog（2005）称之为指向事件的情态］与认识情态［Narrog（2005）称之为指向说话者的情态］同样无法再度接受时态定位,因而同属主观识解的（入场）成分。而德语与西班牙语中的情态尽管与英语中的情态具有相同的概念内涵,但德语与西班牙语本身需要时态定位,因而被排除在入场成分之外。入场谓词所凸显的是入场关系,因而是相对客观识解的。同样表达认识关系的认知动词被置于台上,充当客观识解的对象。事实上,就其概念内涵而言,只有认识情态够得上主观性成分的标准,道义情态则不然。认知动词指向第一人称的心理时同样涉及主观性的表达,而这与它们是否接受时态定位（对比英语、德语中的认识情态）,是否涉及说话者的隐没（对比汉语、日语中的认知动词）并无多大关系。

我们也无法确定在其所有语言表达式的理解中都能唤起说话者及即时语境。尽管每一句话的说出均预设了说出这句话的主体，但说出后，句子就具有了相对独立的生命，我们可以将其记入历史（历史现在时），用于表达恒常性（类指句）、习惯性（惯常句）的情况。

（5）主观性的跨语言差异问题

按照认知语法的观点，主观性与客观性的区分涉及概念化主体在所描述的情景中的参与程度。作为默认的概念化主体，说话者登台的情况（第一人称主语）是一种客观识解，不及说话者位于台下时主观。相比之下，作为非概念化主体的第三人称主语登台时，识解更为客观。这种程度之说非常含糊，因为一种语言容许哪些识解模式，本身规定了表达式的主客观程度，主观与否，不应完全由主客观识解的可能性范围决定。如在日语中，认知动词不允许与第三人称共现（或者必须加上样态助词，如"だろう""でしょう"），并不存在最客观的识解模式，而第一人称主语也通常略去不提，因而其默认识解方式是最主观的。而在英语中，作为始发时，主语通常不可省略，因而并不存在对应的第一人称缺省的识解方式，这意味着英语无法做出完全主观的识解。

2. 理论外部的问题

在兰艾克的认知语法框架中，主观性是作为识解的一个重要维度而存在的。它关注某一实体及概念化主体在命题中的视角问题，致力于揭示说话者相对于命题内容的位置与语言表达式的关系。主观识解与客观识解的意蕴即在于，概念化主体既可位于台上，又可位于台下。除去台下的场境（说话者、听话者及言语事件的周围环境），其余均是概念化过程中呈现的客观命题性成分。然而，这一立场带来了一些难以消解的问题：

（1）前语言意义上的主观性

在认知语法框架下，识解本质上涉及发话之前的认知活动，涉及选择情景的哪些侧面，以什么样的方式对其加以编码，因而是前语言意义上的概念。主观性涉及的是语言编码过程（识解）中渗入的主观因素，因而同样是前语言意义上的。兰艾克引入识解这一概念，意在针对客观主义语义学对主体概念的忽视进行纠偏。但他完全否认客观表达的存在，持一种本体意义上的主观性观点。前语言意义上的主观性无处不在，这使得在语言层面上谈论主观性的强弱失去了意义。要使主观性成为对语言分析有用的概念，我们必须区分出相对客观与相对主观的表达。

（2）对概念内容中的主观性的怠慢

由于识解与概念内容相分离，因此，语义结构需要参照说话者的表达式的内容不在兰艾克论述的主观性之列。概念内容在认知语法中被囊括在林林总总的认知域下，但其本身的复杂性和内部变异却未能凸显。经典意义上的主观性——说话者针对命题的态度、信念——同样被处理为概念内容，意味着客观识解。然而，识解并非说话者意义的唯一来源，从语义上讲，概念内容本身可以从相对客观（命题意义）转向相对主观（非命题意义），这正是Traugott(1989)的主观化理论论证的一个重要主题。这种非命题意义无法涵盖在台下的入场成分中，只能被处理为客观识解的台上内容，这使得兰艾克错失了主观性的语义核心，对某些词项（如"stupid""ridiculously"）概念内容中的主观色彩有所怠慢。兰艾克视主观性为识解的维度之一，这一立场注定了其主观性是孤立于语义内容的。

（3）对非命题意义的悬置

兰艾克主张，主观化涉及客观意义的消失，而非主观意义的获得，这就将主观化视为一种语义弱化的情况。然而，在历时层面上，主观意义的增生是一个不争的事实，历时语义变化的一个重要倾向就是从命题意义向非命题意义的演化，这正是特劳戈特的主观化思想论证的一个重要主题。[①] 概念内容本身可以从相对客观转向相对主观，而这在兰艾克的主观性框架中均被处理为客观识解的成分。[②] 概念内容从客观的命题性意义转向主观的非命题意义的过程，并不直接与识解运作相关，因而似乎很难囊括在认知语法的主观性框架下。

（4）对言语主体地位的忽视

由于识解是一个前语言概念，因此作为识解维度的主观性在强调说话者的认知主体地位的同时，忽视了说话者的言语主体地位，以及言语主体面对特定交际对象的事实，从而错失了交际意义上的主观性与交互主观性。尽管兰艾克将听话者同说话者一起置于场境中，但他关注的说话者是一个独白式的认知主体，因而听话者因素没有在识解框架中得到应有的关注，交互主观性的概念在其框架内更是无立足之地。兰艾克对听话者的冷落亦遭到了某些学者的诟病（Verhagen，2005；Company，2006），特劳戈特更是以此为批判对象，指出其

---

① Traugott(1989)的经典论文题目就是《英语中认识意义的衍生：语义演化中的主观化举隅》("On the Rise of Epistemic Meanings in English：An Example of Subjectification in Semantic Change")。

② 针对这一点，有学者对其进行了扩充，如 Pander Matt(2006)与 Breban(2006)分别就分级形容词及区别形容词的主观性进行了认知语法解读。

理论的一大缺陷即在于无法解释交互主观化（intersubjectification）现象的存在。①

（5）对主观性的结构轴心的错失

大部分语言学流派的研究重心落在单句的句法语义问题上，认知语言学派在某种程度上也不例外。尽管它给予了语义的概念维度及语言使用充分的关注，但其研究焦点依然落在传统语言学所关注的单句或命题层面，很少超出命题的范围。这与其理论诉求是一致的，即致力于考察概念化主体相对于命题内容的位置关系，揭示句法表达式背后的概念结构。② 这也解释了兰艾克为何将主观性的作用层面限定在句内。"表达式的语义总是同时包含主观识解和客观识解的成分……就整体而言，表达式的意义既非主观，也非客观。"（Langacker，2006：18）兰艾克未能将目光投向命题外，进而错失了主观性的结构轴心。狭义上讲，主观性作为说话者针对命题内容的态度、信念（也即命题态度），其结构轴心是一个指向命题的外围成分，典型例子如评注性状语（Surprisingly，［John turns out to be a viscount］P.）、认识性补语从句（I suppose that［it will be a fine day tomorrow］P.）。而这些范畴均处于兰艾克所关注的［入场成分＋被入场结构］的命题句（方括号内成分）之外。

三、小 结

认知语法致力于对语法做出合乎心理真实性的描述，因此侧重对识解过程的动态分析，主观性（化）不过是这种分析的副产品。事实上，兰艾克很少用到"语言主观性"这一概念，因为在他看来，语言只不过是认知系统的一部分，语法结构只不过是概念结构的投射。可以说，兰艾克的主观性思想是出于理论本身的诉求，而非一个自足的语言主观性理论（黄蓓，2016a）。

归根结底，认知语法框架下的主观性模式最大的缺陷在于悬置了非命题意义。概念内容从客观的命题性义转向主观的非命题义的过程，并不直接与

---

① 不过，后期听话者及说话者—听话者交互因素在认知语法框架中得到了越来越多的关注。例如，Langacker（2008）明确将交互功能列为语言的两大基本功能之一，Langacker（2012）还首次提出交互式认知（interactive cognition）的思想，这标志着他对自身早期奉行的狭义个体认知观的拓展。但对主观性的关注本身仍未拓展到交际互动层面，这不可不谓一大遗憾。

② 对于兰艾克的例子的选取，Traugott ＆ Dasher（2002：97-99）有很好的评论，认为其用于理论分析的例子多属自己编写且脱离语境，仅限于情状问题。

识解运作相关,似乎很难囊括在认知语法的主观性框架下。究其根本,认知语法的出发点是认知,其关注重心更多的涉及表征主体,因而主要关注的是心智操作的主观性问题,即表征行为中的主观性(黄蓓、文旭,2012)。这与兰艾克致力于探寻语言结构背后的心理过程和认知机制有着密不可分的关系。其研究进路是由认知到语言,因而难以立足于语言本身,这让他无法充分对语言系统层面的主观性做正面观照。由于掺入了太多前语言的认知因素,不利于为语言分析找到相对客观、可靠的证据,因此兰艾克的主观性理论难以避免分析上的主观性。

第三节　基于历史语用学的主观性理论

除了兰艾克的认知语法视角下的主观性理论外,还有特劳戈特从历史语用学视角提出的主观性与主观化理论,两者并称当代两大系统化的主观性(化)理论。

一、特劳戈特主观性(化)理论的基本思想

特劳戈特主观性(化)理论的基本思想主要反映在特劳戈特及其合作者的一系列论述中(Traugott,1989,1995a,1999a,1999b,2003,2007,2010;Traugott & König,1991;Traugott & Dasher,2002)。[1] 特劳戈特的研究重心落在语义的主观化进程上,而非语言的主观性本身上。鉴于本章的主题是梳理和比较不同学派的主观性思想,我们将着力挖掘其理论中作为基础性概念的主观性的内涵。

(一)特劳戈特的主观性(化)思想历程

早在 1982 年,特劳戈特的主观性(化)思想已经初见端倪,爱娃·E. 斯威

---

① 身为语法化与主观化研究的集大成者,特劳戈特与认知学派达成了不少共识,但她预设了一个严格意义上的语用模块,这与不承认语义—语用严格分野的认知观是不相容的。出于此因,我们不把特劳戈特的主观性(化)思想归入认知学派,而是为凸显其语用内涵而将其归入语用学派。另外需要指出,特劳戈特的主观性(化)思想并不限于其本人,还包括其合作者,如 Traugott & König(1991)、Traugott & Dasher(2002)。为引述之便,下文以"特劳戈特的主观性(化)思想"称呼。

彻(Eve E. Sweetser)的三域理论及韩礼德(M. A. K. Halliday)的语言元功
能思想构成了其思想来源。她将韩礼德的概念功能(表征经验世界)、人际功
能(调节人际关系)及语篇功能(组织语篇世界)进行了历时演绎,将前两者重
新诠释为命题功能(凸显内容维度)和表达功能(凸显情感、态度维度)。她发
现,语义演化似乎是循着如下路径进行的(Traugott,1982:257):

(1)命题义＞(语篇义＞)表达义

此处的"表达义"即特劳戈特后来所理解的主观性语义(Traugott &
Dasher,2002:94)。不过,特劳戈特直到 1989 年才正式提出主观化
(subjectification)这一概念,基于对英语中认识情态义的衍生的考察①,她指
出意义有越来越朝说话者世界的方向发展的态势,这反映在其所概括的意义
演化的三大倾向上(Traugott,1989:31):

(2a):由基于外在世界的描述转向基于内在(评价/感知/认知)情景的
描述。

(2b):由基于外在/内在情景的描述转向基于语篇与元语言情景。

(2c):意义有朝越来越基于说话者针对命题的信念或态度发展的倾向。

倾向(2a)的典型例子如"bore"(农民＞粗俗的人),倾向(2b)的典型例子
如"while"(在此期间＞尽管),倾向(2c)的典型例子如"must"(必须＞肯定)。
其中,第三条道出了主观化的意蕴,即语言成分转向自我中心,也构成了主观
化的内核。②

截至 20 世纪 90 年代,特劳戈特主观化理论的发展表现在三个方面:一
是将其置于语法化框架下加以审视,"从广义上讲,语法化过程中的主观化
是指说话者对所说内容的信念及态度发展为语法上可识别的表达式"
(Traugott,1995a:32)。二是对主观化概念进行了大幅扩充,"主观化是一个
渐进的现象:起初主要表达具体的、词汇的及客观的意义在局部句法环境中
反复使用,逐步获得抽象的、语用的、人际的及基于说话者的功能,即话语功
能"(Traugott,1995a:32)。三是界定了主观化作用的不同维度(Traugott,
1995a:48):

---

① 如情态动词"may"起初表示道义情态,在例(1a)中表达"允准"义,后来系统发展出认
识情态义,在例(1b)中表达"可能"义:
例(1a):You may skip school if you are really sick.
例(1b):He may be at work.
② 此时特劳戈特尚未明确称第二个倾向属于主观化,但后来其态度越来越明确,似乎暗
示主观性概念在不断放大。

(3)命题功能　　━━▶　　语篇功能

　　客观意义　　━━▶　　主观意义

　　非认识情态　━━▶　　认识情态

　　非句法主语　━━▶　　句法主语

　　句法主语　　━━▶　　言者主语

　　完整自由形式━━▶　　黏着形式

Traugott & Dasher(2002)是特劳戈特对主观化与交互主观化最系统的一次考察。该书就语义演化的规律进行了深入考察,以(交互)主观化为核心提出了语义演变的诱发推理理论模式(model of the invited inferencing theory)。(交互)主观性循着诱发推理模式进驻语言系统:起初词项在特定构式语境中引申出某种语用含义,即谓"诱发推理";随其在构式语境中反复使用,可能获得一般会话含义的地位,即谓"一般诱发推理";最终推理义可能发生规约化,即从推理转向指称(Traugott & Dasher,2002:34-42)。

近年来,特劳戈特的主观化思想依然处于不断更新中。Traugott(2003,2007)历陈了主观化的单向性问题。Traugott(2010)对20余年来的主观化及语法化研究进行了总结、提炼,Traugott(2012)基于个案分析考察了(交互)主观化与左向分布的关联假设,发现这种关联并非必然的。同时,Davidse等(2010)主编的专题论文集《主观化·交互主观化·语法化》(*Subjectification*,*Intersubjectification*,*Grammaticalization*)以特劳戈特的主观化理论框架为依托,对其进行了进一步发展,如 Carlier & DeMulder(2010)、Ghesquière(2010)主张拓展交互主观性范畴,提出了"语篇交互主观性"(textual intersubjectivity)的概念。

特劳戈特关于主观性(化)的认识可概括为三方面:1)主观性与交互主观性的本质:在言者—听者进行意义协商的语境中,语用意义经重新分析成为语义意义。2)主观化、交互主观化及语法化的关系:主观化与交互主观化的衍生独立于语法化过程,但也体现出一定的关联,这主要是各种语法功能的相关性使然。3)主观化的证据:透过特定类型的语言语境,可能窥到主观化发生的迹象。

从其理论发展来看,特劳戈特早期的主观化研究在很大程度上是在语法化框架下进行的,因此对其内涵的解读也在一定程度上受到其语法化观点的牵制。Traugott(1995a)将主观化明确限定为"语法化过程中的主观化",说明她是将主观化作为语法化的有机组成部分的。她将其与语法化的单向性问题挂钩,认为主观化构成了语义演化的单向性假设的"一个重要支点"

(Traugott,1995a:45),因此在主观化的范围上力图囊括一般的语法化情况。Traugott(1995b)专文论证了话语标记与语法化的关联,而话语标记始终是她论述的主观化的类典型。Traugott(1995a:32)将主观化定义为"具体的、词汇的及客观的意义逐步获得抽象的、语用的、人际的及基于说话者的功能",该定义涵盖了一般的语法化类型,具体义到抽象义、词汇义到语用—人际义的转变正是语法化发展的一般特征。可以说,这一阶段的主观化概念的内涵是模糊的,依然从属于语法化之下。

随着自身主观化思想的不断成熟,特劳戈特开始强调主观化的独立地位,其内涵也逐渐清晰起来。她主张主观化构成了"迄今发现的最普遍的语义演化类型",尽管它"可能伴随着所有的语法化过程"(Traugott & Dasher,2002:30)。主观化构成了 Traugott & Dasher(2002)《语义演化的规律》(*Regularity in Semantic Change*)一书的核心假设,这标志着她逐渐走出了语法化的视野,开始对主观化加以独立观照。特劳戈特力主主观化的单向性问题(Traugott,2003,2007,2010,2012;Traugott & Dasher,2002),并提出了独立的单向(交互)主观化假说,即语义发展呈现出越来越基于说话者的主观化倾向,而主观化了的成分可能进而发生交互主观化。Traugott(2010)明确了主观化、交互主观化与语法化的关系:主观化与交互主观化的发生独立于语法化过程,但也体现出一定的联系。① Traugott(2011)进一步指出,主观化与交互主观化相互独立,但存在很大交叉。至此,特劳戈特的主观化思想基本确立起来。②

(二)主观化的内涵及特征

1. 主观化的内涵:语用强化

特劳戈特的主观化理论旨在表明客观意义如何随时间推移让位于主观意义,前者指作为"外在描述情景"的属性的指称意义,后者指所编码的情景中内在的涉及说话者的特征(Traugott & Dasher,2002:94)。在特劳戈特看来,不同层面的语义演化(如词项、言据性及认识域、施为动词等)存在着某种

① 相关研究可以证明,主观化并不限于语法化过程,在一些范畴的词汇化中同样充当着主导机制,如"其实"(崔蕊,2008)、"回头"(李宗江,2006)。
② 为纯化讨论对象,我们将主观性与主观化从特劳戈特的系统论述中离析出来,有必要时才讨论交互主观性(化)问题。我们接受交互主观化是一种意义越来越基于听话者的机制的观点(Traugott,1999a:3)。

48

共通之处：意义愈益语用化（pragmaticalization）的趋势。语用化凸显的是说话者主观观点的外化，从而导致"某一形式直接蜕变为主观性的显性标记"（Traugott & Dasher,2002:188-189）。由此，主观化的本质在于采用说话者视角对某一形义配对（form-meaning pairing）加以语用强化、充实，即典型话语语境中衍生的语用推理义升格为新的编码义。语用推理的强化往往导致某些成分形式/意义的重组。形式的重新分析体现在构式的重新组合上，意义的转移体现为外在的命题式、描述性、指称性意义转向内在的非命题式、评价性的抽象意义。经由这种语用推理，一些表达方式在反复运用中最终凝固下来，形成主观的表达成分。这一思想集中体现在其"诱发推理理论"模式中[①]：

　　　　特殊诱发推理 ＞ 一般诱发推理 ＞ 编码义

这个理论模式的基础是词汇—语法编码义与语用义的区分，其所涉及的是初始形义配对中与说话者相关的语用推理发生规约化的情况。[②] 变化始于初始编码义获得语用义充实的情况，这一阶段称为"语用强化"。如"a bit"在具体语境中产生"小量"这样的诱发推理，最终导致[a bit][of N]重新分析为[a bit of][N]。这些变化本质上涉及的是在言者—听者意义协商的语境中，语用义重新分析为编码义的情况（Traugott,2010:60）。

2. 主观化的特征

按照特劳戈特的观点，就其发生机制来看，主观化取自认知原则，但发生于交际语境及修辞策略中。它直接来自言者—听者的互动，源于两种理据的相互竞争：一种是说话者意图传递尽可能多的信息，另一种是听话者意图识解诱发推理（Traugott & Dasher,2002:31-32）。她从广阔的交际环境出发回答主观性的生成机制，主张说话者意图交流所说内容与交际事件的关联，强调交际事件的发生最终有赖于说话者。

这一定位注定了主观化类型的开放性。在特劳戈特看来，除了经典的从命题内容转向说话者针对命题的态度的情况，主观化的表现还包括带上元语言或语篇功能的情况。例如，在中古英语中，"while"从编码时间上的"同时性"转向连词功能。Traugott（1995a:40）指出，这一新功能主观性更强，因其凸显的不是具体的时间，而是抽象的语篇结构。再如，因果连词涉及时间上

---

① 从语义上讲，"诱发推理"不过是"会话含义"的另一种说法，特劳戈特采用这一术语旨在强调意义交互协商的一面。

② 这个模式对交互主观化同样是适用的，区别在于后者涉及的是与听话者相关的语用推理。

的"先行后继"引发"因果关联"的推理(Traugott & König,1991)。负责命题间连贯的连词、回指代词均可被看作主观化的例子,原因在于"正是说话者来决定如何将语篇中的不同命题关联起来,如何将命题同语境关联起来"(Traugott,1982:250)。

主观化作为一种历时语义走向,最突出的特征是其单向性(unidirectionality)。这一点是其定义所预设了的,即"意义有越来越朝向说话者世界演化的态势"(Traugott,1989:34)。整个特劳戈特历史语用学的核心假设,即为语义发展表现出越来越基于说话者的倾向;而语言表达一经主观化,又可能被用来编码越来越基于听话者的意义。Traugott(2003)在专文《从主观化到交互主观化》("From Subjectification to Intersubjectification")中明确提出了(交互)主观化单向性假说。Traugott(2007)在专文《(交互)主观化与单向性》["(Inter)subjectification and Unidirectionality"]中①,对主观化的单向性问题进一步予以阐释。

(三)主观性的内涵

由于特劳戈特主观性(化)理论的出发点是意义的演变,因此其关注重心便是指向说话者的意义如何蜕变成显性内容的一部分。这就形成了其理论的历时取向。尽管特劳戈特从未对主观性进行过明确界定,但参照不同时期她对主观化的定义,还是可以在某种程度上捕捉到其内涵。

(1)表达式变得"越来越锚定于言语事件发生的语境,尤其是说话者对情景、语篇及人际关系的看法"(Traugott,1982:253)。

(2)意义有朝越来越基于说话者世界的方向发展的态势(Traugott,1989:34)。

(3)主观化是一个语义—语用过程,在该过程中,意义变得越来越基于说话者的主观信念或其针对命题的态度(Traugott,1995a:31);主观化的维度之一涉及从命题功能转向语篇功能(Traugott,1995a:34);主观化反映的是将词汇材料用于创造语篇及指示语篇情景中的态度的倾向(Traugott,1995a:47)。

(4)意义倾向于向强主观性方向转移,即其与说话者的态度,尤其是其元语篇态度日益密切相关;主观化表现的是一种意义越来越基于说话者的机制(Traugott,1999a:67)。

(5)主观性关涉对说话者"自我"的关注,交互主观性则关涉对听话者"自

---

① 假说尽管在理论内部达成了自洽性,却是以其对主观性内涵的不断泛化为前提的。我们将会在后面的评述部分指出这一点,另参见:黄蓓(2014)。

我"的关注(Traugott & Dasher,2002:22);主观化是一个符号学过程,即说话者/作者逐渐发展出导向听话者/读者的意义,用于编码/外化那些受制于交际世界(而非真实世界)的视角或态度(Traugott & Dasher,2002:30)。

我们不妨将上述定义中与主观性有关的部分浓缩一下。

(1)Traugott(1982):言语事件发生的语境;说话者对情景、语篇及人际关系的看法。

(2)Traugott(1989):说话者世界。

(3)Traugott(1995a):说话者的主观信念或其关于命题的态度;语篇功能(创造语篇、指示语篇态度)。

(4)Traugott(1999a):说话者的态度(尤其是元语篇态度);是基于说话者的。

(5)Traugott & Dasher(2002):对说话者"自我"的关注;受制于交际世界的视角或态度;在被编码的情景中描述内在于说话者的特征。

从这里可以看出,自始至终,特劳戈特的主观性概念关注的不是狭义上的真实说话者,而是整个言语及语篇语境,其主观化概念囊括了意义朝整个言语世界演变的趋势。这一点与她的语用视角是分不开的。[①]

特劳戈特也曾隐晦地对主观性进行过界定:

(1)主观性涉及说话者/作者针对命题或语篇结构的认识态度(Traugott & Dasher,2002)。

(2)主观性同时包括"说话者对所表述命题内容的认识态度"与"对语篇前后成分间关系(即语篇结构)的态度"(Traugott & Dasher,2002:23;Traugott,2003:128)。

(3)对于某一意义基于物理、指称世界的词项或构式,说话者后来通常可能建构出新的基于说话者世界的意义,即其关于语篇的推理、信念或元语言态度(Traugott & Dasher,2002)。

(4)主观性与交互主观性的本质在于,在言者—听者进行意义协商的语境中,语用意义被重新分析为语义意义(Traugott,2010)。

从特劳戈特的表述来看,其主观性概念不仅囊括明确传递说话者观点的

---

① 当然,持这种宽泛观点的学者并非仅有特劳戈特。Nuyts(2012)也明确指出,指向说话者(speaker orientation)即意味着指向说话者及发话情景。谢应光对主观性的理解也可归入这一范畴。在其看来,"语言的主观性实际上就是由语境中的主观因素决定的"(谢应光,2003:68)。

情况,还涉及参照语篇语境的元语言成分。基于这一点,她将命题间的连接成分(如连词、话语标记)视为一种主观修辞策略(rhetorical strategy)。在特劳戈特看来,具体意义>抽象意义的变化、词汇功能>语用功能的游移、客观世界>说话者世界的意义变迁,乃至人际功能、语篇功能的衍生,均与主观化概念相关。与此对应的主观性涵盖韩礼德语言元功能中的人际及语篇功能,即表达说话者态度与创造语篇的意义维度。由此,命题内容以外的成分,包括命题态度及命题间关系,在特劳戈特看来,似乎均带有主观性。

总体来说,特劳戈特的主观性概念始终是作为一个基础性概念而存在的,这并非其研究关注的重心。她区分主观性与交互主观性概念的初衷,在于将其视为语义演变的两类初始环境。她考察的重点是主观化,她试图从某些特殊表达式的意义走向中找到相关证据,表明其主要语义或语用意义即在于标记说话者对所谈论内容的看法。与此同时,特劳戈特主张在某些情况下,也会发展出用于标记对听话者"自我形象"的关注(交互主观性)的表达式。

二、特劳戈特主观性思想的不足

作为当代两大主流主观性(化)理论之一,特劳戈特的主观性思想的不足是我们开展后续研究工作的起点。鉴于其在本书中的奠基性作用,我们在此处专门进行论述。下文我们将分别从理论内部与理论外部来切入。

(一)理论内部的问题[①]

特劳戈特的主观性思想存在三大问题:主观性的内涵过于宽泛,主观性范畴呈高度异质性,以及对语篇成分的主观性定位不当。

1. 主观性内涵的宽泛设定:言语语境意义上的主观性

特劳戈特历史语用学的核心就是历时层面上语境及说话者因素如何影响人们对表达式的理解。特劳戈特旨在用"主观化"这一概括对这种变化做出统一解释,主张语义演化中由命题意义到表达性意义及语篇意义的过渡体现了一种定位(grounding),即意义的关联性转向当前话语语境。因而,主观化涵盖了意义朝整个言语世界(她所谓的说话者世界)演化的趋势,与之对应的主观性则蔓延至整个言语语境。从她的相关论述中也可看出这一点:"与

---

① 特劳戈特主观化理论最大的问题是其(交互)主观性单向性假说,鉴于我们关注的重心是主观性,此处不再评述,参见:黄蓓(2014)。

说话者世界（言语事件）而非所谈论的世界相连。"（Traugott & Dasher,2002：209）

诚然，作为主观性的说话者自我与言语事件密不可分，因为说话者本质上是处于言语事件中的，其认识评判也必然是在发话时刻做出的。若持宽泛意义上的观点，的确可以说在语义演化中，语言形式更有可能转向基于说话者或话语语境的意义，而非朝相反方向演变。但言语事件是一个过于宽泛的概念，基于说话者与基于话语语境毕竟属于不同质的概念。主观性的核心是说话者"自我"，即其认识立场；参照说话者不过是参照话语语境的一个子集，后者还包括说话时间、地点等。例如，时体范畴明确参照了说话时间，空间指示明确参照了说话地点，但并不严格涉及说话者。

2. 主观性范畴的异质性

这一点与主观性内涵的宽泛设定直接相关。由于特劳戈特持广义上的主观性概念，认为概念意义之外的人际意义与语篇意义均属主观性范畴，因此，其主观性范畴呈现出高度异质性的特征。基于 Traugott(1989)的三大语义演化倾向，衍生了三类主观性程度不等的主观性范畴：第一类属于命题内容中编码的说话者态度，涉及蕴含情感色彩的词项；第二类属于语篇连贯问题，涉及命题间的连接成分；第三类属于语义上指向说话者的情况，涉及核心的态度主观性范畴。这与关于主观性的普遍性的默认假设是分不开的。特劳戈特似乎将客观义等同于命题义，而将非命题义均归入主观义的范畴，将客观性与主观性的对立约减为命题内容与非命题内容的对立。如此一来，不可证实的、无客观依据的，均属主观性的范畴（参见：黄蓓,2013）。她对主观性概念的设定过于宽泛，认为表达概念功能之外的语言范畴均蕴含主观性，尽管对于解释意义的演化倾向具有较强的概括力，但似乎大大削弱了主观性作为一个独立概念的价值。[1]

3. 语篇成分主观性的定位问题

按照特劳戈特的观点，"如何将语篇中的命题彼此关联起来，如何将命题与语境关联起来，均是由说话者来定的"（Traugott,1982:250）[2]。因此，表达

---

[1] Visconti(2012)也指出了特劳戈特的主观化范畴的异质性，主张将其限制在朝语义结构中的非命题性的情感成分发展的情况，而排除词汇及语篇层面的主观化（前者如词义褒贬色彩的衍生，后者如语篇衔接手段的衍生）。

[2] 作为这一主张的支持者，Breban(2006:260)明确指出，主观化同样包括发展出"说话者用于创造语篇"的语义成分的情况。

命题间连贯关系的连词、话语标记均被归入主观性范畴。语篇衔接手段的衍生在特劳戈特的主观化理论中占有重要的一席之地,处于主观化单向链条上的高端。按照单向性假说,语篇成分的衍生代表了主观化的高级阶段,因此其主观性高于对应的认识性表达。历时研究的确表明,许多话语标记是表达认知立场的主观性成分进一步发展的产物。如"I think""I believe"等认知动词进一步转向话语标记的用法,分别见例(6)、例(7)。

例(6a):I think he is a real talent gone to waste. (BNC-CDG)

例(6b):We'll stay three or four days,I think. Then we'll go on to Farafra. (BNC-FEM)

例(7a):I believe that if you can laugh at things it makes life a whole lot easier. (BNC-HRV)

例(7b):That's what he wants to say to her,I believe. (BNC-KN8)

在例(6a)、例(7a)中,"I think"与"I believe"均充当着主句的功能,引导认识性补语从句;而在例(6b)、例(7b)中,从句"反客为主","I think"与"I believe"沦为边缘性的插入式话语标记,凸显说话者有所保留的态度,充当着某种礼貌策略。① 然而,这种转向是否意味着主观性的正向增长呢? 按照特劳戈特的观点,话语标记的用法在于"凸显说话者对命题真值的信念,是对其修辞策略的显化,因而意味着进一步的主观化"(Traugott & Dasher,2002:174)。黄蓓(2014)论证表明,编码化的主观性成分通常具有功能上的专化效果。第一人称认知动词作为说话者态度的直接编码,显然具备这一属性。而话语标记具有多重功能,例如意义协商、话题接续、话轮转换以及确认听话者的注意状态(Lenk,1998;Schiffrin,1990;Rehbein,2007)。 因此,话语标记很难被视为内在的主观性标记。即便可以证明语篇成分涉及主观性,也无从证明其主观性高于作为主观性核心范畴的认识性成分。②

---

① 该结构的认识评价功能并未完全消失,在某些情况下依然保留了下来。

② 特劳戈特对语篇成分主观性的不恰当定位,归根结底出于维系(交互)主观化单向性假说的需要。有学者(Brinton,1996;Erman,2001;邱述德、孙麒,2011)主张将话语标记归入语篇范畴,不再将其衍生视为语法化的表现,而是冠名为"语用化"。这意味着将话语标记与常规语法范畴区别开来。从这一点来看,更恰当的做法是将其归入语篇主观性,与常规语言主观性范畴区别开来。

(二)理论外部的问题

在理论外部,特劳戈特主观性思想的不足表现在研究取向上的语用本位主义、概念设定及分析的模糊性,以及研究方法上的个体观和分解论。

1. 语用本位主义

在某种意义上,特劳戈特将主观化等同于语用化。这一点并不意外,特劳戈特的整个语义演化理论被置于历史语用学的理论框架下,因此自然而然秉承了语用学的语用本位观。她将主观化理解为在典型话语语境中借助语用推理生成新义的过程,即"该语境中生成的语用义被重新分析为编码义"(Traugott & Dasher,2002:60)。其默认假设是:语用推理离不开说话者,主观化即说话者观点的语用强化或语用化。这样一来,凡属语用推理的均可被认为带有主观性。诚然,推理离不开说话者,但交际环境中的推理因素过于宽泛,语用推理并不独属于主观性成分的特征,而是语言使用的一般原则。① 语言理解不仅仅是一个编码—解码过程,更是一个推理过程。按照关联理论,所有的语言成分均涉及明示—推理效应,言者的语言明示和听者的语用推理是相辅相成的。特劳戈特历史语用学的理论根基主要是(新)格莱斯语用学,其语用推理模式部分吸收了格莱斯及新格莱斯会话含义理论,如 Horn (1984)的 Q-原则与 R-原则,以及 Levinson(1983,2000)的一般会话含义理论。但两者均将其视为语言使用的一般原则,并不止于语义变化领域,还适用于词义的扩大与缩小这类不属于主观化的语义变化。

2. 概念设定及分析的模糊性

首先是概念设定的模糊性。在特劳戈特看来,主观性弥散在语言使用中,是以无处不在的语用推理的形式而存在的,锚定于形式上就是对说话者"修辞策略的显化"(Traugott & Dasher,2002:174),即主观化。Traugott (2016)指出,主观性与客观性涉及表达式在多大程度上基于说话者视角,越是基于说话者视角,表达式就越主观。但是,判断主观化发生所依据的"说话者视角"这一概念如何加以量化,如何判断某些成分比其他成分更"基于说话

---

① 事实上,特劳戈特本人承认,语用强化不仅是主观化的特征,还是语法化中的常见情况(Traugott,1988)。

者视角",其标准似乎只能是模糊的、直觉性的。① 其次是论述的模糊性。特劳戈特在论述中有时显得模糊化,如在论及"promise"的语义演化时,称其所表现的是"朝日益语用的、基于语篇的以及更为主观的意义演化"的趋势(Traugott & Dasher,2002:209)。语用的、基于语篇的与主观的三者之间是并列还是等同关系? 对此,特劳戈特语焉不详。最后是语义分析的模糊性。特劳戈特大量采用同义诠释来说明同一表达的主客观解释,如例(8)中关于情态的解释。

例(8):You must be very careful.

例(8a):'It is obvious from evidence that you are careful.'

例(8b):'I conclude that you are very careful.'②(Traugott,1989:36)

按照特劳戈特的思路,该例既可解释为例(8a),属于客观用法,又可分析为例(8b),属于主观用法。然而,正如 Brisard(2006:46)告诫的那样,这种分析思路将对相关例子的实际分析推给同义诠释,其所采用的语法形式带有一定的任意性,并无多大启发意义。

3.研究方法上的个体观和分解论

特劳戈特注重的是从历时语料中发掘词项主观化的证据,依循的是个案式的考察方法。在历时主观化分析中,这种方法存在着以偏概全的可能性,可能机械地将句子整体的主观性分析为词项的主观性。一方面,特劳戈特从个体词项切入,从历时语料中发掘其主观化发生的证据;另一方面,这些证据一般涉及与其他主观性成分共现的情况,如第一人称、负极性语境。假定个体成分发生了主观化,再到语料中去寻找证据,这种个体观视角易导致对个体成分主观性的放大。

事实上,主观化总是发生在特定结构语境中,涉及整个结构的主观化。特劳戈特对主观化发生的结构语境不够重视,源于其研究视角的局限性。由

---

① 如 Nuyts(2012:64)评论的那样,特劳戈特在概念设定上显得相当宽泛、模糊,严重依赖于直觉,因而容许多种不同的解释。在我们看来,这似乎违背了科学定义应有的品质。Traugott(2010:56)也承认,自己所讲的主观性是一个相当宽泛的概念。

② 单引号为原文作者所加,代表语义解释。后文中此类单引号表示相同含义,不再注释。

于她将研究重心放在语言使用中如何衍生出新的编码义上,因此着眼于显性编码说话者观点的成分的衍生,如情态、指示、语篇策略的标记手段。其考察对象是一个个的主观性成分的衍生,侧重主观性的发生学,而不涉及主观性在语言系统中的生存状况。这种个案式的分析思路,使得她始终未能对主观性给予整体观照,进而限制了她对主观性的语境意蕴的解读。

三、小　结

特劳戈特整个历史语用学的核心,是在历时层面上语境与说话者因素如何制约听话者对表达式的理解。特劳戈特旨在用"主观化"这一概括为语言表达式的语义变化提供统一的解释,因而涵盖了整个朝向说话者世界(而非狭义说话者)的意义演变倾向。特劳戈特只关注主观性的创生,而不关心其在语言系统中的生存状况,也未对作为主观化理论的基础性概念的主观性予以严肃对待。因此,其主观性思想存在不少不足之处。在理论内部,存在着以下问题:主观性的内涵过于宽泛、主观性范畴呈高度异质性,以及对语篇成分的主观性定位不当。在理论外部,特劳戈特主观性思想的不足表现在研究取向上的语用本位主义、概念设定及分析的模糊性,以及研究方法上的个体观和分解论。

特劳戈特持广义主观性的根由,在很大程度上是服务于其历时语法化框架的,或许在于为意义的演化提供概括性的、普遍的认知机制。对于此种定位,我们应该有清醒的认知。如 Langacker(2006:18)所言,或许主观化未必称得上是意义演化的一种有效机制,而不过只是表明了新旧义之间的关联。

第四节　基于功能—话语分析的主观性理论

一、韩礼德的主观性思想

(一)韩礼德的主观性思想概述

Halliday(1994,2004)提出了语言的三大元功能思想——概念功能、人际功能与语篇功能,分别对应三类语言成分——概念成分、人际成分与语篇成分。他明确指出,人际成分的主要功能在于表达说话者的角色、情感以及与他人的相互作用;人际成分折射出说话者的情态,即其在语言交际中投入的主观情感或个人态度。在韩礼德看来,人际功能主要是由语气系统实现的。在语气系统内部,情态、语气、情态状语等子系统协同作用以传递说话者的情态。

情态理论是韩礼德语言学思想的一个重要组成部分。他提出了两个对立的概念——情态化(modalization)与意态化(modulation),两者并称为两种情态。前者涉及说话者对命题真实性的评判,属于人际系统,包括可能性与经常性;后者涉及意愿、允准、强迫等意义,属于概念系统,包括责任性与倾向性。他认为,情态与说话者的责任有关。根据说话者对其所表示的态度承担多少明确的责任,他可以选择主观或客观、隐性或显性的方式来表达自身的观点。据此,情态子系统中可以区分出四组候选项:显性主观、隐性主观、显性客观及隐性客观(Halliday,1994:356)。

韩礼德将情态意义界定在归一性(polarity)之间的区域,并区分了情态动词的主客观意义,以及非情态动词的情态义的主客观属性(Halliday,1994:358)。① 这一主张不仅照顾到了情态动词与非情态动词之间的语义差异,而且能合理解释情态动词的客观用法与非情态动词的主观用法。情态动词的意义在话语中虽可朝归一性客观范畴转化,但终究离后者的断言意义有一步之遥。例如:

例(9a):He swims.

例(9b):He swims but he doesn't.

例(10a):Jane can swim.

例(10b):Jane can swim but she didn't (because she gave it up after her brother was drown). (转引自:张楚楚,2007:63)

例(9)陈述了他游泳的事实,如果他在现实生活中并不游泳,句子便不能成立;而例(10)中的"can"表示言者主语对句子主语简(Jane)游泳技能的判断,尽管这一判断是以客观事实为依据的,但即便简从此不再游泳,句子也依然成立。此外,形式上属于归一性范畴的陈述句尽管也可朝情态转化,但表

---

① 与之相关的一个区分是基于情态值高低的情态动词分类:高度情态词、中度情态词与低度情态词(Halliday,1985:338)。中度情态词主要有"be going to",表示将来事情发生的可能性很高;中度情态词主要有"will""shall",表示说话者认为按照判断或实际情况事情可能这样发生,但不涉及强烈的必然性与肯定性;低度情态词主要涉及"should"的虚拟用法,涉及说话者的预测或判断,与现实世界无关。

达的是比情态动词更客观的意义。Halliday(1994:358)分别称之为客观道义情态与主观道义情态。如从例(11)到例(13),逐渐从客观道义情态过渡到主观道义情态。

> 例(11):It's expected that John goes.
> 例(12):John is supposed to go.
> 例(13):John should go. (Halliday,1994:358)

Halliday(1994)还指出了情态使用中存在的悖论:我们使用情态表示自己对所说内容的肯定态度时,事实上对其真实性并不完全确定。倘若我们说自己对某件事有十足把握,这就意味着我们承认自己的态度中仍带有怀疑的成分,于是便通过使情态客观化的方式来掩盖这种不确定性(客观情态)。如果我们潜意识里完全确信某件事的真实性,便会不再使用情态表达,而采用直接断言或陈述的方式。

此外,Halliday(1994)还探讨过主客观性的渐变群(cline)概念,指出在名词短语涉及多重修饰语的情况下,从限定词一端到中心名词一端,依次从更主观的、个体性的、暂时性的用法转向更客观的、永久性的用法。

(二)韩礼德主观性思想的不足

韩礼德关于情态主观性的思想具有重要启发意义,如关于情态的主客观性问题、情态的主客观连续统、情态与意态的划分,以及主观性的渐进性问题。但其主观性思想依然在以下几个方面存在一些不足:

第一,对情态概念的刻画问题。

在系统功能语法中,情态是一个相当宽泛的概念,涵盖说话者的情感、态度等范畴。这似乎体现了将情态等同于主观性的论调(当然并不完全)。一方面,为了对主观性范畴进行更细致的刻画,最好的做法也许是将两者处理为上下位范畴,而非并列范畴。另一方面,将情态等同于主观性的做法对情态本身并不公允。尽管韩礼德关于情态与说话者对事件确定性的悖论不乏真知灼见,但他完全将目光锁定在如实性问题上,从而将情态的使用价值局限在对命题的确定与否上,而否认了部分情态(认识情态)在传递说话者对命题的态度时所起的重要作用。

第二,将情态与人际功能挂钩的问题。

韩礼德将人际功能笼统地视为表达情景中说话者的角色、个人情感及其与他人的相互作用,在语言形式上主要落在语气范畴上,最终落实到说话者情态的表达上。一方面,他将说话者主观性的表达完全置于人际范畴中,而将说话者关于内心世界的描述笼统置于概念功能之下。这样不仅包括了部分不属于主观性范畴的成分,还遗漏了部分本属于主观性范畴的成分。[①]此外,这种处理思路对人际交往的社会性也有所怠慢。我们认为,人际功能的根本首先在于建立合法的人际关系,其次才是亲和的人际关系,因此说话者主观性的表达只能是第二位的。相比之下,哈贝马斯将人际功能与主观性表达功能区分开来的做法更为可取,人际功能作用于"人际关系总和的社会世界",主观性表达功能则作用于"言说主体意向经验总和的内在世界"(哈贝马斯,1993:69-70)。

二、马丁的评价理论

尽管韩礼德对主观性有过不少精辟论述,但并未形成完整的主观性思想。詹姆斯·R.马丁(James R. Martin)师承韩礼德,构造了系统功能语法框架下的系统化主观性思想——评价理论(appraisal system)(Martin,2000;Martin & Rose,2003;Martin & White,2005)。评价理论为我们考察说话者/作者的态度与立场提供了一个分析框架,涉及文本所揭示的各种态度、各种情感的强度以及各种价值的来源。

(一)马丁的主观性思想概述

马丁指出,评价是一个人际意义系统。评价理论可被视为对韩礼德所区分的人际功能的延伸,主要研究个人如何运用语言并对事物做出评价,采取立场,从而调节主体间的立场关系。在其看来,告诉听话者对某些人或事物的感受,说话者即可利用评价资源来协调社会关系。因此,评价理论关心的是说话者如何借助话语介入语篇,从而使语义随其立场而变化。

评价首先涉及的是态度问题:一个人对所发生的事件、别人的所作所为以及周围的对象采取什么样的态度。其次是态度的强烈程度,是高、中、还是低。再次是态度的源头:可能是说话者自己,也可能是说话者转述别人的态度。这三个方面分别被正式命名为"态度"(attitude)、"级差"(graduation)、

[①] 当然,这一点是可以原谅的,因为韩礼德并未建立一个完整的主观性理论,这才有了后来马丁传承师业建立功能学派的主观性理论——评价理论的做法。

"介入"(engagement)。① 态度子系统可进一步细分为三个子系统。表达感情的被称为"情感"(affect)，评估人物品格的被称为"判断"(judgment)，评估物体价值的被称为"鉴赏"(appreciation)，如图 2.3 所示。

图 2.3　评价系统中的范畴间关系

这里我们重点阐述与主观性直接相关的态度子系统。态度中的情感子系统负责解释使用者对行为、文本/过程及现象做出的情感反应。判断子系统负责解释使用者按照伦理/道德对某种行为做出的道德评判。鉴赏子系统负责解释使用者对物体价值的判断，包括有形物体与抽象物体。每一个范畴均可涉及正面与负面、显性表达与隐性表达的情况。

在其看来，例（14）—例（17）中的画线部分"torn to pieces""pain and bitterness""ecstatic""very quiet""withdrawn""just press his face into his hands and shake uncontrollably"都是表达情感的。

例（14）：I was torn to pieces.

例（15）：I can't explain the pain and bitterness in me…

例（16）：We were ecstatic.

例（17）：He became very quiet. Withdrawn. Sometimes he would just press his face into his hands and shake uncontrollably. I realized he was drinking too much.

（Martin & Rose,2003:25-27）

判断可以分为个人判断与社会评判。前者涉及快乐/不快乐、满意/不满意等情况，如例（18）、例（19）中的"sad/happy""fed up/absorbed"；后者涉及值

---

① 马丁的介入思想在某种意义上是对 Ostman(1986)思想的继承和发展。简-欧拉·奥茨曼(Jan-Ola Ostman)将介入(involvement)视为影响语篇连贯的三大参数之一。在其看来，说话者通过在语篇中的介入，将自身的感情与偏见嵌入语篇中。马丁进一步区分了自言和借言。自言相当于"说话者介入"(speaker involvement)（即经典意义上的主观性），借言则是通过投射声音来实施评价活动，在效果上使话语显得更为客观。因此，马丁的评价概念不仅涵盖了主观性话语，还涵盖了客观性话语。我们这里只考虑说话者介入的情况。

得表扬或谴责等的社会行为,如例(20)、例(21)的"helpful""guts"
"sacrifices"。

例(18):The dog looks sad/happy.

例(19):The old barman was fed up/absorbed.

例(20):He is a very helpful teacher.

例(21):At least their leaders have the guts to stand by their
virtue, to recognize their sacrifices.

鉴赏同样有正面与负面之分。例如,"a beautiful relationship""a very
sensitive issue""healing of breaches""redressing of imbalances"是正面鉴赏,
而"my unsuccessful marriages""a frivolous question""broken relationships"
"the community he or she has injured"则是负面鉴赏。同时,马丁注意到,人
品与物值的区分有时并不容易,此时需要将上下文语境考虑进来。

在马丁看来,评价系统被视为一个语篇系统,代表了语篇语义学研究的
第三阶段。马丁阐述了将评价系统置于语篇语义学的理由。首先,态度意义
的表达往往不受小句语法单位的局限,而是散见于语篇的不同部分。如例
(22)中,一个粉丝调用了各种态度手段如评价形容词、重复、评价结构、反问,
表达他对吉他大师史蒂夫·雷·沃恩(Stevie Ray Vaughan)的光盘的狂热:

例(22):awesome! awesome! awesome! awesome! it's very
worth buying. oh did i say that it's awesome! thank you. stevie
ray! (Martin & Rose,2003:10)

其次,同一种态度可借助多种语法结构来表达,如例(23)中形容词(修饰
语)、动词(过程)、副词(评注性状语)均可用于表达"有趣"的评价。因此,马
丁及其合作者主张跳出小句语法的藩篱,以概括这些不同结构表达的共同
意义。

例(23a):an interesting contrast in styles

例(23b):the contrast in styles interested me

例(23c):interestingly, there's a contrast in styles(Martin &
Rose,2003:10)

再次,需要照顾到语法隐喻的情况,其措辞与意义不存在一致关系。如例(23)中涉及的态度意义可加以物化,从而形成例(24)中的语法隐喻表达。

例(24):The contrast in styles is of considerable interest.

(二)对马丁主观性思想的评价

总体上讲,评价理论立足于语言的人际意义系统,构成了功能语言学框架下的主观性理论,也是语篇语义学的一个重要组成部分。这不仅是对主观性研究的重大贡献,而且是对语篇语义学的重大发展。马丁对主观性表达的处理思路反映了功能学派的基本思想。从功能角度来解释的出发点是:大量的语言事实均源于语言结构为实现特定语言功能而自我调适的结果(李佐文、张天伟,2004)。按照马丁的思路来讲就是:不管其语言结构如何,上述各种表达的功能是一致的,即表达说话者的评价。而所谓的功能又是基于意义来判断的,反映了"意义即功能"的基本思想。这一思路尽管做到了足够的概括性,但也构成了马丁评价模式最根本的问题,即未能区分结构和意义问题,以及未能区分语言形式与情景语境承载的功能。具体来说如下:

第一,未能区分结构和意义问题。

严格上讲,例(23a)—例(23c)及例(24)的功能并不同质,马丁的做法显得过于笼统。尽管各句均涉及说话者感兴趣的情况,但"an interesting contrast in styles"涉及主观描述型修饰语,属于命题内容中的主观性;"the contrast in styles interested me"及"the contrast in styles is of considerable interest"涉及的则是谓词,属于命题陈述的对象①;只有"interestingly, there's a contrast in styles"触及了评价的核心,关于"interestingly"的这种用法,Quirk 等(1985)明确将其归入评注性状语的范畴。尽管其意义并无太大变化,但出现在 VP 位置与 CP 位置的修饰语功能是大相径庭的。例(25a)中的"apparently"是命题内容的一部分,例(25b)中的"apparently"则是指向命题

---

① 如此看来,所谓的语法隐喻(不一致式)与一致式在态度的表达上并无本质差异,只不过是看谓词是动词性的还是名词性的罢了。

的评价,不属于命题内容的一部分。①

        例(25a):John is <u>apparently</u> at the store.

        例(25b):<u>Apparently</u>, John is at the store.

    以此来看,马丁所论及的各种态度维度,包括情感(torn to pieces,pain and bitterness,ecstatic,very quiet,withdrawn)、判断(sad,secure,unfortunate,stupid)、鉴赏(a beautiful relationship,a very sensitive issue,healing of breaches,redressing of imbalances)等,大部分均属于命题内容中的态度问题。一个有效的语言理论不仅应能说明例(23a)—例(23c)的共性,也应能说明其间的差异。整体来看,例(14)—例(17)均是对某种情况的描述,虽非狭义上的事态,但仍属于描述的范畴,可归入广义上的命题式表达。可以说,整个评价理论涉及的主要是命题内容中的主观性问题。作为命题描述的对象,这里涉及的情感、判断均是非认识性的(除评注性状语表达的之外),因此并不属于语言主观性的核心表现形式。

    第二,未能区分内在的主观性表达与情景语境造就的主观性表达。

    马丁所说的隐性情感表达,如"Sometimes he would just press his face into his hands and shake uncontrollably.""I realized he was drinking too much.",严重依赖情景语境,尚未形成规约化的主观性形义配对,因为"press his face into his hands"单独来看与主观性表达并无关联,"shake uncontrollably""drinking too much"更是如此。尽管他承认,有时很难清楚区分隐性情感表达与关于身体行为的描写,严格来讲,上述表达属于对事态的描述而非对事态的评价,尽管这里涉及说话者根据事态做出的推断,但他并未真正介入事态之中。总之,功能派主观性思想的着力点在于语言的表情功能,侧重概念内容而非语言实现方式,因此表现出对态度表达的语言形式的怠慢。

    此外,马丁的理论模式还面临着范畴区分任意、分类标准不统一的问题。

    在马丁的理论中,评价是一个上位概念,涵盖态度、级差、介入三个子范

---

①   这一区别可借助辖域来表示,如"apparently"在例(2a)中属于命题内辖域,在例(2b)中则属于命题外辖域。P 为 Proposition(命题)的缩写,下同。

      例(2a):[John is <u>apparently</u> at the store]P.(自拟)

      例(2b):[<u>Apparently</u>],[John is at the store]P.

畴,态度本身又涵盖情感、判断、鉴赏三个子范畴。然而,级差、介入并不独立存在于态度之外,而是对态度的来源与强度的界定。马丁只注意到级差由程度副词所承载,未能注意到从结构上看,程度副词所修饰的对象本身通常蕴含了其所说的态度,如"very interesting""totally awful"。既然涉及的是对态度的强化,将级差处理为与态度平行的范畴显然是不恰当的。同时,情感、判断、鉴赏子范畴是对态度类型的进一步细分。这意味着评价指向的均是态度问题,而情感、判断、鉴赏均属态度类型。判断、鉴赏的区分理据是指向人(人品)还是指向物(物值),那么情感有无涉及指向性问题? 是否所有的情感均暗含了某种态度? 是否态度均是评价的一种表现形式? 这些均值得进一步推敲。①

三、纳茨的主观性思想

广义上讲,可将纳茨归入功能语言学家的范畴,但他近年来有朝认知学派靠拢的倾向,致力于探讨认知与功能学派的合作空间(如 Nuyts,2011),因此狭义上他可归属于认知—功能派语言学家。不过,其(交互)主观性概念略显"另类",既有别于功能派主观性的解读,又有别于认知派主观性的解读。为方便起见,我们姑且将其归入功能—话语分析派主观性理论的范畴。

(一)纳茨的主观性思想概述

纳茨的主观性思想的提出主要是为了解释情态表达的某些特征。他关于主观性—交互主观性的区分主要涉及情态领域的责任或共识问题。Nuyts(2001a)将(交互)主观性列入言据性范畴,涉及评判主体相对于他人及事态的位置。他认为,情态评价的(交互)主观性取决于评价的"责任"主体:如果情态评价的责任方完全落在评判主体身上,则该情态评价具有主观性;如果情态评价的责任由评判主体及更大的群体(可能包括听话者,但也不尽然)所承担,则该情态评价具有交互主观性。概言之,主观性与交互主观性的对立涉及私人证据与公共证据的对立。Nuyts(2012:61)又强调二者的共性,主张

---

① 值得一提的是,刘世铸(2006)进一步修正了评价理论的现有框架,将评价系统看作一个包含态度、介入、级差和评价四个子系统的话语资源,提出态度的结构潜势概念,探讨评价中态度意义的语法模式,是对评价理论的重要补充。不过,同马丁一样,他将评价看作一个上位概念,涵盖情感范畴。但在我们看来,两者更适合被处理为平级范畴。

（交互）主观性暗含所编码的信息对听话者而言是新奇的，与新奇信息的共性在于两者均参照了评判主体在语篇世界中的位置，并对信息地位加以标记。

在纳茨看来，典型的主观性表达包括认知动词，如"think"（确切说是"I think"）；典型的交互主观性表达包括认识性形容词，如"probable"。但同一个成分出现在不同语境中时，可能分别表达主观性与交互主观性。如例（26）、例（27）所示。

例（26）：… but I think that also in believing there are ups and downs, because to me believing has everything to do with life and vice-versa.（Nuyts,2001a:393）

例（27）：I think now I have to say something after all worthy colleague.（Nuyts,2001a:393）

按照纳茨对主观性及交互主观性的分析，例（26）表现出主观性，因其表达的是说话者私人经历的一部分，无法为他人所及；例（27）则表现出交互主观性，因为主句是对所说内容的一种弱化。显然，其分析依赖的是补语从句的语义内容。① 纳茨力图将主观性的分析与句法表现挂钩。他认为，在谓词性情态表达中，第一人称主语编码主观性，如例（28a）中的"I think""I really regret"；非人称主语编码交互主观性，如例（28b）中的"It is quite probable""It is unacceptable"。状语及助词性情态表达则呈中性，分别如例（28c）中的"probably""unfortunately"、例（26d）中的"may""must"。在纳茨看来，它们并不编码（交互）主观性，因其"并未引入或控制某个主体"（Nuyts,2012:63）。

例（28a）：I think they left already.（认识主观性）

I really regret that they left already.（道义主观性）

例（28b）：It is quite probable that they left already.（认识交互主观性）

It is unacceptable that they left already.（道义交互主观性）

---

① 当然，纳茨的分析不乏具有启发性之处，说明即便［第一人称＋认知动词］也未必涉及主观陈述，这里还涉及命题内外的主观性相互作用的情况。例（28）中的"I think"发挥的是某种模糊限制语功能，可归入话语标记范畴，而非严格的主观性范畴。

例(28c):They probably left already.(认识中性)

　　　　Unfortunately they left already.(道义中性)

例(28d):They may well have left already.(认识中性)

　　　　They must leave right away.(道义中性)

(Nuyts,2012:63)

作为形式化的进一步尝试,Nuyts(1998,2001a,2001b,2012)提出"限定范畴等级"(hierarchy of qualificational categories),试图将主观性概念与之关联起来。

　＞ 言据性

　　＞ 认识情态

　　　＞ 道义情态

　　　　＞ 时间

　　　　　＞ 数量(频次)体 / 动力情态

　　　　　　＞ 时相

　　　　　　　＞ 事态

按照纳茨的解读,最底层的限定范畴涉及对事态内部构成的进一步细化(时相涉及事态的内部状态)①,中层范畴涉及将事态置于周围世界中(如时间将事态的状态置于时间轴上),顶层范畴涉及将事态置于说话者关于世界的推理中进行抽象描述(如道义情态参照的是合意性,认识情态与言据性参照的是存在)。在纳茨看来,该等级反映了不同范畴在我们对世界的概念化中所处的位置。沿该等级上移即意味着限定主体(qualifying subject)角色的不断介入。等级越高,对情景的解释越需要依赖评判主体,因而在对事态的限定中其能动性介入也越深。在此意义上,该等级反映了随着范畴辖域的扩大主观性随之不断增强。他主张将特劳戈特的主观化概念界定为"语言成分的意义在历时上沿该等级爬升的过程"(Nuyts,2012:62)。不过他随即承认,"主观性涉及的是说话者的位置而非事态的位置,因此与这个限定等级并无直接关联"(Nuyts,2012:64)。

(二)纳茨的主观性思想评述

纳茨主观性分析模式的优越之处在于,它可将主观性以及交互主观性概

① 纳茨所讲的"时相"(phasal aspect)即一般所称的情状(situation types)。

67

念直接与情态表达的形式特征挂钩,因此可操作性较强。然而,该模式的不足之处也是显而易见的:

第一,对主观性—中性—交互主观性的判断严重依赖显性句法主语。

纳茨的主体概念似乎完全等同于显性句法主语,然而句法主语并不等于言者主语,而后者才是主观性的意蕴所在。他所捕捉到的仅仅是句法主语与言者主语重合的情况(第一人称主语),因而对于主语隐没的情况不仅未能予以考虑,反而将其列为中性表达。出于上述立场,他将情态副词及情态助词排除在主观情态之外(因其不涉及显性第一人称主语)。一方面,这一分析思路似乎与语言学传统似乎背道而驰。Quirk 等(1985)明确主张,评注性状语(纳茨所称的情态副词)指向说话者(speaker-oriented),Bybee 等(1994:176)更是明确将情态称作"说话者态度的语法化表达"。另一方面,这种分析思路也无法对语言事实做出令人满意的解释。即便某个情态判断的确属于评价主体的责任,但倘若他未能充当主语,又当如何归类? 如日语中通常省略主语,类似英语中的"I think"这样的显性表达很少出现。汉语口语与书面语在代词省略上的差异又当如何解释?

第二,对主观性的判断角度不一。

纳茨对主观性的考察是基于情态判断中证据的属性来界定的,这似乎是从语言解码者的角度来考虑的。[①] 但 Nuyts(2012:60)似乎又倒向了语言编码者的角度:"只有在会话上有必要时,说话者才会希望在情态表达中编码(交互)主观性,因此,语言也自然而然提供了中性地表达情态范畴的手段,而无须说话者暗含任何相关信息。"纳茨似乎是在说,是否编码(交互)主观性完全取决于说话者的选择,然而这一点对解码者而言是毫无意义的,对于主观性的分析意义也不大。[②]

第三,纳茨对主观性的定义存在问题。

其主观性定义范围过窄,仅适用于情态范畴,难以拓展至其他主观性范畴如评价形容词(nice,awful,ridiculous)。如何将其扩展至情态以外的范畴是其理论面临的一大挑战。他所称的交互主观性(证据来自更大的群体)似

[①] 若是从说话者角度来考虑,他完全没有必要纠结在说"Alfred may be unmarried."时,自己是基于阿尔弗雷德(Alfred)结婚存在的概率问题,还是纯粹的猜测。换言之,说话者(评判主体)完全不必像纳茨所说的那样对其情态判断负责。情态判断的来源只能是语言解码者所关注的问题。

[②] 当然,这一点与功能学派主张语言是一个选择系统的观点是一致的,与认知识解观主张对同一情景可以有不同识解方式的观点也是一致的。

乎更趋近客观性而非主观性范畴,与道义情态的客观用法(道义源来自一般规范的情况)颇为接近。同时,他对情态概念有扩大化之嫌,如他将认识性补语从句"I think they left already."归入认识情态范畴,模糊了两类范畴的差异。此外,纳茨的定义涉及的术语带有强烈的社会隐喻色彩,如"评判主体"(assessor)使人联想到价值判断,甚至法庭审判;"责任"(responsibility)使人联想到说话者要对所说的话负责,这些术语名称无疑有些言过其实了。

第四,纳茨对主观性内涵的认识严重受制于言据性概念。

纳茨明确将主观性视为言据性的一个维度,对主观性内涵的认识严重受制于"言据性"这一概念,聚焦于信息来源的性质和地位的表征(传言、亲身经历还是传说),而不涉及内在意义上的主观性(认识立场)。[①] 他似乎忽视了作为主观性轴心的认识情态与言据性存在质的不同。De Haan(1999)明确主张厘清认知情态与言据性的界限,Cornillie(2007:88)也在综合以往言据性研究的基础上,论述了该范畴与认识情态的区别,明确指出,即便信息来源的确带有推论性质(无论基于直接证据还是推理),说话者的预测强度也未必依赖这种推断。[②] 概言之,言据性范畴更多地涉及信息来源问题(如"seems""appears"),主观性的本质则在于表明说话者对命题内容的信念。将主观性视为言据性的一个子范畴,在某种意义上错失了主观性的本质。

纳茨主观性理论的根本问题在于其研究视角,即将主观性和与之并不同质的言据性挂钩。需要承认的是,在宽泛的意义上,言据性总是蕴含了某个特定的概念化主体的视角。如 Verhagen(2005:133)所言,只有概念化主体才能将某个情况看得清楚(It is obvious that),也只有特定概念化主体才能将某个情况看作是有问题的(It is problematic that),因而其所指向的不是概念化客体,而是识解构造中的主体与客体关系。我们将言据性表达排除在狭义主观性范畴外,如"It is likely that""It is only a hypothesis that""The accepted opinion is that""It is clear that"。这类表达尽管唤起了概念化主体,但并不涉及认识评价问题。[③] 事实上,这些均属相对客观化的表达,即说话者有意遮

---

① 这一点主要是因为他对主观性的认识始终是以交互主观性概念为参照的。然而,交互主观性与认识意义上的主观性不必存在内在关联(参见:黄蓓,2014)。

② 不过,推断性的言据性与认识情态的确存在交叉之处,情态动词的认识限定及说话者信念与其获悉方式有关。

③ 费尔哈亨似乎未能区分唤起认识立场与唤起概念化主体的情况,当然这与其持认知意义上的主观性是分不开的。这里的分析再次说明,倘若不能立足语言本身,就无法获得对语言主观性相对客观的认识。

蔽自我,而采取一个非人称化的概念化主体的视角。在我们看来,言据性总是暗含了说话者给出某种客观证据的努力,甚至是说话者有意客观化,从而避免自身的主观臆断的做法。

总之,尽管纳茨力图将主观性的分析与句法表现挂钩,但他依然需要依赖对句子语义内容的分析才能判断主客观性,更严重的是,他限制了第一人称主语之外的主观性表达。因此,他对情态主观性的解读试图做到客观化的努力并未成功。从其分析思路来看,将主观性与证据的属性类型挂钩,不仅无法兼顾情态以外的主观性范畴,甚至还将作为主观性核心表现形式的情态助词与情态副词排除在外。总体上讲,纳茨的主观性与主流观点大相径庭,使得其主观性理论只能成为一座孤岛。

四、小　结

这里我们姑且不谈纳茨的主观性思想,总体来看,基于功能—话语分析的主观性研究与人际语篇视角密不可分,韩礼德将主观性纳入人际意义的范畴下,而马丁则试图将其纳入语篇系统。事实上,跳出功能语言学的元功能框架,主观性并不必然锚定于人际或语篇范畴,它应该有自己的内涵。人际意义的内涵在于建立和维持人与人之间的关系,语篇意义的内涵在于建立语篇成分间的衔接。而主观性的内涵在于表达说话者的情感、态度及信念。这种表达同样是语言的重要功能之一(甚至与命题功能同等重要),但并不适合纳入韩礼德的三大元功能范畴的任何一个范畴。在某种意义上,主观性并未获得独立的价值。正是这种将其置于特定的理论视角下的做法,使得我们难以窥到主观性的真实面目,也使得对主观性的作用层面存在扬此抑彼的倾向。这一评述不仅对功能框架下的主观性研究是适用的,对认知(兰艾克)及语用(特劳戈特)框架下的主观性研究同样适用。

第五节　综合评述

在当代,主观性研究百花齐放,涌现出众多流派,这些流派分别以当代功能—话语语言学、语用学、认知语言学研究为依托,形成了百家争鸣的景象。然而,理论视角的异质性造就了对研究对象大相径庭的认识。在针对主观性本质的认识以及主观性的作用层面问题上,各学派各执一端,在一些重要问题上难以达成共识。现有主观性研究的不足集中在如下四个方面：

第一，对主观性缺乏统一、明晰的界定。

不同学者在不同层面上使用"主观性"这一术语，这可能掩盖了其研究思路本质上的差异。早期主观性研究深受哲学中主体性思想的启发，因此 Benveniste(1971[1958])、Lyons(1982)及 Kristeva(1989)的"主观性"更趋近"主体性"的意蕴，都是在语言本体层面上谈论这一概念的。认知学派的主观性与识解概念密不可分，同样具有本体地位。这是因为识解必然同时包含主观识解与客观识解，在任何语言表达式的意义中都是预设了的。语用学派的主观性研究专注于意义的主观化，而非语言的主观性本身。其主观性概念与说话者的观点密不可分，但"观点"一词又与语用推理及语用因素密切相关，缺乏严格界定。基于功能—话语分析的主观性研究立足于语言的人际互动功能，侧重言语层面的主观性，侧重话语理解中的推理性策略，对语言系统层面的主观性缺乏足够关注。

第二，内涵过窄或过宽。

早期的主观性思想尚未成熟，存在着将语言主观性等同于主观性甚至主体性的简单化思想。无论是本维尼斯特还是朱丽娅·克里斯特娃(Julia Kristeva)，均强调语言使用主体与语法主语的对应关系，但这种主观性仅仅侧重第一人称主语，无法兼顾其他主观性表现形式，如情态动词、认知动词。即便是涉及第一人称的情况，语法主语与言者主语毕竟属于不同质的概念，因而无法很好地回答主语省略的情况下表达式是否涉及主观性（这在日语中属于常态）的问题。近期的主观性研究则似有将其内涵不断放宽的倾向。主观性似被等同于非客观性、不确定性、模糊性及非精确性。这使得主观性范畴被不恰当地放大了，也使得对主观性的判断失去了可资参照的标准。无论是将其内涵放得过宽还是过窄，均不利于语言主观性的研究，因此有必要重新对其内涵加以审视。

第三，研究思路上的个体观、分解论。

当代主观性及主观化研究表现出鲜明的个体观倾向，基本上是个案式展开的，并伴有严重的分解论倾向，鲜有研究考虑到不同主观性成分间的相互作用问题。这种个体观、分解论的思路存在严重弊端，也无法反映语言主观性的真实面貌：其一，个体成分的主观性往往并不单独实现。例如，单单第一人称代词并不足以传递主观性，同样，认知动词也是如此。主观性是通过这两种语言成分的共同作用来传递的。即便做到了穷尽列举，得到的也将不过是一个主观性标记的清单。将主观性单纯归结为个体词项的意义并不十分恰当,因为这样忽略了主观性实现过程中所受到的语境制约因素。其二,话语交流的基本单位是句子而非个体词项,主观性往往是多个主观性成分共同传递的。因此,脱离话语整体谈论主观性不切实际,可能机械地将话语整体的主观性分析为词项的主观性,度量个体词项的主观性也缺乏参照标准。其三,传统上对主观化的界定标准是越来越频繁地用于带有强主观性的语境中,这本身已预设了主观化并非自主发生的过程。忽视主观性语境谈个体词项的主观化,有先入为主之嫌,即认为某个词项发生了主观化,再到语料中寻求支撑性证据。

第四,主观性的研究方法亟待"客观化"。

目前,针对主观性的研究多注重分析上的合乎直觉、合乎自然,在研究方法上缺乏足够的可操作性、可验证性,也使所得结论难有较大概括力。例如,兰艾克将主观性定位至其认知语法框架中的"识解"概念,将其界定为识解的主观维度,这一维度就是意义主体(即概念化主体)对于自身在语言编码中的(无)意识。对他而言,主观性越高,说话者的编码越隐性,因此主观性与说话者的自我意识成反比。对于特劳戈特的历时主观化取向而言,主观性更像是一个有意识的说话者对意义的有意识的介入。由此,主观性的共时与历时取向得出了截然相反的判断标准:前者以隐性为标准,后者则以显性为准绳。由于主观性本身显得难以捉摸,因此仅凭直觉判断未免流于主观,最终还需以形式为参照。这就要求我们对主观性的句法证据加以发掘,形成具有一定概括力的标准,使主观性研究走向系统化、规范化。

综合来看,早期主观性研究的价值主要在于确立了"自我"在语义研究中的重要地位,并将主观性纳入了正统语义研究的范围。情态、人称、指示语等成为主观性研究关注的焦点,但是研究者对主观性的认识还很模糊,甚至存在将情态等同于主观性的错误观念。系统化的主观性理论尚未建立起来。功能—话语学派的主观性思想的着力点在于语言的功能与使用,侧重概念内容中的说话者因素,其所论述的态度大部分属于命题内容中的态度问题,表现出其对态度表达的语言形式的怠慢。它将主观性与功能因素密切关联起来,从而错失了其结构实现及其对结构的反作用。这与功能语言学的关注重心是一致的。当代两大主观性研究范式对主观性的考察也并非尽善尽美。一方面,两种范式关注的重心均落在历时的主观化过程上,主观性仅仅是作为一个基础概念而存在的,本身并未在理论架构中得到应有的重视。另一方面,主观性在语言运用中表现出弥散性,语言表征中的主观性又是无处不在的,这制约了在实际研究中对主观性进行系统考察的可能性,也使得对主观性的判断缺乏可界定的参照标准。同时，主观性的研究留下一个重要空缺，两种研究范式分别侧重言语与表征(representation)层面的主观性，语言系统层面的主观性研究基本上处于缺失状态。与此同时，研究思路上的个体观、分解论取向制约了对主观性进行更深入系统的考察。

尽管各派主观性理论并不相互排斥，也难以断定孰优孰劣，但真正做到以语言为出发点和归宿的尚无一例。正是因为研究者对语言主观性的形式维度缺乏足够关注，主观性的研究一直停留于纯意义层面，未能做到形义结合，从而使主观性的解读本身充满了"主观性"。我们主张，语言主观性的研究必须回归语言本体，要重视形式与意义的互动。这就要求我们以语言事实为观照，从而对主观性的语言表征方式做出更切实际的刻画。

第六节　本章小结

本章就当代的主观性思想进行了系统回顾，对其基本思想进行了阐发，就其贡献与不足之处进行了评述。整体上来说，我们可以区分两大主观性研究思潮，功能—语用—话语学派隶属于一派，认知学派自成一派。综合来看，两大思潮分别将主观性置于语言运用与语言表征层面。功能—语用—话语学派的研究重点在于探究言语主体如何干预和影响语言使用过程，从而表达自己的立场、视角和推理。对认知学派而言，主观性反映在概念化主体对其所识解情景的介入中，这种介入几乎是不可避免的。出于研究视角的殊异，各派学者对主观性的认识大相径庭，也使得我们对这个领域的认识愈显扑朔迷离。正如Lyons(1994:13-14)指出的那样："当我们开始在现代语言学框架下研究话语主观性时，很快就会发现这个问题并不像表面看起来那样简单而一目了然。"当代主观性研究的不足集中在四个方面：一是对主观性缺乏统一、明晰的界定，二是内涵过窄或过宽，三是研究思路上的个体观、分解论倾向，四是主观性的研究方法亟待"客观化"。

究其根本，由于对主观性的语言形式维度缺乏足够关注，因此以往主观性研究一直停留于纯意义层面，未能做到形义结合，使得对主观性的解读本身充满了"主观性"。本书认为可取的出路是回归语言本体，区分广义语言主观性与狭义语言主观性。有鉴于此，本书持狭义语言主观性的观点，将语言主观性概念锚定于语言形式上，重视形式与意义的互动关联，侧重发掘主观性成分间的相互作用。这也构成了本研究的起点。

第三章　主观性的互动观

在语言的认知观看来,语法与词汇构成了一个连续统,均属于形义配对,其所编码的意义仅存在具体与抽象、简单与复杂之别。两者传递的意义均是概念性的,代表了对经验加以概念化的方式(Croft,1999:77)。如果说构式与词项均有(概念)意义,那么这些意义在彼此接触时必然要发生相互作用。用构式语法的话来说,词项的意义必须同构式指派给这些词项槽位的意义相一致(Goldberg,1995:24;Lemmens,1998:232;Stefanowitsch & Gries,2003:213)。

我们预期,词项与构式互动的一般理念对主观性而言也是适用的。用认知(构式)语法的话来说,词汇与语法层面均蕴含了可供说话者调用的表达"主观性"概念的资源。主观性作用于不同语言表达层面,如词汇、语法、构式层面,这一点传统研究也注意到了。不同层面的主观性如何彼此关联起来是一个关键问题,然而这在传统主观性研究的分解论取向下一直未被触及。我们在前期研究中发现,主观性对组合语境具有敏感性,主观性成分在结构上存在着选择主观语境的内在偏好。正是这种不自足色彩造就了组合语境中不同主观性成分相互依存的特征。这促使我们超越分解论,转向主观性的互动观。结合词项—构式互动观的一般思想,我们提出,句子的主观性解读来自不同范畴、程度有别的主观性成分的互动作用,无法约减为单一维度或单一成分的主观性,如此才能就主观性的复杂性做出充分说明。

第一节　超越分解论

一、传统主观性研究中的分解论倾向

作为说话者在语言中留下的"印记",主观性在语言中可谓无处不在。因

此,对语言中的"主观性标记"的发掘,就成为传统主观性研究的一个重要课题。这在无形中形成了分解论的取向,即将主观性定位至个体词项或结构。当代两大主观性研究思潮均在某种程度上因袭了这种分解论思想。Langacker(1990a,1998,1999a,1999b,2002,2006)关注的是个体成分如何被识解,Traugott(1989,1995a,1999a,2003,2010)关注的是个体成分朝强主观性方向演化的倾向,即主观化。

这种分解论思想落实到研究方法上,便形成了个体观取向,默认了主观性由个体成分独立承载。对主观性标记的发掘基本上是个案式展开的,形成了共时与历时两大研究路径。一是考察个体语言成分的共时主观性表现,如张伯江、李珍明(2002)及李珍明(2002)比较了"是 NP"和"是(一)个 NP",认为后者倾向于主观性表达;朱明媚(2002)比较了"并+否定"与"可+否定"的主观性差异;李晋霞、刘云(2004)考察了"由于"与"既然"的主观性差异。二是考察个体成分的历时主观化历程,如陈前瑞(2005)考察了"来着"的发展与主观化,崔蕊(2008)探讨了"其实"的主观性与主观化,王灿龙(2009)考察了"想是"主观性的兴替,不一而足。这种个案式的分析思路尽管可操作性较强,却存在着无法回避的问题。我们不妨从两位研究者分析的例子入手。如例(1)中 Traugott(1989:43)对 will 的主观化分析(下画线为笔者所加)。

> 例(1a):That will be our train on platform C.
> 　　　'That is sure to be our train on platform C.'
> 例(1b):He will return at once.
> 　　　'His immediate return is predicted.'
> 例(1c):This will be your luggage,I suppose.
> 　　　'I conclude that this is your luggage.'

按照 Traugott(1989)的解释,从例(1a)到例(1c),"will"从表达一般的肯定转向表达说话者的肯定评判,从认识义逐渐发展出评价义。Traugott(1989:34)以此来支撑其所提出的主观化单向性假说,即意义呈现出"不断朝说话者世界的方向演化"的态势。尽管从例(1a)到例(1c),"will"的意义可能确实发生了从认识到评价的转移,然而我们注意到,"will"并非例(1c)中唯一的主观性成分,"I suppose"的出现也在很大程度上促成了该句的评价义解读。认知动词有朝评价义发展的趋势,这表现在第一人称代词与认知动词并置于句末时,整句必然是一个[断言+视角]的表达,隐含评价意义(方梅,

2005)。特劳戈特专注于考察"will"的语义变化,而无意中忽视了这一点,从而将例(1c)的评价义完全归结到"will"上。

再看刘正光(2011)对主观化的句法消解与反制约效应的分析,分别见例(2)、例(3)。

> 例(2a):＊我憋了气。①
> 例(2b):＊我碰了灰。
> 例(2c):我憋了一肚子气。
> 例(2d):我碰了一鼻子灰。(刘正光,2011:338)
> 例(3a):哥们儿,不急。
> 例(3b):刘嫂,不客气。
> 例(3c):＊崔秀玉,不哭!
> 例(3d):＊专员,不说了。(刘正光,2011:344)

按照刘正光的分析,某些不可接受的表达可因加入主观化标记而变得可接受,这说明主观化对句法限制具有消解效应。② 例如,动宾句中用"V了"不能独立成句,如例(2a)、例(2b),但加上带周遍义的"一＋数量"后,句子即变得可接受,如例(2c)、例(2d),这是"一＋数量"隐含的主观大量及出乎意料之义使然。而句中主观性意义的存在或添加,又可能给句法行为带来新的限制,故曰"反制约"效应。例如,"N,不 V"祈使句对句法环境有一定的限制,倾向于选择表示亲近的称呼语。"哥们儿"和"刘嫂"都是亲昵称呼,因此例(3a)、例(3b)可接受;而"崔秀玉"和"专员"为全称姓名和职衔,表示情感距离较远,因此例(3c)—例(3d)不可接受。

然而,事实上,所谓的消解与反制约不过是同一问题的两个方面。整体来看,隐藏于合法性问题之下的是主观性成分相互依存的要求。孤立地考察单个主观性标记,难以发现这一点。"V了"带有主观性(沈家煊,2002),因而拒斥客观语境,而"一肚子""一鼻子"之类的成分属于主观大量,暗含评价,显然满足了"V了"对主观语境的要求。③ 同理,"不"用于否定活动时,表示说话

---

① ＊表示该例句不合语法,下同。
② 刘正光(2011)所讲的"主观化"是共时意义上的,即语言中规约化的主观性表达。
③ 可以预期的是,在"V"与"了"之间添加其他带有评价色彩的词项,句子同样可接受。如例(1)中表极性程度的"足"就满足了这一点:
例(1):肖童应该听出来她是在羞辱他,脸上红红的像憋足了气。(海岩《永不瞑目》)

者的主观意志、态度、认识等(《现代汉语八百词》)(吕叔湘,1999)。正是出于其内在的主观性,"N 不 V"构式要求带有感情色彩的语境,由此表现出例(3a)、例(3b)与例(3c)、例(3d)的可接受度差异。

总之,孤立的分析视角可能会产生"见木不见林"的效果,甚至将语言主观性的表现形式过度简单化,同时忽视组合语境在主观义的浮现中所起的重要作用。这就将我们引向分解论思想的不足上来。

二、分解论思想的不足

传统的主观性研究表现出鲜明的分解论倾向,在研究方法上表现出个案式的分析思路。然而,个体观、分解论的观点存在着严重不足。一方面,它无法反映语言主观性的真实面貌:首先,个体成分的主观性往往不会单独实现。例如,第一人称代词并不单独传递主观性,认知动词亦然,主观性是由两者合力传递的。即便做到了穷尽列举,得到的也将不过是一个主观性标记的清单。将主观性归结为个体词项的意义的做法,忽视了主观性实现的语境制约条件。其次,话语交流的基本单位是句子而非个体词项,主观性往往是由多个含主观色彩的成分共同传递的。因此,脱离话语整体而谈论主观性是不切实际的,可能机械地将整个句子的主观性分析为词项的主观性,度量个体词项的主观性时也缺乏参照标准。另一方面,它无法就词项的主观性加以准确定位。首先,倘若将词项视为内在的主观性标记,则不仅会导致主观性范畴的过度增生,也不利于发掘主观性的形式证据。其次,传统研究在界定主观化时,参照的通常是其是否越来越倾向于用于带有强烈主观性的语境中,这本身就已经预设了主观化并非独立发生的过程。忽视主观语境而仅从个体词项角度讨论主观化,有先入为主之嫌,即先假设某个词项已发生主观化,然后到语料库中寻找证据支持这一假设。当然,我们并不反对词项可以发展出主观性的观点,且历时主观化研究的一个重要课题就是词项如何从编码命题转向编码命题态度,这是 Traugott(1989)论述的一个重要主题。但问题在于,如果词项只在主观语境中表现出主观性,则将主观性归结为个体词项的做法,不仅带有任意之嫌,更是误入歧途。

黄蓓、张建理(2015)发现,传统上被视为主观性标记的成分往往并不自足,而是对组合语境表现出高度敏感性,即存在着选择主观语境的内在偏好。这说明,主观性标记总是你中有我,我中有你。例如,程度副词一般被视为表达主观性的重要手段(李俊玲,2007),然而,其主观性往往需借助相宜的主观

性成分才能凸显出来。例如,"太"在表达"过犹不及"的主观评价时,往往伴随着其他含评价色彩的词项,例如:

> 例(4):人**太**诚实了,会吃亏上当的。
> 例(5):一个人表现**太**突出了,难免会有"枪打出头鸟"的遭遇。
> (李俊玲,2007)

例(4)、例(5)中的情态助词"会"、情态副词"难免"在整句的主观性解读中显然功不可没,甚至难以断定句子的主观情态义在多大程度上是由"太"承载的。在结构上,特定主观性范畴通常体现出伴生效应,如认知动词通常要求第一人称构式语境,而与其他人称共现时并不表现主观性。[1] 反过来,认知动词的主观性必须借助第一人称主语来实现,当与第三人称共现时,它仅表示客观描述(如"我觉得"涉及主观感受,"他觉得"则涉及客观描述或转述)。

这种不自足特征不仅对词项是适用的,对于构式而言也同样适用。例如,把字句作为公认的带有主观性的构式,某些情况下会出现"把"与"给"、"把"与"个"共现的情况。《现代汉语八百词》(吕叔湘,1999:54)给的典型例子如"偏偏把老李给病了""真没想到把个大嫂死了",称在这种情况下,"把"表示发生不如意的事情,后面的名词指当事者。事实上,这种不如意特征不是"把"单独带来的,而是"把……给 VP""把个 N+VP"结构以及作格动词"病""死"的负面色彩合力作用的结果。

事实上,许多研究者在判断某些成分主观性的强弱时,都有意无意地以同现成分的主客观色彩为依据。如朱明媚(2002)在比较"并+否定"与"可+否定"的主观性时发现,主观性强的一些语义模式(如声明、警告、劝阻等)不能用于"并+否定",而主观性弱的一些语义模式(如定语、宾语等)也不适用于"可+否定",由此得出"可+否定"的主观性强于"并+否定"的结论。李晋霞、刘云(2004)在比较"既然"与"由于"的主观性时发现,"既然"句的后一分句通常伴有主观性标记,如"一定""可能""必定""应该";有时句中伴有表示言者主观推理的成分,如"想来""我看""认为""以为",由此推论,"既然"的主观性高于"由于"。崔蕊(2008)在考察"其实"的主观性时,也发现存在类似的

---

[1] 我们区分构式语境与构式的说法。构式语境宜被理解为"句法串"(syntactic string),包含了构式及其准入的词项。另外,词项在本书中不被看作构式,这也是我们后面论述词项—构式互动观的基础。

限制条件,如表主观的"其实"须有否定、程度、预期等标记同现,表客观的"其实"不存在这些限制,但也不可添加"我认为"等主观性标记。这有力地说明,主观性表达总是表现出伴生效应(参见:黄蓓、张建理,2015)。从另一个角度来看,这意味着单个词项无法独立获得主观性解读,主观性是由整个构式语境合力传递的。

或许有读者会反对说,某些词项如评价类形容词、评价类副词等具有内在的主观性,其主观性的实现无须借助具体的构式语境。事实上不然。评价性并不独属于词项的意义,而是在一定程度上由关系化表达所承载。评价成分在语句中一般具有固定的结构位置,如评价形容词一般出现于谓语中(如"她很小家子气"),评价名词的评价义涉及认定结构(如"他是个活雷锋"),评注性状语则出现在句首,并与命题内容间隔开来(如"真倒霉,QQ号被人盗了")。特定结构所赋予的主观性是无法否认的。总而言之,主观性并非词项独有的属性,词项的主观性只有在构式语境中才能实现。

本节以词项为切入点,说明传统主观性研究中存在着鲜明的分解论思想。接下来我们将对词项与构式的主观性加以定位,说明两者在主观性表达上均存在着不自足特征,从而为后面的词项—构式互动观的提出做好铺垫。

第二节　词项的主观性定位:主观性潜势

一、以往研究对词项主观性的定位

早期的主观性研究主要关注语法范畴的主观性,如情态、指示语,这是第一部主观性专题论文集探讨的主题(Stein & Wright,1995)。对词项主观性的关注则是后来的主观性研究的主要动向,这是第二部主观性专题论文集探讨的主题(Athanasiadou et al.,2006)。其研究对象主要涉及形容词,包括其句法位置与主观性的关系(Athanasiadou,2006)、比较形容词与分级形容词的主观性(Breban,2006;Pander Maat,2006);副词,包括观点类副词、认识性副词及程度副词/强化词(Clift,2001;Nevalainen & Matti,2002;Athanasiadou,2007);动词,如运动动词"come""go"。

主观性研究的对象逐渐从语法范畴拓展到词汇范畴,似乎印证了Benveniste(1971[1958]:228)所讲的"主观性在语言中标记之深刻"。Athanasiadou(2006:214)指出形容词能够承载主观性,认为其分级用法指称

"量级上的某个区间"。Pander Maat(2006)主张,分级形容词具有主观性,因其总是涉及某个主观识解的参照点。程度副词被视为内在承载主观性,甚至被视为主观性在词汇范畴中的编码化表达(Athanasiadou,2007;黄蓓,2009)。然而,这种将主观性视为词项的内在属性、将词项视为主观性独立载体的研究思路存在着严重不足。这种思路笼统地认为词汇范畴能够承载主观性,不仅不利于离析出不同的主观性范畴,而且不利于对词项意义进行全面描写。这是因为,大部分实词范畴均在相当程度上保留了其命题义,主观性远非其主导特征。

二、词项主观性的属性:主观性潜势

由于词项的主导功能在于编码概念内容,因此,为了服从命题表达的需要,常规情况下获得凸显的是词项的概念内容,主观识解并非其意义的主导特征。词项的主观性只能体现为一种意义潜势,作为主观识解的成分寓于客观识解的概念内容中。这种主观性潜势只有在特定的结构语境中才能被激发出来,在孤立状态下,词项的主观性依然处于潜伏状态。据此,我们提出,主观性词项的意义结构为"概念内容+主观色彩",即概念内容与主观色彩并存。通常情况下,概念义处于前景位置,主观义则处于背景位置。前者是客观识解的,后者则是主观识解的。主观识解的概念内蕴于词项的概念化过程中,但从共时层面来讲,词项的主观性本身仅仅表现为一种潜势,只有借助结构语境才能获得凸显。从历时层面来看,在词汇范畴内部可能发生由客观描述向主观描述的过渡,如:silly("无忧无虑的">"傻里傻气的")、小("在体积、数量、尺寸等方面不及一般">"因小巧而惹人怜爱")。不过,从这些范畴的概念内容依然较为丰富这一点来看,描述功能依然占主导地位,评价不过是描述的副产品。从严格的主观性标记的概念来讲,真正意义上的主观性仅限定在 Bybee 等(1994:176)所谓的"说话者态度的语法化表达",似乎仅有评注性状语、认识情态等少数范畴够得上这样的标准。专用于标记说话者态度的成分并不多见,大部分实词范畴均保留了一定的概念内容,因此词汇范畴的主观性体现的往往是概念内容义与主观义并存的情况。

典型情况如分级形容词,包括情感形容词(如"难过""别扭""恶心""sad""happy""anxious")及评价形容词(如"漂亮""龌龊""卑鄙""nice""beautiful""awful")。再如带有情感色彩的名词(如"流氓""恶棍""狐狸精""thief""gangster""bitch")、动词(如"恨""鄙视""嫉妒""dispise""hate""envy")。作为命题陈述的对象,这类成分的语义核心涉及台上的客观识解成分,但同时隐含了一个台下的评价主体(说话者),可以添加"我觉得""我认为"等。因此,它们参照了台下的评价主体,不过这个主观识解的评价主体处于背景位置,主观性较为微弱。某些功能词范畴的概念内容已相当弱化,其意义中主观识解的成分凸显度更高,主观性也更强。与分级形容词相比,程度副词(如"很""非常""特别")的语义中主观识解的成分更为凸显,明确传达了说话者对某种程度量的评估,因此其主观性更强,能明确传达出说话者对某种程度量的评估。例如:

> 例(6):To kill a totally innocent child is horrible. There isn't a word for it. (COCA-WEB)
> 例(7):楼下过道上有个超恶心的流浪汉,很猥琐。(微博)

在例(6)、例(7)中,评价形容词暗含了一个评价主体,这就是我们上面所谈的词项的主观性潜势。我们可以推断,是说话者认为"to kill a totally innocent child is horrible""流浪汉很猥琐",但其认识过程并未获得直接编码。分级形容词涉及的态度、评价蕴含于概念内容中,本身又可作为主观评价的对象,如:[这个小姑娘长得[非常[可爱]]],[She is [very [lovely]]]。甚至还可以出现多层评价:[这个小姑娘长得[的确[非常[可爱]]]],[毫无疑问,[这个小姑娘长得[的确[非常[可爱]]]]];[She is [indeed [very [lovely]]]],[Surprisingly, [she is [indeed [very [lovely]]]]]。

在某些功能范畴中,概念内容已经相当弱化,其意义中主观识解成分的凸显度很高,主观性也更强。相较于分级形容词,程度副词(如"很""非常""特别")的语义中主观识解的成分跃居前景位置,明确传达出说话者对某种程度量的评估,因此其主观性较强。概念内容弱化更彻底的是语气副词(如"真的""的确""实在"),仅仅保留了主观识解的成分,涉及说话者对命题真值的信念。除此之外,评注性状语(如[surprisingly, P]、[remarkably, P][surprisingly, P]、[毫无疑问,P][P,恶心死了]、[P,真是的])同样涉及概念内容的高度虚化,仅剩说话者对命题内容的评价,因此是完全主观识解的。不同范畴间的主观性差异表现在概念内容—主观识解的比重上。从概念—语义的映射关系来看,概念内容—主观识解对应于命题义—主观义的区分。为便于刻画,我们将概念内容与主观识解在不同范畴中的权重转化为命题义与主观义的权重问题。从实词范畴到功能词范畴,主观性依次渐强,这是一个命题义逐步让位于主观义的过程。在实词范畴中,主观性的权重较小,命题义压倒主观义;在功能词范畴中,主观性的权重较大,主观义压倒命题义。

在实词范畴中,主观义包孕于命题义中,也即命题内容中的主观性。主观义处于背景位置,命题义处于前景位置。典型情况如分级形容词及情感名词。此种主观性在特定主观语境的烘托下才能获得凸显。如分级形容词保留了较多的命题义,可以充当命题陈述的对象(谓词),其述谓用法与定语用法并存,分别如:"This is a nice book.""This book is very nice."其中,形容词的述谓用法正是 Quirk 等(1985)称之为"内在形容词"(inherent adjective)的情况。再如情感名词通常兼具指称义与评价义。如"土匪""流氓"既可以有指称义,分别指"以半路抢劫、打家劫舍等为生的武装团伙或其成员"与"不务正业、经常寻衅闹事、文化素质较低的人",又可以有联想义,带有浓厚的贬义色彩,通常用来形容不良行为或品德败坏之人。但当其用于描述时仅唤起指称义,并不涉及消极联想意义。如例(8)、例(9)中的"土匪""流氓"仅涉及指称用法。

例(8):时隔一年,1998 年 6 月 22 日,一股土匪又袭击了正在紧张施工的工地现场。(BCC 多领域语料库科技文献)
例(9):广场内有两名流氓在围殴旅客抢东西。(《福建日报》1994 年)

伴随着从实词范畴向功能词范畴的过渡,命题义与主观义呈此消彼长的关系。在典型功能词范畴程度副词中,主观义与命题义并存,两者权重相当,但主观义跃居前景位置,命题义则退居背景位置。从历时来看,典型分级形容词朝程度副词的过渡,关键的一步即在于此。按照 Langacker(1990a,2006)的说法,伴随着命题义的退场,词项概念内容中内在的主观成分获得凸显,因而这是一个主观化的过程。不过,程度副词尚不能被视为真正意义上的主观性标记,因其在结构上仍存在着选择主观语境的偏好,即要求被修饰成分具有分级性。在语气副词中,主观义进一步凸显,命题义几乎完全褪去。其意义在于强调说话者关于命题真值的信念。而到了评注性状语范畴,命题义完全让位于主观义,在结构上与命题独立开来,无法移至命题内。鉴于主观性的核心在于说话者针对命题内容的信念或态度,评注性状语具备主观性范畴的地位原型。从程度副词到评注性状语,这些修饰语范畴的主观性依次渐强,逐渐从命题内移至命题外,从实词范畴转向功能词范畴。

　　当然,我们的基本立场是实词范畴与功能词范畴构成了一个连续统,因此命题义与主观义的权重也构成了一个连续统。按照 Quirk 等(1985)关于英语状语范畴的论述,评注性状语(disjunct)是以说话者为导向的(speaker-oriented),多位居句首。方式状语关涉谓词属性的描述,常出现在句末,亦称"外围状语"(circumstantial adverb)。强化词用于指示某一属性的程度差异,常出现在该成分的前置修饰区。强调词(emphasizer)则位于主谓之间,标记说话者对命题真值的信念程度。这里我们主要结合汉语的情况来谈。汉语中的程度副词在内涵上趋近强化词,均属程度修饰语的范畴,但其外延小于强化词①,在结构上两者占据相同的结构区间。汉语中的语气副词在功能上部分趋近强调词,部分趋近评注性状语,并占据大致对应的结构区间。整体上看,其主观性介乎评注性状语与程度副词之间。汉语不同修饰语范畴在主客连续统上的分布可表示为图 3.1。各范畴的主观性权重差异可表示为图 3.2,色调深度代表权重,颜色越深,权重越大,反之亦然。

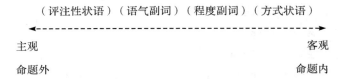

图 3.1　不同修饰语范畴的主客分布

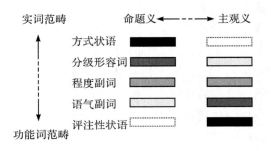

图 3.2　不同范畴的主观性权重差异

　　这里的命题义与主观义的区分是从共时层面来谈的,事实上很少有成分专司命题义或主观义。从历时层面来看,主观化的显著特征之一即在于从命题性用法转向针对命题的态度、信念,两者之间并不存在明确的界线。

---

① 不过,强化词的范畴大于程度副词,还包括具有强化意义的其他成分,如"boiling hot""freezing cold"。

第三节　构式的主观性定位：从属于经验编码功能

一、主观性与构式的关联

主观性与构式存在密切关联这一点可以从两个方面看待。从构式来看，构式的核心特征是构式义无法从其组成部分或已有构式中完全预测出来，即形式无法完全预测意义。构式义本质上是一种非组合意义。那么非组合意义从何而来？它又是如何凝滞于构式中的？显然，不可预测的构式义来自某种可推导的意义，或基于成分意义的增生意义，或基于说话者在识解成分义过程中的语用推理。此种可推导意义的反复在线推导及最终的规约化，即成为构式的涌现意义。我们在此关注的是说话者语用推理义的凝固化与构式义的关联。事实上，在语法化及主观化理论中，语用推理的本质在于它是基于说话者的意义（speaker-based meaning，蕴含说话者的意图、态度、情感、判断等），即主观性意义，因而其凝固化就构成了主观化的内涵。在此意义上，构式义与主观性密不可分，构式基于推理的意义正是主观化过程的产物。构式的非组合意义与主观性的非命题意义本质上存在天然的契合。因此，不难解释为何许多构式在整体意义上通常与说话者的主观认识、态度有关，如构式语法分析的经典习语构式"What's X doing Y?"（Kay & Fillmore，1999）及"let alone"（Fillmore et al.，1988）。而从主观性的特征来看，主观义无明显词项携带者，属于非组合意义，因而无法从其构成词项中加以推测，亦无法从类似构式中加以预测。这一属性将主观性与构式义密不可分地联系了起来。

正是由于主观性与构式存在密切关联，因此许多构式或多或少地承载了主观性，纯粹表达命题的构式在语言中并不多见。接下来我们将回答构式主观性的来源问题。

二、构式主观性的来源

构式的主观性并非空穴来风，而是与特定类型的经验事件存在对应关系。从认知构式语法观来看，构式的体验性基础在于对经验的编码（Goldberg，1995，2006）。我们观察发现，构式主观性的体验性基础在于对受损经验的编码。受损事件通常使人感到不快，这与人类趋利避害的心理是一致的。由于负面事件对我们的心理冲击更大,因此语言表达中表现出对负面表达的偏好(Jing-Schmidt,2007)。正因如此,对受损事件的编码通常伴随着说话者的移情,表达受损事件的构式通常蕴含了说话者的态度,如同情、遗憾。这些态度正是这种负面偏好的认知心理在语言中的反映。

　　跨语言考察表明,构式的主观性与受损事件存在高度关联。如莱语(Lai)中"sual"引导的受损构式。"sual"起初的词汇义为"做坏事/坏",这种意义是高度负面的,因此扩展为受损标记似乎是自然而然的。例如:

　　　　例(10):na-kheeŋ　　　ka-khway-sual
　　　　　　　　2-食物①　　　　1s-打翻-不小心
　　　　　　　　"我不小心打翻了你的食物(我感到很抱歉)。"(Smith,
　　　　　　　　2005:111)
　　　　例(11):phaay-sa　　　ɔa-thlaaw-sual
　　　　　　　　钱　　　　　　3s-丢-不小心
　　　　　　　　"他不小心丢了钱(我为他感到难过)。"(Smith,
　　　　　　　　2005:111)

　　例(11)、例(12)中"sual"的运用暗含事件的发生带有偶然性,同时暗含了说话者对事件的负面态度。"sual"的主要功能在于表达受影响事件的发生是偶然的,结果是不好的,同时表明说话者针对事件或受事的态度,如遗憾、同情。即便事件本身对受事而言属于受益的情况,说话者对事件的态度依然是负面的。如例(12)、例(13)中"sual"的运用暗含在说话者看来事件的发生不过出自偶然,受益者不配得到这种好运。

　　　　例(12):na-rum-sual
　　　　　　　　2s-有钱-意外
　　　　　　　　"你突然变有钱了(但在我看来你本没这个能耐)。"
　　　　　　　　(Smith,2005:112)
　　　　例(13):ŋak-nu muy-doɔ　ɔaa-thit-sual

---

① 为便于标记,部分对应语法标记采用了英文简略标记法,如2代表第二人称,1s代表第一人称单数,3s代表第三人称单数,3sM与3sF分别代表第三人称单数男性与第三人称单数女性,V.S.代表动词第三人称单数,下同。

女郎 特征-漂亮　3sM-结婚-意外

"他居然娶了一个漂亮的女郎（但在我看来他本没这个条件）。"（Smith,2005:112）

再如缅甸语（Burmese）中的"hya"构式专司受损事件的表达，同时隐含了说话者对事件主语的同情（Okell,1969:314），如例（14）、例（15）中"hya"的运用暗含在说话者看来主语的遭遇是可怜的、不幸的。这种情感与受损事件密切相关。如果说遗憾主要指向自身的受损情况，同情则主要指向他人的受损情况。

例（14）：ă hpaň　　hkaň-thwà-yá-hya-te

抓　遭受—走—必须—同情—V.S.

"（他）被抓走了，可怜的家伙。"（Okell,1969:314）［转引自:Smith（2005:109）］

例（15）：ă the²　　mǎ-hyei-hya-hpù

年纪　　没有—系动词—长—可惜—V.S.

"可惜（他）没活多大年纪。"（Okell,1969:314）［转引自：Smith（2005:109）］

类似的受损标记还有拉祜（Lahu）语中的"se"（参见：Matisoff,1973），以及接下来将要谈到的汉语中的"给"，它们不仅表达了受损概念，还透露出说话者对受损事件的遗憾之情。综上所述，关于受损事件的描述鲜有中性的，并且总是同时传达出说话者的态度。我们认为，受损事件与说话者态度表达的这种跨语言一致性并非偶然，而是具有深层的认知心理基础。在日常生活中，这些情感意义是我们经历负面事件时的惯常反应。①

但需要强调的是，受损本身不等于主观性。受损是对事件主体而言的，主观性则仅仅是对说话者而言的。一个是对事件参与者有利还是不利；另一

---

① Smith（2005）甚至提出受影响构式（affectedness construction）的概念。需要指出的是，他所概括的受损构式并不存在统一的形式表征，只能视为一种宏观的功能构式。本书没有将受益视为构式主观性的来源，原因有两个方面：一方面，受益义很少编码到构式中去，这一点有别于受损；另一方面，受益与说话者态度的关联是或然的，典型双宾构式仅仅涉及对转移和交付事件的客观解析，如"他送给妈妈一束康乃馨"并不暗含说话者对"他""妈妈"或整个事件的态度。

个是对说话者而言感觉是好还是坏,态度是褒还是贬。尽管后者也可用如意/不如意来形容,但需要区别于与主体的期待相关的如意性。我们不妨看一个反例。张黎(2007)认为,动作结果的如意性出自说话人的视点。他举的例子如下:

例(16a):小王把信<u>写好</u>了。(动作有意/结果如意)
例(16b):小王把地址<u>写错</u>了。(动作有意/结果不如意)

这个观点过于绝对。事实上,例(16)中的如意/不如意更多的是对事件参与者而言的,与说话者的态度或观点并无关联。写好信不过是给写信这个动作画上了句号,地址写错也是与正确的地址对照得出的结论。必须承认,说话者的态度是独立于事件本身的结果的。信写好了就是写好了,地址写错了就是写错了,并不涉及抽象的好与坏、对与错的价值评判。因此,上述表达本身只能被视为相对客观的。

当然,两者之间不乏联系,某些事件(尤其是受损事件)往往暗含了说话者对事件或其作用对象的态度。我们可以将其统一置于移情范畴下。移情即说话者认同于其所描述事件的某个参与者的情况(Kuno & Kaburaki,1977:628;Kuno,1987:206)。在同等条件下,说话者优先移情于己。因此,当事件参与者与说话者重合时,主观性体现得最强烈;不重合时,需要区分说话者介入与未介入的情况。当然,这里可能存在程度差异。当说话者与参与者存在密切利益关系(如亲属关系或所有权关系)时,说话者的态度/移情同样表现得相当明晰。此时,说话者与参与者均在相当程度上受到影响。如在"我的狗被车碾死了"中,站在人类中心主义立场上,受损对象显然主要是说话者(而非狗)。涉及与说话者无直接利益关系的主体受损时,同样可能涉及移情效果。如在"王冕的父亲被日本鬼子打死了"中,说话者移情于与自己无直接关联的王冕。

三、构式的主观性从属于经验编码功能

在前文的论述中,我们探讨了构式主观性的来源,指出其体验性基础源于对负面经验的编码。然而,构式的主观性并不纯粹,原因有两方面:一方面,对经验的编码带有客观性。在某种意义上,与经验场景的对应关系构成了构式客观性的来源。这意味着构式在编码负面经验时本身集描述与态度

功能于一身,因而其主观性通常与客观性交织在一起,后者甚至是更为基本的。另一方面,构式功能的扩张可能导致其主观性的弱化,这一点与表达色彩随高频使用而发生"磨蚀"有关(黄蓓,2014)。构式的主观性最初来自准入词项的主观色彩的浸染,但这种浸染仅仅是概率性的,伴随着构式地位的确立,结构的权重占了上风,这就使得其可能允准语义上不甚相容,但结构上相符的词项进入该构式。例如,沈家煊(2002)发现,把字句与被字句在历史上均发生了构式扩张,使得中性甚至如意词项也可准入构式,从而冲淡了其不如意色彩。这意味着构式无法纯之又纯地体现出主观性。基于这两点,我们的基本定位是:对主观性的表达属于构式在经验编码功能之外衍生出的附加义。

当然,构式的主观性存在程度之别。对经验的临摹越忠实,其表现在构式的结构特征上就越合乎常规,构式的客观性越强。反过来,对经验的编码越偏离场景本身,表现在构式的形式特征上越"另类",其主观性越强。最常规的是基本论元构式,这类简单构式编码的是与人类经验相关的场景。Goldberg(1995)称之为"场景编码假设"(scene encoding hypothesis)。这是构式生存的体验性基础。因此,论元构式的客观描述功能是第一性的。与经验场景的对应度越高,构式的客观性越强。Goldberg(1995)讨论的几类构式均属此类,如某物发生移动(移动构式)、某人致使某物移动(致使移动构式)、某物处于某一位置(处所构式)、某人拥有某物(领属构式)、将某物交付某人(双宾构式)。相比之下,复杂语法构式往往会融入更多概念化主体(说话者)对场景的解析,因此在编码经验场景的同时或多或少会植入自身的视角,甚至融入其主观态度或评价。典型例子包括处置式、被动句等。在 Smith(2005)看来,这两类构式均适合被归入二级受影响构式(affectedness construction)的范畴。受影响构式的主要功能在于描述一件事对某个参与者而言是好还是坏。受益/受损与说话者的情感密切相关,将某个事件描述为好或坏往往会传达说话者对事件及事件参与者的态度。最另类的构式之一是具有高度特异性的习语构式,这也是主观性云集的地带。例如,汉语中的"有 X 好 VP 的"格式("有你好受的/有你们好果子吃的/有他好看的"),通常承载"警告""威胁""幽默"的语义特征(周启红,2014)。这与我们前面提到的主观性与构式义的不可预测性的正相关性是一致的。作为典型的非组合性表达,许多习语构式约定俗成地承载了说话者态度(尤其是负面态度),带有生动的表现力。①

　　在主观性的表达方面，习语构式区别于常规语法构式之处，表现在构式中并无特别的蕴含主观性的词项。因此，说话者对主观性的表达不是通过个别词项实现的，而是自上而下施加于整个习语构式上的。例如，Kay & Fillmore(1999)讨论的著名的"What's X doing Y?"构式（如"What's a good girl like you doing in such a place?"），其所传递的诘难口气只能归结到构式本身之上，无法约减为参与词项的主观性。习语本身构成了一个相对封闭的集合，很少与其他词项发生互动作用，因此这类构式的主观性是构式本身带来的，不存在明显的词项与构式的主观性相互作用的情况。此外，出于其形义匹配的高度特异性，只能采取个案分析的思路，难以形成具有足够概括性的结论。出于此因，我们接下来讨论的参与互动的主观性成分仅限于复杂语法构式，不考虑另类的习语构式。

第四节　主观性的词项—构式互动观

一、主观性的解读中词项与构式的互动

　　本节立足于认知（构式）语法的词项—构式互动观（Goldberg,1995,2006；Langacker,2008），从词项的句法环境入手，发掘带有主观色彩的词项之间以及词项与构式之间的互动作用。基于本章第二节的论证，词项的主观性从属于其概念内容，体现为一种主观性潜势。构式的主观性从属于经验编码功能。因此，从主观性意义的传递来看，无论将主观性单纯归结为构式本身还是词项本身，均显得过于武断。若归结为词项本身的属性，则无法照顾到主观的词项对主观语境的内在偏好；若归结为构式本身的属性，又难以解释为何中性的词项也可进入构式。

　　因此，要对主观性现象的复杂性做出充分考虑，就不能仅仅说构式承载主观性，而是要认识到，是各种携带主观性特征的语言成分协同作用，造就了句子整体的主观性解读。在表达式中通常存在某个成分，充当着主观性最强烈的触发语，在整个表达式的主观性解读中起着核心作用。从这种意义上

---

① 需要说明的是，习语构式的主观性是相对自足的。我们将其与常规构式独立开来，看作类似汉语中的"格式"，或所谓的"修辞构式"（刘大为,2010a,2010b）。

讲,个体语言成分构成了主观性的线索,主观性的解读是主观性标记与构式语境相互作用的结果。那么,接下来要回答的问题就是:构式语境中的不同主观性成分是如何发生互动,从而生成表达式整体的主观性解读的?我们持主观性的互动观,主张主观性发生于词项与构式的互动中;主观性语义是两者彼此选择、彼此顺应的结果,既不能被单纯视为构式的属性,也不能被单纯视为词项的属性,而是自两者的互动中浮现出来的一种非组合意义。这种互动具有结构意蕴。构式与相关主观性词项的共同作用通常会造就一个新的具有自身意义的模式。在历时层面上,主观性表达存在着构式化倾向,这种组合模式往往发生固化,从而造就下位主观性构式的涌现。后面将要谈到的"个"与"给"出现在把字句与被字句中的情况就是如此,两者与构式的相互作用分别造就了下位主观性构式"把个 N+VP"与"被……给 VP"结构的涌现。

按照 Langacker(2008)关于词项—构式互动的思想,词项可以进入某个构式,至少是因其概念结构中业已存在某个意义潜势。这一点对于主观性词项与构式间的互动同样成立。我们可以按照构式观的思路发问:什么样的词项可以进入主观性构式?什么样的构式可以准入主观性词项?我们可以进一步设问:特定类型的词项是否倾向于与特定类型的构式彼此激发主观性?这一点最终需要求助于大规模语料库加以验证,不过基于目前观察到的情况,这一倾向是明显存在的。例如,汉语连词"连"与副词"也""都"存在系统共现倾向,从而在主观性的表达上彼此凸显、相互加强,最终融合为所谓的框式连词"连……也""连……都"。再如被字句的情况。我们发现,含有高度受损义的词项往往内在偏好被动句,较少采用主动句编码。对比下面的(a)例与(b)例:

例(17a):今天黄昏,我差点儿被一条秃尾狗咬了。(靳凡《公开的情书》)

例(17b):今天黄昏,一条秃尾狗差点儿咬了我。

例(18a):在一线连续奋战了 20 多个日日夜夜后,戴书记也不幸被病魔击中了。(《人民日报》2003 年)

例(18b):? 戴书记在一线连续奋战了 20 多个日日夜夜后,病魔也不幸击中了他。①

———————————

① "?"表示语感上接受度较低,下同。

　　事件遭受主体的受损情况最能引发说话者的移情,这一点与被字句的移情倾向相得益彰。例(17a)、例(18a)采用被字句编码,说话者分别移情于自身及戴书记,被字句的使用与"差点儿"的暗自庆幸义、"不幸"的同情色彩相得益彰。若替换为主动句,说话者的表达似乎丝毫不带感情色彩。例(18a)替换为例(18b)后语感上接受度较低,因为主动句表达的中立色彩与"不幸"传递出的说话者态度相冲突。这证明词项的主观性与构式的主观性存在着某种"共振"效应。按照构式观的思想,词项需要进入构式,构式需要词项的填充。涉及主观性语义的整合上,构式倾向于吸附具有同样表达色彩的词项。主观性构式对主观性词项的这种吸附效果表现在两个方面:一方面,词项的主观色彩在构式语境中得到了强化;另一方面,构式的主观性因词项的准入得到凸显。因此,不必片面强调构式或词项在主观性解读中的作用,这里涉及的是语义色彩的整合问题,即词项的主观语义特征如何与构式的主观色彩相协调。词项的语义色彩本身已寓于其中,只是在构式语境的激发下得到凸显。

　　按照认知语法的词项—构式互动观(Langacker,2008),词项的意义在一定程度上是由其所出现的框架塑造的。具体到主观性标记,其意义同样在很大程度上是由构式框架赋予的。但词项在构式中高频复现,同样可造就词义的规约化。当词项从构式中独立出来,往往也会带上构式赋予的意义。此时,部分主观义规约化于词项的意义中,词项获得了一个新的主观义,该义项在说话者的心智中得以独立存储。① 词项主观化的本质即在于此。词项与构式主观性的互动不仅改变了构式的语义,而且改变了词项的语义,使其可能发展出一个独属于构式的主观义项。

　　基于上述论证,我们确立了词项—构式互动观作为主观性模式的总体指导思想。不过我们这里的互动观比认知(构式)语法的互动观更为精细,考虑到方向性,区分了构式对词项的作用与词项对构式的作用。前者表现在构式语境对词项的主观性潜势的激活作用上,后者表现为词项的主观色彩对构式语义的浸染上。接下来的两小节,我们将具体论述。

二、构式语境对词项主观性潜势的激活作用

　　按照上述论证,实词范畴承载的仅仅是一种主观性潜势,从属于其概念内容。前者是主观识解的,后者则是客观识解的。作为命题内容的一部分,

———————————

① 这一点和一般的词项义固化的情况是一致的。

这种主观义通常处于背景位置,只在局部语境中主观性标记的触发下跃居前景位置。[①] 这反映了构式语境对词项主观性潜势的激活作用。即便是半虚化的功能词范畴,其主观性的实现依然离不开主观构式语境的凸显。我们以分级形容词与程度副词为例来说明这一点。

(一)构式语境对分级形容词主观性潜势的激活作用

分级形容词属于典型的主观性潜势的载体,因其总是暗含了某个主观识解的参照点(说话者)。这个参照点通常是主观的、隐性的。对"胖""瘦""美""丑"的判断可能因说话者而异,故有"环肥燕瘦""情人眼里出西施"之说。然而,默认情况下"? 我胖""? 他丑"这样的表达不能说(否定或对比语境除外)。这说明,分级形容词词项往往存在对主观语境的要求。

按照前面的思路,词项的主观性潜势需要主观构式语境的触发。对分级形容词而言,这个构式语境就是程度修饰结构(主要是程度副词)。[②] 分级形容词的主观性通常需要借助程度副词的烘托,单独情况下其所唤起的更多是命题义。一个证据是分级形容词可以充当谓词,如:"我逛商场时看中一条漂亮的裙子。"在程度副词的诱发下,分级形容词内隐的主观性才得以凸显,确切地说是其语义中主观识解的成分在程度副词的带动下得到凸显。借助程度副词,分级形容词在某一量级上所占据的位置得以明确。这种度量并非真值条件意义上的,而是暗含了说话者对程度量的主观判断与评估。

例如,对于"漂亮"而言,其本身暗含了某个指称对象的参照标准(量级),可就其属性加以排序。如衣服是否漂亮通常涉及款式是否时尚、布料是否质地优良、花色是否美观、剪裁是否合身。但这些标准是主观的、内隐的,在量级上的取值未明确之前,句子通常显得不可接受,如例(19a)这样的句子不常说。借助程度副词,这些特征被说话者加以量度,同时不可避免地传递出说话者针对指称对象的立场。如针对同一条裙子,不同的说话者可能说出"很/好/太/一点都不漂亮"等,见例(19b)。借助程度副词,"漂亮"所参照的主观量级被激活,并被赋予不同的取值,进一步凸显了说话者的态度。

例(19a):? 这条裙子漂亮。

---

① 这一点正在于主观色彩的彼此加强效果。

② 除了程度副词,程度补语甚至是带有夸张义的补语也能起到同样的效果,如"美极了""美得犯规""高出天际"。这里我们仅讨论程度副词。

例(19b)：这条裙子很漂亮/好漂亮啊/太漂亮了/一点都不漂
亮。（自拟）

从两者的语义结构来看，分级形容词与程度副词均涉及概念内容域与分级域，其中概念内容域是客观识解的，分级域则是主观识解的。两者的差别表现在概念内容域与分级域的相对凸显度上。在分级形容词中，概念内容域占主导地位，分级域处于背景地位。程度副词的情况则恰恰相反，因此两者涉及前景与背景的倒置问题。正是这种共生关系使得分级形容词的主观性潜势在强化语境的诱发下得到凸显。①

(二)程度副词对主观构式语境的选择作用

如果说首要凸显的域决定了词项的属性，则可说主观性并非分级形容词的基本属性，但属于程度副词的基本属性。不过，程度副词的概念内容依然大幅保留了下来，因此距真正的主观性标记尚有一步之遥。出于这一点，程度副词的搭配并非随心所欲，而是对主观构式语境具有内在选择作用。

首先，对于兼有分级与非分级义的修饰成分，典型程度副词总是选择前者。例如，典型程度副词"very much"与"miss"共现时，只能凸显其心理义；当语境凸显其物理义时，则表达式难以接受，见例(20)。

例(20a)：They very much missed her.

例(20b)：? They got up late so they very much missed the bus.（黄蓓，2009：99）

例(21a)：This joke deeply wounded her self esteem.

例(21b)：* This accident deeply wounded her leg. （黄蓓，2009：26）

例(20a)中"miss"作"怀念"义讲，属于心理动词，具有分级性，可以接受"very much"的修饰。例(20b)中"miss"作"错过"义讲，属于物理动词，不具备分级性，因此无法满足"very much"所需要的主观构式语境。同样，"deeply"与"wound"共现时，只能凸显其情感义。例(21a)中"wound"凸显的是情感上

---

① 在历时层面上，当分级形容词语义中主观识解的分级性概念压倒客观识解的属性概念时，通常发生从形容词到程度副词的演变，这是一个主观化过程（参见：黄蓓，2009）。

的伤害,例(21b)中"wound"凸显的则是物理上的伤害,不具备分级性,表达式难以接受。

其次,非典型程度副词只有在与含主观色彩的成分共现时,才能凸显其程度义。如"bitterly"在通常情况下充当方式状语,如例(22a),但在特定语境下又可表现出程度副词的特征,如例(22b):

例(22a):The soldiers wounded him bitterly.
例(22b):He bitterly regretted his mistake.(黄蓓,2009:100)

这些属性差异在很大程度上受到其搭配项的制约。"wound"兼有物理义与情感义,只能凸显"bitterly"的方式状语用法,"wound"也只能作物理义而非情感义解读。"regret"仅有情感义,可在一定程度上凸显"bitterly"的程度义,使其朝程度副词方向转化。

这些证据表明,无论是典型程度副词还是非典型程度副词,均对主观构式语境具有选择作用。作为词汇范畴主观性的重要载体,程度副词与分级形容词的相互依存关系说明,词项的主观色彩在主观语境中得到凸显,概念内容则退居次要位置。强调构式语境对词项主观性的提升作用,不仅可以客观描述词项主观性的显现条件,而且有助于更好地理解其所进入的构式在主观性表达上的限制条件。此外,这种共时模式可拓展至历时层面,有望对词项的主观化做出更完整的描述,并做出具有认知真实性的解释。按照认知派主观性理论,词项主观化的内涵即在于原本客观识解的意义成分获得越来越主观的识解。然而,其所忽视的是,这一点离不开结构语境中其他主观识解成分的激发。词项的主观化并非自动发生的,而是在主观构式语境的诱导下发生的。主观化了的词项也并非孤立存在的,而是凝固在构式语境中。主观化即意味着词项概念内容中的主观识解成分在构式语境的激发下获得凸显。这一点可以涵盖程度副词、评注性状语等功能词范畴的主观化问题。①

三、词项的主观色彩对构式语义的浸染

我们的基本主张是:主观性不宜被视为构式的内在语义,其主观性的解

---

① 当然,在构式语境激发下获得凸显,并不意味着发生实质性的语义变化。在极端情况下,结构赋义可导致词项概念域与主观域凸显度的逆转,此时词项即发生了主观化,获得了新的主观义。

读离不开词项主观色彩的烘托。我们在第三节中论证了构式主观性的体验性基础来自对受损经验的编码,这种受损特征直接凝固到了词项的语义中,成为附加的负面语义色彩。这种负面色彩构成了构式主观性的一个重要来源。为了使论证更为明晰,我们直接从两个典型的带有主观性的语法构式——把字句与被字句——切入。只有承认词项在构式的主观性解读中的贡献,才能对其主观性做出令人满意的定位。

(一)把字句的主观性问题

不少学者将把字句的主观性与动词是否涉及"处置"语义特征挂钩,从而将把字句的主观性概括为"主观处置"(沈家煊,2002;牛保义,2009;叶建军,2014)。沈家煊(2002)认为,把字句的构式义是表示主观处置,即说话者主观认定主语对宾语实施了某种处置。然而,这种概括忽视了一大类相对中性的情况,比如,例(23)与例(24)中的"把手中的折扇递给了他""把钥匙轻轻抓在了手里"很难说涉及说话者认定的情况,两者分别宜归入转移交付类把字句与位移类把字句的范畴。

> 例(23):王璁见方爽满头大汗,马上把手中的折扇递给了他。
> (叶永烈《腐蚀》)
> 例(24):她低下头,轻轻回答,把钥匙轻轻抓在了手里。(沧月
> 《听雪楼系列》)

鉴于主观处置说存在的不足,牛保义(2009)做了更进一步的发展,区分了处置动词与非处置动词。他认为"把"携带了主观处置义,表示客观处置的句子因其而增加了主观处置义,没有处置义的句子因其而获得了主观处置义。他注意到了处置义存在的客观基础,即典型处置义是由动词赋予的。但是,认为"把"本身携带了主观处置义,似乎是一种规定而非概括,无从考证。在某些情况下,客观处置关系已经内蕴于把字句的语义中,为何还要添加主观处置?从表面来看,似乎表达说话者态度的把字句多涉及非处置动词,这是处置说致力于把握的。例如:

> 例(25):他把钱包丢了。(张黎,2007:53)
> 例(26):她去年把老公死了。(张黎,2007:53)

显然,例(25)、例(26)中客观上并不存在他导致钱包丢或她致使老公死的情况,这里说话者在某种意义上将责任归咎于他或她,比如批评他粗心大意,她没有照顾好老公。姑且搁置把字句或"把"是否在所有情况下都涉及主观处置的争议,我们尝试抛开动词类型看看把字句何时涉及不如意色彩。我们观察到的情况是:动词的处置性与把字句的主观性并无必然关联。采用处置动词的把字句同样可能涉及主观色彩,如例(27)、例(28);涉及非处置或弱处置动词的把字句同样可能不涉及主观色彩,如例(29)、例(30)。

例(27):有次有个同事上完厕所出来没洗手,走过来肩上拍我一下,我就把他狠狠地打了一顿。(《都市快讯》2003 年)

例(28):铁木真趁看守不防备,举起木枷把看守砸昏了,逃了出来。[《中国通史(卷八)》李楠]

例(29):人在本性上就是作为目的而存在,不能把他当作"物"看待。(《文汇报》2005 年)

例(30):父亲看着儿子渴望的眼睛,没说什么,把钱递给了儿子。(冯德全《这样说孩子最能接受》)

例(27)、例(28)中,"打""砸"属于处置动词,涉及客观处置,但整个把字句带有负面色彩。例(29)、例(30)中,"当作""递给"分别属于非处置动词与弱处置动词,但整个把字句的叙述不带有感情色彩。这说明接续非处置动词既非把字句表达主观性的必要条件,也非充分条件。抛开动词的语义特征,我们发现,事实上与把字句的主观性相关的是其所编码的经验是负面还是中性的问题。当把字句的陈述对象涉及受损的情况时,无论是采用处置动词还是非处置动词编码,均带有不可避免的主观性。显然,情况现在比较清楚了:与把字句的主观解读相关的是词项的语义色彩问题。换句话说,把字句的主观解读离不开词项主观色彩的烘托。

我们在区分对参与者而言是否如意与是否涉及说话者态度的情况时,援引过张黎(2007)的例子"小王把信写好了。""小王把地址写错了。"按照我们的分析,这两个例子并不涉及明显的说话者态度,只能被视为相对客观的把字句。不过,我们注意到,添加某些评价类副词后,句子即打上了说话者态度的烙印。例如:

例(31):小王终于/总算把信写好了。(自拟)

例(32):小王<u>一不小心</u>把地址写错了。（自拟）

"终于/总算"反映了说话者的预期时间早于实际完成时间,也暗示了这封信写得并不轻松。"一不小心"指向的是小王,但也同时折射出说话者的态度,如对失误表示遗憾之情、对小王的粗心大意进行批评。这里的态度在很大程度上来自词项本身,而非由把字句所承载。不妨再看看黎锦熙的例子。

例(33a):刘婆"把"他的"女儿"<u>打扮得如花枝招展一般</u>。①
例(33b):我要"把"这一班"贪官污吏"<u>杀得干干净净</u>。（黎锦熙,1992[1924]:183）

上面两例属于把字句的非处置动词用法,如果说这里涉及主观性,则不宜单独将其归结为非处置动词或把字句,而是在很大程度上来自补语"花枝招展""干干净净"的程度评价义。至此,我们可以得出结论:涉及主观解读的把字句,其主观性在很大程度上来自准入词项的负面表达色彩。

(二)被字句的主观性问题

作为语法构式,汉语被字句的主观性并不纯粹,够不上纯粹的受损被动(adversative passive)。② 首先,我们可以论证被字句并不总是表达主观性,而是存在中性的被字句用法。被字句的主观性表现在说话者对受损事件及事件主体的移情上,而受损本质上涉及的是一个利害问题,即是否与人类主体(尤其是说话者)的利益相关。站在人类中心主义的立场上,这一点只适用于人类主体及其领有对象以及移情等级高端的有生实体。③ 对于与人类无关的无生对象,并不涉及利害关系,因此也不存在表达受损及移情的基础。这包括三类典型情况:主语与宾语均为自然物;主语与宾语均为人造物;主语为人造物,宾语为自然物。此时,被字句涉及的是纯粹描写的情况,因而并不涉及主观性的表达。

---

① 引号为原文带上的。
② 这种句式主要存在于东南亚语言中,通常用于主语受到负面影响的情况。在泰语、日语中,受损被动的地位均已稳固确立。典型情况如日语中的间接被动句。如:花子が隣の学生にピアノを朝まで弾かれた。其字面意思为:隔壁学生弹钢琴至凌晨,使花子受到负面影响。
③ 关于移情等级(empathy hierarchy),参见:Kuno(1987:207)。

（1）主语与宾语均为自然物

主语与宾语均为自然物的情况以中性描写为主，移情效果不显著，可以视为最中性的被字句。这类例子非常多，整个关于自然气象的描述均可归入该范畴。例如[①]：

例（34）：<u>乌云被山风吹散了</u>，又是一片晴空。（《文汇报》2003 年）

例（35）：峥嵘的<u>山峰被云雾遮挡</u>，不是因为云雾要遮挡山峰，而是因为山峰想穿破云雾。（微博）

例（36）：离太阳不远的<u>几片云被日光烘托起</u>，变成了特别的颜色，还镶上一道金边。（尚昌平《荒原有爱》）

例（37）：凌云的雪峰又一崩摧，激起浪往千丈，<u>百亿冰星，被阳光一照</u>，彩光层层，寒气滚滚。（鬼谷子《还原灵功》）

例（34）—例（37）中，"乌云被山风吹散""山峰被云雾遮挡""几片云被日光烘托起""百亿冰星，被阳光一照"尽管均采用了被字句，但涉及相对中性的描写，说话者的态度并未介入其中。

（2）主语与宾语均为人造物

下面的例子中主语与宾语均属于人造物，但均涉及纯粹的描写性表达。

例（38）：宿舍由（二十世纪）五十年代的苏联式大办公室间隔而成，<u>两间房被书籍挤得满满的</u>，厨房和卫生间是公用的。（池莉《来来往往》）

例（39）：说纽扣数量不对，那是因为<u>腰部的那两个纽扣被腰带挡住了</u>。（微博）

例（40）：在即将回归祖国的澳门，鲜花处处，彩旗飘扬。<u>许多高大建筑物被彩灯装点得分外亮丽</u>。（《人民日报》1998 年）

例（41）：一对夫妻在搬家的时候，发现家具是如此之多，物的世界是如此之丰富，以至于<u>他们的新房间完全被家具塞满了</u>。（《文汇报》2002 年）

[①] 另外，物理介质之间的互动也可归入这一范畴，这类客观被字句通常出现在科学论文中，如例（2）中"光线"与"电流"之间的被动关系：

例（2）：只要进入了物镜，<u>不论多么微弱的光线都会被电流增强</u>，亮度大幅提升。（虚渊玄／未央译《第四次圣杯战争密话》）

例(38)—例(41)中,"两间房被书籍挤得满满的""两个纽扣被腰带挡住""建筑物被彩灯装点""鸡蛋被草绳捆绑成一串"整体上涉及中性描述,如果说涉及任何表达色彩,也是补语而非被字句本身带来的。

(3)主语为人造物,宾语为自然物

当人造物在自然状态下产生某种自发状态时,通常不涉及所谓的受损。这类被字句同样是相对中性的。例如:

例(42):门开着,被风吹得"吱吱"的响。（古龙《九月鹰飞》）

例(43):金字塔被雪埋了起来,最下层是水的雪,中层是干冰的雪,上层是固态氧氮的雪。（刘慈欣《三体》）

例(42)、例(43)中,"门被风吹""金字塔被雪埋"属于纯粹描写的情况,这种白描手法多见于文学作品中,人物角色通常被抽离出来。

即便是被字句的主语为人类主体时,同样可能涉及纯粹客观描述的情况。如人类置身物理介质中的情况,如例(44)中"两人被光线笼罩"并不涉及光线对人的影响,不同于常规被字句暗含受事受影响的情况。

例(44):两人仰视着天上的灯光,被光线笼罩在朦胧中。（李义、李伟《春晓》）

通过上述讨论,我们可以得出如下结论:现代汉语中的被字句存在相对客观的用法。被字句的主观性涉及与人类主体受损相关的经验,因此主客被字句的甄别标准在于是否与人类(尤其是说话者)存在利害冲突。

通过这种对照,我们可以对被字句主观性的实质有一个更好的把握。一旦被字句的主语与人类利益相关,即可能涉及受损意味。这一点对上述三类典型中性被字句组合模式来说也是成立的。例(45)—例(47)分别代表了被字句的主语与宾语均为人造物、主语与宾语均为自然物以及主语为人造物、宾语为自然物的情况。

例(45):但船起锚时才发现螺旋桨被渔网缠住,船只进退不能。（《人民日报》1994年）

例(46):也许,有朝一日,整个宇宙,都会被黑洞吞噬,变成无边无涯,永恒的黑暗!（倪匡《黑暗天使》）

例(47)：甬台温高速公路温岭段旁的<u>一广告牌昨被大风撕烂</u>。
(《文汇报》2004 年)

例(45)中的西红柿是"我"的西红柿,书也是"我"的书,不管是哪个压倒哪个,对于领有者来讲均是一种受损。宇宙是人类栖息的家园,因此宇宙的存亡与人类的利益息息相关,例(46)中的宇宙也成了人化的宇宙,在说话者看来宇宙与黑洞之间的关系带上了遭受色彩。显然,无论是主语与宾语均为人造物,主语与宾语均为自然物,还是主语为人造物、宾语为自然物,均可能涉及受损意味。当人造物与人类利益相关,自然物涉及恶劣情况时,这个组合模式往往涉及受损的表达,因而属于主观的被字句。

接下来我们的任务是回答:在被字句的主观用法中,其主观性解读来自何处?不难看出,上述几个例子中的动词(及补语)均带有某种负面色彩:压得稀巴烂、吞噬、围困、淹没、撕烂、挡住。这就将我们引向一个推论:被字句的主观性来自准入词项主观色彩(尤其是负面色彩)的浸染。为了考察词项在多大程度上贡献了被字句的主观性解读,我们需要跳出被字句表达受损用法的情况。一个理想的切入点是同时允许受益—受损双重编码的被字句范畴。有些概念本身具有两面性,有利必有弊;或是涉及程度问题,适度的情况下为受益,过度的情况下则表现为受损。这样就形成了被字句双重编码的情况。表 3.1 列出了 BCC 多领域语料库中捉对出现的受益—受损被字句。

表 3.1　BCC 多领域语料库中捉对出现的受益—受损被字句

被+施事	述谓结构	
	受益结构	受损结构
被人	伺候得好好的	伺候得那么过火
被荣誉	照得脸上发光	扰得心烦意乱
被社会	磨得棱角分明	伤得太深了
被售楼小姐	说得心花怒放	说得昏头了
被音乐	铺得满满	弄得死气沉沉
被孙女	逗得笑着连连摇头	折腾得不得消停
被岁月	滋润得很温婉	腌得走了色的
被太阳	晒得不亦乐乎	晒得叫苦连天

被＋施事	述谓结构	
	受益结构	受损结构
被外界	传得神乎其神	传得不堪入耳
被妈妈	宠得身在福中	宠得难受了
被情爱	燃烧得绯红绯红	整得死去活来
被父亲	逗得哈哈大笑	问得哑口无言
被化妆师	化妆得非常美丽	糊弄得像鬼
被火	烘得暖暖的	烤得半死半活

由表 3.1 可见，不少被字句可同时用于编码受益与受损事件，从而表现出相对客观或相对主观的语义色彩，而不受被字句本身语义色彩的限制。显然，情况现在比较清楚了：与被字句的主观性解读相关的是词项的语义色彩问题。换言之，被字句的主观性离不开准入词项主观色彩的浸染。

第五节　主观性的互动观：来自历时证据的支撑

上一节中，我们从理论上论证了词项与构式在主观性的解读中的互动作用，要夯实这一假设，还需寻求历时证据。本节仍以把字句与被字句为例，基于 CCL 古代汉语语料库，分别就其主观性的产生与发展情况加以历时考察，从而说明共现词项的主观性在其主观性解读中的作用。

一、把字句与词项主观性的互动问题

(一)把字句主观性的历时考察

本小节基于 CCL 古代汉语语料库，梳理了把字句主观性的产生与发展历程，总结了从唐代到清代各阶段把字句主观性发展的特点。

1. 唐代：语气副词及否定词准入把字句

唐代把字句始现，在语料库中可检索到 3 例，除 1 例涉及认定类动词（"唤作"）外，其余 2 例分别涉及"莫"与"不"引导的否定把字句。例如：

例(48):莫抱意树设栽植,<u>莫把情田枉稼穑</u>。(陆心源《唐文拾遗》)

例(49):敢将十指夸针巧,<u>不把双眉斗画长</u>。(孙洙《唐诗三百首》)

从语料来看,这一时期把字句的主观性已经初见端倪。例(48)带有不如意的色彩,不过其色彩主要来自否定词"莫"与语气副词"枉"的贡献。例(49)中,"把"与"将"对举出现,情态动词"敢"与"不"对举出现,为整个句子增加了情态评价意味。①

2. 五代:受损动词进入把字句

五代时期,把字句得到了进一步发展,一是数量激增,共出现 44 例。② 二是出现"把将"对举的情况(12 例),不过仅出现在《敦煌变文集》及《敦煌变文新集》中,宜被视为个别用法。如例(50)中"常将"与"爱把"构成了对偶结构。三是否定把字句的发展,除唐代出现过的否定词"不"(1 例)、"莫"(6 例)外,还出现了新的否定词"休"(4 例),均与"莫"对举出现,如例(51)。四是把字句的修饰语更加丰富,其中状语 3 例("细认""都计算""旋旋抽"),补语 1 例("抛生老"),分别如例(52)—例(53):

例(50):<u>常将</u>妙法度众生,<u>爱把</u>正因教我等。(潘重规《敦煌变文集新书》)

例(51):<u>莫将</u>天女施沙门,<u>休把</u>娇姿与菩萨。(潘重规《敦煌变文集新书》)

例(52):上来说喻要君知,还把身心<u>细认</u>之。(潘重规《敦煌变文集新书》)

---

① 这里"把"与动词之间出现了插入成分"斗","把"支配的动词事实上是"画",意为"不把两条眉毛画得长长的去同别人争妍斗丽"。

② 刘子瑜(1995)将例(3)、例(4)视为把字句,对此我们有不同看法。这里的"把"更接近"抓握、抓住"的意思,从后面的叙述来看,例(3)中悬的不大可能是头发,而是整个人;根据常识,例(4)中显然是拽住马的鼻孔,把整个马身子拉过来。这不同于例(5),因为根据下文,"师"拽的是鼻孔本身。

例(3):<u>把</u>舜子头发悬在中庭树地,从项决到脚跟,鲜血遍流洒血不止。(项楚《敦煌变文选注》)

例(4):马师曰:"作摩生牧?"对曰:"一回入草去,便<u>把鼻孔拽来</u>。"(葛兆光《祖堂集》)

例(5):师便<u>把西堂鼻孔拽著</u>。西堂作忍痛声云:"太杀拽人鼻孔,直得脱去!"(葛兆光《祖堂集》)

例(53):忽然只把这身心,自然不久抛生老。(潘重规《敦煌变文集新书》)

这一时期的把字句在动词类型上主要涉及两类,一是动作类动词:冲、遮拦、入、开、攀、扫荡、展、骑、求、放下、拽着、拽、唱看看、安、寻觅、桢、教、调伏、砌说,如例(54)、例(55)中的"把茶树摇""把红罗展";二是认定类动词:"为"(4例)、"作"(1例),如例(56)、例(57)中的"把毡檀作个座""把娇(骄)奢为究竟"。

例(54):仰山便把茶树摇。(葛兆光《祖堂集》)
例(55):乾坤似把红罗展,世界如铺锦绣堆。(潘重规《敦煌变文集新书》)
例(56):且把毡檀作个座,便为宣扬得也摩(么)?(葛兆光《祖堂集》)
例(57):莫把娇(骄)奢为究竟,莫耽富贵不修行。(王重民《敦煌变文集》)

同唐代一样,这一时期的把字句通常接续光杆动词,动词多为中性。不过,五代把字句的一个重大突破是受损动词始现,共计4例:抛之、抛下、染污、毁辱,如例(58)、例(59)中的"莫把娇姿染污我""时把父娘生毁辱"。受损动词进入把字句,使得把字句蒙上遭受色彩,表达了某种不如意特征。同时,语气副词与否定词参与到了把字句的负面解读中来,例(58)、例(59)中的受损动词分别与否定词"莫"、语气副词"生"合力作用,进一步强化了把字句的主观性。

例(58):莫把娇姿染污我,休将天女恼人来。(潘重规《敦煌变文集新书》)
例(59):谁知渐识会东西,时把父娘生毁辱。(潘重规《敦煌变文集新书》)

3. 宋代:主观下位把字句的出现
及至北宋,受损把字句有了进一步发展,把字句的结构出现两个重大突破,即"把被"共现结构与"把个N+VP"结构的出现,以及把字句与其他主观性成分的共现。

这一时期,认定类把字句大量涌现,多达 180 例,在整个把字句范畴中所占比例最大。其中,动词"做""作""为"分别占 81 例、17 例、10 例,分别见例(60)—例(62),甚至出现了否定认定类把字句,见例(61)。不过,这类把字句大部分出自《朱子语类》,宜被视为个别现象。

例(60):更是如此,则日日一般,却如何纪岁? 把甚么时节做定限?(黎靖德《朱子语类》)

例(61):卦自有乾坤之类,性与心便有仁义礼智,却不是把性与心便作仁看。(黎靖德《朱子语类》)

例(62):曰:"他便专把朴者为德。殊不知聪明、果敢、正直、中和,亦是才,亦是德。"(黎靖德《朱子语类》)

北宋时期共出现受损动词 9 例,分别是"打""抛掷""拽""忘""促将""耗却""弃""负""剥",其中 4 例动词前有副词修饰,分别是"轻弃""轻负""都耗却""都剥",2 例"把"字前有副词修饰,分别是"忍把""反把"。如例(63)、例(64):

例(63):今看来,反把许多元气都耗却。(黎靖德《朱子语类》)

例(64):须信画堂绣阁,皓月清风,忍把光阴轻弃。(唐圭璋《全宋词》)

这一时期出现了 2 例"把被"共现句,尽管动词无明显受损色彩,但表达的均是受事受损的情况。如例(65)、例(66)中的"被鬼把头髻拽""被守把老阍促将去"。

例(65):增妻正见纸上有一妇人,被鬼把头髻拽,又一鬼,后把棒驱之。(李昉等《太平广记》)

例(66):才到那里,便被守把老阍促将去,云:"这里不是久立处。"(黎靖德《朱子语类》)

北宋时期把字句的另一个重要突破是"把个 N＋VP"用法的出现,共 4 例。一般认为,把字句接续的宾语应该是有定的,"把个 N＋VP"的出现则打破了这一规律,"个"的插入传递出某种出乎意料、非同寻常之意(沈家煊,2002;杉村博文,2002),带有强烈的主观性。如例(67)、例(68):

例(67):把个利刃截断,中间都不用了,这个便是大病。(黎靖德《朱子语类》)

例(68):如今学者先要把个"勿忘,勿助长"来安排在肚里了做工夫,却不得。(黎靖德《朱子语类》)

这一时期"把"字前还出现了其他主观性修饰成分,如副词"才"、连词"却""何况",分别见例(69)、例(70)。

例(69):才把"害"对"利",便事事上只见得利害,更不问义理。(黎靖德《朱子语类》)

例(70):然那时又除汤为左相,却把魏公做右相。虽便得左相,汤做右相,也不得。何况却把许多老大去为他所制!(黎靖德《朱子语类》)

从以上情况来看,这一时期把字句的主观性得到进一步发展,但相对于整个把字句范畴,主观把字句所占的比例微乎其微。

南宋时期,表达客观处置依然是把字句的主导功能,CCL 古代汉语语料库中大部分把字句均属此类,共计 80 例,如例(71)、例(72)中的"把脸搽""把那书折叠"。其次是表达认定关系,认定类把字句共计 8 例,如例(73)、例(74)中的"把什么为善恶""莫把真金唤作'金俞'"。

例(71):铺两鬓,黑似鸦,调和脂粉把脸搽。(《南宋话本选集》)

例(72):再把那书折叠,一似原先封了。(《南宋话本选集》)

例(73):为恶恶无相。既以无我,把什么为善恶。(赜藏《古尊宿语录》)

例(74):曰:"今日得闻于未闻。"师曰:"莫把真金唤作'金俞'。"(释普济《五灯会元》)

南宋时期,受损把字句有了进一步发展,我们共检索到 21 例,典型受损动词为:卖(4 例)、打(3 例)、休(2 例)、捉(2 例)。其他动词包括:泄、拽下、粉碎、撇、典、消折、恼乱、揪住、污、缚、押入、解、枷、伤踏、锯将、坏（了性命）。如例（75）、例（76）：

例（75）："每日若干钱养你，讨不得替心替力，要你何用！" 刮刮地把那点茶老子打了几下。（《南宋话本选集》）

例（76）：娘来书院里，说与万秀娘道："你更知得一事么？十条苗大官人把你卖在我家中了。"（《南宋话本选集》）

这一时期还出现了"把"字与动词之间插入其他成分的情况，包括动量词（2 例）、状语（1 例），分别见例（77）、例（78）中的"一掴""一棒"与"劈头"：

例（77）：帝释忿怒，把须弥山一掴粉碎。（释普济《五灯会元》）

例（78）：手中是关羽八十斤刀。他便把扁担劈头打一棒。（颐藏《古尊宿语录》）

另外，"把被"共现结构与"把个 N＋VP"结构均延续了下来，前者表达受事受损的情况，后者表达出乎意料的情况，各出现 1 例，分别见例（79）、例（80）。

例（79）：向伊与么道。被伊把黄泥蓦口塞。还怪得他也无。（颐藏《古尊宿语录》）

例（80）：万秀娘离不得是把个甜言美语啜持过来。（冯梦龙《警世通言》）

同时，把字句与其他主观性成分共现的情况也延续了下来①，主要是语气副词（4 例）。如例（81）、例（82）的"果然""真个"。

例（81）：那大王早晚被他劝转，果然回心转意，把这门道路撇

---

① 需要指出的是，与主观性成分共现并非受损把字句特有的属性，一般把字句也可以表现出这一特征，如例（6）、例（7）中的"索性"与"方才"。

例（6）：兴哥虽然想家，到得日久，索性把念头放慢了。（《元代话本选集》）

例（7）：许公见骂得够了，方才把莫稽扶起。（《元代话本选集》）

了。（《南宋话本选集》）

例（82）：你的丈夫中我计，<u>真个便把你休了</u>。（《南宋话本选集》）

整体来看，北宋时期的主观性表达模式在南宋时期均延续了下来。尽管相较于客观把字句，主观把字句仅占冰山一角，但其比例相较于北宋时期有所增加。

4. 元代：受损把字句突飞猛进

及至元代，受损把字句迅猛发展，我们在 CCL 古代汉语语料库中共检索到 106 例。这是把字句主观性发展的一个重要阶段。典型受损动词包括：打（8 例）、杀（5 例）、监（5 例）、休（3 例）、弃（3 例）、丢（3 例）、夺（3 例）、偷（2 例）、扯（2 例）、射（2 例）、围（2 例）、锁（2 例）、拽（2 例）、抛（2 例）。值得一提的是非处置受损动词的出现，如例（83）、例（84）中的"走""灌"。

例（83）：<u>险把咱家走乏</u>。比及你远赴京华，薄命妾为伊牵挂，思量心几时撇下。（郑光祖《倩女离魂》）

例（84）：<u>把酒灌的他烂醉了</u>，眼花的不辨东西，不省人事，倒在床上打鼾睡。（陈遒《朴通事》）

这一时期，把字句与其他主观性成分共现的情况依然为数不少，主要是语气副词，如"着实"（～拷问）、"活活"（～敲死），以及负面补语，如"死""翻""弄得他七死八活""扯得粉碎""打得四分五落里，东走西散"，分别如例（85）、例（86）所示。另外还出现"把"字本身被副词与情态动词修饰的情况，如例（87）、例（88）中的"反""会"。

例（85）：念你妻子乳哺之恩，免你本身一刀；若不说之时，发你在本县，<u>先把你活活敲死</u>。（《元代话本选集》）

例（86）：其中那一伙儿强的，<u>把别的打的四分五落里，东走西散</u>。（陈遒《朴通事》）

例（87）：因作诗戒世云："项托曾为孔子师，<u>荆公反把子瞻嗤</u>。"（《元代话本选集》）

例（88）：不良会把人禁害，［口台］，<u>怎不肯回过脸儿来</u>？（王实甫《西厢记》）

相比之下,客观的认定类把字句在这一时期有所减少,仅出现 9 例。如例(89)、例(90):

例(89):若把无情有情比,无情翻似得便宜。(《元代话本选集》)
例(90):暖风熏得游人醉,直把杭州作汴州。(《元代话本选集》)

表达受损情况的"把被"共现结构与表达出乎意料义的"把个 N＋VP"结构在元代延续了下来,分别出现了 2 例、4 例。分别如例(91)、例(92)中的"被婆子把甜话儿偎他""被东君把你个蜜蜂拦住",以及例(93)、例(94)中的"把个坐兀子填高""又把个不得善终的恶名与他"。

例(91):两个丫环被婆子把甜话儿偎他,又把利害话儿吓他,又教主母赏他几件衣服。(《元代话本选集》)
例(92):你硬入桃源路,不言个谁是主,被东君把你个蜜蜂拦住。(王实甫《西厢记》)
例(93):把个坐兀子填高,将汗巾兜在梁上,正欲自缢。(《元代话本选集》)
例(94):就是你做儿子的,巴得父亲到许多年纪,又把个不得善终的恶名与他,心中何忍!(《元代话本选集》)

尽管这一时期受损把字句的数量前所未有地增加,但相较于其他类型的把字句(304 例)仍属于少数情况。主观性在把字句的语义中依然未占主导地位。

5. 明代:主观把字句数量超过客观把字句

及至明代,把字句得到了大大发展,CCL 古代汉语语料库中共出现了 7000 余例,我们采用随机抽样软件 v1.0 抽取了 1000 例含"把"字的结构,并对其进行了分析。从统计结果来看,受损动词大量涌现,共出现 130 例。排在前面的动词依次是:围(13 例)、打(4 例)、杀(4 例)、困(4 例)、斩首(3 例)、砍(2 例)、骗(2 例)、吓(2 例)、掷(2 例)、吹(2 例)、骂(2 例)、唬(2 例)。如例(95)、例(96)中的"吓""咬"。

例(95):这一声喝不至紧,就把四个公公吓得魂飞天外,魄散云中。(罗懋登《三宝太监西洋记》)

例(96)：刚伸得个手到老虎口里，还不曾摸着喉咙，却就吃他一口，把只手咬得鲜血长流，忍疼不过，连忙的取出手来。（罗懋登《三宝太监西洋记》）

除了动词本身的受损特征，语料库调查表明，少量把字句的负面色彩还来自其他成分的贡献。一是状语，如：都骗(2例)、倒吃了一惊①、也唬倒、尽皆烧毁。二是补语，如：吓得慌上慌、吓得忙上忙、杀得他只轮不返、唬得他魂不归身、咬得鲜血长流、弄得他七死八活。

与此同时，带有主观色彩的"把个N＋VP"结构在明代大量涌现，共计424例，不过大部分集中在《三宝太监西洋记》这部作品中，很可能属于作者个人风格问题。如例(97)、例(98)：

例(97)：把个道士的话说又传述了一遍。孀人道："那是面谋之词，难以凭准。"（罗懋登《三宝太监西洋记》）
例(98)：把个头儿摇了两摇，肩膀儿耸了三耸，慢慢得说道："徒弟到都摩诃萨，师父却不摩诃萨也。"（罗懋登《三宝太监西洋记》）

这一时期，认定类把字句共出现22例，以"当""作"为主，如例(99)、例(100)。其他的动作类把字句共出现200余例。主观把字句第一次在数量上超过了客观把字句，这是把字句主观性发展的一个重要突破。

例(99)：若把千年当一夜，碧桃明早合开花。（柳如是《柳如是集》）
例(100)：长老坐在齐云亭上，只把他当一个耳边风。（罗懋登《三宝太监西洋记》）

6. 清代：把字句与主观性成分共现倾向

到了清代，受损动词进入把字句的情况已经相当普遍，在随机抽取的1000例含"把"字结构中，共检索到248例。下面是我们统计的排名靠前的受损动词：杀(28例)、打(26例)、吓(18例)、丢(9例)、捆(9例)、忘(7例)、骂(5例)、害(5例)、锁(4例)、踢(4例)、削(4例)、弄(4例)、扯(4例)、捉(4例)、擒

---

① 此类不括注数字的，为1例。下同。

（4 例）、拿住（3 例）、诓（3 例）、射（3 例）、围（3 例）、关（3 例）。与此同时，补语在把字句的负面解读中起着重要贡献，清代把字句最高频的 5 位补语为：～死（14 例）、～掉（8 例）、～伤（5 例）、～坏（4 例）、～断（4 例）。这些补语均带有高度负面的色彩，与动词一道参与贡献了把字句主观性的解读。典型负面把字句如例（101）、例（102）：

例（101）：又见他右手抓住椽头，滴溜溜身体一转，把众人吓了一跳。（石玉昆《七侠五义》）

例（102）：宋芝宾在路上摔了一跤，把腿跌断，五十多天才到樊城，真是可怜！（曾国藩《曾国藩家书》）

这一时期，把字句与主观性成分共现的情况已相当普遍，在上述受损把字句中，与其他主观性成分共现的情况占 130 例，比例超过一半。如例（103）、例（104）中的副词"还"、情态词"不该"以及评注性状语"实实可恶""太莽撞了"。

例（103）：众人见是个斯文相公，连忙还礼，道："叵耐这厮饶抢了嘴吃，还把我们的家伙毁坏，实实可恶。"（石玉昆《七侠五义》）

例（104）：自己却后悔，不该不分青红皂白，把安人厚骂一顿，太莽撞了。（石玉昆《七侠五义》）

"把个 N＋VP"结构在清代也有了突飞猛进的发展。在随机抽取的 1000 例含"把"字结构的句子中，"把个 N＋VP"结构共出现 115 例，以负面动词为主。我们注意到，这一时期不少把字句前均有语气副词修饰，如例（105）、例（106）中的"倒""竟"。同受损动词与主观性成分共现的情况一样，这反映了主观性成分之间倾向于彼此吸附，即主观性的"集群效应"（黄蓓、张建理，2015）。

例（105）：只这一声，倒把个韩文氏吓了一跳，说道："你不念书，为何大惊小怪的？"（石玉昆《七侠五义》）

例（106）：不想老爷明断，竟把个尸首搜出来了。（石玉昆《七侠五义》）

尽管这一时期的不如意把字句在比例上超过了三分之一,但我们依然无法将其视为把字句的主导语义特征。调查表明,这一时期的"把个 N＋VP"结构还出现了少量带有如意色彩的动词,包括:乐(4 例)、喜(2 例)、哄。动词与"个"的语义色彩发生融合,使得这类把字句同时表达了出乎意料与如意之意[①],如例(107)、例(108)中的情况。

例(107):无论什么书籍俱是如此,教上句便会下句,有如温熟书的一般,真是把个老先生喜的乐不可支。(石玉昆《七侠五义》)

例(108):包公应答如流,说的有经有纬,把个李老爷乐得事不有余,再不肯放他主仆就行。(石玉昆《七侠五义》)

(二)讨　论

为了验证主观性到底是把字句本身带来的,还是把字句与词项合力带来的,我们基于 CCL 古代汉语语料库进行了历时调查。调查表明,把字句萌芽于唐代,与此同时出现了否定把字句及语气副词进入把字句的情况。把字句因语气副词的准入而带上了主观性,这可被看作把字句主观性的萌芽。[②] 在五代,受损动词进入把字句,成为把字句主观性的主要载体。同期,动词前及"把"字前均出现了状语,以表达客观性为主。在北宋,把字句的主观性实现了二重突破:一是分化出下位主观性构式"把被"共现结构与"把个 N＋VP"结构;二是"把"前出现了主观性修饰成分,以语气副词为主。在南宋,"把"与动词之间插入动量词,以客观表达为主。在元代,负面补语大量参与到把字句的解读中来,成为把字句主观性的又一重要载体。在明代,主观把字句在数量上第一次超过了客观把字句。除了动词本身的受损特征外,调查还表明,少量把字句的负面色彩还来自其他成分的贡献,如状语、补语。到了清代,把字句与主观性成分共现的情况已经相当普遍,在受损把字句中,与其他主观性成分共现的情况比例超过一半。同时,清代把字句分化出另一重要下位构

---

① 我们倾向于不将如意特征视为把字句自身的语义特征,因其不似不如意特征那样具有规律性和普遍性,仅属于某些特殊把字句的属性。

② 另外出现两例两可结构"醉把茱萸仔细看"(杜甫诗)与"把花掩泪无人见"(白居易诗),这里的"把"既可作"抓握"理解,又可作介词"把"理解。前者属于连动结构,而连动结构不稳定,易于发生语法化(高增霞,2006)。这种结构可被视为把字句语法化的临界语境。

式:"把……给 VP"结构,蕴含了说话者强烈的感情色彩。

历时考察表明,唐、五代时主观把字句已现端倪,主观把字句与客观把字句并存于把字句发展的各个历史时期。把字句的主观性并不孤立存在,而是一开始就离不开准入成分主观性的贡献。例如,唐代始现的语气副词为把字句贡献了主观性,五代受损动词的出现促进了把字句的主观性解读。把字句的不如意特征与准入词项尤其是动词的负面色彩密切相关。受损动词作为把字句主观性的首要来源,始现于五代,并随着把字句使用范围的不断扩大而日益丰富。自唐及五代起,主观性成分便参与了把字句的主观性解读。这种参与在后世逐渐扩大化,其他主观性成分进入把字句,与受损动词产生合力作用,进一步强化了把字句的主观性。同时,伴随着把字句结构的复杂化,"把个 N+VP"结构与"把被"共现结构构成了把字句表达主观性的重要手段。因此,把字句蕴含的主观意味很大程度上来自共现成分,这从一个侧面说明了把字句本身的主观性并非孤立存在的,而是涉及构式与词项的互动作用。

整体来看,不同词项的准入导致了把字句的分化,形成了相对客观的把字句与相对主观的把字句。随着把字句使用范围的扩大,主观性成分越来越多地参与到了把字句的主观性解读中来,甚至分化出下位主观性构式。但与此同时,客观把字句也呈现有增无减之势,及至现代汉语,这种趋势表现得越来越明显,中性动词准入把字句的比例不断增加。这些迹象似乎表明,把字句逐渐走向中性化。

二、被字句与词项主观性的互动问题

(一)被字句主观性的历时考察

本小节基于 CCL 古代汉语语料库,就被字句主观性的产生与发展历程加以考察,分别总结了战国、汉代、唐五代及元明清时被字句主观性的发展特点。

1. 战国:被字句的雏形——从遭受义到被动义

战国以前尚未出现被字句用法,但周朝时期已经萌生"被"的动词用法。我们在 CCL 古代汉语语料库中发现"加于,及于"义 1 例,"穿着"义 1 例,分别见例(109)、例(110)。春秋时期出现动词"披散,打开"义 2 例,名词"披风"义 1 例,分别见例(111)、例(112)。

例(109)：日若稽古,帝尧曰放勋,钦明文思安安,允恭克让,<u>光被四表</u>,格于上下。（《今文尚书》）

例(110)：甲子,王乃洮水,<u>相被</u>冕服,凭玉几。（《今文尚书》）

例(111)：晋侯梦大厉,<u>被发及地</u>,搏膺而踊,曰：杀余孙,不义。余得请于帝矣！（左丘明《左传》）

例(112)：右尹子革夕,王见之,去冠、被,舍鞭,与之语曰：昔我先王熊绎与吕汲、王孙牟、燮父、禽父并事。（左丘明《左传》）

战国时,"被"的动词用法进一步丰富,包括"穿着,搭衣于肩背"义 19 例,如：被衣、被甲。"披散,打开"义 19 例,如：被发。"覆盖"义 3 例,如：被径。"施加"义 4 例,如：被之以治/刑。分别见例(113)—例(116)。

例(113)：操吴戈兮被犀甲,车错毂兮短兵接。（屈原《楚辞》）

例(114)：东方曰夷,<u>被发文身</u>,有不火食者矣。（戴圣《礼记》）

例(115)：以灰洒之,则死。<u>以其烟被之</u>,则凡水虫无声。（周公旦《周礼》）

例(116)：众谗人之嫉妒兮,<u>被以不慈之伪名</u>。（屈原《楚辞》）

这一时期的一个重要转折点是出现了"被"的"遭受"义用法,既可接续名词(2 例)：疾、矢石,如例(117)；又可接续动词(19 例)：离(3 例)、谗邪(2 例)、离谤、攻、疑、诼谮、谗、谮、刑僇、分、侵、治①,如例(118)、例(119)。接续动词的情况包括两例嵌入结构：所被攻者、被刑者众,如例(120)；另外还出现名动两用的情况(2 例)：殃(名：祸害、灾难；动：使受祸害破坏)、刑(名：刑罚；动：施刑、惩罚),如例(121)。

例(117)：<u>身被疾而不闲兮</u>,心沸热其若汤。（屈原《楚辞》）

例(118)：忠湛湛而愿进兮,<u>妒被离而鄣之</u>。（屈原《楚辞》）

例(119)：何贞臣之无罪兮,<u>被离谤而见尤</u>。（屈原《楚辞》）

例(120)：今夫攻者,砥厉五兵,侈衣美食,发且有日矣,<u>所被攻者不乐</u>,非或闻之也,神者先告也。（吕不韦《吕氏春秋》）

例(121)：晋献惑于骊姬兮,<u>申生孝而被殃</u>。（屈原《楚辞》）

---

① 为节省篇幅,未注明频次的情况默认为 1 例,下同。

　　"被"接续名词的情况似乎只能作"遭受"义解释,如例(117)只能解释为"遭受疾病"。接续动词的情况似乎既可解释为"遭受"义,又可解释为被动义,如例(118)、例(119)。现有文言翻译一般分别将两例解释为"反被小人嫉妒使我们君臣离分""为什么反遭诽谤受指责"。不过,从例(119)与"见"的被动用法并列出现这一点来看,理解为"被诽谤"似乎也是成立的。[①] 对于例(121)中名动两用的情况,现有文言翻译倾向于将其作名词解:"申生孝顺却惨遭祸殃"。理论上讲,将其解释为动词,将"被"解释为被动义"被嫁祸于身"也是可行的。这种两可情况很可能构成了"被"从遭受义动词向被字句跃迁的垫脚石,似乎标志着被字句的萌芽。

　　这一时期还出现 17 例表达正面遭受义("蒙恩")的动词"被",由"覆盖"义引申而来:被其/……之泽(8 例)、被其利(4 例)、功被(3 例)、泽被(2 例)、被……之厚德(1 例)、被……之灵光(1 例)。例如[②]:

　　　　例(122):天地大矣,生而弗子,成而弗有,<u>万物皆被其泽</u>,得其利,而莫知其所由始。(吕不韦《吕氏春秋》)

　　这一时期的被字句均涉及受损情况,我们推断这来自对遭受义动词"被"的语义特征的继承。这奠定了被字句发展初期的语义色彩基本是消极的。唯一一例偏中性解释的动词是"治",见例(123),意为"被治理然后才走正路"。站在"人民"的立场上来看,还是涉及微弱的遭受义。

　　　　例(123):民者,服于威杀然后从,见利然后用,<u>被治然后正</u>,得所安然后静者也。(管仲《管子》)

　　这一时期的被字句全部是简单的"被＋动词"形式(下称"无施事型被字句"),不涉及施事、补语或状语,因此其负面色彩完全来自动词的贡献。

---

① 《新华字典》(第 11 版)对"见"的解释是:表示被动,相当于"被"。从历时来看,"见"的被动用法也更早,如例(8)中的"见爱""见恶"。作为并列结构,这里的"被"更适合解释为被动义。
　　　例(8):<u>爱人者必见爱也;恶人者必见恶也</u>。(墨子《墨子》)
② 邢福义(2004)所讲的承赐型"被"字句很可能从这里引申而来,至于这种正面遭受义是否为后来被字句表达正面情况敞开了大门,尚待进一步考察。

2. 汉代：标准被字句的出现

在西汉，被字句的发展呈现三大特点：一是均为无施事型被字句，均涉及受损动词；二是嵌入式被字句逐渐发展起来；三是简单的修饰语开始出现。①

我们在 CCL 古汉语料库中检索到 8 例无施事型被字句，从准入动词来看，无一例外均涉及受损意味，包括：刑（2 例）、围（2 例）、创、绳、谤、攻、诛。如例（124）中的"被攻"。同时，嵌入式被字句得到了进一步发展，包括 4 例，其参与动词包括：污辱、戮辱、创、诛。如例（125）中的"被创流血之苦"。不过，这一时期遭受义依然占主导地位，共出现 9 例明确的遭受义动词用法，所涉及宾语分别为：罪（2 例）、恐、羞、创、祸、劳、矢石、刑。如例（126）中的"被庶人之恐"。

例（124）：国一日被攻，虽欲事秦，不可得也。（刘向《战国策》）

例（125）：明好恶以示之，经诽誉以导之，亲贤而进之，贱不肖而退之，无被创流血之苦而有高世尊显之名，民孰不从？（刘安《淮南子》）

例（126）：夫有个世之功者，必负遗俗之累；有独知之虑者，必被庶人之恐。（刘向《战国策》）

这一时期的被字句出现了简单的修饰结构，如地点状语"被围于赵""被围公宫"、方式状语"被大谤"。不过，这些附加成分并未贡献不如意色彩，因此这一时期被字句的主观性仅仅来自动词受损义的贡献。

及至东汉，被字句的发展呈现三大特点：第一，标准被字句"NP$_1$ 被 NP$_2$＋V"结构出现；第二，标准被字句的施事多为第三人称的"其"或非生命实体；第三，动词后出现补语，动词及补语多带有高度负面的色彩。

在东汉，标准被字句"NP$_1$ 被 NP$_2$＋V"结构始现，这是被字句发展的一个重要里程碑。我们共检索到标准被字句 9 例，均出自道家经典《太平经》，宜被视为个别用法。在结构上，施事多为第三人称的"其"（7 例）或其他非生命实体，如"阴""天"，仅有 1 例为人类"真君"，分别如例（127）、例（128）所示。准入

---

① 西汉时虽出现 1 例"被吾刑"，见例（9），看似"被＋名词＋动词"结构，实际上属于"被"的使动用法，即"让我受刑"：

例（9）：追者至，踹足而怒曰："子发视决吾罪而被吾刑，怨之憯于骨髓，使我得其肉而食之，其知厌乎？"（刘安《淮南子》）

动词除 1 例"化"呈中性外,其余均带有明显的不如意色彩:～害(3 例)、蹂踏、害、殃、奉使、咎、谪罚、刑。这说明,同无施事型被字句一样,标准被字句产生之初基本表达受损的情况。

例(127):"真人努力,无灭去此文,天地且非怒人。""唯唯。""真人被其谪罚,则凶矣。"(张道陵《太平经》)

例(128):各敛形状,龟如拳五寸,蛇如鞭三尺,和合并体,被真君蹂踏之。(张道陵《太平经》)

"被+其+V"结构在其他文献中也有出现,但属于两可结构,"其"既可解释为人称代词"他/它",又可解释为物主代词"他的",后者中只能将"被"理解为遭受义动词。例(127)偏向后一种解释,例(129)中"其"显然指"国家(魏国)的",意为"若国家因此遭受祸患,他们又不肯为您分忧";例(130)中"被"与"受"对举出现,宜理解为"秦国遭受了攻打上党的辛劳,而赵国却享受了它的利益"。相比之下,例(131)既可理解为"天下均因此蒙受他的损害",又可理解为"天下均被人主所害"。我们猜测正是这种两可解释的情况构成了"被"从遭受义动词向标准被字句过渡的临界语境。

例(129):然横人谋王,外交强虎狼之秦,以侵天下,卒有国患,不被其祸。(刘向《战国策》)

例(130):且夫韩之所以内赵者,欲嫁其祸也。秦被其劳,而赵受其利,虽强大不能得之于小弱,而小弱顾能得之强大乎?(刘向《战国策》)

例(131):故人主失道。则天下遍被其害。百姓一乱。则鱼烂土崩。(荀悦《汉纪无侯传》)

这一时期,无施事型被字句依然占据主导地位,共 79 例,同时出现 1 例嵌入式被字句。下面是我们统计的无施事型被字句准入的典型动词:刑(10例)、创(4 例)、戮(4 例)、诛(4 例)、冤(3 例)、驱遣(2 例)、刑戮(2 例)、伤(2例)、凶害(2 例)、离(2 例)、敕(2 例)、谤(2 例)、害(2 例)、逡(2 例)、劾(2 例)。大部分动词均带有明显的负面色彩,仅 1 例"服"看似中性,站在受事的立场上

依然涉及遭受义,意为"被制服、归顺岳阳都城"。例如①:

　　　例(132):洋洋冀州,鸿原大陆。岳阳是都,岛夷被服。(严可均
《全汉文》)

　　此外,某些动词后面出现了补语,如:被刑为徒、被谗死、被谗困乏、被劾
下狱、被捶流血、被盗亡败。大部分补语如"死""困乏""下狱""流血""亡败"
均带有高度负面的色彩。唯一相对中性的"为徒"在语境中也表现出遭受色
彩(地位从主沦为从),见例(133)。这说明,这一时期被字句的负面色彩不仅
来自动词,还涉及补语的贡献。

　　　例(133):二曰讳被刑为徒,不上丘墓。(王充《论衡》)

3. 唐五代:中性及正面被字句的出现

　　这一时期被字句的发展有三大特点:一是出现少量表达中性甚至正面情
况的被字句;二是出现被字句与其他主观性成分共现的情况;三是出现否定
被字句。

　　到了唐代,被字句得到极大丰富,标准被字句飞速发展(208例),与无
施事型被字句(265例)的差别日渐缩小,同时出现59例嵌入式被字句。这
一时期,表达受损依然是被字句的主导特征,主要来自动词负面语义的贡
献。典型受损动词包括:追~(14例)、诛~(14例)、杀~(13例)、~惑(12
例)、~缚(12例)、打~(10例)、害(10例)、夺~(10例)、戮(9例)、~掠(8
例)、~伤(8例)、偷~(8例)、欺~(6例)、犯~(6例)、捉~(6例)、刑~(6
例)、驱~(6例)、焚~(5例)、~逐(4例)、~毁(3例)、废~(3例)、灭(3
例)。② 例如:

　　　例(134):理短被他欺,理长不奈你。(曹寅《全唐诗》)

――――――――――

①　这一调查似乎和王力(1958:425-432)"唐以前的被字句,有时候还不带任何感情色彩"
　　的论断有一定出入。这一阶段被字句刚刚从遭受动词义中独立出来,语义限制应该
　　还是比较强的。
②　这一时期双音节动词大量涌现,为统计之便,我们合并了部分语义相近的双音节动
　　词,以"~"表示。下同。

例(135)：居人多被胁从，构逆倾于扫地。（周绍良《唐代墓志汇编续集》）

不过，唐代被字句的一个重要突破是出现了少量表达中性甚至正面情况的被字句。这在标准被字句、无施事型被字句、嵌入式被字句中均有体现，三类中性被字句分别见例(136)—例(138)中的"被师伯一问""被召及""被送来者"。三类正面被字句分别见例(139)—例(141)中的"被觅着""被推崇""被举之人"。中性及正面被字句的出现，标志着被字句从遭受义用法中逐渐独立出来，被字句使用的语义理据有所减弱。

例(136)：师曰，被师伯一问，直得去死十分。（悟本禅师《筠州洞山悟本禅师语录》）

例(137)：即前资官被召及赴朝参，致仕者在本品见任上，以理解者在同品下。（杜佑《通典》）

例(138)：见说被送来者不是唐叛人，但是界首牧牛耕种百姓枉被捉来。（圆仁《入唐求法巡礼行记》）

例(139)：若被觅着时，如何抵拟他。师代曰，被他觅得也。（悟本禅师《筠州洞山悟本禅师语录》）

例(140)：托云辅政，择立余孽，顽嚚支庶，先被推崇，睿哲英宗，密加夷戮，专权任己。（温大雅《大唐创业起居注》）

例(141)：举主之赏，亦当非次；被举之人，别当擢授。（王钦若《册府元龟》）

唐代被字句的另一个重要突破是出现被字句与其他主观性成分共现的情况，包括：语气副词"竟"（5例）、"免"（3例）、"枉"（2例）、"不免"；情态词"恐"；副词"亦"（2例）、"几"、"才"、"方"；连词，包括让步连词"纵"、转折连词"却"（2例）与"不然"、条件连词"若"（3例）。分别见例(142)—例(145)中的"竟""恐""方""却"。

例(142)：平子竟被贬为康州都城尉，至任，寻卒。（杜佑《通典》）

例(143)：议者多云，尚有跛躄未庭，并省官吏之后，恐被罢者仕进无路，别有依托，且縻爵禄，兼示堤防。（杜佑《通典》）

例(144)：其本官已是前行郎中，年月已深，方被奖用，即授官数

月未合正除比类旧制,却成侥幸,将垂永久。(陆心源《唐文拾遗》)

　　例(145):义方虽呼得之,不伏使,却被群狐竞来恼,每掷砖瓦以击义方。(张鷟《野朝金载》)

　　唐代被字句的第三个突破是出现了否定被字句(4例),似乎标志着被字句主观性的弱化。[①] 如例(146)中的"不被弹奏"。

　　例(146):伏请自今以后,却依阁内故事,才知弹侍御自有错失,不被弹奏。(王溥《唐会要》)

　　五代进一步延续了唐代的发展趋势。一是标准被字句(150例)第一次在数量上占绝对优势,超过无施事型被字句(70例)的两倍。同时,出现嵌入式被字句6例,否定被字句4例。受损被字句依然占据主导地位,排在前5位的动词依次是:诛(7例)、～夺(7例)、惑(6例)、责～(5例)、杀(4例)、缚(4例)、～损(4例)、伤～(3例)、侵～(3例)、呵责(3例)。这在标准被字句、无施事型被字句及嵌入式被字句中均有体现,分别见例(147)—例(149)。

　　例(147):今有斯事,烦怨思慕,其弟今被贼所杀,夜来梦属之言,必应实也。(潘重规《敦煌变文集新书》)
　　例(148):忠臣谏言,遂被诛戮;佞臣谄乱,却赐封侯。(潘重规《敦煌变文集新书》)
　　例(149):被呵责者菩萨声闻,为弟子者国王宰相。(潘重规《敦煌变文集新书》)

　　二是被字句与主观性成分共现的倾向更为明显(41例),包括语气副词"枉"(4例)、"免"(2例)、"都"(2例);情态词"恐"(3例);连词"却"(7例)、"既"(4例),如例(150)、例(151)中的"枉""只恐"。

　　──────────
[①]　"被"可以接受否定,说明被字句存在相对客观的语义内容。相比之下,强主观性成分拒斥否定,如第一人称认知动词:"我不觉得这件衣服漂亮"语义上等同于"我觉得这件衣服不漂亮",说话者无法否定觉得这一认知过程,只能否定后续命题内容。再如主观性标记"给":"杯子被打碎了"可以接受否定("杯子没被打碎"),"杯子给打碎了"则拒斥否定("杯子没给打碎")。

例（150）：<u>父兄枉被刑诛戮</u>，心中写火剧煎汤。（项楚《敦煌变文选注》）

例（151）：<u>只恐黄天横被诛</u>，追放纵由天地边。（项楚《敦煌变文选注》）

三是出现大量中性被字句，其中无施事型被字句 23 例，标准被字句 68 例。尽管中性被字句数量不及受损被字句的一半，但其比例较之于唐代大幅提高。如例（152）、例（153）中的"被唤""被其如此说"。

例（152）：<u>光严被唤</u>，便整容仪，纤手举而淡泞风光，王步移而威仪庠序。（《敦煌变文集新书》）

例（153）：<u>朱解被其如此说</u>，惊狂转转丧神魂。（《敦煌变文集新书》）

4. 宋代时期

及至宋代，被字句的发展呈现三大特点：一是中性及正面被字句的范围进一步扩大；二是出现带有不如意色彩的"把被"共现结构；三是施事的语义特征及其他主观性成分参与决定了被字句的语义色彩。

北宋是被字句的大爆发时期，共计逾 5000 例。基于对随机抽取的 1000 例含"被"结构的统计，无施事型被字句、标准被字句、嵌入式被字句分别占 265 例、191 例、27 例。受损被字句共计 343 例。我们统计了语料库中频次大于 4 的受损动词：诛～（25 例）、杀～（23 例）、～害（16 例）、～戮（11 例）、伤～（9 例）、追～（8 例）、～死（7 例）、擒（6 例）、责（6 例）、侵～（5 例）、累（4 例）、打（4 例）、创（4 例）。如例（154）、例（155）：

例（154）：侍者至，问外有何人，皆云无人，<u>俄而被杀</u>。（李昉等《太平广记》）

例（155）：果有窥鼎之志，<u>被郑克等斩之</u>。（李昉等《太平广记》）

尽管这一时期被字句的负面语义特征依然占主导地位，但中性及正面被字句的数量有增无减，分别占 96 例、15 例。如例（156）、例（157）所示，被字句的中性及正面解读主要来自动词的贡献（如"引出""宠遇"），仅 1 例来自补语的贡献（"做得都好"）。进入被字句的正面动词依次为：放（2 例）、推崇、进名、举、恩宠、宠锡、荐、赏叹、解脱、充冕、礼接、宠遇、使得胜。正面被字句所占比例虽然不大，但无疑大大削弱了被字句使用的语义理据。

例(156)：敏求恳请见其余，吏固不许，即被引出。（李昉等《太平广记》）

例(157)：时皋公侯龙思兄弟被冢宰宠遇，熏灼当时。（李昉等《太平广记》）

北宋时的一个重要突破是出现了"把被"共现结构，共2例。该结构融合了"把"的处置义与"被"的受动义，带有鲜明的不如意色彩。如例(158)中"被守把老阉促将去"对老阉而言属于受损的情况。

例(158)：才到那里，便被守把老阉促将去，云："这里不是久立处。"（黎靖德《朱子语类》）

自北宋起，除动词外，其他成分也参与决定了被字句的整体语义特征。例如，施事的语义特征可以压倒动词的语义色彩，负面施事与中性动词共现倾向于做受损被字句解读。负面施事往往唤起负面联想，对动词的语义色彩具有压倒作用，因此被字句总是被解读为受损被动。我们共检索到7例：被小人知之、被物欲引从人心、被那两个小人恁地弄后、被何妖精取去、被奸臣邀功、被烦恼覆云、被邪来胜将。如例(159)中"奸臣"使得被字句染上负面色彩。

例(159)：续承使人萧仲恭、赵伦等至，报谕恩义，被奸臣邀功，复便听从，依前附使间谍大金功臣及举国动兵。（佚名《大金吊伐录》）

再如，在动词无明显不如意色彩的情况下，语气副词、情态词也可参与被字句的负面解读，如例(160)、例(161)中的"可惜""只恐"。

例(160)：一枕清宵好梦，可惜被、邻鸡唤觉。（柳永《柳永词》）

例(161)：风流肠肚不坚牢，只恐被伊牵引断。（柳永《柳永词》）

南宋延续了北宋的发展趋势,一是标准被字句与中性被字句的数量进一步扩大。中性被字句的数量(563例)远远超过无施事型被字句(80例),嵌入式被字句的数量大为减少(6例)。这标志着被字句的成熟。中性被字句共计214例,占全部被字句的33%。较之于北宋,其比例进一步扩大,这说明被字句使用的语义理据进一步削弱。尽管如此,受损被字句依然占压倒性多数,在三类被字句中分别占59例、375例、6例。排名靠前的动词依次为:打～(32例)、惑(26例)、碍(24例)、缚(17例)、堪破(17例)、吞～(14例)、拘～(11例)、夺～(10例)、～杀(9例)、瞒(8例)、障(7例)、污～(7例)、～骂(7例)、捉～(7例)、～责(7例)、～累(4例)、～害(4例)。

二是表达受事受损情况的"把被"共现结构延续了下来,不过仅出现了1例,如例(162)。同时,出现了新的"被个 N+VP"结构(2例),融合了"个"的"出乎意料义"与被字句的负面色彩,如例(163)中"被个俗汉子点破"对云门临济而言实属意外,并因此而败北。

例(162):向伊与么道。*被伊把黄泥蓦口塞*。还怪得他也无。(赜藏《古尊宿语录》)

例(163):如今衲子多是争南宗北宗。*云门临济却被个俗汉子点破*。云门临济儿孙不胜。(赜藏《古尊宿语录》)

三是施事参与决定被字句语义色彩的倾向也延续了下来。在动词无明显不如意色彩的情况下,负面施事总是使被字句获得不如意解读。我们共发现4例这类施事:妄心、恶风、富贵声色、一勺屎。如例(164):

例(164):众苦所逼,无自由分,*而被妄心于中主宰*。(释普济辑《五灯会元》)

5.元明清时期

元明清时期,受损被字句依然占据主导地位,其发展表现出新的特点:一是出现特殊受损被字句"被+感官动词";二是施事与补语进一步参与到被字句的负面解读中来,被字句与主观性成分互动显著;三是受损"把被"共现结构延续下来,同时出现新的"被……给VP"受损被字句。

元代的被字句整体上数量有所减少,出现无施事型被字句22例、标准被字句171例、嵌入式被字句4例,标准被字句的地位正式确立起来。三类被字句分别如例(165)—例(167)所示。

例(165)：也亏了狱卒毛公存仁义之心，<u>可怜他无辜被害</u>，将他尸棺葬于城西三里之外。(《元代话本选集》)

例(166)：李甲原是没主意的人，本心惧怕老子，<u>被孙富一席话，说透胸中之疑</u>。(《元代话本选集》)

例(167)：<u>今被徐庶举荐</u>，先主志心不二，复至茅庐。(佚名《三国志评话》)

这一时期，受损被字句比例较前代有所提高，依然占据绝对主导地位(179例)，仅出现中性被字句14例，正面被字句1例。我们统计了频次不小于3的受损动词：杀~(13例)、捉(8例)、打(7例)、害(7例)、掳(4例)、围(3例)、盗(3例)、迷(3例)、射(3例)。这些动词构成了被字句负面色彩的重要来源。另有部分受损被字句是由其他成分贡献的，动词本身的不如意色彩并不明显。首先，这一时期出现了一类特殊被字句，即"被＋感官动词"结构，共计10例。感官动词本身呈中性，但进入被字句后通常暗含不愿透漏的信息为外人所知的意思，因此带有受损意味。① 如例(168)中的"被丫环们听见"对阿秀而言不是好事，因此她选择了妥协。

例(168)：阿秀怕声张起来，<u>被丫环们听见了</u>，坏了大事，只得勉从。(《元代话本选集》)

其次，这一时期补语也参与了被字句的不如意解读，相对中性的动词携带负面补语后，整个被字句获得不如意解读。例如：

例(169)：俺娘他毒害的有名，全无那子母面情。<u>则被他将一个痴小冤家，送的来离乡背井</u>。每日价烦烦恼恼，孤孤另另。(郑光祖《倩女离魂》)

---

① 值得一提的是，感知动词进入被字句的情况在现代汉语中占的比例相当高。下面是我们统计的BCC多领域语料库中排名前5位的感知被字句：被人发现了(99例)、被老婆知道了(81例)、被老师发现了(68例)、被领导看到了(43例)、被人知道了(24例)。

再次，表达受损情况的"把被"共现结构在元代也延续了下来（2例）。如例（170）中"被婆子把甜话儿偎他""把利害话儿吓他"，婆子恩威并施，一正一负，但对两个丫环而言均是被动承受，整体上做负面解读。

例（170）：两个丫环被婆子把甜话儿偎他，又把利害话儿吓他，又教主母赏他几件衣服。（《元代话本选集》）

明代被字句逾6000例，我们随机抽取了1000例含"被"字的结构，发现无施事型被字句、标准被字句与嵌入式被字句分别占189例、320例、37例。这一时期受损被字句依然占据主导地位，共计413例，中性被字句占86例。排名靠前的动词依次为：杀～（56例）、～死（26例）、打～（18例）、～害（16例）、～劫（10例）、拐（9例）、骗（8例）、殴～（7例）、掳（6例）、盗（6例）、～伤（6例）、围（5例）、～捉（4例）、擒（4例）、绑缚（4例）。

这一时期延续了前代被字句的发展趋势，首先，感知类动词参与了被字句的不如意解读，表达不希望被看到或察觉到的情况被人发现（21例）。典型动词包括视觉类：看～（5例）、瞧见（2例）、撞见。觉知类：晓得（3例）、发觉（2例）、知觉；听觉类：听～（3例）。如例（171）：

例（171）：唐卿恐怕女子真个不觉，被人看见，频频把眼送意，把手指着，要他收取。［凌濛初《初刻拍案惊奇（下）》］

其次，"把被"共现结构在明代也延续了下来（4例）。如例（172）所示，即便在动词的不如意色彩不明显的情况下，整个结构也依然传递出受损味道。

例（172）：我前日眼里亲看见，却被他们把鬼话遮掩了。［凌濛初《初刻拍案惊奇（下）》］

清代被字句飞跃发展，CCL古代汉语语料库中出现近10000例。我们随机抽取了1000例含"被"字的结构并加以统计，发现无施事型被字句占65例，标准被字句占283例，嵌入式被字句占38例。从语义色彩来看，中性及正面被字句分别占43例、16例。受损被字句在这一时期依然占据主导地位，主要来自受损动词的贡献。出现频次大于5的动词均属此类：杀～（50例）、擒（23例）、～害（22例）、抢（21例）、拿～（19例）、刺（10例）、盗（9例）、～获（8例）、捉（6例）、迷～（6例）、弑（6例）、窃～（5例）、骂（5例）、勒～（5例）。如例（173）中"杀"使得被字句带上了高度负面的色彩。

例（173）：这两个淫贼，只在地窖子之中快乐了三四个月，<u>就被女剑客所杀</u>。（张杰鑫《三侠剑（下）》）

这一时期，其他成分如感官动词、负面补语也参与到被字句的不如意解读中来。感官动词进入被字句表达受损的情况出现17例，包括视觉类：（看）见（5例）、撞见、遇见、看在眼里。听觉类：听见/去（3例）。觉知类：知晓（2例）、知道。如例（174）中"被人看见"是"我"不期待发生的。言说类动词本属中性，但可在负面补语的协同作用下表达受损的意思，包括6例：说得顿口无言、说得十分难过、说得光致全无、说了一席不讲情理、一厢情愿的蛮话、说了几句没好气的言语、空言而不敢辞。如例（175）中的"说得十分难过"使得"说"的内容在此也带上了负面色彩。

例（174）：小爷你请外面去罢！我家当家的又不在家，<u>被人看见不像样子</u>。〔坑余生《续济公传（中）》〕

例（175）：你不晓得我在他那里，<u>被他一冷一热的话说得十分难过</u>，我是再不去寻第二个钉子碰了。〔张春帆《九尾龟（一）》〕

清代被字句的一个重要突破是"被……给VP"结构的出现（43例），其中42例明确表达受损的情况，同时表达了说话者对遭受主体的同情。其受损语义主要来自动词语义的贡献，其中出现频率最高的动词为"杀"（6例），其他典型动词如：戳死、焚烧、偷走、打死、烧死、毁坏、骂。如例（176）中"都被人家给戳死了"暗含了说话者对"那边饭座上的人"的不幸遭遇的同情。尽管有2例看似中性（"说""指出来"），但在语境中对受事而言表达的依然是受损情况，如例（177）中的"被济公给指出来"是和尚本不期望之事。这一时期甚至还出现了〔被＋把＋给VP〕共现模式，"把"的处置义、"被"的受动义与"给"的移情义相互叠加，凸显了说话者作为弱小者任人处置的负面遭遇与无奈之情，如例（178）中的"被白大将军把我给轰出来了"。

例（176）：就是那边饭座上的人，<u>都被人家给戳死了</u>。〔无名氏《小五义（下）》〕

例(177)：和尚只打算这样事没人知道，<u>焉想到被济公给指出来</u>。（郭小亭《济公全传》）

例(178)：山东马在那里喝着酒，说："<u>我被白大将军把我给轰出来了</u>，我怎么有脸在此处了？（贪梦道人《康熙侠义传》）

按照黄蓓(2016b)及寇鑫和袁毓林(2018)，出现在被字句与把字句动词前的"给"本质上是一个主观性标记，表达说话者对受事的移情，与常规的与格介词"给"并无关联。

清代受损被字句为数不少，还出现了 16 例正面被字句，较之于北宋略有增加。被字句的正面解读主要来自正面动词的贡献，包括：救(～出、～回、～解、～脱、～度)(10 例)、扶了起来、寻着、加封为、扫平、点化，如例(179)；少量来自补语的贡献，如例(180)中的"高起兴来"。

例(179)：然出来一只老虎，就把我衔着走了。我也不知道了。<u>不想被母舅救到此间</u>。[石玉昆《七侠五义》]

例(180)：颜生<u>被雨墨说得高起兴来</u>，真果沿途玩赏。[石玉昆《七侠五义》]

(二)讨 论

历时考察表明，战国时期出现了"被"的"遭受"义用法，标志着被字句的萌芽。这一时期的被字句均涉及受损情况，这很可能来自对遭受义动词"被"语义特征的继承。因此，被字句在发展初期的语义色彩基本是消极的。西汉时期涌现出大量无施事型被字句，均涉及受损动词，出现了简单修饰语，如地点状语、方式状语。及至东汉时期，标准被字句[NP₁ 被 NP₂＋V]结构出现，动词后出现补语，动词及补语多带有高度负面的色彩。唐五代时期，出现了少量表达中性甚至正面情况的被字句，同时出现了被字句与其他主观性成分共现的情况，如语气副词、情态词、连词。及至北宋时期，中性及正面被字句的范围进一步扩大。除动词外，其他成分如施事、语气副词、情态词也参与决定了被字句的整体语义特征。与此同时，出现了带有不如意色彩的"把被"共现结构。南宋时期延续了北宋的发展趋势，中性被字句数量进一步扩大，但受损被字句依然占压倒性多数。在元明清时期，表受损义的"把被"共现结构延续下来，同时出现新的"被……给 VP"结构及接续感官动词的受损被字句。

施事与补语进一步参与到被字句的负面解读中来,被字句与主观性成分互动显著。

被字句在语义上继承了遭受义动词"被"的语义特征。这是被字句主观性的最初来源。战国时期的被字句全部是简单的"被+动词"形式,不涉及施事、补语或状语,动词均带有受损意味,因此其负面色彩主要来自动词的贡献。西汉时期的被字句出现了简单的修饰结构,这些附加成分并未贡献不如意色彩,这一时期被字句的主观性依然主要来自动词受损义的贡献。及至东汉,被字句的主观性不仅来自动词,还包括补语负面色彩的贡献。唐五代时期,表达受损依然是被字句的主导特征,互动成分参与了被字句的主观性解读。宋代时期,施事的语义特征及其他主观性成分参与决定了被字句的语义色彩。元明清时期,受损被字句依然占主导地位,这一时期施事与补语进一步参与到被字句的负面解读中来,被字句与主观性成分互动显著。

语料库调查表明,被字句的负面色彩不仅仅来自"被",还离不开参与词项的贡献。除了受损动词的贡献,情态词、语气副词、负面施事等均在被字句的负面解读中发挥着重要作用。反过来看,正面动词可以压倒被字句原有的负面语义特征,使其获得正面解读。这支持了被字句的主观性涉及构式与词项的互动作用的观点。

从历时来看,正面被字句的出现属于后来的事情,很可能属于被字句结构扩张的产物,无法囊括在其受损语义特征下。早期被字句对准入动词有严格限制,仅限受损动词。唐五代时期,中性及正面被字句的出现,标志着被字句从遭受义用法中独立出来,被字句使用的语义理据逐渐减弱,主观性被"稀释"。及至宋代,中性及正面被字句的使用范围进一步扩大。受益动词准入被字句,使得其语义限制大为松动。元明清时期,中性及正面被字句的比例进一步扩大。有迹象表明,在历时发展过程中,"被"的受损语义逐渐虚化,中性及正面动词的准入弱化了被字句的主观性。作为对这种弱化的补偿,其他成分也参与到被字句的主观性解读中来。始现于北宋时期的表受损义的"把被"共现结构在后世延续了下来,同时元明清时期出现了两类新的专司受损表达的下位被字句:"被+感官动词"结构与"被……给VP"结构。这些下位被字句的出现不是偶然的,而是对被字句主观性损耗的一种补偿。

三、小 结

汉语中的把字句与被字句是公认的带有主观性的构式。不过,目前关于其主观性的定位存在争议:把字句与被字句的主观性到底是构式本身所承载的,还是准入词项所带来的? 有鉴于此,本节从历时切入,基于 CCL 古代汉语语料库,调查了从先秦到清末汉语把字句与被字句的发展轨迹,运用定量方法客观统计了各个时期把字句与被字句的发展情况。基于这一统计,我们就把字句与被字句的主观性的发展历程及其定位有了更清晰的认识。

调查表明,把字句与被字句的主观性解读均离不开词项主观色彩的贡献。随着构式使用范围的扩大,越来越多的成分参与到把字句与被字句的主观性解读中来。与此同时,客观把字句与被字句的比例逐渐增加。作为对构式主观性弱化的补偿,把字句与被字句分化出下位主观性构式。这种构式内部主—客分化的趋势,正是语义表达精细化的需要,是表情—达意功能分化的结果,更是词项与构式互动的结果。把字句与被字句主观性的发展轨迹支持了主观性的互动观,表明主观性不宜单纯被归结为词项或构式的语义特征,而是涉及两者的合力贡献。从长远来看,词项在构式主客观性的解读中起着更突出的作用。

第六节　本章小结

本章在总结当代主观性理论的得失的基础上,重新思考主观性的语言表征方式,提出主观性的互动观。已有研究表明,词汇、语法及构式层面均蕴含了可供说话者调用的表达"主观性"概念的资源。因此,不同层面的主观性如何彼此关联是一个关键问题。然而,以往的主观性研究多持分解论取向,因循个案式的分析思路,在主观性成分的判断上存在"见木不见林"的弊端。本章在反思分解论思想不足的基础上,提出主观性的互动观。我们对词项与构式的主观性分别进行了定位,前者携带主观性潜势,后者的主观性从属于其经验编码功能。在主观性的解读中两者发生互动,构式对词项的主观性起到激活作用,词项的主观色彩对构式语义存在浸染效果。历时语料库调查支撑了这一观点。在把字句与被字句的主观性产生与发展过程中,词项的语义色彩起着重要的作用。

第四章　汉语中的主观性范畴

　　本章旨在描绘汉语中的主观性范畴，并对词汇范畴、语法范畴和构式范畴中的典型主观性成分分别进行考察。在词汇范畴中，我们将重点考察认知动词、分级形容词、程度副词以及语气副词的主观性。在语法范畴中，我们区分了三类情况：一是内在表达主观性的情况，二是语法范畴中分化出主观用法的情况，三是语法范畴中分化出主观性标记的情况。在构式范畴中，重点考察被字句、把字句、受事主语句及领主属宾句的主观性。

第一节　词汇范畴的主观性

　　词汇范畴可细分为实词范畴与功能词范畴。前者涉及较丰富的概念内容，命题义占主导地位。后者的概念内容较为空泛，主要用于修饰概念内容更为具体的成分。尽管两者存在功能差异，但实词与功能词均可带有主观性。

一、实词范畴的主观性

　　实词范畴林林总总，包括名词、动词、形容词等。就主观性的表达而言，认知动词与分级形容词属于说话者态度的重要载体。为此，我们重点考察认知动词与分级形容词的主观性。

（一）认知动词的主观性

　　认知动词（cognitive verb）用于表达个人意见、愿望及感觉，是说话者进行自我表达的重要语法手段，因此其主观性不言而喻（Fitzmaurice，2004；Almeida & Ferrari，2012）。Benveniste（1971［1958］：224）早已观察到，说"I think"时，说话者是在描述自己的某种印象，"思维的运作根本不是语句描述

129

的对象"。这一点对汉语同样适用。比较而言,行为动词的意义不受主语人称的影响,"我吃饭""你吃饭""他吃饭"描述的是同样的情况;而认知动词的意义对人称具有选择作用,"你觉得""他觉得"是在陈述一个事实,"我觉得"则是在表达对后续命题的信念。当我说"我觉得明天会下雨"时,我把一个原本的事实陈述为一个主观的语句,真正的命题是"明天会下雨"这一事实。Lasersohn(2005)认为,认知动词是以命题为论元的,说话者从自我中心视角做出断言,即说话者本人构成了判断主体。"我觉得""我认为""我猜""我料想"之类的说法表达了说话者对后续命题的某种态度,在结构上与命题独立开来,在语义上表达了对命题的认识评判。

尽管认知动词在概念内涵上涉及认识评价,但其主观性的表达是有条件的,要求与第一人称主语共现。在概念内涵上,认知动词趋近认识情态,涉及说话者关于事态实现可能性的信念。两者的区别在于,认知动词要求认识判断的主体"登台",认识情态则不存在这一要求。从语义指向来看,认识情态内在指向说话者,其主观性不受句法主语限制,通常表现为非第一人称,如"你如果是个一辈子都快乐无忧的人,那你肯定是个肤浅的人。"(微博)。而认知动词尚未发展到这一步,其主观性需借助显性第一人称主语的烘托。日语中甚至不接受第一人称以外的认知动词表达,"彼は…を感じる"("他觉得……")这类句子显得不可接受,需添加推量助词"だろう/でしょう"。这一点是有理据的:说话者可以感知到自身的心理状态,因而可以有把握地加以谈论;但无法感知到他人的心理状态,只能基于某些表象去推测。① 这说明,第一人称与认知动词在语义上存在天然的契合。在"我认为"中,认识判断的主体被置于台上,表现出明显的说话者指向性;相比之下,"他认为"并不指向说话者,而是指向行为主体。② 第一人称是行为主体与认知主体的统一,可用于记录自身的认知活动。相比之下,第三人称唤起的仅仅是行为主体,是所描述事件的一部分,与说话者及言语事件并无必然关联。从这种意义上讲,认知动词的主观性与主语人称的选择密切相关,并非自身意义的一部分。换言之,主观性并不独立存在于认知动词中,而是存在于其与第一人称的结合体中。

---

① 当然,这一点存在跨语言差异,日语中严格区分了内在感知到的与外在观察到的行为,英语、汉语则未做如此精细的区分,因此其他人称与认知动词可以直接共现。

② 这说明,认知动词尚不具备内在主观性标记的地位,其主观性很可能是语法化的产物。现阶段,"我觉得"甚至有从主观性标记性向话语标记演化的态势,伴随着立场表达功能的退化与交互功能的攀升。

(二)分级形容词的主观性①

属性是事物本身固有的不可或缺的性质。属性常用名词表示,属性值则用形容词表示。属性值可以表示不同程度地具有某种属性,也就是说它们是"可分级的"(gradable)。② 基于是否可分级,形容词通常被分为两类:分级形容词(gradable adjective,GA)与非分级形容词(non-gradable adjective,NGA)。分级形容词的范围相当大,涵盖 Dixon(1982)区分的七大类形容词:维度(大的、小的、长的、短的、宽的、窄的)、物理属性(软的、硬的、光滑的、粗糙的、重的)、颜色(红的、蓝的、绿的、黄的)、人类性向(开心的、漂亮的、聪明的、难过的)、年龄(新的、老的、年轻的)、价值(好的、坏的、棒的、糟糕的、可怕的)、速度(快的、慢的)。分级形容词可以接受程度修饰,如"很高""非常矮""超级胖""相当瘦",非分级形容词则完全相反,如"﹡非常死""﹡很木质""﹡超级雪白""﹡相当冰凉"。典型的非分级形容词包括表示出处或风格的形容词,如"美式的""哥特式的",以及其他具有来源、构成、状态等含义的形容词,如"木质的""心理的""死的""雪白的""冰凉的"。

在语义上,分级形容词与非分级形容词的区别在于,前者对名词的指称对象加以限定,后者则对其加以分类。[非分级形容词＋名词]组合通常表达统一的实体概念,即类别。例如,北极熊和熊一样表示一个类别。虽然熊类包括北极熊类,但两者均属动物范畴。同样,燕京啤酒同啤酒一样指某种饮料。然而,在[非分级形容词＋名词]组合中,说话者将某个特征概念添加到范畴概念上,两者并未融合为一个新的范畴。如"高楼"不是一种楼,而是对其高度加以量度的楼。

对某个属性的判断总是涉及比较,这是以将其置于某个量级上为前提的,这种关于量级概念的判断是主观的,而非客观的。分级形容词带有分级性,这是因为其语义识解必然涉及某种主观参照(Pander Maat,2006)。对长度、大小、速度的判断尽管存在一定的客观标准,但通常是基于说话者视角的,属于相对主观的判断。对于另外一些分级形容词,其所表达的属性通常缺乏客观度量标准,是以说话者为参照的。如在一个人看来完美的东西,在

---

① 汉语中一般区分性质形容词与状态形容词,前者可以接受"很""非常"等程度副词的修饰,可以接受"不"的否定,后者则不可。两者分别大致对应于类型学上通用的"分级形容词"与"非分级形容词"的说法,这里我们采用后一种说法。

② 分级性(gradability)概念贯穿于名词、动词、形容词和副词等主要词类,不过在形容词中更为显著。

另一个人看来可能是好的、坏的，甚至糟糕的。对"漂亮""聪明"的解释通常因文化或个人而异。如关于漂亮很难有统一的标准：有的人喜欢阳刚，有的人喜欢阴柔；有的人喜欢骨感，有的人喜欢丰腴。人们所喜欢的漂亮是符合自我审美的漂亮，并不存在一个特定的被所有人认为漂亮的人。因此，对分级形容词的解读通常不可避免地带有说话者视角，与说话者的表达色彩息息相关。

二、功能词范畴的主观性

功能词范畴主要包括修饰语范畴，如语气副词、程度副词、评注性状语。它们构成了说话者表达主观性的重要载体。在此，我们主要考察语气副词与程度副词的主观性。

（一）语气副词的主观性

"果然""索性""难道""毕竟""简直""反正"之类的副词在汉语中被称为语气副词，是汉语中一个特殊的副词范畴，是汉语表达语气的重要手段。如例（1）、例（2）中的"果然""索性"。

例（1）：他果然一如她所料的，马上一口拒绝。（齐萱《炽情狂涛念香云》）
例（2）：既然不能控制这班人的思想，他索性一不做二不休，统统亲手把他们杀了……（马荣成《搜神篇》）

不同语气副词可用于表达不同语气，如必然语气、或然语气、可能语气、允许语气、料悟语气、疑问语气、深究语气、揣测语气。在语义上，其内涵介乎英语中的强调词（emphasizer）与评注性状语之间，前者用于强调，后者用于评注（Quirk et al.，1985）。汉语语气副词似乎兼有二者的功能。一般认为，语气副词并无固定句法位置，而是可以同时占据"高位位置"（句首）与"低位位置"（句中），"高位"语气副词的辖域为整个命题，它的功能是对整个句子的意义命题进行表述。"低位"语气副词的辖域为述谓部分，它的功能是对述题的表述。如"幸亏""难道"可同时占据高位与低位。如下面的例子中，（a）例中"幸亏""难道"属于高位用法，（b）例中属于低位用法。

例（3a）：幸亏我不喜欢背书包，不然的话我的肩膀就可怜了。（微博）

例（3b）：我幸亏还有叔父和婶婶收养，他却得一个人挨饿受冻，饱尝艰辛的活着。（于湘《天狼夺爱》）

例（4a）：他不是身经百战，对这种事很了解的吗？难道他一点也看不出来？（彤玚《笑拥晨曦》）

例（4b）：他难道一入空门，便再没半点人情味，再不能为她打算一下？（司马翎《剑气千幻录》）

语气副词可用于表达说话者对命题的主观态度，是说话者表达情感、态度、意图的重要方式，具有表述性、评价性、强调性（张谊生，2000；史金生，2003）。不同语气副词可传递出说话者对命题内容的不同态度与评价。如"难怪""原来"表"醒悟"，"反正"强调必然性，"明明"强调显而易见，"竟然"强调出乎意料，"果然"表示意料之中，"幸亏"表示侥幸，"毕竟"强调事物本来的特点、原因，"偏偏""恰好"强调偏离或契合（史金生，2003）。

语气副词作为强主观性成分，通常偏好与主观性成分共现，某些语气副词甚至存在严格限制。例如，反预期类语气副词通常暗含说话者的期待，一般对接续词项存在语义色彩上的限制。又如，"偏偏"表示事实跟主观想法恰好相反，一般接续负面情况，否则句子难以成立。不妨对比下面的（a）例与（b）例，（b）例接受度很低，这是因为"偏偏没碰上这等麻烦的事"不符合我们趋利避害的常态心理，"他偏偏会在场"只有解读为他在场会带来不利时才成立。

例（5a）：他们正急着赶回寨里，偏偏又碰上这等麻烦的事。（乔安《恋上山寨主》）

例（5b）：？他们正急着赶回寨里，偏偏没碰上这等麻烦的事。

例（6a）：这真是大意了，在最紧要的关头，他偏偏会不在场！（司马紫烟《荒野游龙》）

例（6b）：？这真是大意了，在最紧要的关头，他偏偏会在场！

再如，"倒"暗含责怪意味，多接续表示积极意义的词语，否则句子难以成立。这一点与其所预设的先扬后抑的发话策略有关。对比下面的（a）例与（b）例：（a）例符合这一策略，"说得倒容易""说得倒好"后面的论述暗含事实上则不然。（b）例由于违背了这一策略，句子难以成立。

例（7a）：<u>你说得倒容易</u>，那个九天巡府的家比龙潭虎穴还难闯！（绿痕《桃花劫》）

例（7b）：? <u>你说得倒很难</u>，那个九天巡府的家很容易闯！

例（8a）：<u>你说得倒好</u>，我们俩身上只剩几个铜钱了，还能找什么地方过夜？（陈美琳《小勾问情》）

例（8b）：? <u>你说得倒不行</u>，我们俩身上还有不少铜钱，可以找个旅馆过夜。

由于语气副词带有主观性，且必须在动态的句子层次上才能组合，因此通常偏好各种带有主观性的构式，如把字句、被字句。例（9）、例（10）中"竟然""白白""活活"与把字句的主观性相互加强，例（11）、例（12）中"居然""不料"为被字句的遭受色彩增添了"出乎意料"义。

例（9）：一千五百两？打劫赵员外五次也不过就这个数目，她<u>竟然白白把它给弄丢了</u>。（黄蓉《酷酷侠女》）

例（10）：2009年8月底的一天，他索要辣椒酱，未受理会，<u>竟然把60岁母亲活活打死</u>！（微博）

例（11）：余翊往地上睨以一个轻屑的眼神。自己<u>居然被一副眼镜摆弄了</u>！（夏娃《俗气情人》）

例（12）：黄培新不顾生命危险，立即紧追不放，<u>不料被歹徒刺中胸部</u>，鲜血直流。（《人民日报》1994年）

语气副词的主观性甚至可以和其他主观性结构的语义发生融合，生成固化的主观性构式。如极性程度构式"分级形容词＋极性程度副词＋了"，见例（13）、例（14）中的"实在是美极了""简直糟透了"。

例（13）：与多坑、荒凉、单色调的月球相比，地球<u>实在是美极了</u>。（《文汇报》2000年）

例（14）：随手翻了一下扔在床上的书，他无奈地直摇头，这种生活<u>简直糟透了</u>，以前自己怎么没有感觉到呢？（鬼谷子《佛门异功》）

又如，"真"可与情感评价构式"是个NP"融合为下位主观性构式"真是个NP"，用于表达说话者的主观评价。如例（15）、例（16）。"真是个NP"可进一步发生融合,凝固成一个整体,充当独立评价结构,用于表达说话对事态的主观评价或判断。如例(17)、例(18)中的"真是个奇迹""真是个笨蛋"。

例(15):陆小凤笑了,微笑着道:"看来我们这个儿子倒真是个孝子。"(古龙《陆小凤系列幽灵山庄》)

例(16):玉娇龙笑了笑,说了句"你真是个好心人",便把话题扯开了。(聂云岚《玉娇龙》)

例(17):两个人刚落进去,就立刻被激流卷走,无影无踪了。没有淹死,真是个奇迹。(狼小京《光明战记》)

例(18):臭小子! 还怕他不知道你的应招么? 真是个笨蛋!(独孤残红《销魂一指令》)

(二)程度副词的主观性

程度副词,英语中惯称强化词(intensifier)或程度修饰语(degree modifer)(Quirk et al.,1985),用于指示强度量级上的某一点,用于凸显其所修饰成分的内在程度语义。程度副词主要用于修饰性质形容词和部分心理动词,通常要求其所修饰的形容词是"可分级的"(gradable)。程度副词表达的基本意义是"程度义",用于指示被修饰成分在某个量级上所占据的位置,其所强化的实体被置于"某个抽象量级上的某一点上"(Quirk et al.,1985:589)。不同程度副词指示某一属性所达到的不同程度,如"很""非常"是表示高量的程度副词,"有点""稍微"是表示低量的程度副词。

然而,程度量本身是很模糊的对象,本质上是一种主观量(陈小荷,1994)。这是因为,量级本质上是抽象的,或多或少地与真值条件意义上的测量相分离。关于量级高低并无客观的区分标准,因而几乎不可避免地带有说话者的主观态度。在选取特定程度副词来表达某个属性的程度高低时,概念化主体不可避免地将自己的视角投射到某个实体上。如对于什么够得上"最好""相当漂亮""很幸福",其标准可能因人而异,甚至因年代而异。对于一般人而言已经做到最好的工作,对于完美主义者而言可能差强人意。从这个意义上说,程度副词带有主观性,涉及说话者对程度量的主观评估。

不同程度副词代表了说话者对程度量的不同评估,折射出说话者的不同态度。高量程度副词如"很""非常""相当"多接续带有积极意义的形容词,如例(19)、例(20)中的"很安静""很开心",例(21)、例(22)中的"非常方便""非常实用",例(23)、例(24)中的"相当安心""相当别致"。

例(19):早晨上班的人少了很多,门前那条小路,<u>很安静</u>。（微博）

例(20):今天三节课,而且身体有点不舒服,不过还是<u>很开心</u>！（微博）

例(21):有了爱车,生活质量大大提高,出门<u>非常方便</u>。（《都市快讯》2003年）

例(22):太喜欢这样的小桌子了,它不仅节约空间,而且外形很规矩,<u>非常实用</u>。（微博）

例(23):一下子降温这么多真不适应。洗了澡暖暖的钻被窝的感觉<u>相当安心</u>。（微博）

例(24):很喜欢她的设计,简洁出彩,尤其是剪裁,<u>相当别致</u>。（微博）

低量程度副词如"有点""稍稍"多接续具有消极意义的形容词,如例(25)、例(26)中的"有点小复杂、忐忑、不安、不爽、难过""有点恐怖",以及例(27)、例(28)中的"稍稍不安""稍稍笨拙"。

例(25):心情开始有点小复杂……有点翻江倒海,有点波浪汹涌,有点颠簸不定,<u>有点忐忑,有点不安,有点不爽,有点难过</u>。（微博）

例(26):在看山东电视台影视频道电影《江南奇冤》,前半段的确<u>有点恐怖</u>。（微博）

例(27):好的东西原来不是叫人都安,却是要叫人<u>稍稍不安</u>。（《都市快讯》2003年）

例(28):<u>稍稍笨拙</u>却又非常直接的温柔,强烈的撼动了织月的心。（小鱼《寒龙娶妻》）

在此意义上,程度副词可被视为一种表达说话者观点的手段,传达出说话者对所指对象的立场。其作用不仅在于指示程度,还在于表达说话者的介入。

第二节　语法范畴的主观性

在语义的历时演变中，许多语法标记均发展出主观意义，这在英语、汉语中并不鲜见。例如，英语进行体 V-ing 发展出主观用法（Killie，2004；石毓智、姜炜，2010）。历时主观化研究的一个重要主题就是语法标记的主观化，这种主观化一般也被归结为二级语法化的范畴，即从较为虚化的范畴转向更为虚化的范畴（Traugott & König，1991）。汉语语法范畴在主观性的表达上分化出三种情况：一是内在表达主观性的情况，如认识情态、否定词"不"；二是从常规语法范畴中分化出主观用法的情况，如第一人称代词"我"、体标记"了"；三是从常规语法标记中分化出主观性标记的情况，如"他"（宣泄义）、"给"（移情义）、"个"（出乎意料义）。

一、内在表达主观性的情况

（一）认识情态词的主观性

有迹象表明，在认识情态表达中，作为情态判断主体的说话者必须在场。以"应该"的认识情态用法为例，如"？我应该已经走了"这样的句子显得难以接受（对比"他应该已经走了"）。显性主语"我"同时充当了言语主体与行为主体，言语主体必须在场，而"走"的主体已经不在场，因此句子不可接受。正是基于此，Narrog（2005）将认识情态视作指向说话者（speaker-oriented），即特定言语情景中的说话者在发话时做出的情态判断。相比之下，道义情态不具备说话者指向性，更多的指向描述对象，宽泛地讲可被视为命题的一部分。在句法表现上"时间不早了，我应该走了"更接近"时间不早了，他应该走了"，而非"？我应该已经走了"，这里的"应该"指向的均是行为主体。这里道出的是认识情态与道义情态的区别：认识情态的判断主体（说话者）通常与句子主语（行为主体）呈分离状态；而道义情态的道义源（能愿主体）通常与句子主语（行为主体）重合。即便是当道义源为说话者时，其所唤起的也是行为主体意义上的说话者。

再来对比认识情态与动力情态的情况。动力情态涉及主语的能力、意愿，指向的是句子主语（能力主体）；而认识情态涉及说话者对命题真值的信念,指向的是说话者。同道义情态一样,动力情态属于事件情态,涉及命题内辖域,如例(31)中的"会";而认识情态属于命题情态,以整个命题为辖域,如例(29)中的"一定"。一个证据是:认识情态处于否定辖域外,前面接续否定时也只能解释为一个弱化了的认识判断。如例(30)中的"不一定"表面上是对"一定"的否定,但仍属于可能范畴,无法被解读为对情态判断的否定,只能被解读为弱化了的情态判断。相比之下,动力情态处于否定辖域内。例(32)涉及对说话者做饭这一能力的否定,也否定了其所表达命题的真实性。

> 例(29):组织上安排他去治病,他却说,"等干完这把活,我<u>一定</u>去"。(《人民日报》1997年)
> 例(30):办事有百分之百的把握,说明毫无风险,人人都会去干,我们倒<u>不一定</u>去干。(《人民日报》1994年)
> 例(31):老张<u>会</u>画画、会打篮球、会做一手好菜、话不多、爱吃面,为啥我什么都跟他相反呢?(微博)
> 例(32):秀莲打心眼里赞成,她压根儿<u>不会</u>做饭。老在外面吃才好呢。(老舍《鼓书艺人》)

这说明,动力情态属于命题的一部分,认识情态则处于命题外。同道义情态一样,动力情态指向的是所描述事件中的参与者,因此与说话者及当前言语情景没有必然关联。从这一点来看,只有认识情态可视为指向说话者。基于以上论证,可以得出结论:在情态范畴中,只有认识情态具备严格意义上的主观性,道义情态与动力情态则不具备。

尽管认知情态内在地表达主观性,然而许多语言中似乎并未分化出独立的认识情态范畴,认识情态通常与其他情态共享同一套语言形式(情态的多义性)。如"他应该走了"中的"应该"既可作道义情态解,又可作认识情态解。[①] 多义词具体解释为哪个义项只能依语境而定,这意味着,认识情态解释无一例外需要参照特定语境。正是出于此因,不少研究者主张情态词的主客观性并非一成不变,而是因语境而异的,同一情态词可以是主观的也可以是客观的(Lyons,1977;Nuyts,2001b;汤敬安、白解红,2015)。

---

① 英语中似乎分化得更彻底,如"must"兼作认识情态("一定")与道义情态("必须"),"may"兼作认识情态("可能")与道义情态("可以"),"can"兼作认识情态("可能")与动力情态("能"),"should"兼作认识情态("应该是")与道义情态("必须")。

有迹象表明,可毫无疑问地被解读为认识情态的表达总是带有浓厚的主观色彩。这种主观色彩通常来自共现的主观性成分,如第一人称认知动词、带有情态评价义的"了"。如例(33)、例(34)中,"我猜""我觉得""了"表达的认识推断,与"会""应该"的推测义相得益彰,而抑制了其动力情态或道义情态义;这种主观色彩也可以来自说话者的主观推理,如例(35)、例(36)中"应该"的认识情态义依赖于语境传递的溯因推理。

例(33):相信吗? 我猜她会活下去了!(琼瑶《青青河边草》)

例(34):都那么暧昧了,我觉得他应该对我有好感。(微博)

例(35):你晚上六点左右再来,那时他应该在。(岳霏《狂恋BMW》)

例(36):第一次看到这个娃娃是在 2006 年,今年这个孩子也应该 6 岁多了吧。(微博)

(二)否定词"不"的主观性

"不"是一个表示否定的副词,但承载了浓厚的情态意义。赵元任和吕叔湘(1979:348)与《现代汉语八百词》(吕叔湘,1980)均指出,"不"用于否定活动时,表示说话人的主观意志、态度、认识等。因此,否定词"不"带有浓厚的主观性。

"不"与"没(有)"是现代汉语中的两个基本否定词,通常认为,"没""用于客观叙述,限于指过去和现在,不能指将来"(吕叔湘,1980:383)。与之相对,"不"只有副词用法,"用于主观意愿,可指过去、现在和将来"(吕叔湘,1980:383)。两者存在显著的分工倾向。不少研究认为,现代汉语否定词"不"与"没有"的对立体现为"性质否定"和"存现否定"、主观否定和客观否定的对立。"没"只有客观性,而"不"既有客观性又有主观性,以主观性为主(沈家煊,2010;侯瑞芬,2016)。[①]

石毓智(1992)论证,汉语中"没"和"不"的基本分工是前者用于否定离散性成分,后者用于否定连续性成分。沈家煊(1995)指出,这里的离散性与连续性的对立事实上是有界性与无界性的对立。他发现,在采用"不"否定的结

[①] 对此,郭光(2022)有不同看法,认为"没"比"不"句法位置更高,主观性更强。Wang(2008)认为,"不"表达主观性,"没有"表达交互主观性。对此我们持保留意见。

构中,动词的宾语一般排斥数量词,如例(37b)中"不谈两个问题""不演三场电影"很难说得通。

例(37a): 今天不谈问题　　　　这个月不演电影
例(37b):＊今天不谈两个问题　＊这个月不演三场电影

（沈家煊,1995:368）

与此对应,活动动词只能用"不"否定,事件动词一般只能用"没"否定。如例(38)中"盛鱼""飞""打玻璃"属于活动,不接受"没"否定;"盛碗里""飞进来""打破玻璃"属于事件,不接受"不"否定。

例(38a):不盛鱼　　＊没盛鱼　（＊)不盛碗里　没盛碗里①
例(38b):不飞　　　＊没飞　　（＊)不飞进来　没飞进来
例(38c):不打玻璃　＊没打玻璃　（＊)不打破玻璃　没打破玻璃

（沈家煊,1995:373）

吕叔湘(1982:237-240)称,"不"有"某人有意不为之意";也即,"不"否定动词性成分时,大多带有否定主观意愿的意思。因此,上述例子中,"不"可以添加情态动词"要"或认知动词"想","没"则不可,如例(39)。此外,对情态成分的否定一般只能用"不"而不能用"没",如例(40)。

例(39a):不要/想盛鱼　　＊没要/想盛碗里
例(39b):不要/想飞　　　＊没要/想飞进来
例(39c):不要/想打玻璃　＊没要/想打破玻璃

（沈家煊,1995:373）

例(40a):不想上班　　＊没想上班
例(40b):不肯上班　　＊没肯上班（自拟）

这说明,尽管"不"和"没"都可以否定动词,但各有所侧重。"不"是对行为性质的否定,涉及行为的"是与非",属于主观否定;"没"是对行为存现的否定,只涉及行为的"有与无",是客观否定(沈家煊,2010;侯瑞芬,2016)。

---

① （＊)为原文作者所加,表示一般情况下不可接受,但在特定语境下可以接受。

另外，"不"和"没"均可否定形容词，但两者仍然表现出性质否定和存现否定的差异（史锡尧，1995；侯瑞芬，2016）。例如：

例（41a）：（树叶）不黄　　　（天）不亮（就走了）

例（41b）：（树叶）没黄　　　（天）没亮　　（侯瑞芬，2016：306）

这里"不"表达的是说话人的"主观认定"，认定的结果可能因不同人的不同标准而异。而"没"否定事物的某种性质状态时，"隐含有事物的这一性质状态是逐渐变化形成的，有一个发展过程"，"没"否定"已经发展到具有这种性质状态的阶段"（史锡尧，1995：10；侯瑞芳，2016：306）。否认与否定的区别本质上即是主观与客观的区别。

再如，"不"与"别"的对立同样可以归结为主观性与客观性的对立。已有研究发现，"不"与"别"对搭配词存在不同的要求（宛新政，2008；刘正光，2011）。"N 别 V"和"N 不 V"虽同为表示劝慰的祈使构式，但存在不同的使用条件限制。一是"N 不 V"只能用于表示说话者亲近的话语中，而"N 别 V"则没有这种限制。二是"不"的意愿性较强，后续动词必须是自主动词，而"别"没有这种限制。例如：

例（42a）：哥们儿，不急。　　例（42b）：刘嫂，不客气。

例（42c）：＊崔秀玉，不哭！　例（42d）：＊专员，不说了。

（刘正光，2011：344）

例（43a）：哥们儿，别急。　　例（43b）：刘嫂，别客气。

例（43c）：崔秀玉，别哭！　　例（43d）：专员，别说了。

（刘正光，2011：343）

这种表现差异与"不"的主观性及"别"的客观性差异是一致的。由于主观否定词"不"的作用，"N 不 V"构式具有说话者指向性（speaker-orientedness），对准入名词存在语义色彩限制。例（42）中"哥们儿"和"刘嫂"都是亲昵称呼，而"崔秀玉""专员"是全称姓名、职衔称呼，表示感情距离较远，与"亲昵"不匹配。而"N 别 V"祈使句对称呼语的感情色彩没有特别限制，例（43）中并不存在 N 的可接受度差异。这正是该构式中"别"的相对客观性使然。"别"是一个否定副词，基本功能是构成否定祈使句，表示禁止或劝阻（高增霞，2003）。其主语默认为第二人称，指向的是听话者，并不涉及说话者的明显介入。

二、分化出主观用法的情况

(一)第一人称代词的主观性①

主观性的本质在于对说话者立场或"自我"的表达。第一人称代词一向被视为主观性最基本的语言载体,因其直接编码了作为主观观点主体的说话者(Benveniste,1971[1958];Kristeva,1989;Scheibman,2002)。然而,第一人称作为说话者的编码化表达,可以扮演多重主体角色,因此它的出现与主观性不能简单地画上等号。在语言表征与运用中,说话者具有多重身份。在最基本的意义上,"我"是一个发话主体(话语的发出者)。在语言加工层面上,"我"充当着认知主体的功能(受语言的认知功能促动)。在交际互动的层面上,"我"是作为交际主体而存在的(受语言的交际功能促动)。在表情达意的层面上,"我"是作为态度主体而存在的(受语言的表情功能促动)。在其所参与事件的命题表征中,"我"是作为行为主体而存在的(充当概念化对象而非概念化主体)。谈及第一人称,就是谈及说话者的显性实现形式,即编码化的说话者"自我",因此首先需要回答的是:哪些主体可以被编码?作为认知主体的说话者处于前语言(概念化)层面,因此并未获得语言编码。当其充当认知上的参照点时,既可编码也可不编码,分别如 Langacker(1990a)的经典例句例(44a)、例(44b)所示。发话主体作为语言表达式的生产者,本身通常也不是语言编码的对象,但在说话者的其他主体身份获得编码时也必然是预设了的。如在例(45)中,"我"是"绊到脚""喘口气"的行为主体,相对"你"来说是交际主体,同时也代表了发话主体的实时语言表达。作为事件参与者,行为主体意义上的说话者通常获得编码,但根据上下文可推导出的情况下也可省略,如例(46)中"出门"的动作发出者默认为说话者。作为交际主体的说话者既可编码也可省略,如在祈使句中说话者(甚至包括听话者)往往略去不提,如:"(我命令你)滚出去!"态度主体作为主观性的核心,通常并无语言实现形式,不过,当其与认知动词连用时通常获得编码,如例(47)中"我觉得"表达说话者对后续内容的印象或评价,"我"同时充当了态度主体和发话主体。其他主观性表达通常并不涉及说话者的显性编码,如在评价及认识性表达中,说

---

① 本书讨论的第一人称代词默认为单数形式。

话者通常作为隐匿的态度主体而存在。不过,通常可借助"我觉得/我认为"的形式补足态度主体,如例(48a)可补足为例(48b)。

例(44a):Vanessa is sitting <u>across the table</u> from <u>me</u>.

例(44b):Vanessa is sitting <u>across the table</u>. (Langacker, 1999a)

例(45):<u>我</u>不小心<u>绊到脚</u>了,<u>让我</u>喘口气,很快就好……(骆沁《舞情》)

例(46):新年刚<u>出门</u>,居然遇到了他。(微博)

例(47):<u>我觉得</u>过去太糟糕,现在很美好,将来可能更是难以预料。(微博)

例(48a):海鲜很新鲜,(尤其是)三文鱼不错。(微博)

例(48b):<u>我觉得/我认为</u>海鲜很新鲜,(尤其是)三文鱼不错。

结合说话者的显性编码与主观性的内涵来看,第一人称与认知动词结合时才是明确表达主观性的。有证据表明,第一人称与认知动词共现时,其语义凸显发生了改变,从客观指称转向主观评价。如在"我觉得"中,"我"在很大程度上失去了其指称性,意义变得空泛,单纯变成了"某个视角的出发点"(Traugott,1995a:39;Langacker,1991:270;Scheibman,2002)。[①] 此外,在该组合中,认知动词的意义与句子成分的意义存在分离倾向,不再表达字面上的认知过程,而是表达对后续命题的主观估测。

(二)"了"的主观性

已有研究发现,"了"在完成体用法之外发展出依附于构式的主观评价义,用于指示说话者的认识或评价立场。鉴于其特殊性,学界一般称之为"了₂","了$_2$",区别于完成体用法的"了"(一般称为"了$_1$")。在结构上,这种"了"通常出现在句末,似乎有别于出现在动词后作为体标记的"了"。金立鑫(1998)认为,诸如"这双鞋太小了"中的"了"表达的是一种主观情态。肖治野、沈家煊(2009)认为,这个"了"位于认识域,强调言语主体"我"对事态的影响,因此"这双鞋太小了"可分析为"我评价[这双鞋太小]了"。

带有主观性的"了"可用于多种语法结构中,如把字句、被字句、受事主语

---

① 在非正式口语表达中,这个"我"甚至可以省略,但"觉得"依然默认指向说话者。

句,以及特定的格式中。由于主观性标记"了"的介入,"把 N+V 了"结构带有比把字句更强的主观性,多涉及消极评价义。吴葆棠(1987)发现,"把 N+V 了"结构偏好受损动词,在他收集的 62 个例句中,61 个涉及受损动词。如例(49)中捉对出现的动词中,"把 N+V 了"偏好其中的负面情况,(b)例的可接受度较低。

> 例(49a): 把首饰当了 　　把书还了 　　把钢笔丢了
> 例(49b): *把首饰赎了 　　*把书借了 　　*把钢笔拾了
>
> （吴葆棠,1987）

"被 N+V 了"结构亦然。较之于常规被字句,该结构表现出更明显的消极倾向。调查发现,BCC 多领域语料库中"被 N+V 了"结构的前 10 位高频搭配模式为:被人偷了(255 例)、被人骗了(129 例)、被人杀了(113 例)、被人欺负了(109 例)、被人遗忘了(100 例)、被人抢了(86 例)、被蛇咬了(82 例)、被人骂了(80 例)、被人卖了(76 例)、被人抢走了(74 例)。如例(50)、例(51)中"差点被车撞了""被人偷了"带有高度负面的色彩,暗含受事因此而受到影响。

> 例(50):就拿上次来说吧,她为了救一只小狗,自己<u>差点被车撞了</u>。(于晴《红苹果之恋》)
> 例(51):刚下火车,包就<u>被人偷了</u>。(姚建新《水国志 2》)

又如受事主语句中的情况。受事主语句通常表达非负面评价,但由于"了"的介入,接续"光杆动词+了"的受事主语句通常带有强烈的遭受色彩。典型情况如"房子压塌了""西红柿踩烂了""扣子丢了""灯泡晃坏了""大门堵死了""鞋子淋湿了"。如例(52)、例(53):

> 例(52):戴了几天眼镜,鼻梁都压塌了。(微博)
> 例(53):当他迅速地,狂烈地奔过厂房,土坡,回到宿舍的时候,<u>他的头发和短工衣已完全淋湿了</u>。(路翎《饥饿的郭素娥》)

再如,表情态评价义的"了"可与极性程度副词结合,形成"分级形容词+极性程度副词+了"结构。该结构似乎有构式化倾向,"了"的主观义与构式发生融合,形成高度固化的极性补语构式,用于表达说话者的主观评价。如"好极了""倒霉透了""高兴坏了""难吃死了"。带有分级性的心理动词甚至生理动词也可进入该结构,用于表达说话者强烈的心理或生理感受(一般是不好的),如"害怕极了""厌恶透了""愁坏了""饿死了"。分别见例(54)、例(55)。

例(54):怎么一下火车就惹上这么一个不讲道理的司机啊? <u>真是倒霉透了</u>!(舒情《纯情小老婆》)

例(55):年初一在舅舅家,现在才开饭,<u>饿死了</u>……(微博)

不过,"了"尚未发展到"个""他""给"这样高度专化的主观性标记的地步,在句法上依然是必不可少的,所以删去"了"之后句子无法成立。例如,极性程度构式与"给 V 了"评价构式的表达均无法脱离"了"而独立存在。"好极""倒霉透""高兴坏""难吃死""害怕极""厌恶透""愁坏""饿死"均无法独立成句。① "给 V 了"构式删除"了"后,原有结构不再成立。对比例(56)和例(57)中的(a)例与(b)例:

例(56a):电脑上网慢,重启,然后闻到一股子糊味。不知道啥<u>给烧了</u>。(微博)

例(56b):*电脑上网慢,重启,然后闻到一股子糊味。不知道啥<u>给烧</u>。

例(57a):父亲内心无比自责。一怒之下,冲回去要把自己的汽车<u>给砸了</u>。(微博)

例(57b):*父亲内心无比自责。一怒之下,冲回去要把自己的汽车<u>给砸</u>。

三、分化出主观性标记的情况

如前所述,汉语中许多语法标记均发展出主观意义。但大部分语法标记

---

① 这里我们考察的是该结构充当极性程度补语的情况,涉及已然性的评价。不排除有的例子能成立,但表达的是未然的情况,如"怕把孩子惯坏""万一不小心饿死",因此不属于反例。

的基本功能依然是充当句法标记,主观性仅仅是其用法的特征,属于语用主观性的范畴。仅有极少数语法标记发展出了特定的主观性意义,专司主观性表达,属于语义主观性的范畴(参见:De Smet & Verstraete,2006)。高度专化的主观性标记的一个重要特征是:它们不是句法上必需的,而是为语用因素所促动。目前,我们发现,汉语中存在三个从语法标记转向主观性标记的情况,分别是"个""他""给"。

(一)"个""他""给"的语义特征

作为汉语中典型的语法标记,"个""他""给"分属量词、第三人称代词、与格标记。三者尽管分属不同范畴,但在语法化的路径上表现出相当的一致性。从历时角度来看,三者的意义已渐渐虚化,朝着非量词、非人称代词、非与格标记的方向发展,最终蜕变为表达说话者评价或态度的主观性标记。与此同时,其原有意义并未消失,新旧用法并存于现代汉语中,表现出语法化中的"滞留"(persistence)效应(Hopper,1991)。

"个"原本为个体量词,用于对具体事物加以量化,如"一个苹果""五个小朋友"。在语法化进程中,"个"大致经历了四个发展阶段:第一阶段充当个体量词,如例(58);第二阶段转向通用量词,如"吃个饭""喝个酒",如例(59);第三阶段其意义发生虚化,表达主观大量或主观小量,如例(60)①;第四阶段由接续名词转向接续动词短语,由主观大量引申至宣泄义,如"喝个酩酊大醉""笑个不停""玩个痛快",如例(61)。

例(58):我曾默默地爱过<u>一个姑娘</u>,热烈、深邃、持久。(《读书》2002年)

例(59):想必你又要没完没了地啰唆,<u>这些个年月</u>,弟兄们已听够了你的啰唆。(《作家文摘》1993年)

例(60):平时小区里谁家添个家具,<u>换个煤气</u>,大爷大妈<u>买个米呀面的</u>,只要小白见着,不用多言语,一准给安安全全送到家。(《人

---

① 第二阶段到第三阶段之间可能还存在一个过渡阶段,其主观量的表达最初离不开共现词项的贡献。我们猜测,表达大量与小量的数词可能分别促进了其主观大量义与主观小量义的发展。一个证据是前者可替换为高量程度副词或强语气副词:"一万个不答应>坚决不答应""一百个放心>十分放心",后者可替换为表低量的低量程度副词或弱语气副词:"三分钟热情>毫不热情""不敢说半个不字>一点都不敢说"。详参:温锁林(2012)。

民日报》2003 年)

例(61):过年我还可以去亲戚家串门,和小伙伴们玩个痛快。
(《人民日报》1994 年)

有迹象表明,在现代汉语中,"个"的量词功能逐渐弱化,有朝主观评价功能发展的趋势。关于其具体语义功能,学界并未达成一致,但主张大同小异,如给整个动宾结构增添"轻巧随便"的非理性意义(李宇明,1999),表示事件微小、表示随便、表示不在乎无所谓或表示经常做的事情(李美妍,2007),或表达某种轻巧、漫不经心的口气(周明强,2002)。

"他"原本为第三人称代词,用于称呼自己和对方以外的男性第三者,如"他家""他爹""他俩"。在语法化进程中,"他"大致经历了四个发展阶段:第一阶段充当第三人称代词,如例(62);第二阶段转向指称"别的、其他的"(与"此"相对),包括"他故""他心""他意",如例(63)等;第三阶段其意义发生虚化,用于虚指,如"睡他一觉",如例(64);第四阶段虚指"他"进一步与充当主观评价功能的"个"发生融合,形成主观性更强的"V他个"结构,如例(65)。

例(62):后来他离家出走,病逝于一个小火车站。(《中国儿童百科全书》)

例(63):他山之石,可以攻玉。(佚名《诗经·小雅》)

例(64):三人一商量,反正已经无处可逃,倒不如好好睡他一觉。(朱邦复《宇宙浪子》)

例(65):人生得意顺尽欢,走,咱们去喝他个一醉方休。(无极《寻龙记》)

关于虚指"他"的语义特征,学界尚未达成一致。① 不过,目前认同度较高的是"他"通常表达某种轻视、宣泄的语气(袁雪梅,2005;熊学亮、杨子,2008;杨子、熊学亮,2009)。我们认为,宣泄说比较适合概括虚指"他"的语义。事实上,"他"从第三人称转化为带有情感色彩的标记并不意外。在汉语中,"他"带有他者、局外人的意味;相比之下,"你"与"我"则有属于同一阵营的味

---

① 这种争论由此带来对"V他＋数量短语"结构的不同定性,形成了三派不同的观点:单宾说、双宾说及歧义构式说(刘乃仲,2001;陆俭明,2002;王晓凌,2008;熊学亮,2007;熊学亮、杨子,2008;杨子、熊学亮,2009;王寅、王天翼,2009)。

道。说话者习惯于以"你""我们"等来指称"圈内人",以"他""他们"来指称"局外人"。与第一人称的移情效应相反,第三人称似乎总是表现出离情效应。因此,说话者习惯于以"他""他们"来指称自己不喜欢的人。从心理上讲,负面评价似乎总是指向他人,这种联想效应容易使第三人称指称带上某种贬义色彩。"他"的宣泄用法最早可追溯至明代,如例(66)。

例(66):却说无底洞饮了这杯仙酒,越惹得喉咙痒了,忍不住的馋头儿,却把那两杯酒都断送了他的,把那两枚青枣儿都结果了他的。(罗懋登《三宝太监西洋记》)

事实上,第三人称在许多语言中都可用于表达负面情感。如意大利语中的第三人称代词"questo""quello""questa""quella"可用于表达对人的负面情感,"lui""lei"可用于表达对物的正面情感。英语中当面称"she""her""he""him"时,可表达负面情感(Ochs & Schieffelin,1989)。因此,"他"从第三人称转化为主观性标记符合人们的认知心理,具有一定的跨语言共性。

在现代汉语中,"给"作为一个多功能语法标记,衍生出了不同的用法。其基本功能是充当与格标记接续名词,如例(67)。名词后面还可出现动词,构成连动结构,如例(68)。在语法化进程中,"给 N+V"连动结构重心后移,"给 N"发生虚化,形成"给我 V""给你 V"结构,仅充当加强语气的功能,如例(69)、例(70)。

例(67):越善良的人越不能轻易把心交给一个人。(微博)

例(68):你等你妈来,把这些钱也给她瞧瞧,叫她也开开眼。(曹禺《雷雨》)

例(69):你把后两个字给我收回去!不然,小心我揍你!(《人民日报》1998 年)

例(70):所以他就要给你,宁可把逻辑给你搞反了,他都要给你来证明残暴是最大的资源。(《梁冬对话王东岳》)

此外,汉语中还演化出了三类不同功能的"给":(1)充当被动标记的"给"(可替换为"被"),如例(71a)。(2)充当处置标记的"给"(可替换为"把"),如例(72a)。(3)附着在动词前的"给",可以嵌入受事主语句、把字句、被字句中,分别如例(73)—例(75)①。

例(71a)：整个河北差不多全给刘秀占领了。（墨人《中华上下五千年》）

例(71b)：整个河北差不多全被刘秀占领了。

例(72a)：温都太太到底给早饭端来了，马老先生只喝了一碗茶。（老舍《老舍长篇》）

例(72b)：温都太太到底把早饭端来了，马老先生只喝了一碗茶。

例(73)：想不到我十年来的努力，一下子全给毁了。（墨人《中华上下五千年》）

例(74)：这一来，可把个毛驴太君给高兴坏了！（刘流《烈火金刚》）

例(75)：这一年到现在，越过越迷茫，渐渐地要被生活给淘汰了……（微博）

例(73)—例(75)中，出现在 VP 前的"给"在本质上有别于常规语法标记，其作用主要在于凸显说话者的移情（黄蓓，2016b）。所谓移情（empathy），即"说话者认同于句中其所描述的某个事件或状态参与者"（Kuno & Kaburaki，1977:628；Kuno，1987:206）。说话者优先移情于己，其次是听话者及其他人类主体，再次是有生主体，且移情具有排他性。如例(76a)。

例(76a)：上个月，我用这把刀砍伤了一头狼，差点儿就砍死了，可惜给逃走了。（金庸《白马啸西风》）

---

① "给"的这种用法也偶见于"将"引导的处置句以及"叫""教""让"引导的被动句，其语义色彩基本一致，趋向消极义。如例(1)—例(4)所示，分别形成"将……给 VP""叫……给 VP""教……给 VP""让……给 VP"结构。

例(1)：新机到手，把玩了半天就将电池给耗光了。（微博）

例(2)：当初，她公爹是铁路上的搬运工人，叫火车给轧死了！（《福建日报》1970年）

例(3)：练武之人当防人防心，同人保持一定距离是基本知识，偏一遇上阿宝，这不成文的规定可就教他给打破了！（于晴《阿宝公主》）

例(4)：大早晨的就不痛快。好好的一次机会让老公给搅和了。（微博）

例(76b):? 上个月，我用这把刀砍伤了一头狼，<u>差点儿就给砍死了</u>，<u>可惜给逃走了</u>。

显然，这里说话者移情的对象是利益主体"我"，而非"逃走"的主体"狼"。我们发现，若将"给"同时添加在"砍死"之前，如例(76b)，便有移情于狼的味道了。但后半句又移情于己，这既违背了优先移情顺序，又违背了移情的排他性，因而句子难以接受。

按其本义，对于说话者以外的人类主体，移情效果最为明显；其次是与说话者存在领属关系的人和物，包括其财产（所有权关系）、亲属（亲属关系）及身体部位（整体—部分关系）。语料库调查发现，绝大部分"给VP"的主语均属于这两类。同时，"给"接续的成分通常带有负极性色彩（受损义），正因为不可控的负面情况发生了，"给"的使用才更能体现出说话者的移情效果。

（二）作为主观性标记的"个""他""给"

从其功能来看，在现代汉语中，"个""他""给"已从纯粹的语法标记蜕变为表达说话者态度的主观性标记。"个"的功能在于为构式添加某种轻松、诙谐或出乎意料之义。"个"可以插入动宾结构、动补结构、把字句宾语前，甚至是离合词之间。分别见例(77)—例(80)中的(b)例。

例(77a)：人倒霉时，<u>吃饭、喝水</u>都能呛着。（微博）

例(77b)：人倒霉时，吃个饭、喝个水都能呛着。

例(78a)：哭得昏天暗地，<u>哭得稀里哗啦</u>。（微博）

例(78b)：哭个昏天暗地，哭个稀里哗啦。

例(79a)：<u>把小女儿</u>也病倒了。（自拟）

例(79b)：把个小女儿也病倒了。

例(80a)：这年头，<u>离婚</u>没什么大不了的事情。（微博）

例(80b)：这年头，离个婚没什么大不了的事情。

上述例子中，(b)例均可被视为(a)例的下位主观性构式，由于主观性标记"个"的插入，其主观性远远高于源构式。

"他"的功能在于为构式添加某种宣泄色彩。"他"可以插入动补结构之间、动宾结构之间，甚至是已插入"个"的动补结构之间，分别见例（81b）、例（82b）①。

例（81a）：写完毕业论文，我要睡三天三夜。（自拟）

例（81b）：写完毕业论文，我要睡他三天三夜。

例（82a）：饿死了，我要一口气吃三个苹果！（自拟）

例（82b）：饿死了，我要一口气吃他三个苹果！

例（83a）：哭个昏天暗地，哭个稀里哗啦。（自拟）

例（83b）：哭他个昏天暗地，哭他个稀里哗啦。

再看"给"的情况。"给"不但可以插入主谓句的动词前，如例（84）、例（85）中的"累死""忘"，还可进入把字句的动词前，如例（86）、例（87）中的"支走""毁坏"，以及被字句的动词前，如例（88）、例（89）中的"占""毁"。其所传递的是某种遗憾、埋怨等情绪，涉及说话者对整个事件的主观评价。

例（84）：一位小伙子为了拉煤竟给活活累死了。（《人民日报》1995 年）

例（85）：你这小脑袋瓜子成天就记得吃，我吩咐什么、教过什么，你都给忘个一干二净。（于晴《金锁姻缘》）

例（86）：王熙凤嫌他有点多余，后来就把贾宝玉给支走了。（曹雪芹《红楼梦》）

例（87）：谁知 3 个月后，一场百年罕见的洪水，顷刻间把 80% 的电力设施给毁坏了。（《福建日报》1992 年）

例（88）：市场都被你们给占了。（《鲁豫有约》）

例（89）：本想睡到自然醒，被一个电话给毁了。（微博）

在某种意义上，"给"的介入造就了一个下位主观性构式，一个证据是去掉这个标记"给"，上述句子依然成立。

可以论证，这里的"个""他""给"均属超越了常规句法限制的主观性标记。这些语法标记已经虚化至单纯表达语义色彩的主观性标记，因而其句法

---

① "他"插入动宾之间的情况可能形成歧义构式。如"吃他三个苹果"除了可理解为例（82b）中的宣泄构式，在特定语境下还可解读为双宾结构，表达损耗义。

权重让位于语义权重,这表现在如下方面:

第一,属于句法结构中的增生成分,删除后句子语义依然自足。如分别删去例(90a)、例(91a)、例(92a)中的"给""他""个"后,对应的(b)例依然成立。

例(90a):当时我们被蒋先生智慧的狡黠给震住了。(《1994年报刊精选》)

例(90b):当时我们被蒋先生智慧的狡黠震住了。

例(91a):吃了饭回房里去歇歇!咱们都睡他一觉起来再谈好不好?(赵树理《三里湾》)

例(91b):吃了饭回房里去歇歇!咱们都睡一觉起来再谈好不好?

例(92a):张学良一到鸡鸣山北极阁,军统特务便在这里层层设岗,把个偌大的北极阁与世隔绝起来。(陈廷一《宋氏家族全传》)

例(92b):张学良一到鸡鸣山北极阁,军统特务便在这里层层设岗,把偌大的北极阁与世隔绝起来。

第二,可以叠加。同样作为主观性标记,"给""他""个"同类不同质,因此可以兼容。不同的主观性标记叠加,可造就主观性语义效果的加强。如"给他""他个""个……给"这样的例子均出现过。分别见例(93)—例(95)。

例(93):天这样东西假如是存在,这忘八蛋的腿子我老早给他打断了!(郭沫若《一只手》)

例(94):回国前数不清的失眠夜已经把我折磨得崩溃了。今天在飞机上必须好好睡他个12小时!(微博)

例(95):你瞧,我怎这么俗哇,把个好端端的优雅意境给破坏了。(BCC多领域语料库科技文献)

第三,另一种叠加方式是形成并列结构,也可起到同样的强化效果。例如:

例(96):一些圈内人却将第一个发现者给忽略给淡忘了。(《1994年报刊精选》)

例(97):要赢,就赢他个轰轰烈烈;要输,就输他个无怨无悔。(微博)

　　种种迹象均表明,这类所谓的语法标记已经褪去语法功能,在语义上高度虚化,仅剩语义色彩;在结构上凌驾于句子的命题结构之上。因其指向说话者而非命题内容,因而并非在概念内容层面运作。这解释了为何它们类似常规构式中的插入成分。

第三节　语法构式的主观性

　　除了词汇与语法标记之外,构式同样可能成为主观性的载体。许多构式在经验编码功能之外发展出主观义,承载了说话者的情感或态度。不过,构式表达的主观性从来都不是纯之又纯的,而是与命题义交织在一起。汉语中典型的携带主观性的语法构式有被字句、把字句、受事主语句,以及领主属宾句。

一、被字句的主观性

　　作为汉语中最常见的语法构式之一,被字句用于表达被动概念,在形式上体现为"受事主语＋被＋V"。典型的被动句源于从受影响者的角度来描述致使性事件这一事实,表达受事受到外力影响而形成一种结果性状态的过程。因此,受影响义是被字句的主导语义特征。例如:

　　　　例(98):有个人被狗咬伤,赶忙到医生那里上药。(微博)
　　　　例(99):消防队虽在1小时内将大火扑灭,但许多人被浓烟呛死呛伤。(《人民日报》1995年)

　　在例(98)中,人因狗咬而受到影响;在例(99)中,许多人因浓烟呛而受到影响。说话者在记录负面事件的同时,表达了对受事负面遭遇的同情。这就是被字句的主观性。
　　对被字句主观性的关注由来已久,不少学者曾就其语义色彩做过论述。早在20世纪50年代,就有学者指出,被字句往往表示对主语而言不如意或不愉快的事情(吕叔湘、朱德熙,1952;王力,1958)。后来的学者围绕不如意色彩的指向展开了争论。王还(1957)认为,不如意指向的是动词。王还(1984)又发现,即便动词无所谓愉快不愉快,事情也可能是某人不希望发生的,结果也可能是不愉快的。李临定（1986：205-223）主张从宽理解被字句的贬义问题，指出"不如意"不应囿于主语或动词的属性，有时是针对其他成分，甚至是针对未进入句子的说话人而言的。叶建军（2014）主张，被字句的语义色彩指向的是宾语或说话者。朱义莎（2005）则区分了不愉快义指向不同主体的情况：指向主语、指向宾语、指向主语中心语的定语，以及指向说话者。

现有研究关注较多的是被字句主观性的指向问题，对于其来源及走向则关注较少。吕叔湘、朱德熙（1952：81-85）猜测其主观性与"被"的遭受动词义有千丝万缕的关系，"只有对于不愉快的事情我们才说是遭受"。王力（1958：430-433）也假设被字句从表示"蒙受""遭受"意义的动词"被"虚化而来。李临定（1986）注意到了被字句的主观性走向，指出现代汉语中表褒义的被动句有扩大之势，不过还是以表示贬义为常见。马纯武（1981）对此表示不赞成。他注意到随着被字句的广泛运用，褒义动词与中性动词大量进入被字句；他进而主张，被字句如意/不如意的感情色彩不是句式本身带来的，而是由其成分意义来决定的，如动词、宾语、补语，有时取决于一定的语境。

就其主观性来源而言，比较一致的看法是被字句从"被"的"遭受"义用法衍生而来，在语义上继承了遭受义动词"被"的语义特征（吕叔湘、朱德熙，1952：81-85；王力，1958：430-433）。从"被"的种种句法语义表现可以证明，"被"本身曾经是遭受义动词，发生语法化后仍保留了遭受义动词的语义搭配偏好。首先，遭受义动词结构与早期被字句结构呈高度相似性，可以猜测存在从遭受义动词结构到被字句结构的临界期。其次，遭受义"被"与被字句接续的动词均表现出负面色彩。被字句的早期搭配不仅与遭受义动词存在高度一致性，而且在语义上与之存在近似的选择限制（王一平，1994）。其三，遭受义动词结构与被字句结构承前启后，而被字句形成后"被"的遭受义在各个时期依然残留下来，其实词语义并未消失。这就是语法化中所谓的"滞留"效应（Hopper，1991）。

就其主观性走向而言，现代汉语中被字句的主观性有弱化迹象。早期被字句对准入动词有严格限制，仅限受损动词。有迹象表明，随着时间的推移，"被"的受损语义逐渐虚化，中性及正面动词大量进入被字句，一定程度上减弱了"被"字句的主观性。作为对这一弱化的补偿，其他主观性成分越来越多地准入被字句，促成其主观性解读。被字句初期的不如意色彩较为强烈，可能代表了语法化的初级阶段，其内容义（遭受义动词"被"的遭受义）依然在一定程度上保留了下来。而伴随着"被"在语法化的道路上越走越远，被字句的句法权重逐渐压倒语义权重，受损语义限制逐渐解除。

二、把字句的主观性

作为现代汉语中的一个重要句式,把字句的句法语义特征一向是学界关注的热点。把字句是一个公认带有主观性的构式。不妨对比下列(a)例与(b)例。

例(100a):冰镇西瓜吃坏了肚子。(自拟)
例(100b):冰镇西瓜把肚子吃坏了。
例(101a):高跟鞋磨破了她的脚趾。(自拟)
例(101b):高跟鞋把她的脚趾磨破了。
例(102a):他杀害了自己的妻子。(自拟)
例(102b):他把自己的妻子杀害了。

例(100)—例(102)中"吃坏了肚子""磨破了她的脚趾""杀害了自己的妻子"属于相对客观的陈述,对应的把字句则暗含主语是动作行为的责任者(未必是实际的施事,如"冰镇西瓜""高跟鞋"),宾语因此而受影响。相对于动宾句而言,把字句蕴含强影响义,暗含受事因动作而受影响(通常为负面影响),以及说话者由此表现出的对受事的移情。这就是把字句的主观性。不过,把字句的主观性并非铁板一块,某些把字句小类似乎更适合归入客观把字句的范畴,无须说话者主观认定,这包括致使移动类[1]、转移交付类、认定类把字句,分别如例(103)—例(105)。

例(103):随后,她把火柴棒扔进服务车上的塑料袋里,干活去了。(《1994年报刊精选》)
例(104):父亲看着儿子渴望的眼睛,没说什么,把钱递给了儿子。(冯德全《这样说孩子最能接受》)
例(105):很多女孩都把星座作为择偶的标准之一,你认为星座和性格有关吗?(微博)

---

[1] 致使—移动类把字句所占比例相当高,有研究者甚至主张将"把"字句的构式义与"致使—位移"构式挂钩(赵燕华,2011)。张旺熹(2001)也在语料统计的基础上,主张将位移类把字句视为典型把字句。

虽然学界在把字句带有主观性这一点上达成了共识,但关于其主观性的内涵及表现方式尚存争议,形成了以下几派观点:1)主观处置说(沈家煊,2002;叶建军,2014),将把字句的构式义概括为"主观处置",即说话者主观上认为主语对宾语实施处置;2)主观掌控说(牛保义,2009;席留生,2008,2013),认为"把"字携带主观处置义,将把字句的主观性解读为说话者认为 A 掌控了 B;3)主观认定说(张黎,2007),认为把字句对事件内部变化的解析表现了其主观性,同时说话者认定主语与所描述事态之间存在因果关联;4)综合说(李青,2011a),从"把"字的共现成分寻求把字句的主观性表现,主张把字句的主观性源于动词、宾语、状语或补语的主观色彩的共同作用。

从把字句主观性的走向来看,随着把字句使用范围的扩大,主观性成分越来越多地参与到了把字句的主观性解读中来。但与此同时,客观把字句也呈有增无减之势,主观把字句的比例始终未达到主导地位。及至现代汉语,这种作用表现得越来越明显,中性动词准入把字句的比例不断增加。这些迹象似乎表明,把字句逐渐走向中性化。

就把字句主观性的制约条件而言,把字句本身残留的语义色彩、动词的受损语义、施事及补语的负面语义特征均可在不同程度上影响把字句的主观性解读。从李青(2011a)的考察来看,进入把字句的动词、状语、补语及语气副词本身带有或多或少的主观性。这些参数相互制约,如施事的负面语义可以压倒动词的中性色彩,使把字句获得负面解读。这说明,涉及主观解读的把字句,其主观性在很大程度上源于准入词项的表达色彩(以负面色彩为主)。

三、受事主语句的主观性

受事主语句也叫意念被动句(龚千炎,1980),指由受事充当主语的句子。例如:

> 例(106):一早醒来我以为我长大了,原来是<u>被子盖横了</u>。(微博)
> 例(107):他说他以前做厨师,每个月的伙食费是五万,<u>鲍鱼、海参吃腻了</u>。(微博)

例(106)、例(107)中"被子""鲍鱼、海参"虽然出现在主语位置,但事实上分别属于"盖""吃"的受事。受事主语是谓语所表示的动作或行为的承受者。受事主语句的典型特征为:1)主语具有定指性或普遍性;2)主语具有非施动性；3）谓语一般对主语的状态进行描写说明；4）谓语和受事主语之间存在一定的语义指向关系。如例（106）、例（107）中，"被子"属于定指，"鲍鱼、海参"属于类指，它们并非"盖"或"吃"的施事，而是动作行为的承受者。

作为形式上主动而意义上被动的句子，受事主语句可被看作被动句的一种变体，又称无标志被动句（龚千炎，1980；王力，1985［1943］；李珊，1994）。语料库调查显示，受事主语句早在明代已经出现，如"老虔婆见西门庆打的不象模样，还要架桥儿说谎，上前分辨。"（兰陵笑笑生《金瓶梅》）。受事主语句是汉语特有的被动结构。由于汉语的动词缺乏被动语态形态，因此当引入施事的介词短语"被 NP"不出现时，被动句就转化成了受事主语句。反过来，受事主语句一般可以添加"被"，从而转换为被字句。如例（108）中的（a）例分别可转换为（b）例。

例（108a）：米饭煮糊了　　房子盖歪了　　床压塌了（自拟）

例（108b）：米饭被煮糊了　　房子被盖歪了　　床被压塌了

不过，受事主语句与被字句在语义侧重上有所不同：（1）前者意在强调受事主语的状态，后者强调的则是过程。在叙述重心上，受事主语句一般着眼于动作发生前后或伴随动作的情况、性质、状态，被字句则侧重于叙述动作的发生及其经过始末。根据邱贤和刘正光（2009），受事主语句属于表态句。（2）前者描述占主导地位，评价则占从属地位；后者则是描述与评价交织在一起。如吕文华（1987）指出，"杯子打破了"更适合用于心情平静时不带感情色彩的叙述，"杯子被打破了"则含有某种不情愿的感情。（3）前者表达的情感色彩可以是负面的，也可以是正面的；后者表达的情感色彩多为负面的。受事主语句通常也可以表达正面情况，如例（109）—例（111）中的"事情终于解决了""更多的出生缺陷就能及早发现了"与"一切都搞定了"。

例（109）：事情终于解决了，其实没有想象中的那么难。

例（110）：我们非常希望有稍微先进一点的设备，这样更多的出生缺陷就能及早发现了。（《人民日报》2003 年）

例（111）：我已经打电话回去过，一切都搞定了。（洛炜《恶魔绅士》）

从这些意义上讲，受事主语句的主观性弱于被字句。不过，受事主语句从来都不是纯客观的,总是暗含了说话者的态度或视角。当然,其主观性通常不是构式单独带来的,而是词项与构式合力作用的产物。如例(108)中的负面补语"糊""歪""塌"奠定了这些句子的负面基调,而例(109)、例(110)中的副词"终于""及早"则表明事情是说话者所期待的,带有正面色彩。因此,不宜简单地论断受事主语句一般表达非贬义色彩的被动意义(许红花,2015),或是体现认知者的积极心态(汤敬安,2018)。表达负面色彩的受事主语句一般有两种情况:一是 V 后成分是助词"了",V 通常是表示受损意义的行为动词。如例(112a)、例(113a)。二是 V 后成分是结果补语,由表示受损意义的形容词充当。如例(114a)、例(115a)。在这两种情况下,受事主语句带有不尽如人意的感情色彩。由于这种色彩主要来自动词或补语的贡献,因此替换为被字句后句子的语义色彩变化不大,不妨对比例(112)—例(115)中的(a)例与(b)例。

例(112a):由于大部分的宾客都不能来,晚会不得不取消了。(微博)

例(112b):由于大部分的宾客都不能来,晚会不得不被取消了。

例(113a):一晚上使用空调,滴下的水能接一桶,有好几公斤。这些水往往白白浪费了。(《文汇报》2005 年)

例(113b):一晚上使用空调,滴下的水能接一桶,有好几公斤。这些水往往白白被浪费了。

例(114a):最危险时是我用号时,纸上也全是水,皮袍也全弄糟了。(沈从文《湘行书简》)

例(114b):最危险时是我用号时,纸上也全是水,皮袍也全被弄糟了。

例(115a):挨打的原因大多是因为做错了事:纸裁歪了,灯罩擦破了。(《汪曾祺小说散文精选》)

例(115b):挨打的原因大多是因为做错了事:纸被裁歪了,灯罩被擦破了。

反过来,当受事主语句的补语涉及正面结果时,加上"被"字,则显得不自然。不妨对比例(116)、例(117)中(b)例与(c)例的情况,相较于"饭被煮糊了""房子被盖歪了","饭被煮熟了""房子被盖好了"显得不大自然,可接受度较低。

　　例(116a):饭煮熟了。(自拟)

　　例(116b):? 饭被煮熟了。

　　例(116c):饭被煮糊了。

　　例(117a):房子盖好了。(自拟)

　　例(117b):? 房子被盖好了。

　　例(117c):房子被盖歪了。

　　因此,受事主语句表达主观性是有条件的。当其表达正面状态或人们所期待的结果时,表达非贬义色彩。当其表达负面状态或不是人们所期待的结果时,则表达贬损意义。只有后者涉及严格意义上的主观性,而这一点离不开参与词项主观色彩的贡献。

四、领主属宾句的主观性

　　顾名思义,非宾格动词在常规情况下不带宾语,然而汉语中存在一种特殊的非宾格动词带宾语的现象。该结构的主语与宾语之间一般存在领属关系,因此多称"领主属宾句"。领主属宾句具有如下特征:1)主语和宾语之间具有比较稳定的领有关系;2)主语是领有的一方,宾语是隶属的一方;3)句子的动词和主语之间没有直接的语义关系。总体上可以区分两类情况,一类以"死"为代表,表达丧失义,如例(118)、例(119)。另一类以"来"典为代表,表达获得义,如例(120)、例(121)。

　　例(118):凭经验,他断定是树苗烂了根。(《福建日报》1992 年)

　　例(119):他四岁死了父亲,八岁那年,替人家放牛,挨冻挨饿整整干了十年。(《福建日报》1992 年)

　　例(120):颐和山庄来了 300 多人! 每次这种会我都压力特别大!(微博)

　　例(121):车一哑光,就像男人长了腹肌,怎么看怎么有气质!(微博)

　　在例(118)、例(119)中,"树苗"和"根"、"他"和"父亲"之间分别存在领有关系,"树苗"和"烂"、"他"和"死"之间均不存在直接的语义关系。例(120)、例(121)中的"山庄"与"人"、"男人"与"腹肌"之间也存在宏观的领有关系,与此同时"山庄"与"来"、"男人"与"长"之间不存在直接的语义关系,因此符合领主属宾句的构成条件。

　　20世纪70年代以来,以"王冕死了父亲"为代表的领主属宾句一直是句法理论关注的核心问题之一。传统研究多从生成语法角度加以描写,比较流行的观点是领有名词提升说(徐杰,1999;韩景泉,2000;温宾利、陈宗利,2001)与合并说(Hole,2006;黄正德,2007)。提升说认为,位于句首的名词短语是从谓语动词后的大领属短语中分裂出来的,然后通过移位提升到句首位置。然而,提升说的弊端在于只顾形式不顾语义,所谓的提升操作无法保证深层形式与表层形式语义上的一致性。沈家煊(2006)指出,与"王冕死了父亲"相比,"王冕的父亲死了"表达了某种损失义,即说话者认为在不该失去父亲的年纪失去了父亲。为此,Hole(2006)从论元结构扩充的角度,提出动词的论元结构中可以插入额外的论元——蒙受者(affectee)。然而,蒙受者论元似乎只对"死"类(丧失类)领主属宾句有效。对于"来"类(获得类)领主属宾句,是否需要添加一个受益者论元? 另外,对于蒙受者论元插入的限制条件该如何确定? 这些都成了研究者需要面对的问题,否则难免有特设之嫌。

　　后来的研究者放弃了生成学派的解释,转向认知解释。洪波和卢玉亮(2016)称,"王冕死了父亲"这类领主属宾句已成为专门表达"受损致使"的构式。沈家煊(2006,2009)认为,"王冕死了父亲"是"王冕的父亲死了"和"王冕丢了某物"两个小句糅合的产物,并涌现出新的意义:王冕受到了影响、王冕是受害者(沈家煊,2006:296)。

　　领主属宾句表达的语义多与得失义有关。当NP$_2$出现时,NP$_1$获得NP$_2$;当NP$_2$消失时,NP$_1$失去NP$_2$。在我们看来,前者属于相对客观的表达,后者属于相对主观的表达。"死"类领主属宾句的主观性体现在说话者对主语遭遇受损事件的移情上,其主观性一方面来自动词的负面语义色彩(如"死""掉""塌""跑")的贡献,另一方面来自构式形式上领有者与领有对象的分离与语义上的丧失带来的象似性。由于"来"类领主属宾句并不涉及动词语义色彩的贡献,更不存在领有者与领有对象形式上的分离与语义上的丧失的象似性,因此不存在表达主观性的条件。为此,我们不赞成沈家煊(2009)将"死"类与"来"类合并解释为表达主观得失的情况,而是区分出主观丧失句,仅前者属于该范畴。

第四节 本章小结

本章从宏观上勾勒了汉语中的主观性范畴,分别描述了词汇范畴、语法范畴及构式范畴中的典型主观性成分。在词汇范畴中,重点考察了认知动词、分级形容词、程度副词及语气副词的主观性。前两者属于实词范畴,后两者属于功能词范畴。在语法范畴中,本研究区分了三类情况:一是内在表达主观性的情况,如认识情态词、否定词"不";二是语法范畴分化出主观用法的情况,如第一人称主语、体标记"了";三是语法范畴分化出主观性标记的情况,如语法标记"个""他""给"。在构式范畴中,重点考察了被字句、把字句、受事主语句及领主属宾句的主观性。

第五章　汉语词汇范畴内部的主观性互动模式

　　本章考察汉语词汇范畴内部的主观性互动情况。在主观性的表达上,需要区分功能词范畴与实词范畴,前者内在表达主观性,如评注性副词、语气副词、程度副词;后者可分化出主观用法,如认知动词、分级形容词、情感名词、评价形容词。越靠近功能词范畴,主观性越强,对结构语境的依赖度越低;越靠近实词范畴,主观性越弱,对结构语境的依赖度越高。在词汇范畴内部,实词范畴与功能词范畴在主观性的表达上相互依存,形成稳定的互动模式。典型互动模式如:[程度副词＋分级形容词](如"很俗气")、[情感形容词＋极性补语](如"丑得要命")、[认知动词＋评价形容词](如"觉得……难吃")、[语气副词＋情感动词](如"实在讨厌")。为使讨论更为深入,我们直接从两个个案切入,重点考察程度副词与分级形容词主观性的互动,以及情感评价词与极性补语主观性的互动。①

第一节　程度副词与分级形容词主观性的互动

一、"程度副词＋分级形容词"程度修饰构式

　　分级形容词通常不能独立充当谓词,而是存在对主观语境的要求,即要

---

① 值得一提的是,同一主观性范畴也存在共现的情况,如程度副词:非常极其、非常非常,语气副词:也许、可能、大概。本书讨论的主要是不同范畴的共现情况,上述情况暂不讨论。

162

求程度副词的修饰①。如例(1)、例(2)所示,一般不说"这座楼高""这条裤子短",但加上程度副词如"有点""很""太"后,句子即可接受。

例(1a):? 这座楼高。(自拟)

例(1b):这座楼有点/很高。

例(2a):? 这条裤子短。(自拟)

例(2b):这条裤子太短了。

按照第三章主观性的互动观的思路,词项的主观性潜势需要构式的触发。对分级形容词而言,这个构式就是程度修饰结构。例如,在"一个漂亮的姑娘"中,"漂亮"在很大程度上是描述性的,只有在与程度副词结合的情况下(如"一个很/无比/贼漂亮的姑娘"),其意义中的评价成分才凸显出来。不过这一点并非单向的。事实上,分级形容词与程度副词在主观性语义上存在共生关系。程度副词在凸显程度的同时通常隐含了说话者的主观评价,但要求被修饰成分具有分级性,因此要求与分级形容词共现(如"相当难受""非常高兴"),而排斥非分级形容词(如＊"相当碧绿""非常冰凉")。

地位稳固的程度副词可为分级形容词以外的成分赋予分级义,使其获得主观解读。如:很乡村、很美国、很淑女。在"很"的修饰下,"乡村""美国""淑女"等无程度色彩的名词带上了程度义,表示带有相关名词的显著特征,如带有浓厚的乡村风格、具有美国特色,或表现出淑女的娴雅气质。这种情况传统上被称为非范畴化(decategorization)(参见:刘正光,2006)。我们认为,构式语境对主观识解域的高度凸显是促使这类名词发生非范畴化的重要动因。

此外,地位尚未稳固的程度副词与含主观色彩的成分共现时,才能凸显其程度义,因其尚不具备为其他形容词分级的语义基础。例如,"巨"在通常情况下充当形容词,意为"大",如"巨人""巨匠""巨资"。但在特定语境下,"巨"又可表现出程度副词的特征,如"巨好吃""巨贵""巨复杂"。尽管"巨"作为形容词本身带有高量义,其组配名词"人""匠""资"不具备分级性,无法使"巨"获得程度义解读。"好吃""贵""复杂"带有分级性,可在一定程度上凸显

---

① 程度副词除了修饰形容词,还可修饰表示心理活动的动词,如"很喜欢""非常想念""特别害怕"。原因在于,心理动词语义中同样预设了某个程度范围,同时其所表达的内在情感义与程度评价义也是相容的。因此,在主观性的互动作用下,两者也可形成稳定的[程度副词＋心理动词]互动模式,限于篇幅,本书对此暂不展开讨论。

"巨"的程度义,使其朝程度副词方向转化。这说明,地位尚未稳固的程度副词需借助所修饰成分的主观义,才能凸显其程度解读,这是因为其概念内容义本身依然具有相当的凸显度。类似的还有"贼""爆""无敌",只有在与分级形容词共现时才能获得程度副词解读(如"贼冷""爆好吃""无敌好看"),否则依然做字面解读。如例(3)、例(4)中的"巨难吃""贼冷"。

例(3):嘻嘻,这里的本地藕巨难吃,跟我们那的没法比。(微博)
例(4):那一年,鹅毛大雪,贼冷。(毕淑敏《红处方》)

二、语料库调查

在主观性的互动作用下,程度副词与分级形容词形成了稳定的程度修饰构式。为证明程度副词与分级形容词的共现偏好,我们调查了 BCC 综合语料库中程度副词的搭配项。不过,不同程度副词在修饰对象上存在不同偏好。为捕捉这一差异,我们选取了 6 个典型程度副词,就其与形容词的典型搭配模式加以调查,其中包括 1 个高量程度副词——"最",1 个低量程度副词——"有点",以及 4 个增强词——"很""非常""十分""相当"。①

(一)"最"的典型共现形容词

按照 Quirk 等(1985)对强化词的分类②,汉语中的"最"可归入极强词的范畴,表示最大程度,占据量级上的最高点,表示没有比其程度更高的成员了,相当于"极""尤"。其所搭配的形容词被置于量级的最高端,表达最突出的情况,如:最好、最近、最小、最远、最坏、最新、最萌、最棒、最重要、最漂亮。如例(5)、例(6)中的"最光荣""最伟大""最美":

---

① 我们重点选取增强词作为考察对象的理由是:这类程度副词成员最多,使用最高频,搭配模式最丰富,因此最有利于观察近义程度副词与形容词的共现模式差异。
② Quirk 等(1985:585-590)将强化词分为加强词(amplifiers)与减弱词(downtoners),其中加强词又包括两类:极强词(maxmizers),用于指称量级上的最高点;增强词(boosters),指称量级上的高位成分。减弱词又包括四类:折中词(compromisers),指称微弱降级效果,趋近量级中部分布;弱化词(dinimishers),将量级向下移动,指称量级上的低位成分;近似词(approximators),指称趋近极强词的边界的成分,处于量级外;极弱词(minimizers),指称量级最低端的成分。

例（5）：劳动<u>最光荣</u>，劳动<u>最伟大</u>。（《人民日报》2000 年）

例（6）：摆渡人在河的两岸来回，在看尽红尘之后总还是会觉得红尘<u>最美</u>。（沈亚《红尘摆渡人》）

作为典型程度副词，"最"与形容词在主观性的互动作用下形成了稳定的互动模式。为捕捉两者的共现模式，表 5.1 统计了"最 A"结构前 30 位准入形容词。

表 5.1　"最 A"结构前 30 位准入形容词

排序	A	频次	排序	A	频次	排序	A	频次
1	重要	55529	11	棒	6393	21	差	4155
2	美	16314	12	有效	6331	22	可怕	3869
3	长	14160	13	先进	6130	23	直接	3772
4	短	12349	14	严重	5776	24	帅	3460
5	基本	10375	15	简单	5523	25	优秀	3457
6	强	9426	16	美好	5351	26	真实	3357
7	幸福	7433	17	美丽	4871	27	亲爱	3354
8	深	7378	18	关键	4695	28	可爱	3229
9	常见	6805	19	开心	4345	29	突出	3139
10	根本	6520	20	伟大	4186	30	重	3070

由表 5.1 可见，"最"的典型共现形容词在表义上涉及四类情况。1）价值评估类，又可细分为两类：①表达重要性、显著性、真实性，如"重要""基本""根本""关键""常见""简单""直接""真实""突出"；②表达效用，如"有效""先进""伟大""优秀""严重"。2）态度评价类，以正面评价居多，如"美""美好""美丽""可爱""帅""棒""差"。3）情绪感受类，如"幸福""开心""可怕"。4）量度类，多见于单音节分级形容词，如"长""短""强""深""重"。这四类形容词均为分级形容词，证明了"最"与分级形容词存在共现偏好。

整体来看，"最"的共现形容词以正极性表达居多，主要涉及 1）、2）类；表达中性情况的主要涉及表达典型特征与量度类的情况；表达负极性的情况如评价类中的"严重""差"，以及情绪感受类中的"可怕"。

（二）"很"的典型共现形容词

按照 Quirk 等（1985）的分类标准，"很"作为高量程度副词，属于加强词的范畴,通常表示达到很高的程度或达到一个相当的范围。"很"属于现代汉语中最常用的程度副词之一,其所搭配的形容词范围相当广,如:很多、很久、很少、很老、很妙、很难、很薄、很圆、很傲、很恶、很毒。典型例子如例(7)、例(8)。

例(7):放下烦恼,快乐其实<u>很简单</u>。(微博)

例(8):躺在被窝里聊天听音乐,对我来说,<u>很安逸,很平静,很喜欢,很幸福</u>。(微博)

为了捕捉"很"对共现形容词语义的偏好,我们统计了 BCC 多领域语料库中"很 A"结构的前 30 位准入形容词,见表 5.2。

表 5.2 "很 A"结构前 30 位准入形容词

排序	A	频次	排序	A	频次	排序	A	频次
1	好	164455	11	长	18869	21	累	11113
2	大	153063	12	简单	18295	22	可爱	9775
3	久	49410	13	美	17706	23	冷	9471
4	高	35097	14	小	17426	24	明显	9299
5	重要	31823	15	漂亮	12557	25	远	8902
6	开心	24865	16	清楚	12531	26	深	8861
7	强	22401	17	棒	12338	27	容易	8734
8	不错	22046	18	幸福	11993	28	重	7571
9	难	20310	19	低	11573	29	舒服	6724
10	高兴	20025	20	好看	11377	30	差	6458

由表 5.2 可见,"很"的典型共现形容词在表义上涉及四类情况:1)量度类,多见于单音节分级形容词,如"大""久""高""长""小""低""冷""远""深""重"。2)价值评估类,包括重要性、难易度、明晰度等,如"重要""强""难""简单""清楚""明显""容易"。3)态度评价类,如"好""美""漂亮""不错""棒""好看""可爱""差"。4)情绪感受类,如"开心""高兴""幸福""累""舒服"。

整体来看,"很"的共现形容词以正极性表达居多,主要涉及 2)、3)、4)类,表达中性情况的主要涉及表达量度类与重要性的情况,表达负极性情况的主要涉及表达价值评估的"难"、表达态度评价的"差",以及情绪感受类中的"累"。

（三）"非常"的典型共现形容词

按照 Quirk 等（1985）的分类标准，高量程度副词"非常"属于加强词的范畴，意为"非同寻常、特别、不一般"，相当于"很"的意思。"非常"搭配的形容词包括单音节分级形容词，如：非常快、非常慢、非常高、非常大、非常小。但出于韵律需要，"非常"更偏好双音节形容词，如：非常安静、非常温馨、非常巧妙、非常古怪、非常精彩。典型例子包括例（9）、例（10）等，如"非常重要"肯定了自信的正面价值，"非常棒"表达了对该感觉的正面评价。

例（9）：成绩并不重要，重要的是我们努力过就行……给自己信心也非常重要。（微博）

例（10）：想去海边，上次和我爸去海边钓鱼，那感觉非常棒。（微博）

表 5.3 统计了"非常 A"结构的前 30 位准入形容词。

表 5.3 "非常 A"结构前 30 位准入形容词

排序	A	频次	排序	A	频次	排序	A	频次
1	重要	16055	11	棒	1829	21	方便	1161
2	好	10892	12	严重	1792	22	出色	1157
3	高兴	4777	13	复杂	1745	23	快	1130
4	大	4212	14	漂亮	1687	24	明确	1117
5	显著	3472	15	多	1644	25	小	1091
6	必要	2536	16	清楚	1641	26	有效	1006
7	高	2412	17	成功	1558	27	开心	991
8	明显	2401	18	不错	1474	28	激动	979
9	困难	2152	19	丰富	1333	29	有限	972
10	简单	1838	20	危险	1186	30	强	934

由表 5.3 可见，"非常"的典型共现形容词在表义上涉及四类情况。1)价值评估类，包括以下三类：①重要性、必要性、明确性方面的评估，如"重要""显著""明显""必要""清楚""明确"；②形势评估，如"困难""简单""严重""复杂""危险"；③效用评估，如"方便""有效""成功""有限"。2)态度评价类，如"好""棒""漂亮""出色"。3)情绪感受类，如"高兴""开心""激动"。4)量度

类,如"大""高""多""快""小""强"。

整体来看,"非常"的共现形容词以正极性表达居多,主要涉及态度评价类、情绪感受类,以及价值评估类中表达重要性、必要性、明确性的情况。表达中性情况的主要涉及量度类形容词。形势评估类形容词大多表达负极性的情况,如"困难""严重""复杂""危险"。

(四)"十分"的典型共现形容词

按照 Quirk 等(1985)的分类标准,程度副词"非常"同样属于加强词的范畴,表示程度相当高,相当于"很、非常、极其"。因其保留了字面上的"满分"意义,"十分"可将某一属性的程度之高体现得淋漓尽致,如:十分高兴、十分满意、十分漂亮、十分善良、十分可爱、十分能干、十分帅气、十分痛苦、十分快乐、十分难过。典型例子如例(11)、例(12):

例(11):改革进出境旅客申报制度,加强海关监管<u>十分必要</u>。(《文汇报》2005 年)

例(12):我们党正面临中华民族振兴史上前所未有的宏大任务——领导全国各族人民为实现跨世纪的宏伟目标而奋斗,这一任务<u>十分浩大、十分艰巨、十分繁重</u>。(《人民日报》1996 年)

表 5.4 统计了"十分 A"结构的前 30 位准入形容词。

表 5.4 "十分 A"结构前 30 位准入形容词

排序	A	频次	排序	A	频次	排序	A	频次
1	重要	18403	11	紧张	1543	21	繁重	1090
2	必要	4144	12	明确	1418	22	广阔	1079
3	明显	3308	13	有限	1366	23	激动	1010
4	清楚	3211	14	活跃	1296	24	感动	972
5	高兴	3198	15	有利	1254	25	广泛	897
6	严重	3114	16	严峻	1214	26	方便	891
7	丰富	2230	17	激烈	1207	27	简单	877
8	复杂	2206	18	重大	1189	28	强烈	867
9	突出	2202	19	显著	1130	29	密切	866
10	艰巨	1895	20	相似	1091	30	困难	846

由表 5.4 可见,"十分"的典型共现形容词在表义上涉及两类情况。1)价值评估类,包括以下五类:①重要性、必要性、显著性、明确性方面的评估,如"重要""重大""必要""明显""明确""清楚""突出""显著""复杂""简单";②强度评估,如"丰富""活跃""强烈";③形势评估,如"有利""严峻""繁重""艰巨""严重""方便""困难";④关系评估,如"相似""密切";⑤范围评估,如"广阔""广泛""有限"。2)情绪感受类,如"高兴""激动""感动"。

整体来看,"十分"的共现形容词主要涉及价值评估类,此外还有情绪感受类,不涉及态度评价类及量度类形容词。就语义色彩而言,其共现形容词以正极性表达为主,涵盖价值评估类中涉及重要性及强度评估的情况,以及情绪感受类形容词。表达中性情况的多涉及表强度评估及范围评估的价值类形容词。形势评估类价值形容词多涉及负极性情况。情绪感受类形容词表现出强烈的正极性偏好,这一点可能与"十分"的"满分"字面义有关,因此倾向于做肯定解释。

(五)"相当"的典型共现形容词

按照 Quirk 等(1985)的分类标准,程度副词"相当"属于加强词的范畴,表示程度高或达到一定的程度,但较之于上面探讨的"很""非常""十分"程度更低,在程度量评价上留有一定的余地。"相当"可以与许多分级形容词形成稳定的程度修饰结构,如:相当活跃、相当艰巨、相当多、相当困难、相当猛烈、相当敏感、相当成功、相当贫困。如例(13)、例(14)中"相当可观"表达了对林场收入的肯定,"相当快"表达了对时光飞逝的感慨。

例(13):林场平均每公顷林地年产 5 立方米木材,一年的收入相当可观。(《人民日报》1999 年)

例(14):虽然说快乐的时间过得很快,但,无聊的时光过得也相当快。(微博)

为了捕捉"相当"所偏好的共现形容词的语义特征,我们统计了 BCC 多领域语料库中"相当 A"结构的前 30 位准入形容词,见表 5.5。

表 5.5 "相当 A"结构前 30 位准入形容词

排序	A	频次	排序	A	频次	排序	A	频次
1	大	7720	11	复杂	880	21	成功	423
2	长	4740	12	困难	665	22	快	415
3	多	3799	13	丰富	653	23	激烈	381
4	高	2960	14	突出	642	24	成熟	371
5	严重	2398	15	明显	563	25	严峻	338
6	不错	2366	16	出色	535	26	惊人	334
7	重要	1686	17	艰巨	515	27	有限	323
8	好	1663	18	低	505	28	漂亮	320
9	可观	1237	19	广泛	488	29	繁重	302
10	普遍	1162	20	强	431	30	稳定	293

由表 5.5 可见,"相当"的典型共现形容词在表义上涉及三类情况。1)量度类,多为单音节形容词,如"大""长""多""高""低""快"。2)价值评估类,包括以下四类:①重要性、显著性、明确性方面的评估,如"重要""可观""丰富""突出""明显";②强度评估,如"激烈""成熟""惊人";③形势评估,如"严重""复杂""困难""艰巨""成功""严峻""繁重""稳定";④范围评估,如"广泛""普遍""有限"。3)态度评价类,如"不错""好""漂亮""出色"。

整体来看,"相当"的共现形容词主要涉及价值评估类,以及量度类与态度评价类,不涉及情绪感受类形容词。就语义色彩而言,其共现形容词以正极性表达为主,涵盖价值评估类中涉及重要性、显著性、明确性评估的情况,以及态度评价类形容词。表达中性情况的主要涉及量度类形容词,以及表达强度评估及范围评估的价值类形容词。形势评估类形容词以负极性色彩居多。

(六)"有点"的典型共现形容词

按照 Quirk 等(1985)的分类标准,低量程度副词"有点"属于弱化词中的极弱词范畴,表示程度不深,相当于"稍微、略微",多用于不如意的事情。比如,一般不说"我今天有点开心""这条裙子有点漂亮",而说"我今天有点难受""这条裙子有点丑"。因此,"有点"与形容词形成的搭配模式多涉及编码负面心理或生理感受的情况,如:有点冷、有点热、有点累、有点郁闷、有点低落、有点无聊、有点失望、有点贵、有点麻烦、有点伤心。例如：

例(15)：连续上 5 天的班有点累，还是上三天休息一天这样好。
（微博）
例(16)：心情有点郁闷，情绪有点低落，人生有点失败，生活有
点无聊。（微博）

为了捕捉"有点"所偏好的共现形容词的语义特征，我们统计了 BCC 多领
域语料库中"有点 A"结构的前 30 位准入形容词，见表 5.6。

表 5.6 "有点 A"结构前 30 位准入形容词

排序	A	频次	排序	A	频次	排序	A	频次
1	小	7461	11	尴尬	811	21	重	549
2	冷	3138	12	恐怖	741	22	无聊	538
3	累	2081	13	乱	685	23	吓人	535
4	大	1692	14	意外	675	24	遗憾	524
5	多	1496	15	疼	655	25	早	523
6	紧张	1351	16	难过	621	26	准	513
7	怪	1136	17	过分	610	27	难	511
8	失望	1110	18	恶心	596	28	热	508
9	痛	980	19	困难	562	29	傻	495
10	晚	851	20	激动	553	30	远	483

基于表 5.6 的分析，"有点"的典型共现形容词在表义上涉及五类情况。
1)量度类，如"小""大""多""晚""重""早"。2)生理感受类，如"冷""热""累"
"痛""疼""生气"。3)情绪感受类，如"紧张""失望""尴尬""恐怖""意外""难
过""恶心""激动""无聊""吓人""遗憾"。4)态度评价类，如"怪""乱""过分"
"傻"。5)价值评估类，如"困难""准""难"。
从语义搭配类型来看，"有点"的搭配形容词以情绪感受类为主，其次是
生理感受类，再次是态度评价类与价值评估类。综合来看，"有点"的共现形
容词以负极性表达居多，生理感受类、心理感受类及态度评价类，以及价值评
估类的绝大部分成员均属此类。表达中性情况的主要涉及量度类。

三、讨　论

综合表 5.1—表 5.6 来看，典型程度副词的典型共现形容词均为分级形容词，证明程度副词与分级形容词存在共现偏好，在主观性的互动作用下程度副词与分级形容词融合成了一个更大的主观性结构。程度修饰构式"程度副词＋分级形容词"发生固化后，又可进一步与其他主观性成分发生互动。①

从使用频次来看，在［程度副词＋分级形容词］组合中，"很"的参与度最高，最高频的"很好"出现了 164455 次之多。其次是表达极强程度义的"最"，排在第一位的"最重要"出现了 55529 次。这两个程度副词的使用频次远超其他程度副词。"十分"与"非常"的搭配模式及使用频次均相当，最高频共现形容词均为"重要"，分别出现 18403 次与 16055 次。最后，表达高量的程度副词"相当"与表达低量的程度副词"有点"使用频次最低，其最高频共现形容词使用频次相当，且均属于量度类形容词。

整体上看，处于量级上不同位置的程度副词在语义搭配上表现出不同的极性偏好。高量程度副词多接续带有积极义的形容词，如"好""开心"。低量程度副词"有点"与形容词的搭配频次相对更低，且其多接续具有消极意义的形容词，如表 5.6 中的"累""紧张""失望"。

具体来看，不同程度副词在语义搭配偏好上有别："很"偏好量度类及态度评价类，"非常""十分""相当"偏好价值评估类，"最"偏好态度评价类，"有点"偏好情绪感受类。这说明，并不存在完全同义的程度副词，正是不同的语义倾向与语义偏好使得各个程度副词获得了独自的生存空间。不过，四个加强词"很""非常""十分""相当"通常可以互换，在接续带有积极义的形容词时，可以朝量级顶端移动替换为"最"，但不可朝量级低端移动替换为"有点"，例如：

例（17a）："不会吧！据我所知……大小姐她很善良……"（李凉《公孙小刀》）

---

① 典型情况如跟第一人称认知动词结合，形成认识性程度评价构式。例如：

例（1）：我觉得一般孩子的文笔都很流畅，只是他们没有很踏实的到生活里来。（三毛《送你一匹马》）

例（17b）："不会吧！据我所知……大小姐她<u>非常／十分／相当善良</u>……"

例（17c）："不会吧！据我所知……大小姐她<u>最善良</u>……"

例（17d）：?"不会吧！据我所知……大小姐她<u>有点善良</u>……"

例（18a）：自打开学以来，子洲学习一直<u>非常认真</u>。（黄蓓佳《追你到天涯》）

例（18b）：自打开学以来，子洲学习一直<u>很／十分／相当认真</u>。

例（18c）：自打开学以来，子洲学习一直<u>最认真</u>。

例（18d）：? 自打开学以来，子洲学习一直<u>有点认真</u>。

（a）例中的"很善良""非常认真"分别可替换为（b）例中的"非常／十分／相当善良""很／十分／相当认真"，甚至可以替换为（c）例中的"最"，但不可替换为（d）例中的"有点善良""有点认真"。通过高量程度副词的使用，传达出说话者的正面评价，起到夸大赞扬的作用。换为（d）例时句子要变得可接受，一般转向表达冷嘲热讽意味，暗含说话者内心并不认同。

此外，在采用欲扬先抑的策略赞扬某个人时，前面通常采用低量程度副词"有点"进行评价，后续高量程度副词，此种情况两者不能替换位置，否则不符合礼貌策略。例如：

例（19a）：你除了<u>有点倔强</u>、<u>有点古怪</u>、<u>有点冷感</u>、<u>有点心狠手辣</u>、<u>有点莫名其妙</u>、<u>有点脑筋不灵光</u>以外，实在<u>满适合</u>做一个妻子。（程浅《永远最爱你》）

例（19b）：? 你除了<u>满倔强</u>、<u>满古怪</u>、<u>满冷感</u>、<u>满心狠手辣</u>、<u>满莫名其妙</u>、<u>满脑筋不灵光</u>以外，实在<u>有点适合</u>做一个妻子。

例（19a）先采用低量程度副词"有点"表达对妻子的不满情绪，而后采用高量程度副词"满"表达对妻子的认可和夸奖。"有点"尽管带有负面评价色彩，但程度量较低，语气较为委婉，妻子内心较容易接受。若将两者倒置，则对妻子而言无异于言语暴力，很可能会让对方感到羞辱和气愤。

第二节　情感评价词与极性程度补语主观性的互动

　　程度副词带有主观性,通常与分级形容词连用,如"很漂亮"。汉语中除了这种前置程度修饰,还存在后置修饰的情况,形成所谓的程度补语。程度补语在语义及功能上类似于程度副词,通常就其所搭配的动词或形容词所凸显的程度加以强化。作为主观性的重要词汇载体,情感评价词与程度补语可发生互动,形成"V/A 得＋程度补语"程度评价构式,如"V/A 得要命/要死/可以/不行/惊人/吓人/不得了/了不得"。"V/A 得＋程度补语"表达了说话者对高程度量的主观评估(武钦青,2012),其意义相当于"很 V/A",不过带有更为生动的表现力。情感评价词与程度补语的互动可体现为极性相容与极性错配两种情况。

一、极性相容

　　情感评价词的搭配大致遵循情感色彩组合的"正—正""负—负"原则,类似于物理学中的共振现象。以现代汉语中的"要命""要死"为例。这两个带有负极性色彩的动词可进入性状形容词的补语位置,首先出现在谓语位置的绝大多数是负面的情感词,如"难过""伤心""心疼""痛"。例如:

　　　　例(20):明明知道他是个无行的浪子,做这种事根本不算什么,她心里还是难过得要命。(岳盈《有凤来仪》)
　　　　例(21):如、如果说我不难过,那是骗人的!我当、当然难过!难、难过得要死!(王家珠《给我一个好男人》)
　　　　例(22):她似乎不在乎,希望多少保留一点自尊,然而,纵使隔着十万八千里,她仍是伤心得要命。(花欣《两小无猜》)
　　　　例(23):说得跟我最近的状态怎么那么像?晚上就伤心得要死,早上一起来又是开心得不行。(微博)

　　例(20)—例(23)中的搭配项"难过""伤心"与"要命""要死"的负面色彩相得益彰,也使得"要命""要死"的极端程度义得以凸显。同时,两者在概念内容上也存在明显的重叠:难过可以让人死去活来,伤心可以令人痛不欲生。

但单独来看,"要命""要死"本身的情感意蕴并不强。这正是我们前面所讲的词项的主观性潜势问题。常规情况下,其概念内容处于前景位置,主观性处于背景位置,因而在某种程度上被遮蔽了。而在例(24)—例(27)中,其搭配项发生了细微变化。

例(24):因为我还是不小心伤害了你,看到你手上的伤口,我好像胸口被刺了一刀似的,心疼得要命……(凯琍《忧郁的白衬衫》)

例(25):"还有脸哭?"商辂其实心疼得要死,表面上却依旧雷霆大发。(黄朱碧《板凳姑娘》)

例(26):你不结婚以为自己一个人过得很好,在老一辈眼里却可怜得要命。(小红书 2021-4-14)

例(27):千万别做心机女,不择手段得来的爱情,其实可怜得要死。(腾讯视频 2021-1-10)

心疼这种情感体验指向的已经不是自己,而是别人;可怜更是别人的某种负面情况触动了自己的情绪。这种指向他人的情绪体验一般来讲不至于让自己死去活来,搭配项之间并不存在明显的概念重叠,只在负极性这一特征上可以实现搭配上的一致。这迫使"要命""要死"的意义发生转向,表示"达到极高程度"义。正是在特定的构式语境中,其概念内容义退居背景位置,程度义及极性义则跃居前景位置。这里的搭配模式基本上遵循情感极性搭配的"正—正""负—负"原则。

伴随着这种搭配模式的确立,评价类形容词也可进入中心词位置,几乎所有的负极性评价形容词均可进入谓语位置,如"难吃""恶心""难受""笨""蠢""腹黑""自私""胆小""猥琐""变态"。例如。

例(28):难吃得要命/要死　　　　　腹黑得要命/要死

　　　　恶心得要命/要死　　　　　自私得要命/要死

　　　　难受得要命/要死　　　　　胆小得要命/要死

　　　　笨得要命/要死　　　　　　猥琐得要命/要死

　　　　蠢得要命/要死　　　　　　变态得要命/要死

这些形容词承载了浓厚的负面评价意味,与"要命""要死"的负面语义相得益彰。如例(29)、例(30)中"粗野得要命""俗气得要死"分别表达了说话者对"他"和自己的负面评价。

例(29)：后来知道，他虽然并非特务和汉奸，却是一位地地道道的土匪，*粗野得要命*。（王小波《早期手稿》）

例(30)：我就是个彻头彻尾*俗气得要死*的肉骨凡胎。（名言通 APP）

二、极性错配

如上，我们谈到词项搭配总体上遵循情感极性的"正—正""负—负"原则，如"要命""要死"的搭配模式："心疼得要命/要死""可怜得要命/要死"。然而，伴随着这类用法模式的规约化，这种语义极性的"共振"现象逐渐变得司空见惯，其"惊讶值"（surprise value）逐渐减小，难以满足凸显说话者强烈的情感色彩的需要。然而，情感极性的搭配一致性并非一个铁板钉钉的事实，说话者在常规语言运用中可以别出心裁地进行极性错配，从而使情感语言的表达效果更加凸显。极性错配在情感评价词与新兴极性补语主观性的互动中有鲜明体现。在现代汉语中，"要命""要死"在搭配模式上发生了极性错配，使得"要命""要死"带上了某种高程度色彩。原有的负面语义内容被遮蔽（如"好吃得要命"相当于"好吃得很"），顺应构式语境，通过极性错配造就强烈的表达效果。① 正极性词语进入谓词位置，造成某种"正—负"极性错配效果，从而凸显出说话者强烈的主观性。如"高兴""激动""虔诚""认真""好吃""舒服"。

例(31)：高兴得要命/要死　　　　激动得要命/要死
　　　　虔诚得要命/要死　　　　认真得要命/要死
　　　　好吃得要命/要死　　　　舒服得要命/要死

显然，例(31)中的"要命"已经脱离了字面义，表现在中间不能插入"人"。

---

① Foolen(2011)认为，这种"正—负"搭配偏好表明，负极性词语带有某种惊悚刺激的效果。但他的观察只对了一半。事实上，上述搭配模式强烈的表达效果不单单来自负极性词语，而是来自极性错配。

顾名思义,人们关注的"要命"事件一般是要人命,而不会是要猫或狗的命。但是,在"好吃得要命"中间插入"人"后,就变成字面义了。例(32)是网上一个论坛的标题。

例(32):好吃得<u>要人命</u>! 盘点历史上的"致命饭局"!(中华网论坛 2012-11-19)

经典程度补语"得要命"伴随着高频使用,其表现力已经大为削弱。在这种情况下,开始涌现出新的极性补语。这些鲜活的语言使用是说话者别出心裁违反语言常规的结果。如"吐血"作为一个负极性情感词,进入正极性语境与带有肯定色彩的词项搭配,也可收到同样的情感加压效果,如例(33b):

例(33a):难受到吐血　　　　痛苦得吐血
例(33b):好吃到吐血　　　　激动得吐血

这里,词项的语义极性与构式的结构极性呈交错效果。"负面修饰语+正面中心词"的语义搭配模式造就了巨大的情感张力,表达出某种高度正面的评价效果。这一点事实上在修饰结构中具有普遍性。对比不存在极性错配的情况,例(33a)中的"难受""痛苦"与"吐血"在语义色彩上彼此兼容,属于"负—负"搭配,无法唤起例(33b)中的高程度渲染效果,"吐血"甚至倾向于做字面解释。① 而当正面色彩的词项与带有负面色彩的修饰语共现时,通常会导致情感上的极性错配。以"好吃到吐血"为例。该表达承载了强烈的情感色彩,说话者蓄意制造语义上的不和谐,通过制造心理上的落差感来凸显其强烈的情绪感受。目前,"好吃到吐血"尚无法在 CCL、BCC 等语料库中检索到,但已出现在各大网络平台上。例如:

例(34):多年经验<u>吐血整理</u>～韩国流行～<u>好吃到吐血</u>的小吃!!!(微儿网微信公众号 2014-7-23)
例(35):最近任性有钱的小青年都在吃辣条,让我来 818 那些<u>好吃到吐血</u>的零食清单……(大湘社区 2014-11-30)

---

① 极性错配并不限于程度修饰结构,如"跪求"突出了请求之恳切,这种效果是正面修饰词如"恳求"所收不到的。

例(36):吐血推荐！好吃到哭！全重庆最火爆的小龙虾！（"吃在重庆"微信公众号 2015-4-14）

目前，"好吃到吐血的零食推荐"已经成为"吃货"们的一个口头禅，"好吃到吐血"甚至频频作为定语出现，如例(34)、例(35)。"吐血"甚至还出现了修饰动词的用法，如例(34)与例(36)中的"吐血整理""吐血推荐"，大有发展成为新兴程度副词的趋势。① 另外，还出现了"好吃到哭""好吃到打滚""等极性错配情况。补语的贬义色彩与动词的正面色彩形成了强烈的反差，从而进一步突出了评价之高。

三、语料库调查

为了进一步考察情感评价词与极性补语主观性的互动情况，我们调查了BCC多领域语料库中"V得要命""V得要死""A得要命"及"A得要死"构式的典型参与动词及形容词。表5.7、表5.8分别统计了"V得要命""V得要死"构式的频次大于10的搭配动词。

表 5.7 "V得要命"构式准入的 10 频次以上的动词

V	频次	V	频次	V	频次	V	频次
怕	246	吓	79	爱	36	气	18
痛	174	恨	74	头痛	34	冻	18
冷	158	饿	62	吵	33	后悔	15
疼	99	想	57	嫉妒	25	挤	15
累	98	渴	40	忙	24	羡慕	13
热	91	烦	40	口渴	19	讨厌	11
困	89	害怕	38	感动	19	堵	11
急	81	喜欢	38	心疼	18	闲	11

---

① "吐血整理"的说法来源于"楼主整理得快吐血了！"的缩略用法。

表 5.8　"V 得要死"构式准入的 10 频次以上的动词

V	频次	V	频次	V	频次	V	频次
怕	341	疼	75	感动	27	心疼	16
困	248	爱	65	害怕	23	赶	16
累	215	冻	64	挤	23	逼	14
冷	165	吵	51	嫉妒	22	撑	13
吓	149	热	40	喜欢	18	气	13
痛	134	笑	39	闷	18	打	12
饿	107	急	36	讨厌	18	迷	12
恨	89	哭	34	堵	18	憋	11
烦	79	羡慕	30	渴	17		
忙	78	想	28	折磨	17		

　　由表 5.7、表 5.8 可见,进入"V 得要命/要死"构式的动词大部分为负面动词,总体上支持情感极性的"负—负"搭配假设。准入的少量正面动词均为情感动词,其中进入"V 得要命"构式的正面动词有 4 例,包括"喜欢""爱""感动""羡慕",进入"V 得要死"构式的正面动词除此之外还包括"笑""迷"。

　　从动词搭配情况来看,"要命""要死"的语义存在大幅重叠。两个副词均可修饰的动词包括:爱、累、吵、冻、堵、饿、感动、害怕、恨、嫉妒、挤、困、忙、怕、气、讨厌、疼、痛、吓、羡慕、想、心疼、喜欢、烦、热、冷、急。仅接受"要命"修饰的动词包括:后悔、口渴、头痛、闲。① 仅接受"要死"修饰的动词包括:逼、憋、撑、打、赶、哭、闷、笑,大部分涉及负面动词。对于这种搭配差异需要做出解释。比较而言,"要死"比"要命"的搭配范围更广,更偏好负面搭配,表达的宣泄意味也更浓厚。"要命"可能还涉及部分动词义的滞留。"口渴""头痛"等动作义强的主谓结构似乎偏好这种字面义解释。闲适的状态顶多让人无聊至极,但不至于夺人性命,因此"闲"没有搭配更为负面的"要死"。而带有压迫色彩的"逼""憋""撑""打""赶"以及带有情绪宣泄义的"哭""笑""闷",显然更适合用"要死"来渲染其程度之甚。

　　接下来,我们统计了进入"A 得要命"及"A 得要死"构式的 10 频次以上的形容词,分别见表 5.9、表 5.10。

---

① "后悔得要死"在口语表达中是可接受的,不过我们在 BCC 多领域语料库中未发现这种用法。

表 5.9 "A 得要命"构式准入的 10 频次以上的形容词

A	频次	A	频次	A	频次	A	频次
紧张	73	重	26	恶心	16	蠢	11
多	46	大	26	苦	16	尴尬	11
难受	42	无聊	25	难看	16	痛苦	11
高兴	40	臭	24	凶	15	激动	11
脏	33	痒	23	性感	14	远	11
开心	29	好奇	19	兴奋	13	傻	11
酸	27	好	19	好看	13		
贵	27	笨	17	丑	12		

表 5.10 "A 得要死"构式准入的 10 频次以上的形容词

A	频次	A	频次	A	频次	A	频次
难受	51	穷	28	开心	16	脏	12
无聊	42	多	26	恶心	15	兴奋	12
慢	37	痛苦	22	好奇	15	差	11
贵	35	丑	21	凶	15	重	11
笨	31	高兴	18	难看	15	寂寞	11
紧张	29	激动	17	苦	12		

由表 5.9 可见,"A 得要命"构式准入的形容词多带有负面色彩。典型形容词如:紧张、难受、脏、酸、贵、重、无聊、臭、痒。进入该构式的正面形容词比例较低,包括:高兴、开心、好、兴奋、好看、激动。另有 3 例中性形容词"多""好奇""大",在具体语境下可做负面解读。"A 得要命"构式整体上遵循了"负—负"极性搭配的原则。

表 5.10 的统计表明,进入"A 得要死"构式的形容词大多带有明显的负面情感色彩。典型形容词如:难受、无聊、慢、贵、笨、紧张、穷、痛苦、丑。进入该构式的正面形容词仅有 4 例,包括:高兴、开心、开心、兴奋。另有 2 例中性形容词"多""好奇",在具体语境下可做负面解读。"A 得要命"构式整体上同样遵循了"负负"极性搭配的原则。

综合表 5.9 与表 5.10,"A 得要命"与"A 得要死"构式准入的两可形容词包括:笨、丑、多、恶心、高兴、贵、好、好奇、激动、紧张、开心、苦、难看、难受、痛苦、无聊、兴奋、凶、脏、重。其中表情绪类的"难受""无聊""紧张"均属两个构式的高频共现形容词,与感受体验差相关的形容词如"脏""臭""酸""痒"偏好"要命"来修饰。仅接受"要死"修饰的形容词包括:差、寂寞、慢、穷。仅接受"要命"修饰的形容词包括:臭、蠢、大、尴尬、傻、酸、性感、痒、远。对比表5.9与表5.10,"A得要命"比"A得要死"构式准入的形容词类型更多,整体使用频次更高。

伴随着典型极性程度补语"要命""要死"表达色彩的弱化,出现了新的极性程度补语"得吐血"。"吐血"原本涉及字面解释,用于表达因过度劳累或生病导致吐血的情况。而后,随着搭配范围的扩大,逐渐扩展至非字面隐喻表达,比喻造成的影响或伤害巨大。说话者并非真的吐血,动作与吐血之间也不再有因果关联。在非字面解释中,"吐血"蜕变为程度义解释,极言动作强度之大。伴随着构式的进一步扩张,"吐血"由修饰动词扩展到修饰形容词,有朝表程度高之义的极性程度补语发展的趋势。典型例子如:

例(37):如果这两个大学生知道她并不稀罕论文,也许就<u>气得吐血</u>了,她并没有把这两本东西带走。(亦舒《家明与玫瑰》)

例(38):我只得同她走。一路上已经<u>后悔得吐血</u>,用手捧着头,睁不开双眼。(亦舒《没有月亮的晚上》)

例(39):忘不了被你鄙视的感觉,想到要迟到就<u>郁闷得吐血</u>。(微博)

例(40):生意好到爆炸、<u>人多得吐血</u>的渝宗老火锅,我倒是要看哈你有好好吃!(微博)

如例(37)—例(40)所示,从"气得吐血""后悔得吐血"到"郁闷得吐血""多得吐血","吐血"的字面义依次减弱,极性程度义越来越凸显。从历时来看,概念内容义弱化后,原本寓于其识解中的主观程度义凸显出来。按照兰艾克的主观性思想,这是一个主观化的过程。[1]

接下来,表5.11统计了"V得吐血"构式的典型准入动词。

---

① 原则上可以求助于历时语料库调查,追踪"吐血"的主观化历程,限于篇幅,本书对此暂不展开。

表 5.11 "V 得吐血"构式准入的动词

V	频次	V	频次	V	频次	V	频次
气	22	听	2	撞	1	恨	1
打	18	做	2	熬	1	剪	1
累	15	织	2	喝	1	骗	1
震	6	赶	2	郁闷	1	晕	1
看	6	搞	2	烦	1	错	1
轰	5	忙	2	急	1	憋屈	1
懊恼	3	急	2	羞辱	1	画	1
后悔	3	吓	2	压	1	扁①	1
笑	2						

由表 5.11 可见,"V 得吐血"构式的典型准入动词多涉及三类动词。1)动作类,如"打""震""赶""织""轰""搞";2)感知类,如"看""听""笑";3)认知类,如"吓""气""急""累""懊恼""后悔"。整体来看,其使用频次并不高,远低于"V 得要命""V 得要死"。同时,"吐血"保留了较多的实词义,这说明其尚未发展为完全意义上的极性程度补语。以"累得吐血"为例,15 例中,10 例涉及字面解释,5 例涉及非字面解释。如例(41)、例(42)中的"累得吐血"分别适合做字面解释与非字面解释:

例(41):由于没命地工作,他竟几次累得吐血住进了医院。(BCC 多领域语料库科技文献)

例(42):谁要是在那个时代做戒毒医生,只怕累得吐血,也是杯水车薪。(毕淑敏《红处方》)

表 5.12 统计了"A 得吐血"构式的典型准入形容词。

---

① "扁"做动词时相当于"打"或"揍",较为口语化。

表 5.12　"A 得吐血"构式准入的形容词

A	频次	A	频次	A	频次	A	频次
暴躁	1	寂寞	1	多	1	洋气	1
郁闷	1	简单	1	冷	1	早	1
多	1	倔	1	美	1		
准	1	好	1	无聊	1		

　　由表 5.12 可见,"A 得吐血"构式有 14 例形容词准入,分别涉及态度评价类形容词"美""好""洋气""倔"、情绪感受类形容词"暴躁""郁闷""寂寞""无聊"、价值评估类形容词"准""简单"与量度类形容词"多""冷",其中"暴躁""郁闷""寂寞""冷""倔""无聊"涉及"负—负"搭配模式,"多""准""简单""美""好""洋气"涉及"正—负"搭配模式,属于极性错配,表现力更强。对照表 5.11 与表 5.12,"吐血"修饰的形容词在类符频次与形符频次上均低于修饰动词的情况,说明其尚未完全蜕变为程度补语。

第三节　本章小结

　　在词汇范畴内部,功能词范畴与实词范畴在主观性的表达上相互依存,形成了稳定的互动模式。对前者而言,主观性构成了其内在特征,如评注性副词、语气副词、程度副词;对后者而言,主观性仅仅属于其用法的特征,如认知动词、分级形容词、情感名词、评价形容词。越趋近实词范畴,主观性越弱,其主观性的实现越依赖结构语境。越趋近功能词范畴,主观性越强,其主观性的实现越无须依赖结构语境。其互动机制表现为:强主观性成分对弱主观性成分具有促动作用,而弱主观性成分则为强主观性成分提供填充项。本章分析了两大典型互动模式:[程度副词＋分级形容词]、[情感评价词＋极性补语]。

第六章 汉语语法范畴内部的主观性互动模式

如第四章第二节所述,语法范畴在主观性的表达上可以分化出以下三种情况:内在表达主观性,如认识情态、否定词"不";从常规语法范畴中分化出主观用法的,如第一人称代词"我"、体标记"了";从常规语法标记中分化出主观性标记的,如"他"(宣泄义)、"给"(移情义)、"个"(出乎意料义)。这些主观性成分可相互叠加,生成更大的主观性结构。在汉语语法范畴内部,存在一些典型的主观性互动模式,如否定词"不"可以和认识情态及第一人称认知动词结合,但并不实施客观意义上的否定功能。"不一定"不是对"一定"的否定,而是对其可能性的弱化,"我不觉得"不是对"我觉得"的认识过程的否定,而是针对后续命题的负面评判。为使讨论更为集中,本章直接从两个个案切入,重点考察"他"与"个"主观性的互动,以及"个"与"给"的主观性的互动。

第一节 "他"与"个"主观性的互动

一、关于"V＋他＋数量短语"结构的讨论

汉语中"他"除了可解读为第三人称代词外,还存在着一类特殊用法,通常出现在特殊结构中,后续数量短语,以"吃了他三个苹果"为代表。例如:

例(1):(我)吃了他三个苹果。

例(2):张先生打碎了他四个杯子。

例(3):逛他两天北京城。

关于"吃了他三个苹果"("V他＋数量短语")这类结构的定性问题,一直是汉语语法学界争论的焦点,由此形成了三派不同的观点:单宾说、双宾说及

歧义构式说(熊学亮,2007;熊学亮、杨子,2008;杨子、熊学亮,2009;王寅、王天翼,2009)。前两种说法各有其合理之处,但均或多或少存在不足。得出单宾构式的结论主要基于的是对语义关系的分析,因为从语义角度看,例(1)中"他"和"三个苹果"的确有可能被理解为领属关系。但这种分析不具有概括性,无法涵盖部分例句,如例(3)中的"他"与"三天北京城"之间无法分析为"领属关系"。双宾构式的结论主要是基于结构形式做出的,因为从结构角度看,该构式很像双宾构式:动词后面紧接着两个名词短语,NP$_1$指人,NP$_2$指物,符合双宾构式的典型特征。若将双宾构式看成一个庞大的构式家族,如此归类还是有其合理性的。"吃他三个苹果"与"打碎他四个杯子"作"耗费"义讲时的确带有双宾色彩。然而,当动词与名词不存在语义支配关系时,严格意义上来说不能称之为动宾结构。"逛他"不能成立,而只能说"逛北京城",因此,将例(3)归为双宾结构就不合理了。

前两种观点均围绕该结构属于单宾还是双宾问题而展开,预设了"V他+数量短语"是一个动宾结构。然而,双宾与单宾之争并未触及"他"的实指/虚指问题,而这是该结构语义上有别于单宾与双宾之所在。这里的"他"不再是人称代词,而是蜕变为主观性标记,表达某种轻视、宣泄的语气(袁雪梅,2005)。因此,这是一个歧义结构,而根本的歧义不在单宾与双宾之间,而在双宾与另一个独立构式之间。歧义构式似乎是一个比较合理的定位:"V+他+数量短语"结构既可自成一类,表达"宣泄"构式义,又可解读为双宾构式,在某些情况下也可解读为单宾构式(雷冬平、胡丽珍,2006;杨子、熊学亮,2009)。

在宣泄构式中,"V他+数量短语"可与"V他+数量名短语"及"V他+数量短语+名词"两个下级构式间形成促动关系(王晓凌,2008),可概括为"V他+X"结构。我们观察到,与之相近的构式还有"V个+X"结构(雷冬平,2017),X由NP类推扩展至VP,整体上表达事件小量意义特征。显然,无论是"他"还是"个",均非构式的必有论元,而是类似于主观性算子的插入成分。这支持我们将"他"与"个"处理为独立的主观性标记。在传承关系上,"V他+X"结构与"V个+X"结构可进一步融合,生成"V他个+X"构式,该构式同时构成了这两个结构的下位主观性构式。它们可统摄于一个更高层的、借助虚指论元表宣泄义的"动词+他+X"构式之下。这些构式间的传承关系可概括为图 6.1。①

图 6.1　相关构式间的传承关系

　　本节讨论的起点是,我们认同"V 他＋X"结构构成独立的有别于双宾与单宾构式的宣泄构式。在主观性的集群效应作用下,主观性标记"他"与"个"两两结合,形成[V＋他＋个]主观性组合模式。② 例如:

　　　　例(4):罚就<u>罚他个"倾家荡产"</u>,狠下心来,决不手软。(BCC 多领域语料库科技文献)
　　　　例(5):她要到赌场把关无痕揪出来,狠狠<u>骂他个狗血淋头</u>。(黄朱碧《侬本多情》)

　　例(4)、例(5)分别涉及"罚""骂"与主观性标记"他""个"的结合,形成"罚他个'倾家荡产'""骂他个狗血淋头"构式,酣畅淋漓地宣泄出说话者的负面情绪,表达了其强烈的主观意愿。

二、"V 他个＋X"构式的形式与语义特征

　　在形式上,"V 他个＋X"结构同其上位构式一样,是一个歧义结构。除了解读为宣泄构式外,还可能解读为双宾构式。例如:

　　　　例(6):与其被动等着挨打,不如主动出击、<u>打他个措手不及</u>。(微博)

---

①　雷冬平(2017)注意到,还存在一个"V 得个 VP"构式(如"喝得个酩酊大醉""杀得个昏天黑地")。她认为,该构式是动补构式"V 得 VP"构式与事件小量构式"V 个 VP"糅合而成的产物,在语义上更趋近"V 个 VP"构式。我们注意到,该构式事实上与本节讨论的"V 他个＋X"在构式语义上趋近(如"喝他个酩酊大醉""杀他个昏天黑地"),区别在于前者表已然情况,后者表未然情况。两者或可视为存在平级促动关系,构成了构式网络中的相邻节点。关于两个构式间的传承关系,限于篇幅本书暂不讨论。

②　相关变异表达还有"V 它个""V 他个",其语义及用法并无明显差别。囿于篇幅,本书仅考察"V 他个＋X"结构。

例(7)：哭吧，哭吧，哭吧。哭他个天翻地覆，哭他个泪雨成河，哭出一片清明的世界。（微博）

例(8)：梦依听他这么回答，忙赏他个"江山易改，本性难移"的大白眼。（岳盈《王爷抢亲》）

例(9)：遇到一个变态监考，一气之下赐他个"老阉狗"的名号，罪过罪过。（微博）

例(6)中"打他个措手不及"强调"打"的迅猛、出其不意，"他""个"失去实指功能，与 V 一道构成构式化的宣泄表达。例(7)中两个"V 他个"相互叠加，"哭他个天翻地覆，哭他个泪雨成河"更凸显了"哭"的酣畅淋漓。"赏""赐"作为双宾动词，可以接续"V 他一个 N"结构。例(8)、例(9)中的"赏他个'江山易改，本性难移'的大白眼""赐他个'老阉狗'的名号"相当于"V 他一个 N"结构的缩略用法，"他"更适合解读为给予的对象。

在特定情况下，"V 他个＋X"结构还可解读为离合词离析结构，或形成宣泄构式—双宾构式歧义结构。例如：

例(10)：今天原来的同桌眉头紧皱，把我扯到水房里去，说要我帮他个忙。（微博）

例(11)：一件高兴的事就是用 Excel 给老爸写了个处理数据的小程序，帮他个小忙。（微博）

例(12)：我在家等了三天，哪都不敢去，就为收他个破烤箱，三天没等来打客服电话，客服忙死，打了 20 分钟才打进去。（微博）

例(13)：如果你们结婚啊嫁人喊他，还是可以的，至少收他个红包撒。①（微博）

例(10)、例(11)中的"帮他个忙""帮他个小忙"属于离合词"帮忙"的离析形式。"收他个 N"结构则属于歧义构式。例(12)中"收他个破烤箱"从上下文看更适合理解为宣泄构式，"他"并非特定的寄烤箱的亲属或卖家，从"打客服电话"等语境线索来看，"破烤箱"并非真的破，而是说话者为表达烦闷情绪而冠以"破"之名。而例(13)中根据语境信息"他"为实指，"收他个红包"中，收的显然是前面这个"他"的份子钱。

① "撒"为语气词，多见于川渝方言中，通常表达劝说、催促义。

187

在语义上,宣泄构式中的"个"同"V 个+X"构式中的"个"语义功能大同小异,给整个动宾结构增添"轻巧随便"的非理性意义(李宇明,1999),或表达某种轻巧、漫不经心的口气(周明强,2002)。"他"表达的则是某种轻视、宣泄的语气(袁雪梅,2005)。两个主观性标记的语义色彩相互叠加融合,构成了"V 他个+X"构式语义的重要来源。借由"V 他个+X",说话者通常传达出一种酣畅淋漓、无所顾忌的心态,而这在现实状态下往往是无法得到满足的。在这里,语言成了发泄的渠道。如"睡他个三天三夜",正常情况下睡三天三夜不是昏迷了就是成了植物人。可见,这里的"三天三夜"并非实指,而是表达一种主观大量,带有高程度义,语义上相当于"睡他个酣畅淋漓"。

为了进一步确定"V 他个+X"构式的语义特征,考察动词及补语在构式义中的贡献,接下来我们求助于语料库调查。

三、语料库调查

(一)语料提取参数及结果

"V 他个+X"结构带有歧义,既可解读为宣泄构式外,又可解读为双宾构式、单宾构式,或是离合词离析结构,甚至形成"宣泄构式—双宾构式"歧义结构或"宣泄构式—单宾构式"歧义结构。有鉴于此,在语料提纯时需要一定的限制条件。为保证宣泄构式的有效提取,我们综合考虑如下结构及语义参数:

(1)双宾构式——数量短语可省;宣泄构式——数量短语不可省。分别采用删除数量短语操作,可接受的是双宾构式,不可接受的是宣泄构式。

(2)双宾构式——"他"可替不可删;宣泄构式——"他"可删不可替。把"他"字替换成其他人称,句子仍可接受的是双宾构式,不可接受的是宣泄构式。删去"他"后,意义改变的是双宾构式,意义不变的是宣泄构式。

(3)双宾构式——"他"位置可变;宣泄构式——"他"位置固定。将"他"提前至句首话题化或进行被动化,可接受的是双宾构式,不可接受的是宣泄构式。

(4)双宾构式——数量准确;宣泄构式——数量约数。可对数量短语做进一步说明的是双宾构式,不可做进一步说明的是宣泄构式。

单宾解读主要涉及"他"与宾语 2 是否存在可让渡领属关系,以及动词能否携带有生宾语。① 基于上述标准,对于涉及双宾与单宾构式的情况,需要逐一进行人工剔除。同时,某些语料的性质不容易确定,"他"虚化与否无法从句法语义角度或语境来判断,特别是某些含二价动词的短语。为此,我们对每条语料均持审慎的态度,对此类短语不予采用,以保证语料的准确性。基于上述限制条件,我们对 BCC 多领域语料库中"V 他个"结构进行了检索,分别考察该构式的准入动词及补语的特征。

(二)"V 他个＋X"构式的准入动词特征

为了捕捉"V 他个＋X"宣泄构式所准入动词的语义特征,我们统计了该构式的前 40 位高频准入动词,见表 6.1。

表 6.1　"V 他个＋X"宣泄构式的前 40 位高频准入动词

排序	V	频次	排序	V	频次	排序	V	频次	排序	V	频次
1	杀	86	11	吃	14	21	活	6	31	搅	4
2	打	78	12	管	13	22	拍	6	32	爱	3
3	睡	67	13	怕	12	23	弄	6	33	关	2
4	骂	31	14	揍	9	24	砍	5	34	刺	2
5	来	26	15	去	8	25	哭	5	35	放	2
6	喝	23	16	玩	8	26	烧	5	36	赚	2
7	罚	21	17	干	7	27	生	5	37	吓	2
8	闹	16	18	唱	6	28	查	5	38	赢	1
9	攻	15	19	搞	6	29	买	4	39	输	1
10	操	14	20	告	6	30	收	4	40	笑	1

---

① 两者有所不同的是,其上位构式似乎可解读为单宾构式,如例(1)、例(2)中的"喝他一口水,吸他一支烟""买他一份食品"中"他"与"水、烟""食品"存在领有关系时可归入单宾构式范畴。"V 他个＋X"结构无法解读为严格意义上的单宾构式,某些看似单宾的成分事实上属于动量短语,如例(3)中的"几拳","他"似乎可理解为实指,但考虑到"揍他个"宣泄构式的能产性,更适合同例(4)一样理解为宣泄构式中的虚指成分。

　　例(1):这天晚上,村里没有一个人到杨如意家去吃丧宴,也没有人去喝他一口水,吸他一支烟。(李佩甫《金屋》)

　　例(2):店主说车通过了他的场地,一定要收费,否则就得在他的饭店吃饭或每人买他一份食品。(人民日报》1994 年)

　　例(3):富海本想再拎这小子起来,揍他个几拳,不过裴穆清一把捉住他的手臂,逼得他不得不停下脚步。(于晴《乞儿弄蝶》)

　　例(4):死也要追到他,揍他个三天三夜下不了床!(董妮《爱情慢半拍》)

从表 6.1 可以看出,进入"V 他个＋X"构式的典型动词可分为三类:第一类涉及破坏攻击类动词,如:杀、打、骂、罚、攻、揍、搞、弄、砍、烧、搅、刺、吓。这些也是综合频次最高的动词,与"V 他个＋X"构式的宣泄色彩相得益彰,带有扬言、放狠话的味道,说话者未必真的实施这些行为动作,可能仅仅以达到宣泄负面情绪为目的。值得一提的是,与其他主观性构式的情况不同,这些负面动词不是来自其他行为主体(说话者的移情对象),而是说话者意欲主动实施的行为。说话者不是站在受事的立场上,而是站在迫害者的立场上,声称对假想中的受事实施负面行为(可能因说话者曾经受到受事的伤害或不公平对待),借此达到发泄负面情绪的目的。

第二类多涉及不及物动词,如"睡""来""去""闹""搞""活""拼""哭",其基本特征是涉及持续或剧烈的活动,如"睡""活""哭"涉及长期持续的活动,其所接续的补语多带有长时义,如"三天三夜""天昏地暗""地老天荒"。"闹""拼""搞"等动作本身带有宣泄的味道,其所接续的补语多涉及高强度义,进一步强化了这种宣泄效果,如"天翻地覆""两败俱伤""鸡犬不宁"。"哭他个"出现了 5 例,而"笑他个"仅出现了 1 例,我们猜测这是因为前者比后者更适合用于宣泄。

第三类多为活动类动词,如"吃""喝""玩""唱""买""赚"。这些动词多与消遣活动有关,指消耗某物以达到发泄的目的。吃喝玩乐可谓人类最基本的释放压力的行为,因而与不良情绪的宣泄有着天然的联系。此外,高强度的花费、赚钱等行为同样给人一种酣畅淋漓的快感。

表 6.2 统计了"V 他个＋X"双宾构式的高频准入动词。

由表 6.2 可见,典型双宾动词与宣泄构式不兼容,如"送""告诉"在宣泄构式中无一例出现,而其出现在双宾构式中的频次分别为 43 例、20 例。[1] 这基本与杨子、熊学亮(2009:30)关于"V 他＋数量名"构式的结论一致,即典型的需要接具有[＋人]语义特征的论元作间接宾语的动词(即双及物动词)不被宣泄构式所容许;相反,越是自身对间宾分配能力不强、往往要依靠双宾构式才携带上人称宾语的动词(即二价动词),越有可能使对"他"自身指称意义的压制成功,也就越有可能进入宣泄构式。第二类不及物动词几乎完全不能带作宾语的人称代词,在其后接续"他"时,"他"的意义被虚化,语义压制成功的

---

① "给"的情况比较复杂,详见后面关于歧义构式的分析。

表 6.2　"V 他个＋X"双宾构式的高频准入动词

V	频次	V	频次
给	194	封	6
送	31	问①	6
赏	14	赐	3
定	7		

概率最大,最容易进入"V 他个＋X"构式。如"闹他个""拼他个""活他个"这类结构完全无法接续宾语,"他"被迫转向虚化解释。

表 6.3 统计了"V 他个＋X"宣泄构式与双宾构式的两可准入动词。

表 6.3　"V 他个＋X"宣泄构式与双宾构式的两可准入动词

动词	构式	
	宣泄构式	双宾构式
给	36	194
判	5	6
回	3	4
收	4	1

　　涉及"V 他个＋X"既可解读为双宾构式又可解读为宣泄构式的情况时,其区分标准主要在于接续的成分是否带有评价色彩,如前面例(12)、(13)中的"收他个"的情况。"红包"一般有明确的给予主体,这里"他"无疑是红包的施与方,而"破烤箱"这种带着情绪的表达其实并不代表烤箱真的是破的,说话者很可能是网购新烤箱,这里并不存在具体的送烤箱的"他",完全是借着"V 他个＋X"构式宣泄这次无比折腾、劳民伤财的网购体验。

　　相对而言,"给"的情况较为复杂,既可以理解为具体的给予义,又可以理解为虚化的"给"。例如:

---

① 　"问他个"中的"问"除了问问题,另有"问罪"的意义,宽泛意义上依然归属为双宾构式的范畴,如例(5)中的"问他个'以尸讹诈'"。

　　　例(5):也不许劝他,也不用震吓他,只管让他告去。告不成倒问他个"以尸讹诈"!(曹雪芹《红楼梦》)

例(14)：就我看来，他肯定会听你的话进公司的，或许你可以<u>给他个机会</u>。(凌儿《耶莉亚的传说》)

例(15)：艾米尔说："他想帮助你，我看这主意也许不坏。你就<u>给他个面子</u>吧，我已代你应下了。"(鬼谷子《还原灵功》)

例(16)：其实你下回就<u>给他个下不来台</u>，省得他老是粘缠个不完！(张爱玲《创世纪》)

例(17)：闻九公道："这可是狠狠地，毫不留情地，<u>给他个全军尽墨</u>。"(温瑞安《杀人的心跳》)

前一种情况下，"给他个"通常接续名词，宜理解为宽泛意义上的双宾结构，包括正给予与负给予的情况，前者如"机会""面子""枕头""甜头"，后者如"教训""耳光""嘴巴""白眼"。如例(14)、例(15)中"机会""面子"更适合视为"给"的直接宾语。后一种情况下，"给"通常可理解为宽泛意义上的"致使"，可替换为"使他""让他""对他"，接续对象通常为带有夸饰义的动词短语，如"白刀子进红刀子出""下不来台""一问三不知""一醉方休""不理不睬"。此种情况下，"给他个"属于宣泄构式的范畴。如例(16)、例(17)中的"给他个下不来台""给他个全军尽墨"。

(三)"V 他个＋X"构式补语的语义特征

除了动词的语义特征外，补语的语义特征在"V 他个＋X"构式的宣泄义解读中也起着重要作用。为了明确该构式准入的补语类型，探讨补语的语义特征对构式语义的贡献作用，我们基于 BCC 多领域语料库对"V 他个＋X"构式的典型补语类型进行了统计，对其语义特征进行了归类，见表 6.4。

表 6.4 "V 他个＋X"构式补语的语义特征

语义特征	例词
高程度义	天翻地覆(36)、天昏地暗(30)、昏天黑地(10)、地老天荒(9)、落花流水(5)、海阔天空(2)、天不荒地不老、混江倒海、狂风暴雨、淋漓尽致、满城风雨、猛虎掏心、酩酊大醉、你死我活、地动山摇、山崩地裂、山穷水尽、劈头盖脸、七荤八素、陈荤李素、稀里哗啦、条分缕析、白虎下山岗、猛虎回头水冲、地增辉、翻手平天下、够、够本、过瘾、海底朝天、黑抹抹乌漆漆的、天天刮、月月刮、年年刮

续　表

语义特征	例词
损失惨重义	倾家荡产(15)、狗血喷头(15)、人仰马翻(6)、鸡犬不留(4)、半死(4)、寸草不留(3)、血流成河(3)、底儿掉(3)、尸横遍野(2)、底朝天(2)、鸡飞狗跳、鱼死网破、半身不遂、鼻子开花、不得翻身、刀刀见红、碎尸万段、体无完肤、鸡犬不宁、头破血流、体无完肤、两败俱伤、三败俱伤、千刀万剐、伤筋断骨、满身窟窿、窟窿、下半身不遂、扶墙进去、扶墙出来
出乎意料义	措手不及(56)、出其不意(5)、回马枪(3)、下马威(2)、冷不防(2)、埋伏(2)、出人意料、先发制人、突袭、半路伏击
彻底义	片甲不留(21)、干干净净(4)、落荒而逃(2)、死磨硬泡(2)、伤势未好、永绝后患、精尽人亡、诛尽九族、水落石出、走投无路、照顾不周、一网打尽、干净利索、回山吃顺口食、永世不得超生、永世不得翻身、尽兴、精光、不睡
感受深刻义	痛快(16)、一醉方休(4)、不醉不归(3)、痛痛快快(2)、头昏眼花(2)、焦头烂额、体无完肤、内牛满面、如梦如醒、如醉如痴、心情不爽、痛
主观大量义	一打(2)、100斤回来、1500万、七八百的、千百剑、三百杯、三堂会审、三五斤的、十遍百遍、十串的、十个八个、十块八块、十来百来架灰机、十万八万的、十下八下、千千万万、万儿八千两、五六百万、五十万、一把、一卷底片、一两拳、一行一行又一行、半斤小孩、半斤、百岁、几拳、几十拳、两刀、两三杯、六杯以上、六十盏灯火
长时义	三天三夜(13)、一天一夜(5)、一天(4)、24小时(3)、几千几万年(2)、十天半月(2)、一下午(2)、一整夜(2)、几天(2)、两年(2)、12小时、15天、16年球龄、72小时、半年、不用愁房的四年、二十年、两天两夜、明天下午、三天三夜下不了床、十年、八年的功力、十年二十年、十天八天的、四天、万把年、一二年、一个月、一年二载、一整天
咒骂义	大爷(3)、狗吃屎、狗屁、狗日的不成、混账东西、舅子的、孙子、王八蛋①
正面结果义	清江水(2)、满堂红(2)、风和日丽、功过相抵、君临天下、开春大吉、普天同庆、老少旨宜、清光、西瓜饱、心想事成笑声脆、中校参谋、不坐牢
夸饰义	巴山比天高、借问酒家何处有、隔壁家有一群牛、今日且饮三千杯、疑是银河落九天、对影成三人、必有我师焉、《盗墓笔记》《沧海月明》《仙剑奇侠传》②的、独立小国
主观小量义	几句、毛、毛线
不当行为义	假传圣旨、脱离政府、驴唇不对马嘴

由表 6.4 可见,"V 他个＋X"构式的补语以四字格居多,如表达高程度义

---

① 另有 7 例咒骂表达涉及禁忌语,因而未列入表中。

② 此处意指《盗墓笔记》《沧海月明》《仙剑奇侠传》几部经典电视剧。

的补语中四字格占 106 例,非四字格仅 13 例。① 四字格的优势在于可以凸显气势,读来荡气回肠。具体来看,"V 他个"构式的补语大致可分为十二类,按频次高低依次表达高程度义、损失惨重义、出乎意料义、彻底义、感受深刻义、主观大量义、长时义、咒骂义、正面结果义、夸饰义、主观小量义,以及不当行为义。

(1)高程度义(120 例):多涉及隐喻修辞,喻体多为天地、江海、风雨、山水等自然现象。典型表达如:天翻地覆、天昏地暗、昏天黑地、地老天荒、落花流水、海阔天空。

(2)损失惨重义(73 例):多涉及所有权关系的丧失,如家、身体部位(鼻子、头、筋骨)、家畜(鸡、狗、马)、重要部分(底)。典型表达如:倾家荡产、狗血喷头、人仰马翻、鸡犬不留、寸草不留、血流成河、尸横遍野。

(3)出乎意料义(72 例):语义上带有意外之义,表达超出说话者预期的情况。典型表达如:措手不及、出其不意、出人意料。

(4)彻底义(43 例):多涉及干净、彻底、永远等概念。典型表达如:片甲不留、干干净净、落荒而逃、死磨硬泡。

(5)感受深刻义(31 例):多涉及醉酒、做梦、难受、痛快等表达。典型表达如:一醉方休、不醉不归、痛痛快快、头昏眼花、焦头烂额、内牛满面②、如梦初醒、如醉如痴、心情不爽、痛快。

(6)主观大量义(34 例):多涉及虚指数量概念,从个、十到百、千、万、十万均有涉及,总体上形容量大,如"两三杯""三五斤"并非具体的二三五等概念,而是形容数量很多。典型表达如:十个八个、十万八万的、千千万万。

(7)长时义(27 例):宏观上属于主观大量的范畴,多涉及时间长度方面的虚指,小到一天、十天,大到十年八年、几千几万年。典型表达如:一天一夜、三天三夜、十天半月、十年、八年、几千几万年。

(8)咒骂义(19 例):多涉及亲属关系或类比低等动物,如自称大爷或称对方为孙子,或将对方比作狗,或涉及对对方长辈(尤其是女性)的侮辱。典型表达如:大爷、孙子、王八蛋、狗屁。

(9)正面结果义(14 例):多涉及春日、阳光、清水、红色、喜庆等意象。典

---

① 某些四字格表述相近,语义相同,如"天翻地覆"与"地覆天翻"、"天昏地暗"与"昏天暗地"、"地老天荒"与"天荒地老",因此我们合并统计。为节省篇幅,未注明频次的默认为仅出现 1 次,下同。

② "内牛满面"为"泪流满面"的调侃说法,多出现在青少年的语言表达中。

型表达如：风和日丽、君临天下、开春大吉、普天同庆、清江水、满堂红。

（10）夸饰义（6例）：多涉及引经据典，多为诗词题名引用或改写而成。典型例子如：今日且饮三千杯、疑是银河落九天、对影成三人、必有我师焉、《盗墓笔记》《沧海月明》《仙剑奇侠传》的。

（11）主观小量义（3例）：表达微小数量，甚至是零。典型例子如：几句、毛、毛线。

（12）不当行为义（3例）：多涉及偏离规范的情况。典型例子如：假传圣旨、脱离政府、驴唇不对马嘴。

这十二类补语基本上与"V他个＋X"构式的宣泄语义相得益彰，将说话者的感受渲染得彻底深刻、酣畅淋漓。综合来看，"V他个＋X"构式与动词的负面色彩、补语的宣泄色彩一道，构成了说话者发泄情绪的有效通道。说话者未必实施相关行为动作，而是意在表达个人性的情感或情绪体验，如愤怒、憎恨、尽兴消遣、尽情体验、无所顾忌的感受。仅仅借助语言表达，辅以想象，说话者便可游目骋怀，极致体验。在这里，语言不再用于表达记录现实，而是成为创造虚拟现实的工具、宣泄情绪的通道。

第二节　"个"与"给"主观性的互动

从语法标记蜕变而来的主观性标记"给"与"个"可以相互结合，生成更具表达色彩的主观性成分，并与构式发生融合形成下位主观性构式。参与互动的主观性构式有处置式与被动式。这类互动模式出现频次不高，但自成系统。

一、"个"与"给"在处置式中的互动

主观性标记"个"与"给"不仅可以单独出现在处置式中，分别表达出乎意料义及移情义，还可以联合出现在该构式中，使其带上浓厚的语义色彩，甚至融合为下位主观性构式。不过，在我们检索的语料中，"将个"与"给"互动的情况无一例出现，因此本书仅讨论把字句与"个""给"互动的情况。在把字句的主观性、"给"的移情倾向与"个"的出乎意料义的合力作用下，形成了稳定的［把＋个＋给］互动模式，涌现出了新的下位把字句"把个N给VP"结构。该结构同时继承了把字句的语义特征与主观性标记"给""个"的语义色彩，在表达负面处置事件的同时，表达了对受事负面遭遇的同情，同时暗含事件的

发生是说话者意想不到的。这种强烈的复杂情感是单纯的把字句及表达出乎意料义的"把个 N＋VP"构式收不到的。例如：

例(18)：谁这么狠心，把个小女孩给打成这个样子？（陈美琳《爱锁汝心》）

例(19)：遇到意见不统一时，还要及时进行适当的协调，有效的疏解，不要把事情给耽误了。（《人民日报》1998 年）

如例(18)、例(19)中的"把个小女孩给打成这个样子""不要把事情给耽误了"分别表达了说话者对小女孩遭遇的深切同情，以及对可能发生的负面情况表示不期待。

"把个 N 给 VP"构式的能产性尚不高，在 BCC 多领域语料库中仅出现 24 例。尽管如此，其构式语义及参与词项的特征还是比较明确的。我们调查了该构式的准入宾语与动词、补语的搭配模式，如表 6.5 所示。

表 6.5　"把个 N 给 VP"构式的准入宾语及动词、补语的搭配模式

N	VP	N	VP	N	VP
心	吐出来	民国	闹了出来	齐天大圣	唬的一愣一愣的
皇帝	玩完了	大美女	遮住了	小女孩	打成这个样子
活人	埋葬了	旧朝廷	改回来了	专事愚民的老胡	下了①
好人	耽误了	地道英国硕士	压下去	领袖大内的魔头	瞒住
男人	砍了	大好行程	搅了	已经成了型的男胎	打了下来
张磊	踢了出来	王丝丝小姐	挤对走了	好端端的优雅意境	破坏了
大裤裆	撑破了	专家的名号	糟蹋了	认识七八年的朋友名字	忘了
家	闲着	追魂嫂	弄得糊涂了	披着道德外衣的朱夫子	揪了出来

由表 6.5 可见，"把个 N 给 VP"构式的准入动词及补语大多带有明显的负面色彩，包括：侵犯行为，如"砍了""踢了出来""挤对走了""玩完了""打成这个样子"；破坏行为，如"耽误了""埋葬了""撑破了""糟蹋了""打了下来""破坏了"；诱骗、迷惑、恐吓行为，如"唬的一愣一愣的""弄得糊涂了""瞒住"。某些动词与补语尽管带有中性色彩，但在构式语境中偏向负面解读。如"把

---

① 这里的"下"意为"赶下台"。

个心给吐出来""把个大美女给遮住""把个家给闲着"。在 24 例"把个 N 给
VP"构式中,仅有 2 例表达相对中性的情况,如"把个民国给闹了出来""把个
旧朝廷给改回来"。另外,该构式的大部分宾语或其修饰语带有一定的情感
色彩,如"皇帝""活人""好人""大美女""大好前程""好端端的优雅意境"均带
有正面色彩,暗含说话者的正面评价;"专事愚民的老胡""领袖大内的魔头"
"披着道德外衣的朱夫子"均带有负面色彩,暗含说话者对其作为或品行不认
同;"小女孩""旧朝廷""大裤裆"中的"大""小""旧"均带有说话者的主观评
价,"大"突出不可忽视,"小"突出值得怜爱,"旧"突出不合时宜。典型情况
下,受事与谓语一正一负,两相对照,突出说话者对事件的肯定或否定态度。
受事为正面的情况下,通常暗含说话者认为受事不该被如此对待,并且事情
的发生出乎说话者的意料;受事为负面的情况下,暗含说话者认为受事的遭
受行为实属罪有应得,大快人心。整体来看,"把个 N 给 VP"构式存在编码负
面事件的偏好,这种负面偏好比普通把字句更为强烈。相较于把字句的下位
主观性构式,"把个 N 给 VP"构式化"把个 N＋VP"构式多了负面遭受色彩,
比"把……给 VP"构式多了出乎意料色彩。

二、"个"与"给"在被动式中的互动

在被动句的负面色彩、"给"的移情倾向与"个"的出乎意料义的合力作用
下,涌现出了新的下位被动构式"被/叫/让＋个 N 给 VP"结构。该结构同时
吸收了三个主观性成分的语义特征,不仅表达了对受事负面遭遇的同情,而
且暗含了事件的发生是说话者意想不到的,表达出说话者的出乎意料之义。
这种强烈的复杂情感是单纯的被动结构及表达移情义的"被动标记＋给"结
构收不到的。

除了被动标记、"个""给"本身所传达的主观性,在"被/叫/让＋个 N 给
VP"结构中,施事通常也带有感情色彩,在施事与动词或受事之间通常存在一
定的张力,在说话者看来施事不是最能胜任动作的人,或施事不配得到受事。
为凸显这一张力,句中通常有表出乎意料义的预期副词,如例(20)中的"不
巧";或者整个句子被置于对比语境中,如例(21)中"难得一见的美少女"与
"小女生"形成了对比,解释了"被迷的(得)惊慌失措"的合理性。

例(20):老尼姑觉得身体不适,于是就叫个小尼姑拿着她的尿
样去医院检查。不巧半路被个妇女给撞洒了。(微博)

例(21)：多大年纪了，居然会被个小女生给迷的惊慌失措，不过没办法嘛！谁教她是难得一见的美少女。（孟华《藏心》）

(一)[被十个十给]互动模式

在主观性的互动作用下，被字句与主观性标记"个"与"给"形成[被十个十给]互动模式，融合为"被个 N 给 VP"构式。基于 BCC 多领域语料库的调查，"被个 N 给 VP"构式出现了 25 例，其准入宾语及动词、补语的搭配模式如表 6.6 所示。

表 6.6　"被个 N 给 VP"构式的准入宾语及动词、补语搭配模式

N	VP	N	VP	N	VP
妇女	撞洒了	浑小子	追跑了	一向温顺的姑娘	扇了一巴掌
短信	骗了	小女生	迷的惊慌失措	异想天开的平凡少女	缠住了
猫	换了	越南妹	打乱了	一心想着哥哥的妹妹	附身了
老妇人	吓住	死男人	挤的扭伤了	二用握手券	甩了
生的①	刮了	什么冤鬼	附下体来似的	出门不带脑子的女人	伤到了
男人	抢了（去）	腹黑女王	欺负去了	缺②	忽悠了
妖娆男	剪掉了	SB	抽死了	女人	推到烂泥堆里去
破柜子	搅了	顽强的电话	打醒了	比我小很多的	玩了

由表 6.6 可见，"被个 N 给 VP"构式的大部分准入动词及补语带有明显的负面色彩，包括：侵犯行为，如"抢了（去）"（2 例）、"挤的（得）扭伤了""推到烂泥堆里去""欺负去了""打醒了""抽死了""扇了一巴掌""伤到了"；破坏行为，如"撞洒了""剪掉了""搅了""打乱了"；诱骗、迷惑、恐吓行为，如"骗了""追跑了""迷的惊慌失措""吓住""甩了""忽悠了""玩了"；纠缠行为，如"附下体来似的""缠住了""附身了"。这一点与"被个 N 给 VP"结构对动词语义属性的负面偏好是一致的。同时，该结构的典型施事名词带有负面情感色彩，如"妖娆男""破柜子""老妇人""浑小子""小女生""什么冤鬼""腹黑女王""死男人"；部分施事在特定情况下带有负面色彩，如"妇女"

---

① 指陌生的"的士"（出租车）。
② 指缺德的人。

"女人""男人"。例如：

例（22）：我的准老婆啊，居然在结婚当天被个男人给抢了去！
（连清《寻爱，穿梭一千年》）
例（23）：一下午的好心情被个破柜子给搅了。（微博）

例（22）中，准老婆被其他男人抢去，对说话者而言不仅是严重损失，更是奇耻大辱；更别说还是在结婚当天被人抢去，说话者的愤慨、委屈、羞辱、出乎意料之情难以言喻，普通的被字句甚至"被……给 VP"结构已经难以传递出说话者复杂的情感。［被＋个＋给］的叠加使用则可收到这样的效果，在表达说话者的愤怒、羞辱之情的同时，巧妙地暗含结婚当天被人抢老婆这件事超出说话者的预期，纯属意外。例（23）中，好心情被破坏，说话者深感懊恼，普通被字句虽能传递出这种恼火的感觉，但力度不及"被……给 VP"结构，"给"的添加突出了心情从云端跌到谷底给说话者带来的落差感。而这种落差的始作俑者居然是一个小小的柜子，这就更令人心理不平衡了，说话者只有通过表达出乎意料义的"个"来渲染这种意外心理，通过对始作俑者柜子施以负面评价"破"来泄愤。

（二）［让/叫＋个＋给］互动模式①

在主观性的互动作用下，"让"字句、"叫"字句分别与主观性标记"个"与"给"形成［让/叫＋个＋给］互动模式，融合为"让/叫个 N 给 VP"构式。同"被个 N 给 VP"构式一样，"让/叫个 N 给 VP"构式融合了被动标记、"给"与"个"传递的主观语义特征，既表达了对受事负面遭遇的同情，又暗含了说话者的出乎意料之情。

基于 BCC 多领域语料库的调查，"让个 N 给 VP"构式出现了 10 例，其准入宾语及动词、补语的搭配模式如表 6.7 所示。

---

① 鉴于［让＋个＋给］与［叫＋个＋给］组合模式用例较少，且"叫"与"让"语义较为接近，我们合并论述。

表 6.7 "让个 N 给 VP"构式的准入宾语及动词、补语搭配模式

N	VP	N	VP
土匪	糟蹋了	王京治	毁了
跳梁小丑	弄得心惊肉跳	小女娃	耍得灰头土脸
SB	玩了	物件儿	控制住了
老乡	涮了	少女	识破
破雅阁	撞上	下三滥的混蛋副官	甩了

由表 6.7 可见,进入"让个 N 给 VP"构式的动词及补语均带有明显的负面色彩,包括:耍弄类,如"耍得灰头土脸""玩""弄得心惊肉跳""涮";控制破坏类,如"糟蹋""撞上""控制住""毁"。其准入动词类型不及"被个 N 给 VP"结构丰富,涉及诱骗、迷惑、恐吓行为的动词没有出现,但两者的语义偏好大致是相同的,均对动词有负面色彩要求。就施事而言,部分名词带有内在的负面色彩,如"土匪""跳梁小丑";部分名词凸显出说话者出乎意料或不屑一顾的口气,如"老乡""破雅阁""物件儿""王京治""小女娃"。例如:

例(24):这个案子连我这样一个人也让个跳梁小丑给弄得心惊肉跳。这都是你们的责任!(何培忠/译《野性的证明》)

例(25):本来可以擒到金鹏,拿到密信,立上大功一件,可是这一切全让个王京治给毁了。(学堂三笑《同窗情深之万恶江湖篇》)

在例(24)中,说话者本是身经百案的老法官,面对小案件完全可以做到气定神闲,从容不迫,可是这个看似普通的案子却出乎说话者的意料,一个不被他放在眼里的"跳梁小丑"却能让一个老法官心绪不宁,坐立不安。这里说话者既传达了自身因案件而带来的损失(负面情绪),也表达了案件的发生超出说话者的意料。在例(25)中,"王京治"虽然是专有名词,但说话者在前面加了"个",暗含不把对方放在眼里的意味。本可手到擒来立上大功,结果却因"猪队友王京治"的失误害得煮熟的鸭子飞了,前后两相对比,说话者又是生气又是意外,不由得迁怒于这个"猪队友"。

基于 BCC 多领域语料库的调查,"叫个 N 给 VP"构式仅出现 2 例,其准入动词不限于负面动词,如"落下",也可以带有正面色彩,如"搀起来";施事名词具有一定的显著特征,或带有贬义色彩("妇人"),或带有新奇色彩("外国兵")。例如:

例(26)：至少他可以把她落下几丈多远，现在，居然叫个妇人给落下多远；他心中也有点后悔。(老舍《二马》)

例(26)属于自由间接言语，说话者站在叙事者的立场捕捉其心理特征。"龟兔赛跑"，"他"本是稳赢的一方，不料却被"乌龟"妇人远远甩在后面，这件事远远超出了"他"的预期，对"他"的尊严及自信无疑是一种打击，同时对对方也有种不屑一顾的心理。这种复杂心理通过"叫个 N 给 VP"构式及反预期副词"居然"惟妙惟肖地体现了出来。

第三节　本章小结

语法范畴在主观性的表达上可以划分为三种情况：第一种是内在表达主观性的情况，即语法形式本身就与主观性紧密相连。第二种是从常规语法范畴中分化出主观用法的情况，这意味着某些语法形式在常规情况下并不是用来表达主观性的，但在特定的语境或语篇中可以用来传达主观性。第三种是从常规语法标记中分化出主观性标记的情况，这些标记在特定的语境或语篇中被用来传达说话者的主观态度、情感或观点。

这些主观性成分可相互叠加，生成更大的主观性结构。本章重点考察了[他＋个][个＋给]两大互动模式。考察表明，从语法范畴内部分化出的主观性标记可彼此发生互动，形成更大的主观性结构，传递出表达色彩更浓厚的主观性语义，并可进一步与主观性构式结合生成下位主观性构式。如[他＋个]组合模式与动词进一步融合成表达宣泄义的"V 他个"构式，[个＋给]组合模式分别与处置式、被动式结合生成"把个 N 给 VP""被/让/叫＋个 N＋给VP"构式，在表达说话者移情的同时传递出出乎意料之义。

第七章　汉语构式范畴内部的主观性互动模式

在汉语构式范畴内部，携带主观性的构式可两两发生互动，彼此融合形成新的主观性构式。本章着重探讨了被字句与把字句主观性的相互作用、受事主语句与领主属宾句在主观性效果上的彼此加强，以及被字句与领主属宾句之间的主观性互动。通过基于语料库的统计分析，我们对新构式的语义特征进行了界定。

第一节　被字句与把字句主观性的互动

一、"把被"共现句：被字句与把字句主观性互动的产物

作为汉语中公认的携带主观性的构式，被字句与把字句的主观性可进一步发生互动，融合为新的"把被"共现句。《八百词》（吕叔湘，1999:57）已经注意到，"把"字结构和"被"字结构可同时出现在句子的状语位置，形成"被……把 N＋VP"这样的特殊表达。① 例如：

> 例（1）:牲口被套绳把腿绊住了。（吕叔湘，1999:57）
> 例（2）:这调皮鬼被我把他赶走了。（吕叔湘，1999:57）

---

① 另外还有一种所谓的"被""把"同现套用句(闫娇莲，2008)，"被"与"把"紧邻出现，如例（1）、例（2）中的"被把脖子切开""被把包翻个底朝天"。这种结构较为另类，限于篇幅，本书不讨论。

  例（1）:她在脑外科，很多病人，我也不知道为什么，脑外科的人会被把脖子切开，插管。

  例（2）:她说在机场的时候，别人都要安检，就连美国人都被把包翻个底朝天。

例(1)中,"牲口被套绳把腿绊住了",绊住的是"腿",而这"腿"是"牲口"的"腿",因此受影响的不仅有"腿",还有"牲口"。"被套绳"与"把腿"共现,强调了"套绳"对"腿"的处置,同时凸显了"牲口"因"腿"而连带受到负面影响。例(2)中的"这调皮鬼被我把他赶走了",赶走的对象是"他",而"他"回指"调皮鬼",因此被赶走的对象事实上是"调皮鬼"。"被我"与"把他"合力共现,强调了"我"对"他"的处置,同时暗含"调皮鬼"所受到的影响。这种表达效果来自被字句与把字句的语义特征的合力贡献。

关于"把被"共现句,学界有不同的称呼。刘继超(1997)称之为"被把"同现句,曾常红(2006)称之为"被字构件"与"把字构件"套用,邵敬敏(1983)称之为"把"字句与"被"字句合用。为呼应本书的主题"主观性成分的共现模式",我们称之为"把被"共现句。

"把被"共现句可表现为两种结构:"NP_1 被 NP_2 把 NP_3 + VP"与"NP_1 把 NP_3 被 NP_2 + VP"。[①] 句中 NP_1 因施事 NP_2 对受事 NP_3 的影响而受影响,即 NP_1 所受的影响源于 NP_1 与 NP_3 之间特殊的语义关系(领属、等同、复指)而由 NP_3 传递来的,表达了 NP_1 强烈的受影响义,是说话者对于 NP_1 的一种主观移情。"NP_1 被 NP_2 把 NP_3 + VP"结构的典型例子如例(3)、例(4)中的"被冷风把耳朵割去""被人把眼球剜了出去"。"NP_1 把 NP_3 被 NP_2 + VP"结构的典型例子如例(5)、例(6)中的"把血汗钱被他骗去""把钱被人偷了"。

例(3):然后他又从火车上下来,走了很远的路,几乎被冷风把耳朵割去。(王小波《似水流年》)

例(4):原来瞎子这对眼睛是被人把眼球剜了出去,连眼皮都被剥掉了一部分。(天下霸唱《鬼吹灯》)

例(5):奉劝世间的嫖客及早回头,不可被戏文小说引偏了心,把血汗钱被他骗去。(徐福翠,2011)

例(6):"你爹运气不好,把钱被人偷了。"你说,俺爹有啥罪?(徐福翠,2011)

比较而言,第一种结构更强调受事的负面遭遇,表达了说话者对受事的深切同情。例(3)、例(4)中"把"处置的对象均为受事身体的一部分:"耳朵"

---

① 第二种结构出现频率较低,限于篇幅,本书重点考察"S 被 NP_1 把 NP_2 VP"结构。

"眼球"。这种不可让渡的领属关系的丧失,对受事而言显然属于莫大的损失。若改为属格表达,其表达效果将大打折扣。不妨对比:"被冷风把耳朵割去""耳朵被冷风割去";"被人把眼球剜了出去""眼球被人剜了出去"。第二种则隐含说话者认为受事本身对事件的发生负有责任,如自己不小心或轻信他人。如例(5)中,在说话者看来,嫖客的血汗钱被人骗走,属于咎由自取,是他们"被戏文小说引偏了心"的结果。例(6)中,当对方说"你爹""把钱被人偷了"时,说话者为父亲辩解:"俺爹有啥罪?"

被动式和处置式结构整合属于句式截搭或杂糅的情况,强受事性和弱施事性两大共性是被字句和把字句能够"嫁接"的语义基础(闫娇莲,2008:13)。这种嫁接离不开说话者的主观识解。作为公认的带有主观性的句式,被字句与把字句的结合使二者的主观性强强联合,进一步凸显了说话者的主观情感或立场。在"把被"共现句中,NP$_1$并非真正意义上的受事,而是意念上的受事,是说话者的移情对象。由于NP$_1$与NP$_3$之间特殊的语义关系,如领属、等同、复指关系,NP$_1$因施事NP$_2$对受事NP$_3$的影响而受影响,说话者由此表达了对NP$_1$的主观移情。

"把被"共现句的主观性体现在句子不仅客观地表述了施受事件的发生,还体现了说话者对事件的观点、态度或情感。说话者主观上认为,动作VP影响到了NP$_1$,NP$_1$因NP$_2$对NP$_3$的影响而受到影响,继而移情于NP$_1$。徐福坤(2011)据此将"把被"共现句的构式义界定为"强烈的受影响义和主观移情义"。下面的例子可以说明这一点:

例(7):冬天到了,养狗的同学都留个神,别一不小心就被人把狗给摸走了下火锅。(微博)

例(8):我们两个出来找兼职被人把钱包偷走了。(微博)

在例(7)中,动作"摸走"的真正对象是"狗",而主语作为"养狗的同学"的领有者而受影响,这是说话者主观上建立的一种受影响关系。"养狗的同学"与"狗"之间的领属关系帮助句子达成了这种受影响义的转移,从而使说话者主观移情于"养狗的同学"。在例(8)中,被偷的是钱包,但主语"我们两个"作为"钱包"的主人而在主观上受到了影响,如钱包没了这个月生活费要少了,或者没钱坐车只能走路回家了。

从历时来看,"把被"共现结构始现于北宋时期,并在后世延续了下来。北宋出现2例:被鬼把头鬘拽、被守把老阇促将去,见例(9)、例(10)。南宋出现 1 例:被伊把黄泥蓦口塞,见例(11)。元代出现 2 例:被婆子把甜话儿偎他、被东君把你个蜜蜂拦住,见例(12)、例(13):

例(9):增妻正见纸上有一妇人,<u>被鬼把头髻拽</u>,又一鬼,后把棒驱之。(李昉等《太平广记》)

例(10):才到那里,便<u>被守把老阇促将去</u>,云:"这里不是久立处。"(黎靖德《朱子语类》)

例(11):向伊与么道。<u>被伊把黄泥蓦口塞</u>。还怪得他也无。(赜藏《古尊宿语录》)

例(12):两个丫环<u>被婆子把甜话儿偎他</u>,又把利害话儿吓他,又教主母赏他几件衣服。(《元代话本选集》)

例(13):你硬入桃源路,不言个谁是主,<u>被东君把你个蜜蜂拦住</u>。(王实甫《西厢记》)

由上述例句可见,"把被"共现句的动词多带有负面色彩,即便在动词无明显受损色彩的情况下,该结构表达的仍然是受事受损的情况。相比之下,常规被字句表达的受损义通常离不开动词语义的贡献。早期被字句完全表达受损义,仅携带简单动词,因此其遭受色彩直接来自动词的负面语义。可以假定,相对于常规被字句,"把被"共现结构属于从中分化出的下位主观性构式。

二、语料库调查

基于 BCC 多领域语料库调查,我们就"把被"共现句的宏观结构及语义特征进行了考察,包括"被"的典型施事、"把"的典型宾语及准入的典型动词。表 7.1 统计了"把被"共现句中"被"的典型施事。

表 7.1 "把被"共现句中"被"的典型施事①

施事类型	次类	例词
属人类施事	泛称	人、人们
	亲属	表姐、老爹、奶奶
	负面称谓	小偷(8)、强盗、杀手、傻子、军阀、间谍、对手、疯子、黄牛、胖子
	中性称谓	按摩师、胜利者、老师、太子、同事、班主任、女人、佛祖、兵士、士兵、老农
动物类施事		野狗、老鼠
无灵施事	自然物	风(2)、冷风(2)、树枝(2)、风沙、树杈、引力、潮水
	体液	胃酸
人造物类施事		东西、飞机、汽车、手扶拖拉机、轿子、麻绳、铁链、空调、奢侈品、互联网、药水、Pad(平板电脑)

从表 7.1 来看,进入"把被"共现句的施事共计 51 例。整体来看,以属人类施事居多,其中泛称表达 36 例;涉及特殊身份或职业类施事 21 例,其中蕴含负面色彩的 11 例,如"小偷""强盗""杀手""傻子""军阀""间谍""对手""疯子""黄牛""胖子";蕴含中性色彩的 10 例,包括"按摩师""胜利者""老师""太子""同事""班主任""女人""佛祖""兵士""士兵""老农";亲属类施事 3 例,如"表姐""老爹""奶奶"。动物类施事不多,仅有"野狗""老鼠"各 1 例。其余为无灵施事,包括自然物 10 例,如"风沙""树枝""引力""潮水";以及人造物类施事 11 例,如"飞机""汽车""铁链""药水"。

接下来,我们统计了"把被"共现句中"把"的典型宾语,见表 7.2。

表 7.2 "把被"共现句中"把"的典型宾语

宾语类型	例词
身体部位类	脸(9)、胃(3)、脚(3)、耳朵(2)、眼睛(2)、脑子(2)、肉(2)、鼻子(2)、血(2)、身体(2)、头发、腿、腰、内脏、手指、头皮、骨头、尸首、眼球、脑袋、脑门
钱财类	钱(6)、钱包、票、财产
电器类	扩音器、电话、电视
空间方位类	大门、出口、入口、祖茔、路

---

① 为节省篇幅,未注明用例频次的情况默认为 1 例,下同。

续　表

宾语类型	例词
成分材料类	水分、光、面、糖、水、屎
有生类	根(2)、妖精、狗、小黑、鱼、花瓣
工具服饰类	匕首、弓、汽车、车轱辘、碗、短裤、脖领子
抽象概念类	灵魂、价值观、心情、智商、家、局势、比分、情报、情节

　　从表 7.2 来看，就"把被"共现句的受事而言，"把"的宾语中涉及身体部位的处置最常见，包括 39 例，最常见的如"脸""胃""耳朵""眼睛""脑子""肉""脚""鼻子"，多涉及伤害、残损等动作，如剜眼球、戳瞎眼睛、割去耳朵、削掉脑袋、划坏脸、挖出内脏、绑住脚、割下肉。另外，涉及金钱类的有 6 例，如"钱""钱包""票""财产"，分别涉及偷、抢、骗、赚。

　　因身体部位在"把"的宾语中占据的比例相当大，我们围绕这类"把被"共现句进行了更细致的调查，统计出其所编码的事件类型，如表 7.3 所示。

表 7.3　"把被"共现句中受事涉及身体部位的情况

身体部位	所涉动作
脸部	把脸打扁(2)、把脸踩到泥里了、把脸上抓了一下、把脸划成这样、把脸给硬生生的扇肿了、把脸吹歪了、把脸毁了
脑袋及其附属物	把脑袋削掉、把脑子踢了、把脑子弄残了、把脑门拍成二郎神、把天灵盖掀了、把尸首砸碎、把头发弄散、把头皮揭了下来
五官	把耳朵割去、把耳朵咬掉、把眼睛抠瞎了、把眼睛戳瞎了、把眼球剜了出去、把鼻子打青了、把鼻子塞进被子里
四肢	把脚全绑在一起(2)、把脚压了、把手指抽出血来、把腿抓破皮了
骨肉血液	把全身骨头抖散了、把肉都割下来了、把指甲旁边的肉划到了、把血都抽光了、把血喝干了
脏器	把胃烧坏、把内脏都挖出来了
身体整体	把身体扯成两段、把身体压断了一样的痛
其他部位	把腰部击伤了、把嗓子彻底搞哑了

　　接下来，我们考察了"把被"共现句的典型准入动词，如表 7.4 所示。

207

表 7.4 "把被"共现句的准入动词

动词类型	所涉动作及其频次
毁坏类	打扁(2)、击伤、抽出血、打青、烧坏、弄残、扇肿、吹歪、咬掉、搞哑、毁、抓破皮、掐成二郎神、抠瞎、戳瞎、扯成两段、压断、砸碎、揉碎、碰坏、搅得更浑、划成这样
动作类	揭、塞进、埋住、收、闭、转移、堵、堵了个严严实实、插入体内、翻出来、挖出来、抓在手中、装在袋里、绑在一起、拍得山响
剥夺类	偷走(2)、骗走、抢、叼走、夺去
分离类	削掉(2)、剜了出去、割、割去、割下来、扒下来、弄散、抖散
强力类	踢、抓、踩到泥里、划到、压、揪住、赚去、占、摘走
耗费类	抽光、喝干、吸干、吃尽、淘空、买光

基于表 7.4，"把被"共现句的准入动词大致可分为六类：毁坏类、动作类、剥夺类、分离类、强力类、耗费类。毁坏类动词多涉及打、烧、咬、毁、抓、扯、砸等破坏行为及其后果，无一例外属于负面情况，如"打扁""吹歪""搞哑""抠瞎""砸碎"。同样高度负面的还有剥夺类动词，如"偷走""骗走""抢"。动作类动词在"把被"共现句中的出现比例也不小，大部分聚焦于动作行为本身，接续地点状语或趋向补语，基本上不涉及结果补语。这类"把被"共现句相对比较中性。分离类动词多涉及将部分从整体中强行分离出去的情况，因此同样属于高度受损的情况。另外，强力类动词多涉及强制性的行为，对受事而言带有胁迫和遭受意味。耗费类动词涉及对某种物资或资源的消耗，值得一提的是，该构式中的这类动词无一例外都涉及完全耗费义，如"抽光""吸干""吃尽"。尽管其受损义并不明显，但显然暗含负面影响，如吃光喝尽后弹尽粮绝，无以为继。

整体来看，除第二类动词外，其他五类动词或多或少都带有负面色彩，在"把被"共现句中占据的比例最大，说明该构式对高度负面的动词存在偏好。就宏观结构而言，"把被"共现句涉及"把 N＋V 了"结构的有 51 例，占全部句子的 60％。由于主观性标记"了"的介入，"把 N＋V 了"结构带有比把字句更强的主观性，消极评价意义构成了其主导语义特征。"把被"共现句显然继承了这一语义特征。这印证了词项的负面色彩与构式的负面语义存在"共振"效果，两者在语义色彩上彼此和谐，相互加强，强化了事件的受损色彩，同时暗含说话者对受事遭遇的同情。已有研究表明，"把被"共现句多用于描述消极情况，至少是"说话者主观上不希望发生或无法控制的情况"（朱敏，2007）。

基于语料库的调查支持了这一结论,印证了"把被"共现句蕴含强烈的受影响义和说话者的移情。

第二节 受事主语句与领主属宾句主观性的互动

一、主观丧失句:受事主语句与领主属宾句的主观性互动的产物

受事主语句与领主属宾句是汉语主观性的重要结构载体,两者的主观性可进一步发生互动,融合为表达"主观丧失"义的新构式,我们称之为"主观丧失句"。以往讨论得较多的例(14)事实上属于这类构式。

例(14a):王冕死了父亲。(沈家煊,2006)

例(14b):他飞了一只鸽子。(沈家煊,2006,291)

沈家煊(2006:296)指出,"王冕死了父亲"这句话是 x 项"王冕的父亲死了"和 b 项"王冕丢了某物"两个小句的糅合。如下所示,y 项的产生正是 x 项和 b 项糅合的产物,b 项截取的是它的结构框架,x 项截取的是它的词项。他认为,x 项和 b 项之间存在着"因果糅合",即"王冕的父亲死了"(因)→"王冕失去了某物"(果)。

a. 王冕的某物丢了　　b. 王冕丢了某物

x. 王冕的父亲死了　　y. ＿＿＿←xb 王冕死了父亲

沈家煊先生的分析对表达丧失义的领主属宾句是有效的,但无法涵盖表达得到义的情况,如"村子里来了个年轻人"。失比得的情况更能引发说话者的同情,就这一点来讲,两者也不适合等量齐观。在我们看来,更恰当的分析思路是将其处理为受事主语句与领主属宾句融合的情况。领主属宾句表达主观得失的情况(沈家煊,2009),而受事主语句中主语是动作的承受者(龚千炎,1980)。融合句继承了受事主语句的语义选择限制,因此要求主语只能为受事;同时也继承了领主属宾句的语义选择限制,因此要求主语与宾语之间存在领属关系。在主观性的互动作用下,两个构式发生融合,表达受事遭受

所有物失去的情况。说话者通过在形式上将受事与其领有对象分离开来,使得遭受意味更为凸显。这类句子在表达客观丧失关系的同时融入了说话者的主观认定,因此我们称之为主观丧失句。在主观丧失句中,形式上领有者与领有对象的分离与语义上的丧失相互呼应,因此其主观性较之于融合前的构式更强。这解释了为什么"王冕死了父亲"较之于"王冕的父亲死了",表达的损失意味更为浓烈,暗含说话人认为在不该失去父亲的年纪失去了父亲(沈家煊,2006,2009)。

在主观丧失句中,说话者把主语看作同情的对象,即说话者的移情对象。对于求之不得、得而复失的东西,人们一般会寄情其中。对于至亲的离去、重大财产的损失,其所造成的失去往往都是不可挽回的,由此带来的主体的伤痛也尤为巨大,而这种情况最能引发说话者的移情。因此不难发现,主观丧失句的典型准入动词为"死""跑""没"等。如例(15a)、例(16a)中的"柳才儿……死了爹娘"与"男人跑了老婆":

例(15a):这柳才儿才十六岁,却是自幼死了爹娘,还读过几天书,认识几个字,是城里刘员外的书童。(萧逸《七禽掌》)
例(15b):这柳才儿才十六岁,却是自幼爹娘死了,还读过几天书,认识几个字,是城里刘员外的书童。
例(16a):因为据她所知,男人跑了老婆,对于面子自尊都是很大的打击。(言妍《荒雾奇缘》)
例(16b):因为据她所知,男人老婆跑了,对于面子自尊都是很大的打击。

领主属宾句可还原为常规领属结构,如例(15b)、例(16b)所示,"柳才儿……死了爹娘""男人跑了老婆"分别可还原为"柳才儿……爹娘死了""男人老婆跑了"。但两者存在细微差别:后者中说话者只是简单地陈述事实,不带有同理心;前者则是强调"失去"给主语带来的不利影响,同时伴有说话者对主语遭遇的同情。与(b)例相比,(a)例的丧失或损失义更突出,主观性更强。相对于"爹娘死了","死了爹娘"除了表达失去义之外,在句式的糅合下还涌现出新的意义,即"柳才儿是受害者"。相对于"男人老婆跑了","男人跑了老婆"的表达强调了主语与宾语之间领属关系的丧失,暗含"老婆跑了"对男人而言是一种巨大损失,并因此而受到影响。再如:

例(17):这小女子命真苦,去年死了爹,今年又死了娘:落得无依无靠,全靠一些老哥儿们凑合抚养。(聂云岚《玉娇龙》)

例(17)中,"去年死了爹"和"今年又死了娘"通过结构上排比、语义上递进的手法,将一个苦命的小女子形象淋漓尽致地勾勒了出来,说话者对小女子的深切同情也跃然纸上,很容易让读者为之动容。若将其换为平铺直叙的"去年爹死了,今年娘又死了",则远远收不到这种效果,甚至显得说话者麻木不仁,毫无恻隐之心。

主观丧失句的主观性体现在说话者对受事主语的移情上,具体表现为受事因领属关系的丧失而导致物质或情感上的受损,这种损失通常是无法挽回的。在主观丧失句中,负面语义已经凝结到构式中去。这类构式可纳入 Smith(2005)描述的受影响构式范畴。受影响构式的典型特征是事件的描述义被背景化,受影响义得到凸显。作为专门表达"受损"义的构式,受影响构式可视为受损事件的编码化表达,同属这类范畴的还有东南亚语言中的受损被动句、汉语中的领主属宾被字句(如"张三被李四打折了一条腿")。① 与主观丧失句的意蕴最为接近的是领主属宾被字句。后者在结构上同样可还原,其命题义不变,仅仅是减弱了表达色彩。如例(18)所示,领主属宾句"陈小姐前几天被偷了包"可还原为"陈小姐前几天包被偷了",但还原后受损意味变弱,前者更能传递出损失惨重的意味。

例(18a):陈小姐前几天被偷了包,里面有手机、银行卡和现金等等。(《都市快讯》2003 年)
例(18b):陈小姐前几天包被偷了,里面有手机、银行卡和现金等等。

二、语料库调查

基于 BCC 多领域语料库,我们以"V 了 N"为检索式提取了主观丧失构式的典型参与动词,如表 7.5 所示。

---

① 在语义内涵上,主观丧失句与日语中的间接被动句最为接近。间接被动句由不及物动词引导,暗含受事的遭受意味。不过,日语不允许其他表达方式,汉语主观丧失句则可还原为常规领属结构。

表 7.5 "V 了 N"主观丧失构式的典型参与动词

V	频次	V	频次
死	371	破	11①
没	35	断	11
跑	23	飞	2
掉	19	沉	2

由表 7.5 可见,主观丧失句的准入动词多表示消失、毁坏、丢失等,如"死""没""跑""掉""破""断""沉"。这些动词均属于非宾格动词,其负面受损色彩浓厚。其中,"死"占压倒性多数,其丧失意味最为浓厚。此外,"没""跑""破"也属于主观丧失句的典型参与动词。典型搭配模式如"死了爹""死了娘""跑了媳妇""跑了犯人""破了皮""破了边""没了爸爸""没了魂""掉了手机""掉了门牙""断了翅膀""断了手""飞了鸽子""沉了船""塌了桥"。整体上看,主观丧失句所编码的受事与宾语的领属关系主要涉及亲属关系,尤其是至亲关系,通常是不可让渡的;其次是所有权关系,尤其是大额财产,通常是可让渡的。

接下来,我们以最高频的"死了 N"与"跑了 N"构式为例,通过考察构式所准入名词的特征,管窥受事与宾语之间的关系,从而更好地确定该构式的构式义。表 7.6 与表 7.7 分别统计了高频子构式"死了 N"与"跑了 N"的准入名词类型。

表 7.6 "死了 N"子构式准入的名词类型

N	频次	N	频次	N	频次
妈②	55	孩子	19	老伴	4
爹	50	爹娘	12	好几头牛	1
儿子	41	女儿	11	86 头牛	1
父亲	41	爹妈	7	数百只鸭子	1
娘	31	爸爸	4	一头小猪	1
亲爹	19	亲娘	4		

---

① 我们实际检索到"破了 N"23 例,但"袜子/裤子/鞋子/盆破了洞""缸/丝网破了口子"这类表达(共 12 例)严格意义上不属于领主属宾句,因为宾语在动作发生前并不存在,故予以排除。符合该构式的典型表达如:嘴巴/嘴角/拳头/额角破了皮、袖口破了边。

② "死了妈"与"死了爸妈"部分例子用于咒骂,属于非指称用法,需要予以排除。

由表7.6可见，"死了N"构式最高频的领有对象涉及至亲父母，如"妈""爹娘""父亲""亲爹""爸爸""爹妈""亲娘"；其次是子女，如"女儿""孩子""儿子"；再次是夫妻，如"老伴"。这些均属于不可让渡的领属关系。涉及所有权关系的丧失，"死了N"接续的领属对象多为牲畜，如"牛""鸭子""小猪"，属于可让渡的领属关系。显然，不可让渡的领属关系的丧失，对受事而言受损色彩更重。值得一提的是，"死了老伴"出现4例，但"死了老婆""死了丈夫"这样的用例并未出现。我们猜测，这是因为前者更能体现受损意味，俗话说"年少夫妻老来伴"，老年丧偶从某种意义上来讲更为不幸。整体来看，该构式继承了"死"的语义选择限制，即要求接续有生名词。例如：

例（19）：老队长出生四个月就死了娘，他父亲被生活逼迫卖掉了他七岁的姐姐。（《人民日报》1969年）

例（20）：单科告诉我们，因为缺水、缺草，去冬今春，他家已经死了40多头牛。（《人民日报海外版》2002年）

从小没有了妈妈，对孩子而言无疑是人生第一大不幸，尽管例（19）中采用的是转述而非直陈的说法，但其受损意味依然可见一斑。若替换为"老队长出生四个月娘就死了"，则无法凸显老队长幼年丧母之苦难，也无法凸显叙事者对他的深切同情。例（20）中，他家本靠养牛维持生计，结果40多头牛都死了，对家庭经济无疑是个重创。说话者没有采用"40多头牛都死了"这样的说法，而是采用受损意味更浓厚的"他家已经死了40多头牛"，更能凸显出说话者对遭受主体的移情。

表7.7　"跑了N"子构式准入的名词类型

N	频次	N	频次	N	频次
人	3	妻子	1	老大	1
老婆	3	媳妇	1	病人	1
丈夫	2	朝廷钦犯	1	方舟纸老师	1
牛	2	消费者	1	暖气	1
犯人	2	牲口	1		
老公	1	瞌睡虫	1		

从表7.7来看，"跑了N"构式主要涉及两类宾语。一类是人，尤其是涉及夫妻关系的情况，其次是与主语存在利害关系的对象，如犯人、钦犯、消费者、

病人。对前者而言,妻子或丈夫跑了不仅仅是一种损失,更是一种耻辱,甚至意味着背叛,对个人的打击不可谓不大。对后者而言,有重要利害关系的对象跑了,意味着责任主体的失职,必然面临着被责罚,甚至被降职的风险。另一类是牲口,与主语存在所有权关系,其逃跑对主语而言意味着财产的损失。从其搭配的名词来看,该构式整体上继承了"跑"的语义选择限制,即通常要求有生名词,有腿。不过,在主观丧失构式中,"跑"引申为"逃逸"义,因此隐喻表达"跑了暖气""跑了瞌睡虫"也是成立的。例如:

例(21):一个村谁家丢了鸡跑了牲口,另一个村一会儿就知道。(吕厚龙《老八》)

例(22):我们排里三天前跑了一个人。还是参军的哪!(《人民日报》1962年)

如例(21)、例(22)所示,家里跑了牲口,排里跑了人,于家里、于排里而言均是一种损失,意味着财产损失或面临被问责的风险。

为了进一步考察领有者与领有对象之间的语义关系,我们以"N₁没了 N₂"为例进行了语料库统计,见表7.8。

表 7.8 "N₁没了 N₂"构式领有者与领有对象的语义关系

N₁	N₂	N₁	N₂	N₁	N₂	N₁	N₂
人	理智	螃蟹	腿	整个人	信号	人	魂
生命	色彩	心	知觉	男人	娘	人生	意思
儿子	爹	权力	底线	小孩子	爱情	经商之事	下文
民族	主①	社会	标准	小表妹	爸爸	水龙头	水
本主	声音	身体	棱角	医疗	底线	公司	朝气
故事	进度	男人	面子	法律	底线	伴侣	记忆
月亮	光线	玩具车	电池	学校	网	酒吧	吧台
人生	梦想	感觉	色彩	道德	底线	新闻	底线
世界	声音	男人	安全感	人	目标		

统计表明,"N₁没了 N₂"构式中领有者与领有对象的语义关系可分为四

---

① 这里的"主"是"主人"的缩略,全句为"一个民族没了主,一个国度没了首"(微博)。

类：一是具体的不可让渡的领属关系，如"儿子—爹""男人—娘""孩子—爸爸""螃蟹—腿""本主—声音"；二是抽象的不可让渡的领属关系，如"人—魂""人—理智""心—知觉""伴侣—记忆""民族—主"；三是具体的可让渡的领属关系，如"玩具车—电池""学校—网""月亮—光线""水龙头—水""酒吧—吧台""世界—声音"；四是抽象的可让渡的领属关系，如"男人—面子""人—目标""人—梦想""人生—意思""男人—安全感""公司—朝气""人—信号""小孩子—爱情""生命—色彩""故事—进度""社会—标准""道德/医疗/法律/新闻/权力—底线"。越接近第一类，受事越具体，对受事造成的损失越直观越惨重，说话者的移情越明显。越接近第四类，受事越抽象，对受事造成的损失越间接，越难以量化，说话者的移情越不明显，有些情况更近乎对社会、团体不良风气或习惯的抱怨、吐槽。

第三节　被字句与领主属宾句主观性的互动

一、领主属宾被字句：被字句与领主属宾句的主观性互动的产物

作为表达主观性的重要结构载体，被字句与领主属宾句可发生互动融合，其结果是生成领主属宾被字句。领主属宾句的宾语附着在被字句的动词后，使得其再带上一个名词做宾语。而被字句的动词后一般不接续宾语，因为受事已经用作主语。因此，这种情况又称"保留宾语"的被字句。领主属宾被字句是汉语特有的语法结构，在结构上表现为"$N_1 ＋ 被 ＋ N_2 ＋ V ＋ N_3$"。典型的领主属宾被字句如例（23）、例（24），分别涉及身体部分的分离与所有权关系的分离。

例（23）：这些人在红崖子沟公社与五十公社的抢水大战中，<u>有的被咬掉了鼻子，有的被扯掉了耳朵，有的被打瞎了眼睛，有些被打断了腿</u>……（东方竹子《透明的性感》）

例（24）：与其说是<u>群众被剥夺了土地</u>，不如说他们的<u>人身被占有</u>。（BCC 多领域语料库科技文献）

由于领主属宾被字句同时继承了领主属宾句与被字句的语义特征，被字

句的保留宾语与受事之间通常存在领属关系,动词多为受损动词,整个句子在语义上暗含领属关系的丧失。相关研究(王力,1985[1943];王还,1957[1984];吕叔湘,1965;蔺璜,1988)发现,N_1 与 N_3 之间存在广义的领属关系,成军(2021)甚至称该句式为动态领属句。按照生成语法的思路,被字句的逻辑宾语一部分移至动词前,另一部分留在动词后的原位置,便形成了领主属宾被字句。因此,从结构上看,该宾语可以提前,充当主语的领有对象。也可以做如下转换:A 被 V 了 B>A 的 B 被 V 了。如例(23)、例(24)均可还原为普通被字句,此处表述为例(25)、例(26)。

例(25):这些人在红崖子沟公社与五十公社的抢水大战中,有的鼻子被咬掉了,有的耳朵被扯掉了,有的眼睛被打瞎了,有些腿被打断了……

例(26):与其说是群众的土地被剥夺了,不如说他们的人身被占有。

然而,这种转换观忽视了转换前后的主观性强弱差异。相对于转换后的结构,源结构的受损义更为突出,主观性更强。较之于"有的被咬掉了鼻子,有的被扯掉了耳朵,有的被打瞎了眼睛,有些被打断了腿","有的鼻子被咬掉了,有的耳朵被扯掉了,有的眼睛被打瞎了,有些腿被打断了"传递出更为浓厚的负面色彩,凸显了受事的不幸遭遇,说话者对遭受主体的同情和关注跃然纸上。总之,较之于常规被字句,领主属宾被字句的主观性更强。实际语料中还存在着两种结构共现的情况,比较能说明这一点。例如:

例(27):一位太太的袍子的边饰被挤掉了,一位先生被挤掉了帽子。([法]左拉《娜娜》,罗国林译)

例(27)中"一位太太的袍子的边饰被挤掉了""一位先生被挤掉了帽子"分别属于常规被字句与领主属宾被字句。相对于衣服的边角料被挤掉,整个帽子被挤掉显然对主人而言损失更大。

从动词类型来看,领主属宾被字句多涉及丧失及受损类动词。从语义上看,领主属宾被字句多与丧失、受损义有关,因此有些学者把非宾格动词带宾语句和领主属宾被字句联系起来解释(徐杰,1999,2001;韩景泉,2000;温宾利、陈宗利,2001;潘海华、韩景泉,2005,2008)。不过,这些研究的重点都落在这些结构的生成机制上,尤其是动词前后 NP 的句法身份和赋格问题,未能考虑到两者在语义主观性方面的共性。[①] 同上一节论述的主观丧失句(表损失义的非宾格动词带宾语句)类似[②],领主属宾被字句的主观性体现在说话者对受事主语的移情上,具体表现为受事因领属关系的丧失而导致物质或情感上的受损。同主观丧失句的情况一样,领主属宾被字句通过在形式上将领有者与领有对象分离开来,凸显了语义上的丧失。在主观丧失句中,结构上的分离与语义上的失去互为表里,体现了句法与语义的象似性(Haiman,1985)。不同于主观丧失句的是,这里的领属关系主要涉及身体部位关系(不可让渡),其次是所有权关系(可让渡),亲属关系体现得不大明显。如前所述,不可让渡的领属关系的丧失,对受事而言受损色彩更重。

二、语料库调查

为了进一步明确领主属宾被字句的语义特征,我们求助于语料库调查。在 BCC 多领域语料库中,我们共检索到领主属宾被字句 199 例,大致可分为六大类:1)身体部位类领主属宾被字句;2)整体—部分类领主属宾被字句;3)剥夺类领主属宾被字句;4)偷骗类领主属宾被字句;5)附着物分离类领主属宾被字句;6)能力丧失类领主属宾被字句。就主语的属性而言,除第二类领主属宾被字句涉及无灵主体外,其他均涉及有灵主体,第四类与第六类明确涉及人类主体。统计发现,第四类所占比例最大(59 例),其次是第三类(50

---

① 近期有研究者将几种保留宾语的结构合并进行了讨论,包括非宾格动词带宾语句、保留宾语被字句及保留宾语把字句(许歆媛,2020),分别如例(3)—例(5)。不过从语义来看,保留宾语把字句与前两类结构存在差异,其主导语义是处置而非丧失、受损,因此,我们不将其归入主观性构式的范畴。

　　　例(3):王冕死了父亲。(非宾格动词带宾语句)
　　　例(4):橘子被(张三)剥了皮。(保留宾语被字句)
　　　例(5):张三把橘子剥了皮。(保留宾语把字句)(许歆媛,2020:104)

② 在结构上,主观丧失句同样可还原为其他结构:A V 了 B>A 的 B V 了,还原后主观性有所减弱。不妨对比例(6)、例(7)中的(a)例与(b)例,"飞了一只鸽子""死了父亲"较之于"一只鸽子飞了""父亲死了"受损意味更为浓厚,对他、王冕而言更为不如意。

　　　例(6a):他飞了一只鸽子。(沈家煊,2006:291)
　　　例(6b):他的一只鸽子飞走了。
　　　例(7a):王冕死了父亲。(沈家煊,2006:291)
　　　例(7b):王冕父亲死了。

例)、第一类(45 例),再次是第二类(16 例)、第六类(12 例),第五类所占比例相当小(3 例)。基于语料分析,我们总结了各类领主属宾被字句的搭配模式。①

表 7.9 统计了身体部位类领主属宾被字句的搭配模式。

表 7.9　身体部位类领主属宾被字句的搭配模式

N₁	V	N₂	N₁	V	N₂	N₁	V	N₂
很多人	剥	皮	丈夫	打断	腿	两名士兵	砍	头
村长	切开	肚子	孔乙己	打断	腿	六君子	砍掉	脑袋
男人	爆	菊花	妻子	打断	腿	一个人	砍	脑袋
疯女人	掏	肠子	爷爷	打断	腿	人	砍	头
光盘	打断	腿	士兵	斩断	一手	姑娘	砍	头
小贩	打断	腿	尸体	切断	动脉	男子	砍	头
士兵	击中	脸部	新郎	敲	头	人民	堵住	嘴
蛇人	剖开	肚子	石女	吞噬	生命	美国人	提取	指纹
女孩	挖	肾	人	斩断	双手	朋友	伤	心
士兵	击中	脸部	一个人	捆	手脚	洋娃娃	折断	手臂
蛇	割	胆	老母鸡	砍	脖子	春柳嫂子	捆绑	手脚
蚊子	割	包皮	刘安平	打断	胳膊	大虫	踩	尾巴
公鸭子	碾	脖子	老虎	拔掉	牙齿	牛	剥	皮
猫咪	折	腰	一头牛	打中	心脏			

在身体部位类领主属宾被字句中,涉及人的身体部位严重受损的情况有 35 例,其中脱落及折断类最为严重,如"砍头/脑袋"6 例,"打断腿"6 例,"打断胳膊/双手"分别 1 例;其次是捆缚类,如"捆绑手脚"2 例,"堵住嘴"1 例。涉及动物身体部位严重受损的情况有 9 例,均涉及身体部位的丧失或受损,前者如"割胆""砍脖子""拔掉牙齿""剥皮",后者如"折腰""打中心脏""踩尾巴"。例如:

例(28):—局长,钉子户被烧死了,如何断案? —自焚。

———————————

① 这里我们侧重考察各类领主属宾被字句的结构表现,少量结构出现频次大于 1,为节省篇幅不再注明。

　　——局长，新抓的小贩被打断了腿，如何断案？——自残。

　　——局长，被查的车辆起火了，如何断案？——自燃。

　　——局长，上访户被炸死了，如何断案？——自爆。（微博）

　　例（29）：小枫的一个洋娃娃被折断了手臂，抽抽噎噎的向父亲求救。（琼瑶《紫贝壳》）

　　例（28）中，小贩被抓到警察局，被警察打断腿，局长称之为自残。说话者采用"新抓的小贩被打断了腿"而非"新抓的小贩腿被打断了"的说法，表明了对小贩的同情、对毫无人性的局长的痛斥，以及对世态炎凉的讽刺。例（29）中，说话者完全可以采用"小枫的一个洋娃娃手臂被折断了"的说法，但远不及原句受损意味浓厚。洋娃娃对小孩子而言属于心爱之物，说话者站在小孩子的立场上，为了突出这件事给小枫带来的损失及负面感受，采用领主属宾被字句的表达方式，表现了对遭受主体的移情。

　　表7.10呈现了整体—部分类领主属宾被字句的搭配模式。

表 7.10　整体—部分领属类领主属宾被字句的搭配模式

N₁	V	N₂	N₁	V	N₂	N₁	V	N₂
树	剥	皮	打字机	拔掉	插头	随身小包	拉开	拉链
树	去	衣	桌子	削	一角	有的图	抹	logo（标识）
地	剥	皮	摩托车	放	气	厂子	停	水电
车	砸	车窗	房子	换	锁	枣子	掰开	包装
车	砸	玻璃	电梯	切断	电源			

（表7.10中N₁、N₂为LaTeX下标替换）

　　由表7.10可见，整体—部分类领主属宾被字句多涉及无灵主体的整体—部分关系，部分涉及可让渡的领属关系（如：车—车窗、打字机—插头、房子—锁、小包—拉链），部分涉及不可让渡的领属关系（如：树—皮、地—皮、桌子——角）。这些部分的丧失对整体而言一般不致带来致命效果。因此，站在人类中心主义的立场上看，这类整体—部分丧失类被字句对人类而言，损失小于有灵主体类的情况。其损失对人类而言主要涉及财产方面的受损，依然无一例外带有负面语义色彩。例如：

　　例（30）：与此同时，我随身小包被拉开了拉链。（微博）

例(31)：小区里<u>宝马车被砸了车窗</u>，2 条中华烟木有①了！
（微博）

例(30)中"随身小包被拉开了拉链"，"我"面临钱财被盗的风险。例(31)中"宝马车被砸了车窗"不仅导致车子本身受损，还造成车内财物遗失的严重后果。说话者站在车主的立场上，表达了对其遭遇的遗憾、同情。

表 7.11 呈现了剥夺类领主属宾被字句的搭配模式。

表 7.11　剥夺类领主属宾被字句的搭配模式

N₁	V	N₂	N₁	V	N₂
会计人员	取消	会计证	乡粮站站长	撤销	职务
物业管理企业	取消	资质	百姓	剥夺	权利
该考生	取消	语文成绩	群众	剥夺	土地
球员	取消	资格	支书	夺	财政
28 户企业	取消	法人资格	唐支书	夺	财政大权
被告人	剥夺	辩护权	阿达莫夫	摘掉	部长的乌纱帽
青少年	剥夺	情感上的温暖	文明单位	摘掉	牌匾
幼儿	剥夺	游戏时间	母亲	开除	党籍
女子	剥夺	土地	高材生	开除	学籍
学生	免除	学费	帕夫柳克	解除	武装
局长	免去	职务	红军战士	解除	武装
副乡长	免去	职务	企业	停止	业务
个别干部	免去	行政职务	干部	调整	岗位

从表 7.11 可见，剥夺类领主属宾被字句多涉及所有权的丧失，共计 50 例。可将其细化为八小类：权利被剥夺(17 例)；职务被撤销(7 例)、免除(7 例)；资格被取消(5 例)；被开除(4 例)；大权被夺(3 例)；岗位被调整(1 例)；武装被解除(2 例)；业务被停止(1 例)。典型例子如例(32)、例(33)中的"被撤销了庭长职务""被剥夺了游戏时间"。

例(32)：县人民法院林业审判庭庭长林某因虚报结案数<u>被撤销</u>

① "木有"属于"没有"的调侃说法，多见于青少年用语中。

了庭长职务。(《人民日报》2001年)

例(33):很多幼儿被剥夺了游戏时间而不得不去学习英语、绘画等等。(《人民日报》2003年)

表7.12呈现了偷盗类领主属宾被字句的搭配模式。

表7.12　偷盗类领主属宾被字句的搭配模式

N₁	V	N₂	N₁	V	N₂	N₁	V	N₂
一女生	偷	手机	这么多人	偷	信用卡	4女子	骗	60万元
好多人	偷	手机	饭堂阿叔	偷	电脑	数十个家庭	骗	超过200万
我	偷	手机	药店	偷	东西	王老板	骗	4万元
一美眉	偷	手机	不止一个人	偷	电话	男子	骗	4000余元
几个朋友	偷	手机	员工	骗	38万元	邮电支局	骗	23万余元
一哥们	偷	手机	老板	骗	9万	姑娘	骗	18万
扒哥	偷	4S系米①	老人	骗	300多块钱	两名居民	骗	7万余元
多少人	偷	车	一个老头	骗	3万块	20人	骗	40万
卖蛋人	偷	盐	警察	骗	30余万	女大学生	骗	8万多
隔壁店	偷	东西	五女子	骗	财色	老板	骗	100万
邻居家	偷	东西	大学生	骗	财色	女子	骗	钱
五楼	偷	东西	老婆	骗	巨资	山西煤老板	骗	100万
朋友	偷	东西	老妈	骗	钱	你公司	骗	10万元
酒吧	偷	钱	女生家庭	骗	2万人民币	国家税款	骗	957万余元
朋友	偷	手机	36个租户	骗	180多万	女生	抢	苹果手机
群众	偷	车	国家税款	骗	388万余元	师妹	抢	东西
好多人	偷	东西	300余人	骗	358万余元	大妹妹	抢	包包
很多人	偷	钱包、手机	一位老人	骗	2.6万元	很多人	扒	手机钱包
有限公司	偷	产品	旅客家属	骗	现金1.8万			

从表7.12来看,偷盗类领主属宾被字句大部分涉及手机被偷,其次是电脑,再次是车和信用卡。钱包和钱被偷的例子出现较少,这一点可能和货币

---

① 指小米手机4S系列。

电子化的趋势有关。此外,骗类领主属宾被字句绝大部分涉及骗钱,金额一般以万为单位,大额金钱的骗取一般是以电信诈骗的形式发生的,受骗者以企业主、女性及老年人居多,后者被骗金额较小。少部分涉及骗色,多涉及年轻女性,一般是财色兼收。就抢类领主属宾被字句而言,目前光明正大抢财物的行为较为少见,例子较少,多针对年轻女性这样的弱势群体。例如:

例(34):这段时间我身边也有几个朋友被偷了手机。年关了,大家要谨防扒手啊!(微博)

例(35):你不知道啊,前两天一个老头被骗了3万块啊!他攒了很多年。(微博)

如例(34)、例(35)所示,相较于"手机被偷了""3万块被骗了","被偷了手机""被骗了3万块"的表达方式更能凸显受事的负面遭遇,也更能体现说话者的移情立场。通常这类表达的主语要么是说话者的相关利益方,要么是值得说话者同情的弱势群体。

表7.13呈现了附着物分离类领主属宾被字句的搭配模式。

表7.13 附着物分离类领主属宾被字句的搭配模式

N_1	V	N_2
一位先生	挤掉	帽子
一个女生和两个男生	脱	衣服
她	脱	衣服

由表7.13可见,附着物分离类领主属宾被字句多涉及衣帽鞋袜类宾语,这类宾语附着在身体上,但属于可分离的物件。衣服的主导功能是遮羞,通常穿衣戴帽、脱衣脱帽属于自主行为。然而,在当事人无意愿或未经许可的情况下衣帽鞋袜与身体分离时,对当事人而言带有不如意的遭受意味。例如:

例(36):接下来的事她就完全没有印象了,连什么时候被脱了衣服都不知道。(简璎《尊王缠恋》)

显然,"被脱了衣服"对当事人而言属于高度受损的行为,为了凸显这种负面遭受意味,说话者采用了领主属宾被字句的结构,进一步凸显了衣服与主人分离所带来的负面后果,同时表达了对遭受主体的同情。

表 7.14 呈现了能力丧失类领主属宾被字句的搭配模式。

表 7.14　能力丧失类领主属宾被字句的搭配模式

N₁	V	N₂	N₁	V	N₂	N₁	V	N₂
我	废	武功	他们	废	武功	师父	废	功夫
我们	废	武功	柠檬	废	武功	她	废	功力
你	废	武功	佛爷	废	武功	女子	扼杀	才能
他	废	武功	这畜生	废	武功	你	扼杀	灵气

从表 7.14 可见,能力丧失类领主属宾被字句主要涉及能力的丧失,属于不可让渡的领属关系。这类领属关系的丧失通常是不可挽回的,因此遭受意味更浓。通过采用这种主观丧失句的结构,更凸显了被字句主语的负面遭遇,以及说话者对其遭遇的同情。这类被字句多涉及武功、功夫、功力被废的情况(14 例),多出自武侠小说,如例(37)中的"师父被废了功夫";其次是才能、灵气被扼杀的情况(2 例),如例(38)中的"女子被扼杀了才能"。

例(37):你又算什么? 自己师父被废了功夫,也不知道,还好意思在此说风凉话。(李凉《公孙小刀》)

例(38):男人女人生而平等,然是环境的造就,多少女子被扼杀了才能,失去谋生技能。(陈毓华《亲亲大色狼》)

第四节　本章小结

本章考察了汉语构式范畴内部的主观性互动模式,包括被字句与把字句主观性的互动、受事主语句与领主属宾句主观性的互动,以及被字句与领主属宾句主观性的互动。在主观性互动的作用下,这些构式两两互动,结果是融合成新的主观性更强的构式。如被字句与把字句的互动造就了"把被"共现句的涌现,受事主语句与领主属宾句的互动造就了主观丧失句的涌现,被字句与领主属宾句的互动则造就了领主属宾被字句的涌现。语料库调查表明,三种构式均带有高度负面的色彩,具有比原构式更强的主观性。

第八章　汉语词汇与语法范畴的
主观性互动模式

在汉语中,携带主观性的词项与语法标记可彼此发生互动,融合为微型主观性构式。本章考察汉语词汇与语法范畴的主观性互动模式,分别涉及第一人称、认知动词及程度修饰结构主观性的互动,分级形容词、极性程度副词及情态评价义"了"主观性的互动,以及主观性标记"给"、动词及"了"主观性的互动。三类互动模式分别造就了汉语中微型认识评价构式、极性程度构式及主观移情构式的涌现。

第一节　第一人称、认知动词及程度修饰结构
主观性的互动

一、认识评价构式:"第一人称认知动词＋程度修饰结构"

如第四章所述,第一人称与认知动词分别构成了汉语中传递主观性的典型语法与词汇手段。两者之间存在天然的亲和关系,倾向于彼此共现。事实上,认知动词只有在与第一人称主语搭配时才能显示其主观性,因而主观性仅存在于[第一人称＋认知动词]组合中。说"我觉得"时,我描述的是自己的某种印象;说"他觉得"时,我不过是在转述他的感觉。换言之,[我＋认知动词]组合表达的是说话者的主观感受,[他＋认知动词]组合涉及的则是客观描述或转述。在日语中,对应的句子则不能说。① 其理据是:我们只能感知到自己的心理状态,对于他人的心理状态只能基于某些表象去推测。因此,认

---

① 日语中严格区分了内在感知到的行为与外在观察到的行为,非第一人称认知动词需添加推量助词,如"だろう""でしょう"。

知动词与第三人称共现时,只能理解为说话者转述他人的想法,如例(1b)中的情况。

例(1a):<u>我料到</u>早睡会很难,没想到,难成了失眠……(微博)

例(1b):<u>他料到</u>早睡会很难,没想到,难成了失眠……

"我料到/我觉得/我认为"具有说话者指向性,表达了说话者对于事态实现可能性的信念。相比之下,第三人称主语的情况如"他料到/他觉得/他认为"不是指向说话者,而是指向事件主语。而主观性的本质正在于说话者指向性。从这种意义上讲,认知动词的主观性与主语人称的选择密切相关,而非认知动词本身的内在意义。换言之,主观性并不独立存在于认知动词中,而是存在于其与第一人称的结合体中。

有证据表明,主观的第一人称认知动词不再参与句子概念内容的建构。正是出于其语义内容的弱化,许多句法—语义操作对其不再有效,如不受否定、附加疑问句的影响,不支持后附叙实性陈述(Huddleston & Pullum,2002:893;Van Bogaert,2011:298)。例如,说"我不觉得"时,我否定的不是自己的思维过程,而是从句的语义内容。① 因此,例(2a)与例(2b)在语义上是等价的。

例(2a):尽管我对他起疑心,但是<u>我不觉得他会伤害我</u>,女人对这种感觉是一向灵敏的。(亦舒《香芍药的婚事》)

例(2b):尽管我对他起疑心,但是<u>我觉得他不会伤害我</u>,女人对这种感觉是一向灵敏的。

这些证据表明,[第一人称+认知动词]组合已失去命题内容,"我觉得"表达的不是发话主体觉得这一过程,而是其对后续内容的某种印象。因此,[第一人称+认知动词]与评价结构存在天然的契合。对于其他涉及态度、评价的表达而言,通常可以以"我觉得""我认为"这种形式加以补足。如"这个餐馆的菜做得糟透了"可以补足为"(我觉得/认为)这个餐馆的菜做得糟透了"。我们观察到,认识性补语结构通常偏好含有主观判断的命题,充当其评

---

① 这就是传统上所讲的否定转移(transferred negation)(Quirk et al.,1985:1033-1035)。

价对象的命题往往是一个主观的判断,而非一个刚性的具有客观标准的命题。[1] 这一点是有理据的,因为我们通常无法就一个中性的词项做出价值判断(Sæbø,2009)。如"我觉得＋P"接续的更可能是一个含有主观词项的述谓,而非一个相对客观的事实。不妨对比例(3a)和例(3b)。

> 例(3a):我觉得学生食堂的饭很难吃。(自拟)
>
> 例(3b):我觉得地球围着太阳转。

在主观性的互动作用下,第一人称认知动词的主观性可由评价结构得到加强。一个典型的主观性互动模式是[第一人称认知动词＋程度修饰结构]。如第五章第一节所述,程度副词与分级形容词在主观性的互动作用下形成稳定的搭配模式,所构成的程度修饰构式带有内在的主观性。这种主观修饰结构与第一人称认知动词又可两两结合,生成更大的认识评价结构,即"第一人称认知动词＋程度修饰结构"。我们发现,不含评价色彩的分级形容词与认知动词结合不合法,如例(4)、例(5)中的(a)例,但添加程度副词后合法程度大大提高,如(b)例中的情况。

> 例(4a):? 工程师认为这个模具大/小/宽/窄。(自拟)
>
> 例(4b):工程师认为这个模具[过于/非常/太/有点]大/小/宽/窄。
>
> 例(5a):? 老李觉得女婿高/富有/胖/老。(自拟)
>
> 例(5b):老李觉得女婿[不太/很/超级/有点]高/富有/胖/老。

这说明,程度副词与分级形容词结合后生成了一个主观性更强的成分。这体现了主观性的叠加效果,也从一个侧面证明了主观性成分之间存在相互依存关系。在这种依存关系的作用下,特定的主观性范畴形成了稳定的互动

---

[1] 另外,与认识情态共现也可强化第一人称认知动词的主观性,如例(1)、例(2)中"可能""肯定"分别强化了"我猜""我觉得"的认识评价义。限于篇幅,本书对此不展开讨论。

> 例(1):不过,我猜他可能练过武,而且还练得不错,所以才会有这份力气。(剑亭《霸王煞星》)
>
> 例(2):想我姐了,于是给她发了条短信,"什么时候再带我去逛天一吧"。我觉得她肯定不想理我了。(微博)

模式,导致主观性的构式化,从而造就了主观性构式的涌现。在汉语中,在第一人称、认知动词、程度副词与分级形容词的互动作用下,形成了稳固的认识评价构式"第一人称认知动词＋程度副词＋分级形容词"。这一点是主观性发生构式化的产物。

二、语料库调查

为了证明第一人称主语与认知动词的共现偏好,以及第一人称认知动词对评价结构的偏好,我们基于 BCC 多领域语料库进行了调查。首先,考察汉语典型认知动词与不同人称的组合模式分布情况;接下来,以"我觉得"结构为例,考察[第一人称＋认知动词]组合与[程度副词＋分级形容词]组合的共现模式。具体来讲,我们选取了 6 个典型程度副词"最""很""非常""十分""相当""有点"(对应于第五章考察的程度副词),考察参与"我觉得 N＋程度副词＋形容词"结构的典型分级形容词,并与第五章考察的"我觉得 A"结构的准入形容词加以对照。

(一)汉语典型认知动词的人称组合模式分布

我们统计了汉语典型认知动词"觉得""认为""相信""怀疑""猜""想"与不同人称的组合模式,如表 8.1 所示。

表 8.1　汉语典型认知动词的人称组合模式分布

人称	典型认知动词					
	觉得	认为	相信	怀疑	猜	想
我	115269	29973	33241	3464	9990	296470
我们	1603	18713	5722	221	237	7348
你	17827	10409	4296	630	6526	70799
你们	2520	578	420	35	1172	4518
他	16623	25356	5032	1341	1230	43407
他们	1826	9838	1031	205	154	4834
她	/	4901	2895	/	959	29219
她们	/	255	60	/	10	403
它	148	484	48	7	17	933
它们	21	119	12	1	1	113

由表 8.1 可见,汉语典型认知动词"觉得""认为""相信""怀疑""猜""想"均倾向于与第一人称主语共现。"我想"作为最高频的第一人称认知动词组合,出现频次高达 296470,超过了其他人称的总和。"觉得"与第一人称代词"我"共现频次为 116872,远超第二人称与第三人称共现频次的总和(38965)。"我认为"的出现频次为 29973,"你认为"与"他认为"分别出现了 10409 次、25356 次。"相信"与第一人称共现频次为 33241,远超与其他人称共现频次的总和(19516 次)。"怀疑"与第一人称共现频次为 3464,与其他人称共现频次共计 2440。"我猜"共出现 9990 次,尽管"你猜"用例也为数不少(6526 次)。

上述统计表明,第一人称代词"我"与认知动词的共现频次远高于其他人称,两者存在显著互动倾向。这一点与英语中的发现是一致的(Scheibman,2002)。这一点并不意外。第一人称与认知动词存在天然的契合,如我们只能察知自己的心理状态,而无法察知他人的心理状态。第一人称作为发话主体,相较于其他人称更为直接,更有利于表达发话者的内心想法,因此更倾向于与具有主观性的认知动词共现。第二人称与认知动词共现时多涉及疑问或确认,第三人称则涉及对他人心理状态的转述。在此意义上,只有与第一人称共现时认知动词才是表达主观性的。

(二)"我觉得 N 最 A"结构的典型参与形容词

基于 BCC 多领域语料库,我们统计了"我觉得 N 最 A"结构的前 30 位参与形容词,如表 8.2 所示。

表 8.2 "我觉得 N 最 A"结构的前 30 位参与形容词

排序	A	频次	排序	A	频次	排序	A	频次
1	重要	10	11	根本	2	21	成功	1
2	美	8	12	好玩	2	22	聪明	1
3	帅	8	13	合适	2	23	淡	1
4	幸福	6	14	简单	2	24	短	1
5	棒	4	15	快乐	2	25	恶毒	1
6	好看	4	16	美好	2	26	方便	1
7	真实	4	17	痛苦	2	27	关键	1
8	可爱	3	18	珍贵	2	28	贵重	1
9	美丽	3	19	便宜	1	29	黑	1
10	恶心	2	20	差	1	30	舒服	1

由表 8.2 可见，"我觉得 N 很 A"结构的典型共现形容词在表义上涉及四类情况。1)价值评估类，又可细分为两类：①重要性、难易度、明晰度方面的评估，如：重要、根本、合适、简单、方便、关键。②效用评估，如：珍贵、聪明、真实、便宜、差、舒服。2)态度评价类，如：美、帅、棒、好看、可爱、美丽、好玩、恶毒、狠、美好。3)情绪感受类，如：幸福、恶心、痛苦、快乐。4)量度类，多见于单音节分级形容词，如：淡、短、黑。如例(6)、例(7)中的"我觉得家里的沙发是最舒服的""我觉得幸福最重要"涉及正面价值评估，分别表达效用与重要性。

　　例(6)：<u>我觉得家里的沙发是最舒服的</u>，躺下就再也不想起来了！(微博)
　　例(7)：不吵不闹的生活，显得如此幸福，以前要的不是这感觉，<u>如今我觉得幸福最重要</u>。(微博)

较之于第五章第一节讨论的"最 A"结构，态度评价类与情绪感受类形容词在"我觉得 N 最 A"中占的比例更大。在前者中，情绪感受类形容词表现出正极性偏向，在后者中则表现出稍稍的负极性偏向。此外，表达重要性、难易度、明晰度的形容词以及量度类形容词的比例比在"最 A"结构中更低。我们猜这种分布差异跟第一人称认知动词"我觉得"用于情感宣泄与态度评价的主导功能有关。整体来看，对比[程度副词＋分级形容词]组合的语义域，"我觉得 N 最 A"结构的典型组合模式均包括在其中，虽然语义搭配不及"最 A"结构丰富，但二者在语义分布及极性分布上基本一致。

(三)"我觉得 N 很 A"结构的典型参与形容词

表 8.3 统计了"我觉得 N 很 A"结构的前 30 位参与形容词。

由表 8.3 可见，"第一人称认知动词＋很 A"结构准入的形容词在表义上涉及四类情况：1)价值评估类，如：年轻、聪明、特别、伟大、难、努力。2)态度评价类，如：好、不错、可爱、美、好看、帅、厉害、漂亮、棒、好听、霸气、温暖。3)情绪感受类，如：幸福、累、丢脸、可怕、无聊、残忍、蠢。4)量度类，以单音节形容词为主，如：大、年轻、近、久、冷。

表 8.3　"我觉得 N 很 A"结构的前 30 位参与形容词

排序	A	频次	排序	A	频次	排序	A	频次
1	好	107	11	漂亮	7	21	伟大	4
2	不错	20	12	棒	7	22	无聊	4
3	幸福	18	13	好听	6	23	残忍	4
4	可爱	15	14	年轻	6	24	近	4
5	大	14	15	瘦	6	25	久	4
6	美	11	16	聪明	5	26	冷	4
7	好看	10	17	丢脸	5	27	努力	4
8	累	10	18	可怕	5	28	蠢	4
9	帅	9	19	难	5	29	霸气	3
10	厉害	7	20	特别	4	30	温暖	3

　　整体来看,"我觉得 N 很 A"结构表达正面修饰的情况居多,主要涉及价值评估类与态度评价类形容词。量度类"很 A"结构整体上呈中性,但部分如"很瘦"等在特定文化语境下偏向正面解释。情绪感受类形容词表达负极性情况居多,如"丢脸""可怕""难""无聊""残忍""冷""蠢"。例如:

　　　　例(8):我可以想得起来这一个月里,每天的情绪。即便这样我还在工作,我觉得自己很厉害了呢。(微博)
　　　　例(9):今天带儿子去体检了,按照医生看来各方面没有很突出,但我觉得已经很不错了。(微博)

　　相较于"很 A"结构,"我觉得 N 很 A"结构更偏向态度评价类与情绪感受类表达,如例(8)、例(9)中的"很厉害""很不错",量度类表达比例偏低。该结构在态度评价类表达中表现出正极性偏好,在情绪感受类表达中则表现出明显的负极性偏好。这种语义搭配差异显然与第一人称认知动词"我觉得"的介入有关。整体来看,两种结构的语义域相当,"我觉得 N 很 A"结构的典型组合模式均涵盖在"很 A"中,但"很 A"的语义搭配更为丰富。整体来看,二者的语义分布及极性分布比"最"的情况偏差更大。在"很 A"结构中,形容词可发生并列或重叠,而这在"我觉得 N 很 A"结构中并未出现。在"我觉得 N 很 A"结构中,情绪感受类形容词呈更明显的消极语义色彩。

（四）"我觉得 N 非常 A"结构的典型参与形容词

"我觉得 N 非常 A"结构的前 30 位参与形容词如表 8.4 所示。

表 8.4　"我觉得 N 非常 A"结构的前 30 位参与形容词

排序	A	频次	排序	A	频次	排序	A	频次
1	好	20	11	不错	2	21	美妙	1
2	重要	15	12	了不起	2	22	渺小	1
3	幸运	4	13	美丽	2	23	英俊	1
4	出色	3	14	漂亮	2	24	圣洁	1
5	聪明	3	15	认真	2	25	顺利	1
6	好听	3	16	深刻	2	26	特别	1
7	可爱	3	17	狡猾	1	27	贴切	1
8	美	3	18	精练	1	28	愉快	1
9	幸福	3	19	简单	1	29	友好	1
10	棒	2	20	容易	1	30	优雅	1

由表 8.4 可见,在"我觉得 N 非常 A"结构中,"非常"的典型共现形容词在表义上涉及三类情况。1)价值评估类,包括以下几个方面:①重要性、适切性方面的评估,如"重要""贴切"。②形势评估,如"简单""容易""顺利"。③效用、特征评估,如"幸运""出色""聪明""圣洁""认真""深刻""特别""精练"。2)态度评价类,如"好""不错""了不起""美丽""漂亮""好听""可爱""美""幸福""棒""美妙""渺小""英俊""狡猾""友好""优雅"。3)情绪感受类,如"愉快"。如例(10)、例(11)中的"非常棒""非常认真"分别涉及态度评价类形容词与效用评估类形容词。

例(10):那一次,<u>我觉得你非常棒</u>,非常有运动细胞。(微博)

例(11):她几乎每夜打字要打到两点,<u>我觉得这人非常认真</u>,是少见的女孩子,心里很赞赏她。(三毛《稻草人手记》)

整体来看,"我觉得 N 非常 A"结构的准入形容词以态度评价类为主,其次是价值评估类,情绪感受类仅涉及 1 例。就极性色彩来看,其共现形容词表现出明显的正极性倾向。尤其是较之于"最""很"参与的同类结构,"非常"在态度评价方面偏向正极性色彩,肯定评价占压倒性多数,如"好""棒""不错""了不起""美丽""可爱""漂亮""好听""幸福""美妙""优雅""友好"。

较之于"非常 A"结构,"我觉得 N 非常 A"结构的参与形容词语义分布较窄,态度评价类偏多,量度类偏少,不涉及情绪评价类表达。就极性分布而言,较之于"最""很"参与的同类结构,两者均表现出明显的正极性偏好。我们猜测这和"非常"的词汇义滞留有关。"非常"本身传递的肯定、确凿语义在"我觉得"的加持下,带来更为积极的评价色彩。整体而言,"非常 A"结构覆盖了"我觉得 N 非常 A"结构的全部语义域,其语义分布更广,在极性分布上,后者表现出对正极性色彩的更强偏好。

(五)"我觉得 N 十分 A"结构的典型参与形容词

表 8.5 统计了"我觉得 N 十分 A"结构的前 30 位参与形容词。

表 8.5 "我觉得 N 十分 A"结构的前 30 位参与形容词

排序	A	频次	排序	A	频次	排序	A	频次
1	重要	3	11	好笑	2	21	充实	1
2	可爱	3	12	有趣	1	22	伤感	1
3	必要	2	13	难过	1	23	仔细	1
4	合适	2	14	用功	1	24	浅薄	1
5	可笑	2	15	高大	1	25	英勇	1
6	神奇	2	16	可疑	1	26	气派	1
7	贴切	2	17	天真	1	27	神圣	1
8	干渴	2	18	自然	1	28	诚实	1
9	拘谨	2	19	幼稚	1	29	聪慧	1
10	亲切	2	20	逼真	1	30	工整	1

由表 8.5 可见,在"我觉得 N 十分 A"结构中,"十分"的典型共现形容词在表义上涉及四类情况。1)价值评估类,包括以下几个方面:①重要性、必要性方面的评估,如:"重要""必要"。②形势评估,如:"合适""贴切"。③效用、特征评估,如:"用功""英勇""诚实""聪慧""充实""仔细""气派""神圣""工整""高大""神奇""自然""逼真"。2)态度评价类,如:"好笑""可爱""有趣"

"可笑""天真""幼稚"。3)情绪感受类:"拘谨""干渴""难过""可疑""伤感""亲切"。如例(12)、例(13)中的"十分自然""十分可笑"分别涉及效用、特征评估与态度评价。

　　例(12):你要说的是,人的每一个过程都不该空白的过掉,<u>我觉得你的做法是十分自然的</u>。(三毛《稻草人手记》)
　　例(13):老师,恕学生狂妄,<u>我觉得您这个问题提得十分幼稚</u>。(莫言《酒神》)

　　整体来看,"我觉得 N 十分 A"结构的准入形容词以价值评估类为主,尤其是涉及效用、特征评估的情况,其次是态度评价类和情绪感受类,不涉及量度类。"我觉得 N 十分 A"结构在极性色彩上表现出分化倾向。进入该结构的价值评估类形容词无一例外地都表达正面情况,态度评价类与情绪感受类形容词则表现出明显的负极性倾向。态度评价类中仅"有趣""可爱"涉及正面评价,"好笑""可笑""天真""幼稚"均带有明显的负面色彩。在情绪感受类中,仅"亲切"表达正面感受,"干渴""难过""可疑""伤感"均涉及负面的情绪或生理感受。

　　相较于"十分 A"结构,"我觉得 N 十分 A"结构的参与形容词的语义分布更宽,除了价值评估类和情绪感受类形容词,还涉及态度评价类。这种差异可能和"我觉得"本身的认识评价功能有关。在极性分布上,价值评估类在"我觉得 N 十分 A"结构中表现出更明显的正极性分布,情绪感受类在"十分 A"结构中仅限正面感受,在"我觉得 N 十分 A"结构中则偏向负面感受。与其他近义结构不同的是,"我觉得十分 A"结构覆盖了"十分 A"结构的全部语义域,在语义上分布范围更广,在极性分布上趋向负极性色彩。

(六)"我觉得 N 相当 A"结构的典型参与形容词

　　接下来,我们统计了"我觉得 N 相当 A"结构的前 30 位参与形容词,如表8.6所示。

表 8.6 "我觉得 N 相当 A"结构前 30 位参与形容词

排序	A	频次	排序	A	频次	排序	A	频次
1	不错	10	11	尴尬	1	21	自信	1
2	大	3	12	丰富	1	22	可信	1
3	好	3	13	可笑	1	23	成功	1
4	不俗	2	14	高	1	24	自私	1
5	精彩	2	15	惬意	1	25	严厉	1
6	重要	2	16	漂亮	1	26	有趣	1
7	明智	2	17	强大	1	27	愉快	1
8	平凡	1	18	痛苦	1	28	中肯	1
9	复杂	1	19	美好	1	29	严重	1
10	消极	1	20	真实	1	30	棒	1

由表 8.6 可见,在"我觉得 N 相当 A"结构中,"相当"的典型共现形容词在表义上涉及四类情况。1)价值评估类,包括以下几个方面:①重要性、信度方面的评估,如:重要、可信、中肯。②形势评估,如:复杂、真实、严重。③效用、特征评估,如:明智、平凡、丰富、成功、强大。2)态度评价类,如:不错、好、棒、不俗、精彩、漂亮、美好、可笑、有趣、自私、严厉、自信。3)情绪感受类:尴尬、惬意、愉快、消极、痛苦。4)量度类:大、高。典型例子如例(14)、例(15)中的"相当可信""相当美好",分别涉及信度评估与态度评价。

例(14):今天立冬,中午我和同事们去小王府吃饺子聚餐去了,吃饱喝足,我觉得生活相当美好!(微博)

例(15):野史不能尽信,也不可不信。就七海这个例子来说,我觉得还是相当可信的。(斩鞍《九州·朱颜记》)

整体来看,"我觉得 N 相当 A"结构的准入形容词以态度评价类为主,比例接近一半,其次是情绪感受类,再次是价值评估类,主要涉及效用、特征评估,量度类形容词仅涉及 2 例。在极性色彩上,"我觉得 N 相当 A"结构表现出分化倾向。态度评价类与情绪感受类形容词既可编码正面情况又可编码负面情况,但前者整体偏向正面色彩,如"不俗""精彩""漂亮""美好";后者整体偏向负面色彩,如"尴尬""消极""痛苦"。就价值评估类形容词而言,涉及重要性、信度、效用、特征评估类的形容词均表现出明显的积极色彩,涉及形势评估类的形容词偏向消极色彩。

　　"我觉得 N 相当 A"结构与"相当 A"结构在准入形容词类型上同中有异。两者均偏好价值评估类形容词,态度评价类形容词也是经常使用的。在语义色彩上,态度评价类形容词均偏好正极性表达,形势评估类形容词则偏好负极性表达。不过,就我们调查的高频共现形容词来看,情绪感受类形容词在"相当"进入的程度修饰构式中没有出现,但在其所进入的认识评价构式中大量存在,且以负面感受为主。此外,相对于程度修饰构式而言,量度类形容词在认识评价构式中的比例偏低。这种偏好差异可能是词项与构式相互选择适应的结果。

(七)"我觉得 N 有点 A"结构的典型参与形容词

　　"我觉得 N 有点 A"结构的前 30 位参与形容词如表 8.7 所示。

表 8.7　"我觉得 N 有点 A"结构前 30 位参与形容词

排序	A	频次	排序	A	频次	排序	A	频次
1	奇怪	5	11	无耻	2	21	仓促	1
2	不对	2	12	BT(变态)	1	22	粗糙	1
3	不对劲	2	13	病态	1	23	蹊跷	1
4	多余	2	14	不太正常	1	24	单调	1
5	厚	2	15	不正常	1	25	低	1
6	苦	2	16	不足	1	26	钝钝的	1
7	大	3	17	过头	1	27	高	1
8	恐怖	3	18	过分	1	28	异常	1
9	小	2	19	密集	1	29	幼稚	1
10	怪	2	20	紧凑	1	30	猥琐	1

　　由表 8.7 可见,在"我觉得 N 有点 A"结构中,"有点"的典型共现形容词在表义上涉及三类情况:1)态度评价类:奇怪、怪、不对劲、无耻、BT(变态)、病态、单调、钝钝的、幼稚、猥琐。2)价值评估类:不对、多余、不太正常、不正常、不足、过头、过分、粗糙、仓促、异常。3)量度类:厚、苦、大、小、低、密集、紧凑。典型例子如:

例(16):有时候看微博,我总推测别人说的做的是否一致。这种心理和做法让我觉得自己有点儿无耻和可怖。(微博)

例(17):终于看完了《玩具总动员2》,我应该是老了,因为我觉得剧情有点幼稚。(微博)

综合来看,"我觉得 N 有点 A"结构的共现形容词以负极性表达居多,态度评价类与价值评估类无一例外地都涉及消极语义色彩,如例(16)、例(17)中的"有点儿无耻和可怖""有点幼稚"。即便是量度类形容词,也有部分偏向负面解释,如"苦""低"。甚至出现了5例接续否定或偏否定解释的情况,如"不对""不对劲""不太正常""不正常""不足"。

相对于宏观的"有点 A"结构,"我觉得 N 有点 A"结构语义分布范围较窄,不涉及生理感受类与情绪感受类形容词。但在极性分布上,两者的共性大于个性,其共现形容词均以负极性表达为主。较之于其他认识评价结构,"我觉得 N 有点 A"结构还出现了几例否定情况,这可能和小量倾向于被否定有关(石毓智,1992)。

三、讨　论

如上,我们基于语料库调查了六个程度副词参与的认识评价构式,包括极强词"最"、加强词"很""非常""相当""十分",以及极弱词"有点"。这些程度副词在准入形容词的偏好上同中有异。其高频搭配形容词分别如下:最:重要、美、帅、幸福、棒、好看、真实、可爱;很:好、不错、幸福、可爱、大、美、好看、累;非常:好、重要、幸运、出色、聪明、好听、可爱、美;十分:重要、可爱、必要、合适、可笑、神奇、贴切、好笑;相当:不错、大、好、不俗、精彩、漂亮、明智、平凡;有点:奇怪、不对、不对劲、多余、厚、苦、大、恐怖。从这些程度副词在认识评价构式中的准入频次来看,依次是:很>非常>最>相当>有点>十分。"很"在认识评价构式中的出现频次遥遥领先于其他程度副词,其次是"非常","最"这种极端评价出现的并不多。相对而言,"有点""十分"进入认识评价构式的频次较低,对此需要做出解释。我们猜测这分别和"有点""十分"的语义色彩有关,是词项和构式彼此选择的结果。"我觉得"认识评价构式较为口语化,而"十分"的书面色彩过于浓厚,因此共现频次较低。评价通常指向他人,而低量程度副词"有点"暗含的消极评价色彩与人际交往中的礼貌、赞扬原则不符。

整体来看,态度评价类形容词在各类子构式中占据的比重都是最大的,其次是情绪感受类形容词,但表现出搭配偏好及极性偏好上的差异。在认识评价构式中,极强词"最"准入的态度评价类形容词表现出正极性偏向,情绪感受类形容词则表现出轻微的负极性偏向。与之相对的是,极弱词"有点"准入的态度评价类与价值评估类形容词无一例外都涉及消极语义色彩,甚至还出现接续形容词否定形式的情况。整个"我觉得 N 有点 A"结构的极性倾向也偏向消极。

就四个近义加强词参与的认识评价构式而言,"我觉得 N 很 A"与"我觉得 N 非常 A"结构表现出明显的正极性偏好。"我觉得 N 很 A"结构搭配态度评价类形容词时,表现出正极性偏好,搭配情绪感受类形容词时则表现出明显的负极性偏好。相对而言,"我觉得 N 非常 A"结构不涉及情绪感受类形容词,表现出更显的正极性倾向。我们猜测这和"非常"的词汇义滞留有关。"非常"本身就带有强烈的肯定和确凿的语义,当它与"我觉得"结合时,这种积极的评价色彩就更加明显。"我觉得 N 相当 A"与"我觉得 N 十分 A"结构在准入形容词类型及极性分布上最为接近,以效用评估类形容词为主,并表现出正极性偏向,搭配态度评价类形容词时均表现出正极性偏好,搭配情绪感受类形容词时则表现出负极性偏好。

比较而言,"我觉得 N 很 A""我觉得 N 非常 A""我觉得 N 相当 A"与"我觉得 N 十分 A"结构在准入形容词类型上形成了互补分布。四个近义构式的主要功能均在于表达认识评价,但在形容词类型及极性偏好上表现各有不同。就极性分布来看,"我觉得 N 非常 A"最趋近正极性,其次是"我觉得 N 很 A",再次是"我觉得 N 相当 A"。在整组近义结构中,"我觉得 N 十分 A"结构的负极性倾向表现得尤为突出。尤其是对比"非常"的情况,两者准入的态度评价类形容词呈明显的极性互补分布倾向,"我觉得 N 十分 A"结构偏好负面评价类形容词,"我觉得 N 非常 A"结构则偏好正面评价类形容词。

整体来看,在"我觉得 N＋程度副词＋A"结构中,典型程度副词在共现形容词类型上均偏好态度评价类形容词,基本上可以认定"我觉得 N＋程度副词＋A"结构是一个评价结构,带有浓烈的语义色彩。较之于程度修饰构式,在认识评价构式中,态度评价类形容词的比例大大增加。这一点与认识评价构式的语义选择限制不无关系。"我觉得"的基本功能不在于客观描述,其所接续的更可能是一个主观的判断,而非一个刚性的命题。与之相对的是量度类形容词的比例大幅减少。我们猜测这一点同样和认识评价构式的主观性有关。量度类形容词较之于其他类形容词具有相对可量化的标准,主观性最弱,因此与倾向于主观印象式判断的"我觉得"兼容度不高。

第二节 分级形容词、极性程度副词及"了"主观性的互动

一、极性程度构式:"分级形容词＋极性程度副词＋了"结构

现代汉语程度范畴丰富,不仅包括常见的程度副词如"很""非常""特别""有点""太",还包括一类充当补语的表达极高程度义的成分,称为"极性程度副词"或"极性程度补语",典型的如"极""透""坏""死"(刘兰民,2003)。极性程度副词都能表达极高程度义,这源于我们的认知倾向性:小量倾向于被否定,大量倾向于被肯定。同常规程度副词一样,极性程度副词带有内在的主观性,表达了说话者对修饰对象程度量的主观评估。在主观性的互动作用下,带有主观性的分级形容词与极性程度副词相互结合,并与表达评价义的"了"发生缩合,融合成"分级形容词(GA)＋极性程度副词＋了"极性程度构式,如"好极了"[①]"糟透了""饿死了""累坏了"。除了分级形容词外,心理动词(如"高兴极了""伤心透了""害怕死了""难过坏了")也能进入极性程度构式。[②]

在主观性的互动作用下,"分级形容词＋极性程度副词＋了"凝固为一个整体,形成表达极性强调义的极性程度构式(文旭、黄蓓,2008)。其构式化倾向表现在以下几个方面:在语音上,整个结构不能停顿,"极/透/坏/死了"有附缀化(cliticization)倾向,不能接受重读;在语义上,其意义发生专化,只能表达极性强调义,其构式义无法从成分中单独推导出来;在结构上,极性程度构式具有稳固性,中间不能插入或替换为其他成分;在功能上,该构式具有一定的能产性。可以进入极性程度副词位置的主要有"极""透""坏""死"等。

极性程度构式带有强烈的主观性,表达说话者的正面或负面评价,同时隐含强烈的情绪。由于极性程度副词处于补语位置,意义高度虚化,词汇意义发生弱化,因此其程度修饰功能随之弱化,程度义让位于评价义及真值强

---

① 《八百词》已经注意到"极"的这种特殊搭配模式,将"形/动＋极＋了"视为固定短语,并指出这种搭配常用于口语(吕叔湘,1999:287),但并未就其理据加以发掘。
② 限于篇幅,本书不讨论"心理动词＋极性程度副词＋了"的搭配模式。

调义,重在凸显说话者的态度与评价。

二、语料库调查

为了考察极性程度副词、分级形容词及"了"的主观性互动情况,我们基于 BCC 多领域语料库统计了极性程度构式与分级形容词的典型搭配模式。"GA 极了"构式的前 20 位准入形容词如表 8.8 所示。

表 8.8　"GA 极了"构式的前 20 位准入形容词

排序	GA	频次	排序	GA	频次
1	好	4087	11	美	234
2	高兴	807	12	难过	223
3	妙	573	13	有趣	220
4	可爱	438	14	静	151
5	漂亮	394	15	棒	145
6	开心	388	16	兴奋	143
7	可怕	286	17	好吃	143
8	难受	259	18	得意	131
9	舒服	242	19	美丽	110
10	好看	237	20	大	104

由表 8.8 可见,"GA 极了"构式准入的典型形容词包括:好、妙、漂亮、可怕、舒服、好看、美、有趣、静、兴奋、好吃、得意、美丽、大。典型例子如例(18)、例(19)中的"幸福极了""热闹极了"。"GA 极了"构式的准入词项带有明显的情感色彩,并表现出明显的正极性偏好。在前 20 位准入形容词中,15 例带有正面情感色彩,排在前 6 位的均为正面形容词:好、高兴、妙、可爱、漂亮、开心。这 20 例准入形容词中,涉及"好"的评价有三种:一是笼统的"好",二是视觉上的"好看",三是味觉上的"好吃",分别如"好极了"(4087)、"好看极了"(237)、"好吃极了"(143);其次是涉及美的评价,如"美极了"(234)、"美丽极了"(110)。3 例涉及负面情感形容词:可怕、难受、难过(分别排在第 7、8、12位)。2 例涉及中性的量角类形容词(静、大)(分别排在第 14、20 位)。仅这 2例中,"极"表达真正的程度义,在其他例子中则是评价义与程度义交织在一起。

例(18)：老爸老妈，新年快乐。有你们在我真的<u>幸福极了</u>……（微博）

例(19)：一朵朵灿烂无比的烟花，在天空中飞舞，各式各样，五光十色，真是<u>热闹极了</u>。（微博）

表8.9统计了"GA透了"构式的前20位准入形容词。

表8.9 "GA透了"构式的前20位准入形容词

排序	GA	频次	排序	GA	频次
1	湿	1705	11	黑	74
2	糟	930	12	傻	69
3	糟糕	313	13	恶心	51
4	红	257	14	冷	48
5	凉	163	15	没劲	44
6	倒霉	160	16	蠢	36
7	无聊	140	17	差	34
8	烂	122	18	穷	31
9	失望	121	19	棒	30
10	伤心	97	20	笨	28

由表8.9可见，"GA透了"构式的准入词项同样带有明显的情感色彩，但表现出明显的负极性偏好。"透"的词汇负面色彩义滞留最重，因此需要排除GA位置的成分作动词讲的情况，如"湿透了""红透了""凉透了""黑透了"。[1]这些成分在该结构中占据的比例相当大，分别为1705例、257例、163例、74例。通过对前20位准入形容词进行分析后发现，14例为带有负面情感色彩的形容词：糟、糟糕、倒霉、无聊、烂、失望、伤心、傻、恶心、没劲、蠢、差、穷、笨；1例带有弱负面色彩：冷；仅1例为带有正面情感色彩的形容词：棒（排在第19位）。典型例子如例(20)、例(21)中的"糟糕透了""俗透了"。

例(20)：站在故事之外为主角担忧的心情，<u>糟糕透了</u>。（微博）

---

[1] 若一定将其分析为形容词的话，这些极性表达既可表示单纯的程度义又可带有评价色彩，有时评价义与程度义交织在一起。

例(21)：网页版<u>俗透了</u>，手机版能体现一个人的高雅不俗。（微博）

"GA 坏了"构式的前 20 位准入形容词如表 8.10 所示。

表 8.10　"GA 坏了"构式的前 20 位准入形容词

排序	GA	频次	排序	GA	频次
1	累	740	11	郁闷	19
2	乐	414	12	闷	18
3	高兴	115	13	馋	10
4	冷	47	14	难受	8
5	热	42	15	伤心	3
6	恶心	34	16	尴尬	1
7	开心	30	17	丑	1
8	渴	29	18	骚	1
9	激动	23	19	舒服	1
10	气	19	20	犀利	1

　　由表 8.10 可见，"GA 坏了"构式的准入词项多为情感形容词，并表现出明显的负极性偏好。通过对前 20 位准入形容词分析后发现，11 例涉及负面情感形容词，如：累、恶心、气、郁闷、闷、馋、难受、伤心、尴尬、丑、骚。6 例涉及正面情感形容词：乐、高兴、开心、激动、舒服、犀利。3 例为中性的量度类形容词（渴、冷、热）。整体来看，"坏"的典型共现形容词偏好带有消极色彩的情况，这种负极性偏好与其负面词汇义的滞留不无关系，其词汇义与程度评价义交织在一起。这说明，"坏"尚未蜕变为真正的极性程度副词。不过，在与正面情感形容词共现的情况下，这种负面词汇义通常被抑制，而突出高程度义。其正面与负面共现形容词分别如例(22)、例(23)中的"开心坏了""郁闷坏了"。

　　例(22)：广志啊，怎么不告诉小新扮演动感超人的就是你，他肯定<u>开心坏了</u>。（微博）
　　例(23)：今晚这网速啊，啥都打不开，<u>郁闷坏了</u>。（微博）

表 8.11 呈现了"GA 死了"构式的前 20 位准入形容词。

241

表 8.11 "GA 死了"构式的前 20 位准入形容词

排序	GA	频次	排序	GA	频次
1	可爱	1993	11	酸	311
2	难受	1318	12	臭	264
3	无聊	1084	13	馋	258
4	恶心	905	14	胖	253
5	开心	740	15	伤心	246
6	烦	699	16	渴	244
7	笨	443	17	激动	234
8	难过	356	18	脏	212
9	幸福	327	19	高兴	198
10	热	325	20	痒	183

由表 8.11 可见,"GA 死了"构式同样偏好带有情感色彩的形容词,并表现出明显的负极性偏好。通过对前 20 位准入形容词分析后发现,8 例为明确带有负面色彩的形容词:难受、无聊、恶心、烦、笨、难过、伤心、脏,其中 7 例为情感形容词。5 例为带有正面色彩的情感形容词:可爱、开心、幸福、激动、高兴(分别排在第 1、5、9、17、19 位)。7 例为量度类形容词(热、酸、臭、馋、胖、渴、痒),兼具负面与中性色彩,既可表单纯的程度义又可带有评价色彩(分别排在第 10、11、12、13、14、16、20 位)。典型例子如例(24)、例(25)中的"好笑死了""自卑死了"。

例(24):蔡康永问小小彬还有没有想见到的明星,那段真的<u>好笑死了</u>。(微博)

例(25):发现 intern(实习生)要么是富二代,要么是官二代,要么是真的好学校,我真是要<u>自卑死了</u>。(微博)

在极性程度构式中,部分表达存在固化倾向,形成固定搭配。如"痒"仅与"死"搭配,形成"痒死了"固定结构,我们共检索到 183 例。"烦死了"基本上已成为许多人的口头禅,高达 699 例,而替代用法"烦透了"仅出现 24 例。"累"尽管可同时进入"极""透""坏""死"引导的极性程度构式,但"累坏了"的频次还是远超其他极性程度表达,高达 740 例,在其他极性程度副词的前 20

242

位搭配项中均未出现。

综合来看，进入极性程度构式的形容词主要包括三类：情感类、评价类、感受类。为了发掘极性程度副词与形容词的搭配倾向性，我们进一步考察了形容词类别与四类极性程度副词的搭配偏好，见表8.12。

表 8.12　三类形容词与四类极性程度副词的搭配偏好

搭配情感类 形容词	频次	搭配评价类 形容词	频次	搭配感受类 形容词	频次
高兴极了 高兴死了 高兴坏了	807 198 115	可爱极了 可爱死了	4384 1993	累坏了 累极了 累死了 累透了	740 92 43 24
开心死了 开心极了 开心坏了	740 388 30	美极了 美丽极了 美死了	234 110 108	热死了 热坏了 热极了 热透了	325 42 31 10
激动死了 激动极了 激动坏了	234 50 23	棒极了 棒透了 棒死了	145 30 12	馋死了 馋坏了	258 10
无聊死了 无聊透了 无聊极了	1084 140 48	幸福死了 幸福极了	327 85	渴死了 渴极了 渴坏了	244 33 29
恶心死了 恶心透了 恶心坏了	905 51 34	脏死了 脏极了 脏透了	212 20 17	痛死了 痛极了	146 33
伤心死了 伤心透了 伤心坏了	246 97 3	糟透了 糟极了 糟死了	930 18 10	冷坏了 冷透了 冷极了	47 48 47
难过死了 难过极了	356 223	糟糕透了 糟糕极了	313 17	酸死了	311
难受死了 难受极了	1318 259	倒霉透了 倒霉死了	160 77	臭死了	264
烦死了 烦透了	699 24	笨死了 笨透了	443 28		

由表8.12可见，三类形容词在极性程度构式中表现出不同的倾向性。正面情感词倾向于与"极""坏""死"共现，如"高兴""开心""激动"与三者均可共现，但不与"透"共现。负面情感词偏好与"透""坏""死"共现，如"无聊""恶心""伤心"同时与"透""坏""死"共现，仅"难受"同时与"死""极""坏"共现。

不过,"难受""难过"仅与"死""极"共现,不与"糟""透"共现。就评价类形容词而言,正面评价形容词偏好与"极""死"共现,负面评价形容词偏好与"透""死"共现。感受类形容词整体来讲均是负面的,偏好与"坏"共现,如"冷""热""馋""累"。不过,其中也存在个体差异。"累""热"可同时与"极""透""坏""死"共现,"渴""冷"分别同时与"极""坏""死"、"极""坏""透"共现,表不舒服气味的"酸""臭"则只能与"死"共现。

通过语料库调查可以发现,四类极性副词对形容词类型也表现出不同的偏好。"GA 极了"只能作用于评价类、情感类形容词,不用于感受类形容词,仅限正面评价,但可作用于负面情感。"GA 透了"主要作用于评价类形容词,以负面评价为主,偶尔用于感受类形容词,主要限于负面感受。"GA 坏了"主要作用于感受类、情感类形容词,以负面感受为主。"GA 死了"主要用于情感类、感受类形容词,正负兼有。

第三节　"给"、动词及"了"主观性的互动

如前所述,我们论证了在现代汉语中,"了"在完成体标记功能之外发展出情态评价义,"给"从语法标记转向主观性标记。"了"的情态评价义与"给"的主观性标记功能彼此融合,继而与动词的语义特征相融合,生成一个新的结构"给 V 了"。该结构可出现在受事主语句(如"煮熟的鸭子给飞了")、把字句(如"老婆把他给骂了一顿")及被字句(如"猫被汽车给轧死了")中。为统一描述之便,我们将其简称为"给 V 了"结构。①

一、主观移情构式:"给＋V＋了"结构

有证据表明,"给 V 了"结构属于评价结构。首先,"给 V 了"通常充当结束句而非始发句。当两个 VP 结构连用(非并列)时,往往前一个不含"给",后一个含"给",也即"给"具有后附性。这一点与[描述＋评价]的分工倾向是一致的,即描述在前,评价在后。② 典型例子如例(26a)、例(27a)。倘若在前一个 VP 前也添加"给",同样会带上评价意味,但违背了[描述＋评价]的分工格

---

① 关于出现在三种结构中的"给 VP"的同一性问题,相关论证参见:黄蓓(2016b)。

② 从常识角度来看,描述是评价的基础,评价需要指向某个对象。

局,句子显得很别扭,如例(26b)、例(27b)。

例(26a):一切往地面的通道全都塌得严严实实了,这等于说他们给活埋了。(孙少山《八百米深处》)

例(26b):?一切往地面的通道全都给塌得严严实实了,这等于说他们给活埋了。

例(27a):把"南化"抹黑了,地委这几年抓工业的成绩也就给否定了。(谢锡文《火红的云霞》)

例(27b):?把"南化"给抹黑了,地委这几年抓工业的成绩也就给否定了。

其次,"给"不能出现在否定辖域内。我们检索了 BCC 多领域语料库中的"给 V 了"结构,无一例属于"给"前出现否定词的情况。某些特殊否定结构表达的依然是说话者的正面期待,例如①:

例(28):梁大牙说:"你杨司令真是害死人,硬是上了鬼子的当,差点儿把我给收拾了。"(徐贵祥《历史的天空》)

例(29):被梁大牙的枪托子着实砸了一家伙,差点儿没把肋巴骨给砸断了。(徐贵祥《历史的天空》)

例(28)、例(29)中的"差点儿"与"差点儿没"属于正反同辞,表达的均是庆幸所描述的(负面)情况没有发生。这一点与评价结构的属性是一致的:认识评价本身不能成为否定的对象。② 相比之下,普通把被句均可出现在否定辖域内。如例(30)、例(31)中的"不把……作为",以及例(32)、例(33)中的"不被视为""不被允许"。

---

① 为便于对比,此处我们以嵌入把字句与被字句中的"给 V 了"为例。

② 这一点与表达说话者认识的第一人称认知动词较为接近。例如:

例(3a):[我没觉得[我的这种性格[有什么不好]]],如果说性格决定命运,那么我愿意接受命运的挑战。(卞庆奎《中国北漂艺人生存实录》)

例(3b):[我觉得[[我的这种性格[没有什么不好]]]],如果说性格决定命运,那么我愿意接受命运的挑战。

例(3a)在语义效果上等同于例(3b)。说话者无法否定"觉得"这一认识过程,只能否定"觉得"的语义内容。

例(30)：虽然是用了婚假，我却<u>不把它作为蜜月旅行</u>。（微博）

例(31)：老卢<u>不把手艺作为个人赚钱的手段</u>，而是先为集体做贡献。（《福建日报》1980年）

例(32)：在传统上，家庭暴力<u>不被视为一种犯罪行为</u>。（BCC多领域语料库科技文献）

例(33)：此时在他的诊室里是不允许第三者进入的，甚至连护士也是<u>不被允许</u>的。（《文汇报》2005年）

再次，"给"前后通常伴有表示说话者态度的语气副词，例如：

例(34)：一位小伙子为了拉煤<u>竟给活活累死了</u>。（《人民日报》1995年）

例(35)：一次，轮到总经理李志清值夜班，因有特殊情况李志清委托党办秘书代值，<u>可这位秘书却给忘了</u>。（BCC多领域语料库科技文献）

例(34)中，"活活"显然不是"一位小伙子"的状态，因为人不可能活着累死。这里的"活活"指向的不是对事件的描述，而是说话者对事件的主观评价。同时，例(34)、例(35)中分别含有反预期语气副词"竟""可"，语义上均指向说话者而非其所描述的事件。

基于各种证据，我们基本可以认定"给V了"是一个评价结构。当然，这里的评价往往是和描述混合在一起的。回头来看"给"的句法表现，就不难做出解释了。"给V了"结构的主导功能是评价，不适合出现在涉及纯粹描述的结构中。这可以解释下面的(a)例与(b)例的可接受度差异。①

例(36a)：陈淑彦喘息着，把饭盒<u>递给天星</u>。（霍达《穆斯林的葬礼》）
例(36b)：? 陈淑彦喘息着，把饭盒<u>给递给天星</u>。
例(37a)：虎姑娘过来，把钱<u>抓在手里</u>，往他的衣袋里塞。（老舍《骆驼祥子》）
例(37b)：? 虎姑娘过来，把钱<u>给抓在手里</u>，往他的衣袋里塞。

---

① 王彦杰(2001)认为这两例不可接受，但没有交代原因；叶狂、潘海华(2014)则认为这两例可接受。

如上,我们论证了带有主观性的"给""了"与准入动词互动生成的"给 V
了"结构是一个评价结构。对于这个结构的具体语义特征,还需要借助语料
库调查,参照其准入动词的语义属性才能定性。

二、语料库调查

为了进一步确定动词的语义特征在"给 V 了"结构语义中的贡献,明确该
结构的构式义,我们基于 BCC 多领域语料库统计了"给 V 了"结构中参与动
词的语义类型。我们进一步统计了"给 V 了"结构准入的前 30 位动词类型,
见表 8.13。

表 8.13　"给 V 了"结构的前 30 位准入动词

排序	V	频次	排序	V	频次
1	忘(记、却、掉、却)	1440	16	破坏	154
2	毁(灭、坏、掉)	679	17	淹(没、死)	149
3	杀(掉、害、死)	382	18	逗(笑、乐)	148
4	吃(光、完)	340	19	解决	126
5	骗	295	20	抓(住、走)	125
6	(甩)卖	251	21	打断	119
7	丢(掉、弃)	235	22	宰(杀)	113
8	打(倒、败、破、伤)	225	23	(消)灭	112
9	删(除、减、去)	212	24	耽搁	109
10	迷(住、惑、糊)	200	25	占(领、用、据)	104
11	吓(死、坏)	185	26	吞(食、蚀、没、噬)	101
12	砸(碎、烂)	183	27	撞(伤、死)	93
13	扔(掉、下)	175	28	糟蹋	89
14	拆(卸、散、开、掉)	169	29	挂	84
15	烧(伤、毁、坏)	169	30	炸(死、掉、毁)	79

由表 8.13 可见,"给 V 了"结构的前 30 位准入动词绝大多数为负面动
词,只有排名第 18、20 位的"逗""解决"为正面动词。除这两例外,其他动词按
频次高低依次为:忘、毁、杀、吃、骗、卖、丢、打、删、迷、吓、砸、扔、拆、烧、破坏、

淹、逗、解决、抓、打断、宰、灭、耽搁、占、吞、撞、糟蹋、挂、炸。这些动词的负面
色彩与"给""了"的语义特征相融合,表达了说话者对负面事件遭受主体的移
情,奠定了该构式的负面语义基调。

表 8.14 统计了"给 V 了"结构准入的不及物动词。

表 8.14 "给 V 了"结构准入的不及物动词①

Vi	频次	Vi	频次	Vi	频次	Vi	频次
跑	49	没	5	脱逃	1	泡汤	1
逃(走、脱、跑)	37	摔倒	4	休息	1	收敛	1
惊呆	31	疏忽	3	恼怒	1	受	1
愣住	29	断电	3	离婚	1	输	1
溜(走)	25	发臭	2	觉醒	1	睡觉	1
飞(跑)	16	赢	2	忍	1	陶醉	1
怔住	15	笑	2	散失	1	堵车	1
醒	8	傻眼	2	上天	1	堕落	1
哭	6	流产	2	流泪	1	闯祸	1
破灭	5	死	2				

基于表 8.14,准入"给 V 了"结构的不及物动词大致可分为如下五类:
1)情绪类:笑、惊呆、哭、恼怒、忍、流泪、陶醉、傻眼、怔住、愣住。2)状态类:
醒、休息、睡觉、死、觉醒、发臭。3)逃逸类:跑、脱逃、散失、上天、逃(走、脱、
跑)、溜(走)、没、泡汤。4)遭受类:破灭、流产、离婚、输、摔倒、堕落、堵车、受、
闯祸。5)受益类:赢、收敛。其中,逃逸类与遭受类动词均带有负面色彩,受
益类动词均涉及正面色彩,情绪类动词除"笑""陶醉"外均涉及负面色彩,大
部分状态类动词均涉及中性色彩,仅"死""发臭"带有负面色彩。整体来看,
受损动词的比例占压倒性多数,因此奠定了不及物"给 V 了"结构的负面语义
基调。典型例子如例(38)、例(39)中的"给跑了""给破灭了"。

例(38):段雁舞红着脸蛋连忙松手,一溜烟地跑掉。"你回来!"
秋飞一个分心,竟让段雁舞给跑了。(湍梓《秋飞雁舞》)

---

① "断电、堵车、发臭"等无法再接续宾语的动词短语,我们也一并处理为不及物动词准
入"给 V 了"结构的情况。

例(39)：多少年的梦想，被自己在不经意的一瞬间给破灭了。
(《文汇报》2003 年)

表 8.15 统计了"给 V 了"结构准入的感官动词。

表 8.15　"给 V 了"结构准入的感官动词

V	频次	V	频次	V	频次
看	116	瞧见	8	察觉	1
发现	59	撞见	7	闻到	1
看(到/见)	27	发觉	5	晓得	1
听(到/见)	16	盯住	2	摸	1
知道	13	注意	2		

如表 8.15 所示，同感官动词进入被动结构的情况一样，感官动词进入"给 V 了"结构后通常生成受损解读。进入"给 V 了"结构后，这类动词通常隐含了特殊的附加意义，即原本说话者期待不被知道的消息不胫而走。如"给看见了"的东西一定是不期待被看到的，"给听见了"的话或许正是"不要告诉……"之类的话。这种意义已经在某种程度上约定为"给＋感官动词＋了"构式意义的一部分。如例(40)、例(41)所示，动词进入"给 V 了"结构后即带上了受损色彩，如"给撞见了正面""给发觉了"均暗含女孩与那人本是暗中行事，不期望被看到，故因事情败露而受损。

例(40)：女孩那一回头，让她给撞见了正面，她吓得花容失色。
(夏形《别恋》)
例(41)：那人的额上冒着汗，口中说道："那人便向我交待了一件事，让我去做，那就是在半山腰等你，跟踪你，没想到，没想到竟被你给发觉了。"(岳凡《搜神传》)

第四节　本章小结

本章围绕汉语词汇与语法范畴的主观性互动模式展开，考察了第一人称、认知动词与程度修饰结构主观性的互动，分级形容词、极性程度副词与情态评价义"了"主观性的互动,以及主观性标记"给"、动词与"了"主观性的互动。在两种主观性范畴的互动作用下,微观主观性构式逐渐涌现。三种互动模式分别造就了[第一人称＋认知动词＋程度修饰结构]、[分级形容词＋极性程度副词＋了]以及[给＋V＋了]组合模式的固化,形成固定的形义配对,分别生成认识评价构式(如"我觉得 N 很难吃")、极性评价构式(如"好极了")及主观移情构式(如"给骗了"),成为说话者表达主观性的重要手段。

第九章　汉语词汇与构式范畴的
主观性互动模式

按照主观性的互动观,词项的语义特征与构式的语义特征存在互动作用,词项的主观性潜势在构式语境中得到激活,构式主观性的解读离不开词项主观色彩的浸染。因此,词项与构式的主观性互动倾向尤为显著。本章考察汉语词汇与构式范畴的主观性互动模式,聚焦于把字句与动词主客观性的互动、被字句与动词主观性及施事的互动,以及受事主语句与补语主观性的互动。

第一节　把字句与动词主客观性的互动

如第四章所述,学界一般认同把字句带有主观性,然而其主观性的内涵及实现方式却备受争议,形成了主观处置说(沈家煊,2002;叶建军,2014)、主观掌控说(牛保义,2009;席留生,2008,2013)、主观认定说(张黎,2007)、综合说(李青,2011a)等观点。诸说均默认主观性是所有把字句的内在属性。事实上,把字句内部并非铁板一块,也并非所有的把字句均带有主观性。如施春宏(2010)指出的那样,典型把字句只是把字句系统中的核心成员,实际交际中的把字句的类型异常丰富,结构复杂多样。

笼统地认为把字句带有主观性,无法囊括把字句本身丰富多样的语义特征,尤其是不同词项进入把字句后所产生的语义互动效果。可取的做法是承认把字句内部分化出了不同语义类型,如处置类把字句、认定类把字句、致使类把字句。这一点是动词语义与构式语义互动融合的产物。可以预期,把字句本身也存在主观性与客观性的分化。这主要源于动词与把字句的互动作用。这与黄蓓(2019)近期论述的词义与构式主—客分工的一般规律是一致的。

为了验证动词语义类型与把字句主客观性的关系,我们基于 BCC 多领域语料库,首先调查了带有主观性的情感类动词、感知类动词、非宾格动词进入把字句的情况,而后调查了带有客观性的转移交付类动词、认定类动词、言说类动词进入把字句的情况。为强调动词进入把字句形成的语义分化效果,我们以动词类型命名各类把字句:情感类把字句、感知类把字句、非宾格类把字句、转移交付类把字句、认定类把字句以及言说类把字句。[①]

(一)情感类把字句

情感类动词用于表达人的情感状态,多涉及"哭""笑""愁""烦""喜欢""忍",带有较强的主观性。[②] 情感类动词与把字句结合生成了一类特殊的把字句,我们称之为"情感类把字句"。情感类动词本身不具备处置性,进入把字句后通常衍生出主观处置的意义,其语义特征为把字句晕染上了相应的感情色彩。情感类动词进入把字句后分化为两种情况:正面情感动词为把字句带来正面语义色彩,负面情感动词为把字句带来负面语义色彩。因此,情感类把字句带有较强的主观性。典型例子如例(1)、例(2)中的"把人愁死""把观众逗得前仰后合"。

例(1):这种事本来是可以把人愁死的,可是我没往死牛犄角里钻。(老舍《我这一辈子》)

例(2):短短一个小品,让赵丽蓉演得活蹦乱跳,把观众逗得前仰后合,有的擦眼泪,有的捂肚子。(《人民日报》1995 年)

表 9.1 统计了情感类动词与把字句主观性的互动情况。

[①] 篇幅所限,这里所列举的动词与把字句互动模式并非穷尽性的,如还存在一类高频的客观把字句——位移类把字句,涉及致使—移动类动词的参与。事实上,这是致使—移动构式在汉语中的主要编码方式。典型例子如例(1)中的"把……牲口推到沟里"。
    例(1):步兵把炮兵驮炮的牲口推到沟里,夺路而走。(杜鹏程《保卫延安》)
[②] 情感类动词是情感类心理动词的简称,心理动词可分为感知类、认知类、愿望类与情感类(Halliday & Matthiesen,1999)。

表 9.1　情感类动词与把字句主观性的互动

把 N+V	频次	把 N+V	频次	把 N+V	频次	把 N+V	频次
把人气死	60	把人愁	11	把眼睛笑	6	把肚子笑	6
把人笑	45	把眼泪哭	10	把姐笑	6	把牙齿笑	5
把眼睛哭	47	把人心想	9	把人哭	6	把肚皮笑	5
把人逗	17	把脸笑	7	把观众逗	5	把气忍	5
把眼泪忍	16	把人逗乐	7	把脸羞	5		
把人烦	13	把孩子喜欢	6	把劳资笑①	6		

　　由表 9.1 可见,在频次大于 5 的情感类把字句中,表达负面情感的涉及 6 类,按频次由高到低依次是:哭泣(63 例)、生气(60 例)、忍耐(21 例)、烦恼(13 例)、发愁(11 例)、羞赧(5 例)。表达正面情感的宏观上涉及 4 类,按频次由高到低依次是:发笑(86 例)、逗弄(10 例)、逗乐(7 例)、喜欢(6 例)。另有一类涉及中性情感:心想(9 例)。具体来看,表达负面情感的涉及 8 种事件类型,表达正面情感的涉及 14 种事件类型。整体来看,表达正面情感的把字句比例更大,我们猜测这和把字句本身的处置语义有关。负面情感动词多指向自身,如"忍""羞""愁",处置性稍弱。正面情感动词多指向他人,如"逗""笑"的源头均是说话者以外的行为主体,这使得其对受事而言多少带有处置意味,因此与把字句具有更高的兼容性。

(二)感知类把字句

　　狭义上讲,感知类动词是用来表示人或事物感觉器官发出的动作的动词,如"看""听""说"。广义上讲,感知类动词是用来表示感觉、认知活动的动词。这里我们取广义理解,将表达生理与心理感受类的动词均归入感知类动词。这类动词与"把"字结合形成一类特殊的把字句,我们称之为"感知类把字句"。根据主语是否为人、是否具有能愿性,可以区分三类感知类把字句:一类是主语为人,具有能愿性(一般仅限于"吓"的主语②),如例(3)中"他""把

---

① 　这里的"劳资"是"老子"的调侃说法。

② 　不过,"吓"的主语未必具有能愿性,实际情况要更复杂一些,可能涉及动作有意、结果无意的情况。如例(2)中"吼"是有意的,但"吓哭"宝宝是无意的。仅考虑把字句编码的情况的话,可宽泛地将"我"视为非能愿主体。

　　　例(2):杨老师,你有没有对小宝宝吼过?我曾经吼过一次,把宝宝吓哭了。我后悔得不行。(微博)

对方吓跑"属于有意而为之;一类是主语为人,不具有能愿性,如例(4)中主语默认为"我",忘记书包非我有意所为;一类是主语为物,默认不具有能愿性,如例(5)、例(6)中的"零下三十度的严寒""这地动山摇的声音"。整体上讲,感知类把字句的主语大都不具备意愿性,不具备典型把字句的处置性特征,可视为主观处置,即说话者主观上认定主语对宾语实施处置。因此,这类把字句带有较强的主观性。例如:

例(3):每次催他结婚他总有一大堆理由,逼他来相亲他不是放人鸽子,就是故意表现得很差劲<u>把对方吓跑</u>。(金萱《子色风暴》)

例(4):外科考得实在是不好,考完试还<u>把书包忘在考场里了</u>。(微博)

例(5):<u>零下三十度的严寒还没把下巴冻掉</u>,新年的第一缕晨光已经若隐若现。(微博)

例(6):如果小孩子已经睡了,<u>这地动山摇的声音估计能把人吓哭</u>。(微博)

表9.2统计了感知类动词与把字句主观性的互动情况。

表 9.2 感知类动词与把字句主观性的互动

把 N＋V	频次	把 N＋V	频次	把 N＋V	频次	把 N＋V	频次
把＊吓①	377	把人闷	15	把气憋	7	把腿冻	5
把＊忘	108	把心伤	13	把命伤	7	把话闷	5
把人冻	33	把眼泪憋	12	把脸憋	6	把肚子饿	5
把人憋	31	把人累	10	把事情憋	6	把孩子惊醒	5
把人累死	29	把身体累	9	把孩子憋	6	把众人惊	5
把人饿	25	把人冻僵	9	把脸冻	6	把妻子惊醒	5
把孩子饿	19	把人醉	8	把脚冻	6	把姐累死	5
把话憋	19	把丫冻死	7	把胃伤	5	把孩子累死	5
把耳朵冻	16						

---

① 因"吓""忘"出现频次过高,所以宾语不再具体列出。"吓"的宾语多为有生命的,如"爹""姐姐""孩子""老师""客户""同学""妈妈";"忘"的宾语多为无生命的,如"密码""卡""书包""名字""钱包""帽子"。前者多与说话者存在亲属关系或利益关系,后者多与说话者存在所有权关系,因此这两类把字句具有高度受损的特征。

由表 9.2 可见,感知类把字句无一例外都表达负面情况,带有高度受损色彩。这种遭受义主要来自动词语义的贡献。这类把字句的参与动词包括"吓""忘""冻""憋""累死""饿""闷""伤""醉""惊"等,其中"吓""忘"的使用频次超高。这类把字句的处置性并不强,但对受事带来的负面影响很大。通常主语并非有意处置的主体,甚至不具备处置能力,因此可理解为说话者主观上认为主语对受事施加某种处置,从而凸显受事的遭受意味及说话者的移情。

(三)非宾格类把字句

非宾格动词的特点是只能有一个客事论元,其语义特征是非意愿性、非自主性。按照 Perlmutter(1978)的区分标准①,汉语中的非宾格动词大致包括以下几类:带客体论元的动词(如:沉、漂、流、挂、升)、表形态变化的动词(如:溶化、蒸发、减少),以及表存现及消失的动词(如:存在、发生、出现、消失、死)。

非宾格动词进入把字句时,主语一般不是真正意义上的施事,而是受事。此时把字句通常表达丧失或损失义,凸显了说话者对主语的主观移情。典型例子如例(7)、例(8)中的"把太太死了""把船沉了"。

例(7):连这么着,刚教了几个月的书,还把太太死了呢。(老舍《善人》)
例(8):项羽跟秦兵打仗,过河以后就把锅砸了,把船沉了,激励士兵不打胜仗决不生还! (《文汇报》2003 年)

非宾格动词与把字句的典型互动模式如表 9.3 所示。

---

① Perlmutter(1978)的非宾格动词假说(unaccusative hypothesis)区分了非宾格动词(unaccusative verbs)和非作格动词(unergative verbs)。按照其标准,非宾格动词只能有一个客事论元,非作格动词只能有一个施事论元。

表 9.3　非宾格动词与把字句的互动

把 N＋V	频次	把 N＋V	频次	把 N＋V	频次
把眼泪流干	19	把船沉	7	把照相机落	5
把钥匙落	16	把筷子掉	6	把相机落	5
把钱包落	14	把飞机飞	7	把充电器落	5
把网断	13	把书掉	5	把伞落	5
把任务落	8	把花掉	5	把命逃	5
把东西落	8	把钥匙掉	5	把东西掉	5
把儿子落	7	把天倒塌	5	把时光倒流	4

由表 9.3 可见,进入把字句的典型非宾格动词包括:掉、落、流、塌、断、沉。这些动词除"倒流"外,均带有负面色彩,多表现为财物的丧失。此类把字句表达了领有关系的丧失给主体带来的负面影响,以及由此表现出的说话者的惋惜、同情或遗憾之情。

(四)转移交付类把字句

转移交付类动词涉及物品的传递,通常由一方将其转让或传递给另一方,如:献给、让给、递给、交给、留给。转移交付类动词与"把"字结合生成了一类特定的把字句,我们称之为"移交付类把字句"。转移交付类把字句属于双宾句的变式,两者在结构上可以相互转换(英语中称"与格交替"),在语义上大同小异。由于转移交付类把字句单纯表达转移交付或动作传递行为,不带有任何主观色彩,因此单纯表达客观的动作传递行为,并不掺杂说话者的主观态度。由于转移交付类把字句不涉及结果补语,其客观性主要是由动词带来的。动词的客观语义与把字句的语义融合,凸显了把字句的动作处置义,而抑制了动作结果的影响义。典型例子如例(9)、例(10)中的"把电话递给了原振侠""把机会让给了别人"。

例(9):黄绢没有说什么,就把电话递给了原振侠。(倪匡《大犯罪者》)

例(10):组织上多次安排他去疗养,他总是把机会让给了别人。(BCC 多领域语料库科技文献)

表 9.4 统计了转移交付类动词与把字句的互动情况。

表 9.4　转移交付类动词与把字句的互动

把 N+V	频次	把 N+V	频次	把 N+V	频次	把 N+V	频次
把青春献给	135	把心给	47	把钱递给	36	把名额让给	26
把机会让给	80	把座位让给	45	把位置让给	35	把钥匙给	24
把钱给	72	把事情交给	44	把生命献给	31	把杯子递给	24
把信递给	67	把爱心献给	44	把礼物送给	29	把花送给	24
把位子让给	60	把电话递给	43	把报纸递给	29	把酒瓶递给	23
把任务交给	53	把一生献给	42	把照片发给	29	把房间让给	23
把钱送给	49	把眼泪留给	42	把床让给	28	把女儿托付给	23
把时间留给	48	把信送给	42	把书让给	28	把枪递给	20
把女儿许配给	47	把机会留给	40	把房子让给	28	把风险留给	20
把话筒递给	47	把名片递给	40	把孩子送给	26	把照片递给	18

由表 9.4 可见,在转移交付类把字句编码的 40 类典型转移交付事件中,参与动词涉及 10 类,各类动词的频次及涉及的转移交付对象依次如下:1)递给(339 例):信、电话、报纸、酒瓶、书、杯子、枪、话筒、名片、照片;2)让给(325 例):机会、位子、名额、座位、位置、房间、床、房子;3)献给(252 例):青春、生命、爱心、一生;4)送给(170 例):钱、信、礼物、孩子、花;5)留给(150 例):时间、眼泪、机会、风险;6)给(143 例):钱、心、钥匙;7)交给(97 例):任务、事情;8)发给(29 例):照片;9)许配给(47 例):女儿;10)托付给(23 例):女儿。

(五)认定类把字句

认定类动词多涉及"视为""当作""看成""看作""作为",涉及将 A 认定为 B 的情况。尽管 A 与 B 之间未必存在等同关系,但主语可以做如此认定。认定类把字句凸显的正是这种认定关系,某种意义上可以理解为主语对宾语实施弱处置行为。由于认定类把字句单纯表达两个对象之间的类属或等同关系,因此并不涉及说话者的介入,属于相对客观的把字句。典型例子如例(11)、例(12)中的"把学生视为被动的'接受者''执行者'""把爱情当作了毕生追求"。

例(11):不应把学生视为被动的"接受者""执行者",而应视他们为主体参与者和创造者。(BCC 多领域语料库科技文献)

例(12):周家娴出乎意料地笑了,笑得凄艳,她说,男人都将事业看得重于爱情,而女人却把爱情当作了毕生追求。(巴兰兰《真爱是谁》)

认定类动词与把字句的典型互动模式如表9.5所示。

表9.5　认定类动词与把字句的互动

把 N+V	频次	把 N+V	频次	把 N+V	频次	把 N+V	频次
把学生视为	354	把人看作	53	把技术作为	36	把企业作为	29
把学生当作	104	把孩子当成	52	把城市作为	36	把办案件作为	28
把人作为	78	把学生看作	51	把农业作为	36	把权力当成	28
把学生作为	77	把对方当作	50	把人当成	35	把权力作为	27
把人当作	74	把企业当成	49	把企业当作	34	把对方看成	27
把对方当成	73	把爱情当成	49	把体育作为	33	把调研作为	27
把爱情看作	68	把质量作为	39	把爱情当作	32	把权力当作	27
把学生看成	66	把环保作为	38	把女人当成	29	把对方看作	24
把学生当成	62	把畜牧业作为	37	把金钱看成	29	把权力看成	24
把旅游业作为	62	把孩子当作	37	把马克思主义当作	29	把成绩当作	23

如表9.5所示,认定类动词在把字句中的参与度很高,形成了几大类稳定的互动模式。在我们统计的40类典型认定类把字句中,典型认定动词按频次高低依次包括:作为(583例)、当作(410例)、视为(354例)、当成(328例)、看作(225例)、看成(117例)。就认定类把字句所编码的认定关系而言,所涉及的典型认定对象大致可分为四类:1)属人主体:学生(2107例)、人(240例)、对方(174例)、孩子(89例)、女人(29例);2)机构及类人主体:企业(112例)、旅游业(62例)、畜牧业(37例)、城市(36例)、农业(36例)、体育(33例);3)抽象主体:爱情(149例)、权力(106例)、质量(39例)、环保(38例)、技术(36例)、金钱(29例)、马克思主义(29例)、成绩(23例);4)活动:办案件(28例)、调研(27例)。

这些对象代表了我们日常生活中讨论较多的主题。从上述统计情况来看,典型属人主体包括宽泛意义上的人、各种一对一关系中的对方、日常关注较多的师生关系、亲子关系中的学生及孩子;类人主体主要涉及企业及各行各业;讨论较多的两大抽象主体是爱情和权力,活动主要涉及办案及调研活动。值得一提的是,"学生"作为认定对象出现的频次最高,"把学生视为""把学生当作""把学生看作""把学生作为""把学生看成""把学生当成"分别出现354 例、104 例、77 例、66 例、62 例、52 例。这种对学生超高的关注度可能和整个社会对教育的重视有关,同时也反映出对学生角色的不同定位。

(六)言说类把字句

言说类动词多涉及"说""告诉",一般接续文字或消息类宾语。言说类动词与"把"字结合生成一类特殊的把字句,我们称之为"言说类把字句"。言说类把字句仅仅涉及信息的传递,可归入宏观意义上的转移交付类把字句。因此,这类把字句同样属于双宾结构的变式,具有与之近似的语义特征,其客观性占主导地位,主要来自动词语义的贡献。与典型转移交付类把字句不同的是,言说类把字句涉及的是信息的转移交付,转移交付类把字句涉及的则是实物的转移交付。典型例子如例(13)、例(14)中的"把消息告诉大家""把真心话说出去"。

例(13):小编刚才太兴奋要把消息告诉大家,打错字了。(微博)
例(14):这一辈子多数都是以玩笑的方式把真心话说出去。(微博)

言说类动词与把字句的典型互动模式如表 9.6 所示。

表 9.6　言说类动词与把字句的互动

把 N+V	频次	把 N+V	频次	把 N+V	频次	把 N+V	频次
把事情说	435	把丑话说	61	把道理说	36	把原因说	19
把话说	202	把事实说	53	把真情告诉	32	把详情告诉	19
把真相告诉	200	把心里话说出	52	把情况说	32	把真话告诉	19
把事情告诉	142	把事实告诉	52	把心事说	30	把话告诉	18
把实情告诉	109	把话说明	49	把名字告诉	30	把情形告诉	17
把情况告诉	104	把实话说	45	把计划告诉	28	把名字说	16
把消息告诉	100	把结果告诉	38	把意思说	27	把理由说	16
把问题说	94	把心事告诉	37	把实话告诉	26	把实情说	16
把地址告诉	77	把想法告诉	36	把事说	25	把内情告诉	15
把真相说	61	把答案告诉	36	把来意说	19	把心里话告诉	15

表 9.6 的统计表明,进入把字句的言说类动词数量庞大,但多限于"说、告诉"两个动词。言说类把字句侧重信息的传递与沟通,属于客观把字句的范畴。

综上,基于语料库调查,我们发现,动词类型与把字句的语义相互作用,生成或主观或客观的把字句,从而带来把字句内部主客观性的分化。情感类动词、感知类动词、非宾格动词的弱处置特征及主观色彩与"把"的处置义相结合,涌现出主观处置的语义特征,生成相对主观的情感类把字句、感知类把字句及非宾格类把字句。与之相对的是,认定类、转移交付类、言说类动词因其相对客观的语义特征,进入把字句后生成相对客观的认定类把字句、转移交付类把字句及言说类把字句,侧重关系的认定或实物、信息的转移交付。这表明,把字句内部并非铁板一块,主观性并非所有把字句的特征,而是特定类型的动词与构式合力作用的结果。

基于上述讨论,可以得出结论:把字句的主观性不是一刀切的问题,把字句语义类型的分化是一个不争的事实。不同动词类型的准入导致把字句的分化,动词的语义特征与把字句的语义特征相融合,形成了相对客观的把字句与相对主观的把字句。这说明,把字句的主观性具有多维性,不同语义类型的把字句存在主观度差异。[①]

第二节　被字句与词项主观性的互动

被字句是汉语中公认带有主观性的构式。其主观性可以与词项的语义色彩发生互动融合,造就整个构式的主观性解读。被字句本身残留的语义色彩、动词的受损语义、施事及补语的负面语义特征均属被字句的主观性参数,可独立或相互作用,影响被字句的主观性解读。这里我们主要考察动词与施事的语义色彩如何与被字句本身的语义色彩发生互动,造就被字句的主观性解读。

---

① 同时,把字句的主观性具有动态性,在不同历史时期,主观性成分进入把字句后强化了其主观性,客观性成分进入把字句后稀释了其主观性。不过这已超出了本节的讨论范围。

一、被字句与动词主观性的互动

已有研究表明,被字句的负面色彩与"被"的遭受动词义有千丝万缕的关系(吕叔湘、朱德熙,1952)。范晓(2006)观察到,被字句谓语表示客体所遭受的"不如意、不希望"或"受损"语义色彩的倾向,对动词的选择有一定的影响,表达"失义""损义"的动词较容易进入被字句。这事实上道出了被字句与动词主观性的互动问题。"被"本身曾经是遭受义动词,发生语法化后仍保留了遭受义动词的语义搭配偏好。由于被字句从"被"的蒙受义用法衍生而来,因此其在语义上继承了蒙受义动词"被"的语义特征。这说明,极有可能存在从动词"被"到介词"被"的过渡时期。这是被字句主观性的最初来源。早期被字句对准入动词有严格限制,仅限受损动词。有迹象表明,在历时发展过程中,"被"的受损语义逐渐虚化,中性及正面动词的准入弱化了被字句的主观性,作为对这种弱化的补偿,其他成分也参与到被字句的主观性解读中来。

基于 CCL 古代汉语语料库,我们发现战国时期的被字句完全表达受损义,形式上全部是简单的"被+动词"形式,如"被攻""被刺""被辱",不涉及施事、补语或状语,因此,其遭受色彩直接来自动词的负面语义,确切来说是"被+动词"结构携带的负面语义。这说明,早期被字句的主观性与动词密不可分。动词本身携带的负面色彩是被字句的主观性最重要的参数。西汉时期的被字句出现了简单的修饰结构,这些附加成分并未贡献不如意色彩,这一时期被字句的主观性依然来自动词受损义的贡献。唐五代时期出现了少量表达中性甚至正面情况的被字句。及至元明清时期,受损被字句依然占主导地位,同时出现了少量中性及正面被字句。自始至终,动词的负面色彩一直是被字句主观性解读的最重要参数。

现代汉语中,动词在被字句主观性的解读中是否依然起着关键作用? 为此,我们基于 BCC 多领域语料库统计了准入被字句的前 30 位高频动词[①],见表 9.7。

---

① 这里为了说明动词对被字句语义的贡献,我们没有考虑带施事的被字句,因此限定检索式为"被+V"结构。

表 9.7　BCC 多领域语料库中前 30 位"被十 V"结构

排序	被 V	频次	排序	被 V	频次	排序	被 V	频次
1	被称为	16902	11	被杀	5500	21	被破坏	3544
2	被认为	12359	12	被抓	5279	22	被骂	3247
3	被打	10645	13	被列为	5114	23	被撞	3244
4	被誉为	8514	14	被淘汰	4893	24	被感动	3244
5	被发现	8397	15	被判	4679	25	被震	3200
6	被骗	6127	16	被选	4287	26	被送	3187
7	被逼	6109	17	被列入	4163	27	被拉	2991
8	被吓	6040	18	被偷	3869	28	被炸	2860
9	被视为	5837	19	被判处	3829	29	被毁	2857
10	被困	5706	20	被授予	3796	30	被烧	2804

调查表明,在"被 V"结构排名前 30 位的动词中,12 个动词表达中性义,包括 7 例认定类动词,分别为"称为""认为""列入""誉为""发现""视为""列为";2 例转移交付类动词,分别为"授予""送";1 例心理动词("感动");1 例动作动词("拉")。17 个动词表达高度受损的情况(按频次高低依次为"打""偷""判处""骗""破坏""逼""骂""吓""撞""困""杀""抓""炸""淘汰""毁""判""烧")。另外 1 例表达弱受损的情况("震")。认定类动词及受损动词进入被字句的情况,分别代表了最客观的被字句与最主观的被字句。如例(15)、例(16)中的"被看作""被视为"涉及主语与宾语之间的认定关系,例(17)、例(18)中的"被撞""被杀"涉及主语作为受事的负面遭遇。

例(15):他的学说、思想一直被看作是治学为人的标准。(林熙《中国儿童百科全书》)

例(16):"替代医学"是不被西医重视的,甚至被视为"异类"。(林熙《中国儿童百科全书》)

例(17):今天还真是倒霉! 坐车坐过一站,过马路还差点被撞。(林熙《中国儿童百科全书》)

例(18):昨天我还劝黎红早点脱离那个行业,没想到她当晚就被杀了。(岳盈《菜鸟天使》)

　　从语料库统计来看,两种被字句在现代汉语中均居高不下,形成了博弈态势。在被字句的准入动词中,认定类动词甚至大有赶超受损动词的意味,在前 10 位"被 V"结构中占据了 4 位,"被认为""被称为"均超过 10000 例,高居榜首。至于认定类动词为何在现代汉语中居高不下,我们猜测原因可能是受到了来自英语翻译的影响。在英语中,认定类动词高频出现,一般不出现施事,因而倾向于采用被动结构"be+V-en"来表达。考虑到科技语体受英语翻译影响的可能性最大,为验证这一假设,我们统计了 BCC 科技语料库中被字句准入动词的频次,发现无施事被字句中,前 10 位高频"被+V"组合依次是:被认为(20808 例)、被称为(19224 例)、被视为(9999 例)、被誉为(6630例)、被淘汰(5871 例)、被列为(5244 例)、被测(5136 例)、被破坏(4909 例)、被看作(4731 例)、被发现(4609 例)。其中绝大多数涉及中性动词,排名第 4的"誉为"属于正面动词,一般被视为典型受损动词的"淘汰""破坏"则分别占据第 5、8 位。在标准被字句中,前 10 位高频"被+N+V"组合依次是:被人(们)称(1176 例)、被人(们)忽视(630 例)、被人接受(624 例)、被市场淘汰(473 例)、被人(们)誉为(380 例)、被人(们)视为(378 例)、被人(们)发现(376例)、被洪水围困(361 例)、被人体吸收(352 例)、被人遗忘(263 例)。受损动词仅占 4 例,其中常规被认为表达高度受损的典型场景"被洪水围困"仅排在第 9 位。排名前三的动词中,除第 2 位的"忽视"带有弱受损义外,第 1 位属于中性动词,第 3 位偏向正面解释。这个统计结果基本可以证明翻译对汉语被字句存在同化作用。①

　　尽管在现代汉语被字句中,非受损动词的比例大大增加,但在被字句的受损解读中起主心骨作用的还是动词的负面色彩。为了探究受损动词的默认语义特征在多大程度上可能影响被字句的语义倾向,我们抽取出来表 9.7中的 17 例受损动词,随机让五名本族语者采用被字句造句,补足动词的宾语、主语或补语。造句结果如表 9.8 所示。

表 9.8　BCC 多领域语料库中前 30 位被字句中的受损动词造句情况

被 V	主语/补语	被 V	主语/补语
被打	～得+鼻青脸肿/眼冒金星/落花流水	被偷	手机/钱包/笔记本/现金～ ～得+一分不剩/一干二净

---

① 其他相关研究发现可参见:胡显耀、曾佳(2010)及朱一凡、胡开宝(2014)。

续　表

被 V	主语/补语	被 V	主语/补语
被骗	女子/学生/未成年人/老人～ ～得＋分文不剩/稀里糊涂/很惨/团团转	被判处	～死刑/10 年徒刑/终身监禁
被逼	～得＋走投无路/悬梁自尽/走上犯罪道路	被破坏	心情/环境/臭氧层/社会风气～
被吓	～得＋脸色惨白/不知所措/不轻/面如死灰	被骂	～变态/流氓/神经病/傻瓜 ～得＋一鼻子灰/哑口无言/很惨/很冤枉
被困	～在＋雪山上/电梯里/水中/废墟里	被撞	校车/小轿车/乘客/头/膝盖～
被杀	～死在＋卫生间/家中/街头	被炸	大使馆/桥梁/楼房～ ～得＋一塌糊涂/体无完肤/四分五裂
被抓	嫖娼/醉驾/作弊/赌博～ ～到＋警察局/监狱/看守所/保卫科	被毁	房屋/农田/设施/森林～
被淘汰	～出＋历史的舞台/8 强/人才市场	被烧	房子/教堂/宿舍/眉毛～ ～得＋精光/一干二净/不成人形/体无完肤
被判	～谋杀罪/强奸罪/10 年有期徒刑/终身监禁		

　　表 9.8 显示,本族语者基于负面动词优先联想到负面被动事件,词项的负面语义色彩与被字句的默认语义存在"共振"效果。这与前面的语料库调查的结论是一致的,即受损动词在被字句的负面语义中起着主导作用。

　　此外,负面遭受义依然是被字句的主导语义特征。这表现在被字句本身携带的负面构式语义可以同化中性动词,使其也带上负面色彩。如感官动词本身呈中性,但进入被字句后通常暗含不愿透漏的信息被外人获知,不希望被看到或觉察到的情况被人发现,因此带有受损意味。基于 CCL 历时语料库,我们在元明清时期的语料中均调查到这类被字句。如例(19)—例(21)中的"被丫环们听见了""被人看见""不知道暗里被人看见"分别代表了元明清时期感官动词进入被字句的情况。

　　　　例(19):阿秀怕声张起来,<u>被丫环们听见了</u>,坏了大事,只得勉从。(抱瓮老人《今古奇观》)
　　　　例(20):唐卿恐怕女子真个不觉,<u>被人看见</u>,频频把眼送意,把

手指着,要他收取。[凌濛初《初刻拍案惊奇(下)》]

　　例(21):金头虎一看见贼人,心中欢喜。采花贼此时可<u>不知道</u><u>暗里被人看见</u>。[张杰鑫《三侠剑(上)》]

　　有迹象表明,感官动词的被动用法存在限制,即必须编码受到负面影响的情况,否则无法进入被字句。这可以从一个侧面说明被字句的语义限制。不妨对比例(22)—例(25)中的(a)例与(b)例。

　　例(22a):清晨,我听到悠扬的鸟鸣声。(自拟)

　　例(22b):＊清晨,悠扬的鸟鸣声被我听到了。

　　例(23a):我听到鸟儿在歌唱。(自拟)

　　例(23b):＊鸟儿在歌唱被我听到了。

　　例(24a):隔壁邻居听到了夫妻俩的话。(自拟)

　　例(24b):夫妻俩的话被隔壁邻居听到了。

　　例(25a):我看到一个小偷正在扒窃。(自拟)

　　例(25b):一个小偷正在扒窃,被我看到了。

　　我听到鸟鸣声或听到鸟儿在歌唱,鸟儿并不因此受到负面影响,因此例(22b)、例(23b)不可接受。关起门来说的事情本不希望外人知晓,"夫妻俩的话被隔壁邻居听到"暗含夫妻俩本意并不希望如此,可能邻居知道后对两人不利或导致两人受损;小偷扒窃被人看到,对小偷而言显然是一种受损,尽管这个看到的主体是"我",说话者还是采用了被动的说法。[1] 相比之下,例(24a)、例(25a)表达的都是纯粹的描述,说话者的立场是中立的。

　　综上所述,被字句的主观性解读往往与动词的负面色彩存在密切关联,动词构成了被字句主观性的最重要来源。与此同时,被字句本身携带的负面色彩可以同化中性动词,这表现在感官动词进入被字句后可获得受损解读。

---

① 为了避免对小偷产生移情含义,说话者通常会采用"让"而非"被",类似于例(3)中的说法。

　　例(3):一个小偷正在扒窃,<u>让我看到了</u>。

二、被字句与施事主观性的互动

被字句是汉语中公认的带有强主观性的构式,然而其内部并非铁板一块。除了被字句本身携带的主观性以及动词贡献的负面色彩,被字句的施事在许多情况下也对其主观性起到了添砖加瓦的作用。这表现在,施事本身携带的负面语义框架暗合了被字句所编码情景的遭受色彩,甚至可能对动词的主观性起到牵制作用。我们猜测,这一点与某些名词内在的强施动性有关。施动性是某些名词内在语义框架的一部分,这种语义框架 Pustejovsky(1991,1995)称之为"物性结构"。① 已有研究表明,被字句蕴含强影响性(一般为负面影响)(张伯江,2001),不能对受事造成影响的动词因此不能进入被字句,如"我看着墙"难以发生被动化:＊墙被我看着。这是因为墙不大可能因看而受到影响。这个影响的来源显然是施事,某些施事对特定受事具有内在的影响,如硫酸可以腐蚀墙壁,水也可以灭火。因此,"墙"的施事如换为"硫酸"则更为匹配,"墙被硫酸……"默认唤起"腐蚀""破坏"等负面信息。我们可以推测,在其他条件相同的情况下,被字句施事自身的影响性越强,受事所受到的影响越大,被字句的不如意倾向可能体现得越明显。

施事默认语义框架的作用,使得施事可以压倒动词的默认语义特征,使被字句获得负面解读。我们发现,这在施事与动词的三类组合模式中均有体现。

(1)负面施事＋受损动词＝受损被字句

负面施事与受损动词的结合构成了最典型的被字句表达,无一例外都会得到受损解读。这是被字句的遭受义体现得最彻底的组合模式。这类组合模式在北宋时期大量涌现:被贼劫、被鬼物缠绕、被奚贼所围、被贼设伏横截、被邻寇侵渔、被雀鸽粪秽其上、被官司追摄、被贼败于黄獐谷、被不良人疑之、被鼠啮、被狐刺、被贼杀、被枷锁捶拷、被盗所伤、被风流沾惹、被人鬼乘此扫荡、被心魔所使、被伪贼暗窃、被严贼驱劫、被伪贼暗窃。典型例子如例(26)、例(27)的"被贼劫""被贼杀"。明代也出现了不少这类组合模式,典型例子如例(28)、例(29)的"被贼人掳到此地""反被那小人逼勒"。

---

① 物性结构(qualia structure)由 Pustejovsky(1991,1995)提出,涉及名词的一系列内在蕴含义,主要包括其构成、目的、外形及施动特征。

例(26)：行十余里，至一草舍，扬声云："<u>被贼劫</u>。"舍中人收乙入房，以为拒闭。(李昉等《太平广记》)

例(27)：于厅中忽困睡，梦生被发，血污面目，谓尉曰："某已<u>被贼杀矣</u>。"(李昉等《太平广记》)

例(28)：我乃百王宫魏王孙女，先嫁钦慈太后侄孙。京城既破，<u>被贼人掳</u>到此地，卖在粘罕府中做婢。(凌濛初《二刻拍案惊奇》)

例(29)：我也是个故家子弟，好模好样的，不想遭这一场，<u>反被那小人逼勒</u>。(抱瓮老人《今古奇观》)

(2)负面施事＋中性动词＝受损被字句

负面施事往往唤起负面联想，对动词的语义色彩具有压倒作用。因此，负面施事与中性动词结合时，被字句总是解读为受损被动。这类组合模式早在唐代已经出现，如"被贼蹙回""被贼缠绕"，见例(30)、例(31)。

例(30)：若步兵<u>被贼蹙回</u>，其跳荡、奇兵、马军即迎前腾击。(李靖《卫公兵法辑本》)

例(31)：若左右傔<u>被贼缠绕</u>，以次行人急须前进相救。(李靖《卫公兵法辑本》)

再如，北宋时期出现了7例这类组合模式：被小人知之、被物欲引从人心、被那两个小人恁地弄后、被何妖精取去、被奸臣邀功、被烦恼覆云、被邪来胜将。例如：

例(32)：乃与妇人诈谋，令妇人出别墅，却自归，言不知<u>被何妖精取去</u>，今却得回。(李昉等《太平广记》)

例(33)：续承使人萧仲恭、赵伦等至，报谕恩义，<u>被奸臣邀功</u>，复便听从，依前附使间谍大金功臣及举国动兵。(佚名《大金吊伐录》)

(3)负面施事＋正面动词＝受损被字句

负面施事甚至可以压倒动词的正面色彩，从而使被字句获得负面解读。例如：

例(34)：<u>被贼偷</u>并不可怕，可怕的是<u>被贼惦记上了</u>。(《都市快

讯》2003 年）

例（35）：当你<u>被失败拥抱</u>，也许成功正在一边等着你。（微博）

被惦记、被拥抱本是好事，说明有人关爱。然而，当行为主体是高度负面的"贼""失败"时，其语义色彩就会发生逆转，构成隐喻表达。如例（34）、例（35）所示，"被贼惦记"事实上是被贼盯上了，"被失败拥抱"的实质是遭受失败。通过这种语义色彩的错位，可以收到更生动的表达效果。

为了探讨施事的默认语义特征在多大程度上可能影响被字句的语义倾向，我们调查了 BCC 多领域语料库中前 30 位高频"被＋施事"组合，如表 9.9 所示。

表 9.9　BCC 多领域语料库中前 30 位"被＋施事"组合

排序	被 N	频次	排序	被 N	频次	排序	被 N	频次
1	被洪水	2355	11	被蛇	612	21	被尿	318
2	被雷	2011	12	被歹徒	563	22	被病毒	289
3	被狗	1733	13	被刀	423	23	被血	288
4	被对手	1372	14	被美女	417	24	被狼	281
5	被敌人	1301	15	被鬼	416	25	被老鼠	276
6	被蚊子	1086	16	被妖怪	399	26	被噩梦	261
7	被女人	823	17	被大火	362	27	被大雨	254
8	被小偷	707	18	被坏人	358	28	被枪	250
9	被火	689	19	被泪水	358	29	被狂风	244
10	被雨水	672	20	被大风	332	30	被虫	233

表 9.9 显示，进入被字句的前 30 位施事除"女人"（第 7 位）、"雨水"（第 10 位）、"美女"（第 14 位）外，本身均带有消极的语义联想。如蚊子、狗、蛇让人联想到咬噬，洪水、狂风、大雨让人联想到破坏，敌人、歹徒让人联想到伤害，妖怪、鬼让人联想到蛊惑，刀、枪让人联想到杀戮。这些均是名词本身的典型施动特征。即便是"女人""雨水""美女"这些相对中性或正面的名词，与"被"组合后，默认唤起的也往往是该名词相对负面的影响，如女人在两性关系中可能欺骗或甩掉对方；雨水可能造成淹没庄稼的不良结果；美女可能会蛊惑、引诱男人，使其堕落。这些均是名词内在语义框架的非核心部分。当然，这些默认语义特征在特定情况下可被压倒，如"被女人调教得更绅士""被

雨水冲刷得绿油油的""被美女夸得心花怒放"。不过,对于带有强烈消极色彩的名词,大部分情况下其动词搭配情况是可以预测的,如"被小偷"接续的不大可能是拯救或帮助之类的情况,甚至其负面语义特征足以压倒动词的正面色彩,"被小偷惦记"得到的结果与"被小偷偷"并没有两样;"被鬼"只会唤起负面的心理效应,也不大可能碰到正面的结果;"被噩梦""被歹徒"带来的只能是对身心的负面影响。

　　接下来,我们随机让五名本族语者基于表 9.9 中的"被＋施事"组合加以造句。造句结果显示为表 9.10。

表 9.10　BCC 多领域语料库中前 30 位"被＋施事"组合造句动词搭配情况

被 N	V	被 N	V	被 N	V
被洪水	冲走、淹没	被蛇	咬、咬伤	被尿	浸渍、熏晕
被雷	劈、击	被歹徒	杀害、砍伤	被病毒	打败、感染
被狗	咬	被刀	划伤、割	被血	浸透、染红
被对手	打败、算计	被美女	亲、骗	被狼	叼走、吃
被敌人	消灭、杀害	被鬼	缠住、缠身	被老鼠	咬坏、吃
被蚊子	咬、叮	被妖怪	迷住、捉住	被噩梦	吓坏、惊醒
被女人	甩、骗	被大火	吞噬、烧毁	被大雨	冲垮、淋
被小偷	偷、偷走	被坏人	骗、打	被枪	打中、打死
被火	烧、吞噬	被泪水	打湿、浸湿	被狂风	吹走、刮走
被雨水	冲走、淋湿	被大风	刮走、刮跑	被虫	蛀、咬

　　调查表明,施事本身带有消极语义联想时,进入被字句后优先唤起的均是负面事件框架。此外,对于较为中性的"女人""雨水",进入被字句后也倾向于引发本族语者消极的语义联想,这一点离不开被字句自身的默认负面语义的贡献。"美女"的情况较为例外,默认情况下带有正面色彩,进入被字句后既可唤起负面的联想,如"被美女骗",又可唤起正面的联想,如"被美女亲"。这体现了施事的语义特征与被字句的语义特征的互动作用。

　　为了证明被字句与负面施事的内在关联,我们进一步统计了 BCC 多领域语料库中被字句中出现频次 100 以上的施事名词,前 30 位以外依次是:子弹、毒蛇、病魔、肿瘤、蚊虫、欲望、贼、科学家、暴力、台风、烈火、不法分子、鬼子、噩梦、劫匪、陌生人、口水、主持人、贱人、雷电、热浪、小人、药物、乌云、人贩子、帝国主义、魔鬼、日寇、炮弹、骗子、高温、仇家、熊、土匪、地主。在上述施事中,除了"科学家""陌生人""主持人""熊""高温"相对较为中性,其他名词均默认唤起负面的语义特征。这一点绝非偶然,而是正好与被字句的受损倾向相得益彰。

从上面的分析可以看出,高度负面的施事与被字句结合后,其默认语义框架在被字句解读中起主导作用,从而使被字句呈现出高度负面的色彩,构成了被字句主观性的重要来源。① 这不但可以解释不同被字句的语义色彩问题,还可以预测"被+施事+动词"组合的主导语义特征。

第三节　受事主语句与补语主观性的互动

受事主语句多着眼于动作发生前后或伴随动作的情况、性质、状态等,通常较多地带有说明性质。其原型为"非人称受事+动态动词",如例(36)、例(37)中的"衣服全湿透了""脸晒得挺黑""很多事情……等一等自然解决了"。

　　例(36):你看,她正在球场里,一个人练球呐。<u>衣服全湿透了</u>,刘海都沾在前额上,<u>脸晒得挺黑</u>。(《福建日报》1972 年)
　　例(37):<u>很多事情</u>不用急着找解决办法,也许<u>等一等自然解决了</u>。(微博)

这种特质使得受事主语句在无补语参与的情况下,通常很少涉及评价色彩。在受事主语句的主观性解读中,补语起着重要的甚至决定性的作用。本节考察受事主语句与补语主观性的互动情况,发掘其典型互动模式。为明晰起见,我们直接从语料库调查起步,而后基于调查结果展开讨论。

我们调查了 BCC 多领域语料库中受事主语句受事与动词的类型组合模式,抽取出频次大于 3 的"S+V 得"结构,而后考察前 10 位"S+V 得"结构中动词与补语的搭配模式,分别见表 9.11、表 9.12。

---

① 当然,这种语义压倒效应对正面施事的情况也是适用的,如"好心人"内在预设不会对受事造成不良影响,"被好心人"接续的结果只会是救助之类,而不会是坑害之类。根据这种语义特征,我们可以在一定程度上预测正面被字句,不过这里不再涉及主观性的问题。对此本书不再展开探讨。

表 9.11　BCC 多领域语料库中受事主语句频次大于 3 的"S＋V 得"组合模式

S＋V 得	频次	S＋V 得	频次	S＋V 得	频次
日子过得	84	道理讲得	5	战线拉得	3
车(子)开得	27	酒喝得	5	信写得	3
会议/大会开得	24	头发剪得	5	经济搞得	3
步子(伐)迈得	14	窗帘拉得	4	脸晒得	3
头发梳得	10	晚餐吃得	4	脑筋动得	3
鼻子堵(塞)得	9	问题解决得	3	生日过得	3
生意做得	7	字写得	3	摊子铺得	3
词写得	5	窗户关得	3		

　　由表 9.11 可见,在受事主语句的典型"S＋V"组合模式中,主语一般涉及物,可分为三类。1)抽象概念:日子、生意、道理、问题、战线、经济、脑筋、摊子。2)身体部位及工具:车(子)、头发、鼻子、头发、窗帘、窗户、脸。3)人类活动产品:会议(大会)、步子(伐)、词、晚餐、酒、字、信、生日。从表达色彩来看,主语一般不带有极性色彩,仅"泪(水)"暗含负面意味。这些受事主语涉及的行为或动作多属于其所唤起的典型事件框架,可转换为常规动宾组合模式,如"过日子""开车""开会""迈步""梳头""做生意""讲道理""喝酒""剪头发""拉窗帘""吃晚餐""解决问题""写字""关窗户""写信""搞经济""动脑筋""过生日"。从语义色彩来看,多涉及中性动词,仅"堵(塞)"带有负面色彩。这说明,受事主语句的典型"S＋V"模式呈中性色彩。那么,受事主语句的评价色彩来自何处?显然,答案只能是来自补语极性色彩的贡献。可以说,补语的语义色彩在受事主语句的主观性解读中起着决定性作用。有鉴于此,接下来我们基于 BCC 多领域语料库考察了受事主语句与补语的主观性互动模式。

表 9.12　BCC 多领域语料库中受事主语句前 10 位"S＋V 得"结构的补语

S＋V 得	补语语义	例词
日子过得	穷困	紧紧巴巴(54)、紧巴巴(的)(36)、十分清苦(6)、捉襟见肘(4)、并不宽裕(3)、很紧巴(3)、非常清苦(3)、很清苦(3)、很紧张(2)、比较拮据(2)、十分拮据(2)、叮当响(2)
	艰难	很艰难(17)、十分艰难(12)、非常艰难(4)、相当艰难(4)、十分艰辛(4)、比较艰难(2)、很艰辛(2)
	负面评价	平淡无奇(4)、像句废话(3)、太平淡了(2)、很凑合(2)、浑浑噩噩(2)、提心吊胆(2)、真心不行(2)、更加纸醉金迷(2)

271

续　表

S＋V得	补语语义	例词
日子过得	红火	红红火火（35）、越来越红（6）、挺红火（5）、很红火（4）、好不红火（2）、火红（2）、挺殷实（2）
	顺遂	一天比一天好（10）、有滋有味（8）、越来越好（3）、挺不错（6）、很不错（3）、还不错（3）、也不错（3）、越来越美（2）、好好的（2）、挺好的（2）、满好（2）、一年比一年好（2）、满不错（2）、像倒吃甘蔗（2）
	愉悦	（很）舒心（4）、乐融融（4）、美滋滋的（3）、挺滋润（3）、很顺心（2）、很甜蜜（2）、甜甜美美（2）、甜甜蜜蜜（2）、舒舒服服（2）、惬意极了（2）、十分惬意（2）、很精彩（2）、很幸福（2）、很美满（2）
	自在	逍遥自在（3）、十分充实（3）、无忧无虑（3）、优哉游哉（3）、很轻松（2）、很平静（2）、不要太逍遥（2）
	飞快	飞快转（4）、飞快简单（2）、好快啊（2）、可真快（2）、太快了
车（子）开得	快	很快（6）、又快又稳（3）、飞快（3）、快些了、相当快、这样快、出奇快、更快了、再快也不行、再快又如何、又稳又快
	慢	慢、很慢、慢了、慢慢悠悠、慢死了
	评价	很不顺、很凶、很小心
会议/大会开得	成功	很成功（25）、非常成功（7）、十分成功（4）、圆满成功（4）、是成功的（2）
	隆重	隆重而简洁（3）、隆重热烈（2）、热烈隆重
	其他正面评价	生动活泼（9）、很好（2）、很活跃（2）、很及时（2）、很紧凑（2）、很实在、顺利
步子（伐）迈得	大	更大一些（7）、太大（4）、越大越好（2）、大（2）、或大了点、最大、很大
	快	更快一些（2）、较快（2）、很快
	小、慢	不大（3）、很慢
头发梳得	光亮	光光的（4）、油光光的（3）、亮光光的（2）、油光水滑（2）
	整齐	整整齐齐（10）、一丝不苟（5）、一丝不乱（5）、齐齐整整（2）、很整齐（2）
鼻子堵（塞）得	睡不着	睡不着（2）、不行睡不着、大小眼瞪着
	状态	很难受、太通透了、铁铁实、学金鱼张嘴
生意做得	顺利	红红火火（15）、很红火（6）、顺手（2）、有声有色（2）、越来越红（2）、风生水起（2）
词写得	正面评价	很好啊、特别得好、真好、幽深情真
道理讲得	正面评价	透彻、明白、再明白不过、多、再多不过、动听·
酒喝得	多少	差不多了（3）、很少（2）、太少（2）
	评价	越多，功力越高（2）、越多，武功越高（2）、越多，眼睛反而越高（2）、越多、活就越多

从 BCC 多领域语料库中受事主语句前 10 位"S＋V 得"结构可见,绝大部分补语带有正面色彩,少量带有负面色彩。就排名第 1 的"日子过得"而言,大部分补语均带有正面或负面感情色彩。涉及穷困义、艰难义、负面评价的情况均带有不如意色彩,涉及红火、顺遂、愉悦、自在的情况均带有如意色彩,仅涉及飞快义的情况带有中性色彩。"车(子)开得"的补语多涉及快慢之类的评价,仅有 2 例涉及负面评价:很不顺、很凶。"会议(大会)开得"的补语无一例外涉及正面评价,如"成功""隆重""活跃""实在""顺利"。"步子(伐)迈得"的补语涉及对步伐大小快慢的评价。"头发梳得"的补语则涉及光亮、整齐之类的正面评价。"生意做得"的补语均涉及红火、顺利之类的评价。"词写得"的补语均涉及正面夸奖之类。"道理讲得"的补语多涉及透彻、明白之类的表达。"酒喝得"的补语主要涉及"多少"概念,同时引申出少量负面评价。唯一例外的是"鼻子堵(塞)得"的补语,均涉及难受状态,不如意色彩较为浓厚。典型的正面补语如例(38)、例(39)中的"塑造得非常成功""写得蛮不错""脉络理得比较清晰",典型的负面补语如例(40)、例(41)中的"写得难看""考得那么差"。

> 例(38):剧中,还有许多人物塑造得非常成功,班长张家林就是一个近年来文艺作品中不多见的士兵形象。(《人民日报》2003 年)
>
> 例(39):文章写得蛮不错,脉络理得比较清晰。(微博)
>
> 例(40):我画画,自然也就格外爱书法,自己的字虽然写得难看,但却十分爱看别人的字。(《人民日报》1993 年)
>
> 例(41):语文考得那么差,一点心情都没有。(微博)

整体来看,受事主语句的补语多带有明显的主观性,整体上以正面评价为主。这种主观色彩对构式语义起着浸染作用,使得受事主语句呈现出弱正面语义特征。语料库调查证明,词项的主观色彩在受事主语句的主观性解读中起着决定性作用,支持了受事主语句一般表达非贬义色彩的被动意义的倾向(许红花,2015)。这是受事主语句作为无标志被动句而区别于有标志的被字句的显著特征。

第四节　本章小结

　　本章考察了汉语词汇与构式范畴的主观性互动模式,包括把字句与动词主客观性的互动、被字句与施事及动词主观性的互动,以及受事主语句与补语主观性的互动。考察表明,动词语义可与"把"字句的语义发生互动,生成或主观或客观的把字句,从而导致"把"字句内部的主—客分化。动词的负面色彩在被字句的受损解读中起着重要作用,施事本身携带的负面语义框架甚至可以压倒动词的语义色彩,决定被字句的负面解读。在受事主语句的主观性解读中,补语往往起着至关重要的作用,有时甚至能决定整个句子的表达色彩。

第十章 汉语词汇、语法与构式范畴的主观性互动模式

本章考察汉语词汇、语法与构式范畴的主观性互动模式。我们选取两类典型互动模式作为考察对象,包括"给"与把字句、被字句及词项主观性的互动,以及"个"与认定构式及情感名词主观性的互动。在特殊主观性标记、构式和词项主观性的共同作用下,语法构式中涌现出了下位主观性构式。两类互动模式分别造就了主观移情构式"给 VP"结构与情感评价构式"是个 NP"结构的涌现。这种下位主观性构式的涌现,是对常规语法构式主观性弱化的补偿。

第一节 "给"、把字句/被字句及词项主观性的互动

如第四章第二节所述,在现代汉语中,"给"从语法标记蜕变为主观性标记。主观性标记"给"可与词项、构式的主观性进一步发生互动,融合为新的主观性构式。"给"通常出现在把字句、被字句的动词前,形成"给 VP"构式,其功能在于凸显说话者对事件遭受主体的移情。[①] 我们称之为主观移情构式。"给 VP"构式的主观性并不独立起作用,除了主观性标记"给"的贡献,也离不开把字句、被字句主观性的贡献,更离不开准入词项的语义色彩的浸染。这些主观性成分相互作用,合力贡献了"给 VP"构式的主观性解读。关于特殊主观性标记"给"的主观性,以及把字句与被字句的主观性,此前已有论述,

---

① 事实上,"给 VP"构式并非一个独立的构式,除了进入把字句、被字句的动词前之外,"给"还可以进入受事主语句、"将"引导的处置句以及"叫""让"引导的被动句。具体例子参见第四章第三节。为使讨论更为集中,便于语料检索,本节暂不考虑这四类下位"给 VP"构式。

这里重点考察"给 VP"构式的参与动词及补语,发掘其在语义色彩上的倾向。

一、"给"、把字句/被字句及动词主观性的互动

为了说明主观性标记"给"、把字句/被字句及动词主观性的互动,发掘三者间的互动规律,我们分别基于 BCC 多领域语料库进行了调查。这里参与互动的构式主要包括把字句与被字句。

(一)"给"、把字句及动词主观性的互动

在主观性的互动作用下,主观性标记"给"、把字句及动词的主观性共同作用,形成稳定的互动模式,最终融合为主观性构式"把……给 VP"结构。"把……给 VP"构式在编码处置事件或表达主观处置的同时,表达了说话者对受事的移情。如例(1)中的"把我们给折腾得气喘吁吁,苦不堪言",说话者移情于自身,既有抱怨又有自怜的口吻。例(2)中"把莫忘仇给吓得傻了眼",说话者移情于莫忘仇,对"她"投怀送抱的行为持负面态度,给莫忘仇带来了负面影响。

例(1):这些都不过是基本功,可都<u>把我们给折腾得气喘吁吁,苦不堪言</u>。(顾正秋《休恋逝水》)

例(2):她突然的投怀送抱,<u>把莫忘仇给吓得傻了眼</u>。(舒情《我的爱人是狐狸精》)

为了发掘"给"、把字句及动词的主观性互动模式,我们基于 BCC 多领域语料库统计了"把……给 VP"构式的前 30 位高频参与动词,见表 10.1。

表 10.1 "把……给 VP"构式的前 30 位高频参与动词

排序	V	频次	排序	V	频次	排序	V	频次
1	忘	640	6	吃	118	11	说	97
2	吓	298	7	丢	102	12	打	95
3	弄	237	8	卖	102	13	放	86
4	杀	194	9	宰	102	14	逼	83
5	毁	133	10	烧	98	15	拖	78

续　表

排序	V	频次	排序	V	频次	排序	V	频次
16	压	77	21	吹	66	26	救	57
17	抓	76	22	震	64	27	掀	55
18	拆	76	23	吞	61	28	砸	50
19	拉	74	24	找	60	29	扯	48
20	甩	72	25	搞	59	30	踢	46

　　由表 10.1 可见，"把……给 VP"构式的前 30 位参与动词中，有 26 例表达高度负面的行为，前 10 位动词无一例外都带有负面色彩，对于受事而言属于高度受损的情况。这些受损动词大致可分为 6 类。1）心理活动类：忘、吓。2）破坏消耗类：杀、毁、吃、宰、烧、拆、吞、砸。3）丢弃类：丢、卖、甩。4）胁迫类：打、逼、拖、抓、踢。5）强力类：压、吹、拉、掀、扯、震。6）泛义类：弄、搞。心理活动类动词"忘""吓"高居榜首，带有浓厚的负面色彩，暗含说话者的责备或归咎义。如例（3）中说话者采用"差点把全家人给吓死"的表达，责备"你"没照顾好自己，让全家人担心。后 5 类均属动作类动词，与"把"的处置义结合，通常暗含有意而为之的负面处置，给受事带来不利的影响或后果，同时表达了说话者对受事遭遇的移情。可做正面解释的有 3 个动词，即"放""找""救"，通常说话者与受事属于同一利益群体，表达了说话者对受事得益的庆幸、欣喜之情。如例（4）中"好不容易把你的命给救回来"透露出说话者因"你"得救而感到庆幸。另外，原本偏中性无处置义的动词"说"，进入"把……给 VP"构式后倾向于做负面解读，并带上主观处置义。如例（5）所示，"可把安敏都给说傻了"暗含在说话者看来主语发话不当，导致受事心理上或精神上受损。

　　例（3）：可不是，你先担心你自己再说吧，<u>差点把全家人给吓死</u>。（江芷岚《天上来的野王妃》）

　　例（4）：月儿呀！我们<u>好不容易把你的命给救回来</u>，你该不会又跑回去送死吧！（寄秋《月刹朱雀》）

　　例（5）：他说得一副理直气壮，<u>可把安敏都给说傻了</u>。（杜芹《用情话叫醒睡美人》）

　　整体来看，"把……给 VP"构式带有高度负面的色彩，除了把字句本身及主观性标记"给"的表达色彩外,动词的语义色彩在整个构式主观性的解读中起着不可或缺的作用。语料库统计表明,"把……给 VP"构式对负面动词有着强烈的吸附效果,这反映了构式语义与动词语义之间存在"共振"效应。此外,在构式与词项主观性的互动作用下,正面动词可能压倒构式的默认语义倾向,导致构式获得正面解读,体现了词项对构式常规语义的突破。

接下来,我们对比"把……给 VP"构式与把字句的典型参与动词,观察两类构式的动词在语义色彩上是否存在显著差异。我们统计了 BCC 多领域语料库中"把 N＋V"结构的前 30 位准入动词,这大致可以反映现代汉语中把字句优先编码的事件类型,见表 10.2。

表 10.2　BCC 多领域语料库中"把 N＋V"结构编码的前 30 类典型事件

排序	把 N＋V	频次	排序	把 N＋V	频次
1	把车(子)停	1468	16	把注意力放在	440
2	把车(子)开	1259	17	把头发剪	438
3	把重点放在	1103	18	把事情说	435
4	把目光投向	918	19	把脸贴在	422
5	把脸埋	855	20	把钱放	394
6	把事情做	631	21	把注意力集中	375
7	把脸转向	572	22	把精力放	372
8	把电话挂	571	23	把眼光放	354
9	把目光转向	547	24	把钱交	348
10	把事情弄	517	25	把时间浪费	344
11	把事情办	516	26	把好事办	339
12	把钱花	501	27	把企业推向	336
13	把问题解决	476	28	把事情搞	334
14	把责任推	450	29	把眼睛闭	328
15	把经济搞	444	30	把话讲	327

统计发现,在把字句编码的前 30 类典型事件中,前 10 类均属相对中性的情况,动词偏负面解读的仅有排在第 12、14、25、28 位的"把钱花""把责任推""把时间浪费""把事情搞"。描述停车、开车动作的把字句高居榜首,位移类

把字句也占了很大比例（如"把目光投向""把脸转向""把目光转向""把注意力放在""把精力放在""把企业推向"），其他或表达纯粹动作如"把电话挂"，或接续地点状语（如"把脸贴""把钱放"）。这些把字句的动词均不带主观性。这种对相对中性的动词的偏好，与"把……给VP"构式形成了鲜明对照。这一方面表明两者对准入动词存在不同偏好，因此分属不同的构式；另一方面表明现代汉语中把字句的主观性大大减弱，有朝中性化方向发展的趋势。把字句的负面语义色彩在语法化过程中已日趋淡化，但"把……给VP"构式的消极意义仍然非常显著。对照两者的出现时间，可以推论"把……给VP"属于把字句中分化出的下位主观性构式。在词汇、构式及特殊语法标记的主观性的相互作用下，涌现出下位主观性构式，这是对常规语法构式主观性弱化的补偿。

（二）"给"、被字句及动词主观性的互动

在特殊主观性标记"给"、被字句与动词主观性的合力作用下，从语法构式中涌现出下位主观性构式"被……给VP"结构。在"被……给VP"构式中，表移情效果的"给"与被字句的遭受色彩一道，表达了说话者对负面事件遭受主体的移情。如例（6）中"被那个拜金主义的女人给耍得团团转"，说话者表达了对"那个女人"的负面评价，以及对"你"识人不准的隐隐批评。例（7）中"被炸弹给炸得骨肉分离"，说话者站在付大头的立场上，表达了对其因噩梦备受折磨的同情。

例（6）：只有你才会被那个拜金主义的女人给耍得团团转。（杨眉《紫眸忘尘》）

例（7）：付大头给折磨得夜夜做噩梦，不是上吊，就是投井，再不就是被炸弹给炸得骨肉分离。（迟子建《青春如歌的正午》）

为了发掘"给"、被字句与动词主观性的互动模式，说明三者是如何相互作用以造就表达式的主观性解读的，我们调查了BCC多领域语料库中"被……给VP"构式的前30位典型参与动词。调查结果见表10.3。

表 10.3　"被……给 VP"构式的前 30 位高频参与动词

排序	V	频次	排序	V	频次	排序	V	频次
1	吓	580	11	迷住	66	21	迷惑	44
2	吸引	191	12	压	59	22	搞	44
3	骗	182	13	逗笑	59	23	呛	43
4	弄	120	14	拦	59	24	挡	41
5	震	108	15	毁	57	25	抓	40
6	打断	99	16	淹没	54	26	杀	39
7	逼	82	17	破坏	52	27	吵	39
8	气死	80	18	打败	51	28	烧	37
9	拉	73	19	打	50	29	吞噬	34
10	震慑	66	20	吃	49	30	包围	32

　　由表 10.3 可见,在"被……给 VP"构式的前 30 位参与动词中,26 例带有负面色彩,大致可分为 6 类。1)心理活动类:吓、气死。2)破坏消耗类:打断、毁、淹没、破坏、吃、杀、烧、吞噬、包围。3)负面影响类:呛、打败、吵。4)诱骗胁迫类:骗、逼、打、震慑、抓。5)强力类:震、压、拉、拦、挡。6)泛义类:弄、搞。这 6 类负面动词中,破坏消耗类动词的负面色彩最为浓厚,涉及动作行为上的蓄意破坏、谋害。例(7)中提到的"炸"也可归入这一范畴。诱骗胁迫类,其中施受力量悬殊,受事多带有身不由己的味道。例(6)中提到的"耍"也属于这类动词。心理活动类动词尽管影响力度不大,但受动意味较强,频次相对较高。如例(8)中的"被闪电给吓到""被站在大门口的人影给吓着"。相对而言,强力类动词更突出力量上的压制效果,从而凸显受事的受动意味。排在第 2、11、21 位的"吸引""迷住""迷惑"语义内容相近,差别体现在语义色彩上。三者依次从正面过渡到负面色彩,但进入"被……给 VP"构式后均暗含身不由己的味道。"迷惑"的负面色彩在"被……给 VP"构式中保留了下来,如例(9)中的"被女色给迷惑了"。排在第 13 位的"逗笑"较为例外,属于正面动词,进入该构式后依然做正面解读,同时带有出其不意的意味。如例(10)中的"很容易就被儿子给逗笑了"。

　　例(8):突然,一阵闪电击来,她吓得跌坐在地上,倒不是被闪电给吓到,而是被站在大门口的人影给吓着的。(唐瑄《钟爱保镖》)

例(9)：这种荒谬事他也做得出来了,他到底还姓不姓龙呀? <u>八成又被女色给迷惑了</u>。(高晴《潇洒骑士》)

例(10)天生就爱笑的纪天伶很容易就<u>被儿子给逗笑了</u>。(简璎《尊王本无敌》)

下面我们将对比"被……给 VP"构式和常规被字句中的典型动词,以观察这两类构式的动词在语义色彩上是否存在显著差异。我们统计了 BCC 多领域语料库中进入"被＋N＋V"结构的前 30 位动词,这基本能够反映出现代汉语中被字句优先编码的事件类型,详见表 10.4。

表 10.4　BCC 多领域语料库中"被 N＋V"结构编码的前 30 类典型事件

排序	被 N＋V	频次	排序	被 N＋V	频次
1	被风吹	1770	16	被电话吵	444
2	被人(们)称为	1502	17	被蚊子咬	438
3	被人发现	1474	18	被人利用	432
4	被人说	1211	19	被人们誉为	422
5	被车撞(死)	908	20	被门夹	404
6	被人打	827	21	被太阳晒	385
7	被洪水围困	716	22	被人叫	360
8	被狗吃	648	23	被人体吸收	351
9	被人遗忘	587	24	被人追	348
10	被人骂	574	25	被人看见	324
11	被雷劈	565	26	被风刮	304
12	被人欺负	550	27	被洪水淹没	299
13	被蛇咬	507	28	被雨淋	281
14	被人骗	483	29	被人知道	272
15	被洪水冲	470	30	被烟熏	267

在常规被字句中,中性动词在使用频次上似乎有超越受损动词的趋势,排在前几位的动词均属相对中性的动词。第 1 位的"被风吹"只在补语涉及负面描述时才是不如意的。第 2 位的"称为"表达相对客观的认定关系。第 3、4、25、29 位的动词属于元明清时期兴起的感官与言说类动词,进入被字句后才呈现受损意味。常规表达负面情况的高频场景"被人打""被洪水围困"

"被狗吃""被人遗忘""被车撞""被人骂"均排在其后。排在第 19、22、23 位的"被人们誉为""被人叫""被人体吸收"均涉及中性动词。整体来看,被字句的准入动词依然以负面色彩为主,反映了被字句存在对负面事件的编码偏好。然而,对照"被……给 VP"构式的情况来看,现代汉语中的被字句已经"门户开放",中性动词大量涌入,甚至有盖过负面动词的趋势。这与"被……给VP"构式典型参与动词的高度负面语义形成了鲜明对照。这一方面表明两者对准入动词类型存在不同的偏好,因此宜处理为不同的构式;另一方面表明现代汉语被字句的主观性有减弱迹象。伴随着几千年的语法化进程,被字句的语义色彩限制松动,语义权重逐渐让位于句法权重。通过比较两者出现的时间,可以推断出"被……给 VP"是被动句中衍生出的下位主观性构式。在词汇、构式及特殊语法标记主观性的相互作用下,这种下位主观性构式的涌现,是对常规语法构式主观性弱化的补偿。

(三)"把……给 VP"构式与"被……给 VP"构式的异同

为了考察"把……给 VP"构式与"被……给 VP"构式存在多大的共性,我们基于表 10.1 与表 10.3 两个构式的前 30 位高频参与动词中提取了两可参与动词,形成表 10.5。

表 10.5　参与"把……给 VP"构式与"被……给 VP"构式的高频两可参与动词

高频两可动词	把字句		被字句		高频两可动词	把字句		被字句	
	排序	频次	排序	频次		排序	频次	排序	频次
吓	2	298	1	580	逼	14	83	7	82
弄	3	237	4	120	压	16	77	12	59
毁	5	133	15	57	抓	17	76	25	40
杀	4	194	26	39	拉	19	74	9	73
吃	6	118	20	49	震	22	64	5	108
烧	10	98	28	37	搞	25	59	22	44
打	12	95	19	50					

从表 10.5 来看,"把……给 VP"构式与"被……给 VP"构式在准入动词类型上存在很高的重叠度。仅就前 30 位参与动词而言,有 13 个动词同时准入两个构式,按照前面的标准可分为五类:1)心理活动类:吓。2)破坏消耗

类：毁、杀、烧、吃。3）胁迫类：逼、打、抓。4）强力类：压、震、拉。5）泛义类：搞、弄。① 其中"吓""弄"在"把……给 VP"构式与"被……给 VP"构式中的参与度均超高，分别排在第 2、3 位与第 1、4 位。尤其值得一提的是，心理活动类动词中"吓"均高居前三。不过，两个构式的参与动词重叠度最高的是破坏消耗类、胁迫类及强力类动词。原因不难理解：这三类动词与把字句的处置义及被字句的强影响义均是高度兼容的。从两可参与动词的语义特征来看，其语义色彩均趋于负面。这表明无论是"把……给 VP"构式还是"被……给 VP"构式，均对负面动词存在显著偏好。其参与动词的超高重叠度支持将两者处理为同一个宏观的"给 VP"结构。

　　尽管"把……给 VP"构式与"被……给 VP"构式在宏观上可纳入同一上位构式，不过比较而言，两者还是存在一定的差异，这一点是构式、动词、主观性标记"给"的语义选择限制综合作用的结果。进入"把……给 VP"构式与"被……给 VP"构式的动词既存在一定的重叠之处，也存在一定的差异。如心理动词"忘"出现在"被……给 VP"构式的频次远低于出现在"把……给 VP"构式中的情况（6/640）。尽管破坏消耗类动词与胁迫类动词在两种构式中的参与度均相当高，但其侧重点有所不同。前者中更侧重动作的处置和事件的过程性（尽管带来的同样是负面后果），后者中更侧重事件的结果性，强调动作带来的负面影响。相对而言，丢弃类动词在"把……给 VP"构式中的参与度更高，"丢""卖""甩"在两种构式中分别出现了 102/9、102/13、72/17例。就强力类动词而言，其在"把……给 VP"构式中更突出动作行为的力度，因此偏好"吹""掀"等自主类动词；在"被……给 VP"构式中则更突出受事承受这类动作，带有违愿意味，因此偏好"拉""拦""挡"等阻止类动词。

　　究其原因，这些差异和把字句、被字句本身的语义选择限制有关。把字句强调动作的处置性和施事行为上的主动性，被字句则侧重动作结果的强影响性及受事行为上的受动性，"把……给 VP"构式与"被……给 VP"构式分别作为两者的下位构式，继承了两者的语义选择限制，从而对准入词项表现出一定的语义偏好。相对而言，这些动词出现在"被……给 VP"构式中时，负面及受损意味显得更为浓厚。不过，两种构式宏观上均属于"给 VP"构式的次类，凸显的均是说话者对受事负面遭遇的移情。这些共性和差异是词项与构

---

① 尽管"吞"同时进入了两个构式，但"把……给吞"接续的补语多为"～没""～进""～掉"，"吞噬"仅出现 9 例，在"把……给 VP"构式中排名很靠后。因此，我们将"吞"排除在两个构式的高频两可参与动词之外。

式彼此选择、彼此顺应的结果,是词项与构式的主观性互动的产物。

二、"给"、把字句/被字句及补语主观性的互动

在主观性构式"给 VP"结构的涌现中,不仅有主观性标记"给"、受损动词及把字句、被字句的贡献,还离不开动词后补语的语义色彩的贡献。为考察"给"、构式及补语主观性的互动情况,我们以"给 VP"结构接续补语"得"的情况为例,调查了 BCC 多领域语料库"给 V 得"结构的前 20 位典型参与动词,见表 10.6。

表 10.6　BCC 多领域语料库中"给 V 得"结构的前 20 位典型参与动词

排序	V	频次	排序	V	频次
1	弄	160	11	搅	16
2	打	96	12	冻	15
3	搞	59	13	看	13
4	吓	56	14	骂	13
5	忘	45	15	轰	11
6	逗	29	16	唬	11
7	吹	26	17	磨	10
8	挤	22	18	闹	10
9	惊	20	19	拉	9
10	迷	19	20	扯	9

从表 10.6 来看,携带"得"补语的"给 VP"构式在动词的语义选择限制上与宏观构式大同小异。除第 6 位、第 13 位的"给逗得""给看得"之外,其他动词均带有强烈的负面色彩。动词在"给 VP"构式的主观性解读中虽然发挥着重要作用,但通常并不独立起作用,而是和补语一道构成对事件或行为的主观评价。典型例子如例(11)、例(12)中的"把这件事给弄得满城风雨""被他突如其来的吼声给吓得差点失了魂"。

例(11):我根本就不在乎你把这件事给弄得满城风雨,因为这根本就伤不了我一毫,你也心知肚明的不是吗?(子纹《花心情人》)

例(12):"你们两个在做什么?!"龙君瑜和那侍从全被他突如其来的吼声给吓得差点失了魂!(左晴雯《亲爱的暴君》)

接下来,我们考察了"给 VP"结构补语的搭配模式,从而明确补语在整个构式的主观性解读中的作用。我们以"给 VP"结构接续补语"得"的情况为例,抽取表 10.6 中的前 10 位参与动词,考察其与"得"补语的搭配模式,见表 10.7。

表 10.7　"给 V 得"构式前 10 位典型补语的搭配模式

给 V 得	补语语义		例词
给弄得	认知状态	无措	莫名其妙(5)、不知所措(3)、措手不及(2)、手足无措(2)
		糊涂	一头雾水(3)、糊里糊涂(2)、迷迷糊糊(2)、一塌糊涂(2)、糊涂了(2)、胡里胡涂、糊涂起来、迷糊了、迷惑起来、迷里迷糊、实在糊涂
		不清楚	不明所以、不晓得该怎样好了、不知是该哭还是该笑
	心理状态	尴尬狼狈	哭笑不得(51)、大为尴尬、非常尴尬、啼笑皆非、有点难为情、不好意思、有些狼狈、狼狈不堪、狼狈极了
		呆愣沮丧	呆立当场、呆住了、发愣、一愣一愣、傻了、垂头丧气、愣住了
		心理不适	完全抓狂(2)、神经错乱、精神失常、魂不守舍、精神分裂、亢奋实在、慌张不已、怪恶心的
		心情不悦	心神不宁(2)、不愉快、极度不悦、既难过又闹心、心里酸酸、心乱如麻、心情沉重、心情很坏、心头乱糟、有些心烦、很烦恼、心烦意乱
	生理状态	晕眩	晕头转向(2)、头昏脑胀、头昏眼花、头疼、头晕目眩、头晕晕的、晕过去、昏头昏脑
		疲劳	撑不住劲、精疲力竭、疲劳不堪、异常疲劳
		不适	怪痒痒的、害病了、呼吸困难、满头大汗、面目全非、无名火起、心惊肉跳、虚脱了、眼睛好像瞎了、一身恶寒、皱了眉头
	结果	脏乱状态	脏兮兮的(2)、黑(2)、很脏、全是黑黑、又脏又湿、方寸大乱、纷乱异常、乱哄哄的、乱糟糟的、那么蓬乱、那么糟、蓬乱不堪、如此混乱、十分紊乱、蓬乱、很糟、一团糟
		负面结果	半死不活、变木头了、残缺不全、面目全非、下不了台、害病了、七荤八素、七零八落
		负面效果	乌烟瘴气(2)、热闹异常、人间蒸发、人人都知、烟消云散、找不着北、更加复杂、够复杂了、不很透亮、模糊不清、模模糊糊、沙沙作响

续　表

给 V 得	补语语义		例词
给打得	身体损伤		鼻青目肿(11)、头破血流(5)、满嘴流血(2)、发胀了(2)、鼻青脸肿、两眼开花、满头包、七残八废、满地昏迷、口吐白沫、嘴角溢血、屁滚尿流、瘀青一块、青了一块、青一块紫一块、伤痕累累、头晕目眩、手足朝天、胳膊腿全断了、红肿的脱臼了、血肉模糊、眼泪直流、站不住脚、皮开肉绽、皮破肉绽
	动作		抱头鼠窜(2)、飞起来(2)、落荒而逃(2)、趴在地上(2)、躺地不起、躺在病床、朝前腾起、在地上折腾、动弹不了、飞出丈外、手足朝天、摔向一旁、吐出两口鲜血
	程度		落花流水(5)、节节败退(2)、支离破碎、措手不及、溃不成军、一干二净、干干净净、七零八落、死紧
	死活		几乎丧命(2)、半死、半死不活、半死么、不成人形、惨不忍睹、昏死过去
	效果		粉碎(3)、稀巴烂(3)、稀烂(2)、软稀稀的(2)、成了一张皮、像猪头炳、金星直冒、有点头晕、只剩下两张皮、房塌屋倒、回不了手、无还手之力、剑气大灭、尽是窟窿、没了踪影、可怜、莫名其妙、嵌于柱中、嵌在岩里、豁然开朗
给搞得	心理状态	糊涂迷惑	晕头转向(2)、一头雾水(2)、胡里胡涂、糊里糊涂、糊涂起来、迷迷糊糊、一塌糊涂、一团迷雾、一团糟、更加迷惑、云里雾中、丈二和尚摸不着头脑、莫名其妙、错乱
		心烦	心烦意乱、心里乱极了、乱了套、心力交瘁、很不耐烦、这样心烦、有点烦躁、颠倒错乱、心猿意马
		难受紧张	崩溃、十分沮丧、垂头丧气、实忿、不高兴、没心情了、紧紧张张、紧张了、怒火中烧、老纸要疯①、集体疯狂
	生理状态		我都睡不着(2)、头昏昏的、头昏脑胀、很疲倦、笑弯了腰、一点胃口都没有、脸红筋胀、精神衰弱、想哭了
	效果		暖融融的、千疮百孔、神乎其神、雾煞煞、颠颠倒倒、乱了程序
给吓得	失神无措		目瞪口呆(6)、魂飞魄散(6)、六神无主(4)、呆若木鸡(2)、发愣(2)、失魂落魄(2)、不知所措(2)、惊慌失措(2)、手足无措(2)、不知该如何是好(2)、不知如何(2)
	生理状态		昏死过去(2)、脸色苍白(3)、屁滚尿流(2)、休克了(2)
	言行		逃之夭夭(2)、动弹不得(2)、到处乱蹿(2)、不敢说个"不"字(2)、一句话也说不出来
给忘得	彻底义		一干二净(37)、干干净净(8)

---

① 　"老纸"为"老子"的调侃及委婉说法，多见于青少年用语中。

给 V 得	补语语义	例词及频次
给逗得	发笑	哈哈大笑(3)、笑出声来(2)、扑哧一声(2)、大笑(2)、大笑了起来、大笑起来、发出一丝笑意、发笑、娇笑了起来、露出笑容、笑出了眼泪、笑了起来、哑然失笑、"轰"地笑起来、一阵哄堂大笑
	生理状态	脸红心跳、满脸腆红、一愣
	心理状态	很开心、开朗、怒气全消、忍俊不禁、心花怒放、心里痒酥
给吹得	凌乱	凌乱、乱蓬蓬的、乱七八糟、东歪西倒、满天飞舞、满屋乱钻、全向一边、簌簌飞舞、倒弯着身子
	效果	发了黄、红通通的、脸红脖子粗、通红脸、胆战心惊
	结果	半干(2)、无影无踪、飘飘然起、一开一关、关上了、卡在喉咙
给挤得	行为感受	半死、头昏脑涨、不想活了、动弹不了、动也不能动、说不出话、灰头土脸、狂喊着、贴在木板上
	效果	满满的(3)、水泄不通(2)、变形的、歪三倒四、热闹不已、差点掉下来、小了些、珍珠红、没有一点、落了后
给惊得	无措	目瞪口呆(2)、不知所措、瞠目结舌、措手不及、愣住、愣在原地、愣停住了、无法言语、哑然失笑、说不出话、一愣
	行为	合不拢嘴、后退三步、忙后退、睡不着了、四处飞窜、停下了脚、吞下肚
给迷得	晕眩陶醉	昏天暗地、昏头转向、有些晕陶、晕陶陶了、晕头转向、有些昏头、七荤八素、如痴如醉、心神俱醉
	失神忘我	神魂颠倒(4)、神魂出窍、失魂落魄、浑然忘我、忘了她的名字、连自己是谁都不知道了

由表 10.7 可见，"给弄得"的补语可分为四类。1)表达认知状态，如"无措""糊涂""不清楚"。2)表达心理状态，如"狼狈""尴尬""呆愣""沮丧""心理不适""心情不悦""心烦"。3)描述生理状态，如"晕""疲劳""不适"。4)描述环境状态，如"脏""复杂""乱糟糟"等状态，以及对动作行为带来的效果或结果的描述。这些补语无一不涉及负面色彩，这为"给弄得"构式浸染上了浓厚的负面色彩。

"给打得"的补语可分为五小类。1)描述身体上的损伤，如"鼻青目肿""头破血流""满嘴流血"。2)描述死活状态，如"几乎丧命""半死不活""昏死过去"。3)描述"打"的动作行为引发的动作，如"抱头鼠窜""飞起来""落荒而逃"。4)描述动作行为的程度，如"落花流水""支离破碎""节节败退"。5)描

287

述动作行为带来的效果,如"粉碎""稀巴烂""无还手之力"。除描述效果中的"豁然开朗"外,其他补语均带有高度负面的色彩。这种负面色彩与"打"的受损义及"给"的移情义一道,共同造就了"给打得"构式高度的主观性。

"给搞得"的补语主要涉及心理状态类,接着是生理状态类与效果描述类。其所涉及的心理状态林林总总,包括糊涂、迷惑、沮丧、紧张、心烦、紧张、愤怒、疯狂等,如"一头雾水""晕头转向""心烦意乱""十分沮丧""集体疯狂"。生理状态如"头昏脑涨""很疲倦""一点胃口都没有"。描述效果类的补语如"暖融融的""千疮百孔""神乎其神"。除了效果类补语"暖融融的","给搞得"的补语均带有高度负面的情感色彩。这说明该构式对负面词项具有显著偏好。按照构式与词项的吸附作用,可以认定"给搞得"构式在语义上呈负极性,带有强烈的主观性。

"给吓得"的补语主要描述"吓"的动作带来的状态,主要包括四类。1)描述"吓"导致的生理状态,如"昏死过去""脸色苍白""屁滚尿流"。2)描述受到惊吓后的言行,如"逃之夭夭""动弹不得""到处乱窜"。3)描述失神发呆状态,如"目瞪口呆""六神无主""呆若木鸡"。4)描述惊吓后的无措状态,如"不知所措""惊慌失措""手足无措"。同"弄"的情况一样,这些补语无一例外,都带有浓厚的负面语义色彩,这一点契合了"吓"的负面语义,因为"吓"这种高度负面的动作通常不会带来正面的效果。这些负面补语与"吓"及"给"的主观性一道,造就了"给吓得"构式的主观性解读。

"给忘得"的补语仅涉及彻底义,包括"一干二净""干干净净"等。这类补语尽管本身不带有负面色彩,但与动词"忘"的负面语义结合后,整个构式传递出负极性色彩。

"给逗得"的补语可分为三类。第一类描述笑的方式,如"哈哈大笑""笑出声来""笑出了眼泪",这是"逗"所产生的最本能的反应。第二类涉及生理状态描述,如"脸红心跳""满脸膘红""一愣"。第三类涉及心理状态描述,如"很开心""怒气全消""心里痒酥"。从补语的表达色彩来看,除了表达生理状态的补语,其他两类均涉及正面色彩。这一点与动词"逗"的正面语义存在"共振"效果,使得"给逗得"构式整体上传递出较为轻松愉悦的表达效果。

"给吹得"的补语可分为三类。第一类表达凌乱状态,如"凌乱""乱蓬蓬的""乱七八糟",这类补语最为常见。第二类表达"吹"带来的生理及心理效果,如"红通通的""脸红脖子粗""胆战心惊"。第三类描述动作行为带来的结果,如"半干""无影无踪""卡在喉咙"。整体上看,除了表达结果类的"半干""飘飘然起"呈中性外,其他补语均带有负面色彩。

　　"给挤得"的补语可分为两类:第一类涉及行为感受,涉及被"挤"的主体的言行反应,如"半死""头昏脑涨""说不出话""灰头土脸";第二类涉及"挤"的整体效果,如"满满的""水泄不通""歪三倒四""热闹不已"。第一类补语完全涉及负面情况,第二类中的摹状类补语如"满满的""水泄不通""热闹不已"在表达效果上偏中性,其他依然偏向负面解读。整体来看,"给挤得"构式存在对负面补语的偏好,与动词"挤"所暗含的负面色彩相得益彰。在动词与补语的负面色彩的共同作用下,整个构式呈现出负极性色彩。

　　"给惊得"的补语大体上涉及两类:第一类表达无措义,涉及惊吓行为所带来的典型生理及心理反应,如"目瞪口呆""不知所措""瞠目结舌""愣在原地"。第二类涉及惊吓行为引发的后续动作或行为,如"合不拢嘴""后退三步""睡不着了""四处飞窜"。这些补语均带有负面色彩,与动词的负面色彩一道,奠定了整个构式的负极性色彩。

　　"给迷得"的补语均涉及生理或心理感受,可概括为四类:第一类涉及晕眩义,如"昏天暗地""晕头转向""有些昏头";第二类涉及失神义,如"神魂颠倒""神魂出窍""失魂落魄";第三类涉及忘我义,如"浑然忘我""忘了她的名字";第四类涉及陶醉义,如"七荤八素""如痴如醉"。"迷"虽然负面色彩不强,但通常会引发蛊惑、诱惑的联想,因此其补语大多带有负面含义,唯一偏正面解读的是陶醉义中的"如痴如醉""心神俱醉"。在"给""迷"及补语的主观性的共同作用下,"给迷得"构式体现出高度负面的色彩,表达了说话者的负面评价。

　　整体来看,"给 VP"构式的补语带有浓厚的负面色彩,与动词的负面色彩一道,奠定了整个构式的负极性色彩。综合本节的讨论,主观性标记可以与语法构式、词项的主观性发生互动融合,生成新的主观性构式。在主观性标记"给"、把字句/被字句及词项主观性的共同作用下,涌现出新的主观性构式"给 VP"构式,其作用在于表达说话者对负面事件遭受主体的移情。具体而言,主观性标记"给"、把字句及动词、补语的负面色彩共同作用,衍生出下位主观性把字句"把……给 VP"构式;主观性标记"给"、被字句及动词、补语的负面色彩共同作用,衍生出下位主观性被字句"被……给 VP"的构式。这种下位主观性构式的涌现,是对把字句、被字句的主观性因高频使用与功能扩张而弱化的补偿。

第二节 "个"、认定构式及情感名词主观性的互动

在主观性的互动作用下,词汇、语法标记与构式共同作用,可造就主观性构式的涌现。本节讨论主观性标记"个"、认定构式"是 NP"及情感名词主观性的互动问题。三者的主观性可发生融合,生成情感评价构式"是个 NP"。

一、情感评价构式:"是个 NP"结构

按照主观性的互动观,词项、构式与语法标记的主观性可发生融合,涌现出下位主观性构式。如"个"与情感名词的主观性发生互动,继而与判断句结合生成主观判断句"是个 NP"构式,隐含说话者的主观评价。这种结构通常暗含贬义或褒义色彩,表达了说话者对评价对象的主观看法(通常未必符合事实),可称之为情感评价构式。① 典型例子如例(13)、例(14)中的"是个书呆子""是个胆小鬼"。

例(13):人如果没有目标,读万卷书也不过是个书呆子。(微博)
例(14):让你一人在世上孤单,我还没有这个勇气。我是个胆小鬼。(微博)

"是个 NP"构式通常表达说话者的情感评价,这种评价来自"是"判断构式、主观性标记"个"与情感名词的共同作用,是在三者的主观性互动中涌现出来的。"A 是 B"结构属于判断句,表示 A 与 B 之间存在类属关系。而在"A 是个 B"中,"个"的数量义被隐没,转而用于表达某种评价色彩。由于主观性标记"个"的介入,"A 是个 B"与"A 是 B"以及"A 是一个 B"结构存在内在区别。"A 是(一个)B"结构所做的判断通常有某种客观标准,A 与 B 之间满足范畴化关系(李珍明,2002;张伯江、李珍明,2002)。如"小李是一个好学生"这一论断的依据是小李满足好学生的各项标准,如喜欢阅读思考、讲文明守

---

① 就"个"与情感名词的互动而言,两者还可以生成主观评价构式"NP 一个""你这(个)NP"格式。限于篇幅,本书不展开讨论,可参见:李文浩(2018);胡梦娇(2021)。

纪律、高情商好心态、好习惯好品质。"好学生""好丈夫""伟大领袖""正宗技术员"均预设了一定的品质或水准。"是(一个)好学生/好丈夫/伟大领袖/正宗技术员"的论断要成立,这些特征要满足。相比之下,"是个好学生/好丈夫/伟大领袖/正宗技术员"的"是个NP"这一论断则不一定直接唤起这些特征,甚至未必基于这些客观特征之上,而是涉及说话人的主观评价。

除了主观性标记"个"的贡献,"是个NP"构式的主观性也离不开准入名词的情感色彩的浸染。进入"是个NP"构式的名词本身通常内在蕴含评价色彩,即N是一个评价名词,或者N的修饰语蕴含评价色彩。如"是个流氓/狐狸精/色鬼/小人"或者"是个好丈夫/好学生/伟大的军事家"。例如:

例(15):"你知道,张振山那家伙不是好东西……""怎样?""他仗势欺人,是个流氓。你要当心……"(路翎《饥饿的郭素娥》)

例(16):"你……"果真是小人一个!"我的确是个小人。"(绿痕《化蝶因缘》)

例(17):他的亲人们说,陈洪光是个好医生、好主任,在家里是个好丈夫、好父亲、好儿子。(《人民日报》2003年)

例(18):广州的冬天是个破天气。冷死我了,又干燥。(微博)

已有研究认为,"是个NP"构式中的名词不接受复杂修饰语(Biq,2004)。不过,我们基于BCC多领域语料库的调查发现,实际情况是这类名词只能接受评价类修饰语,不接受描述类修饰语。这从另一个侧面说明其功能不在于指称,甚至于其指称义已转向评价义。不妨对比例(19)与例(20)。

例(19a):是个粗俗的/聪明的/绝对的/邪恶的/幸福的/十足的流氓

例(19b):是个高尚的/狡猾的/地道的/真正的/该死的狐狸精

例(19c):是个普通的/来历不明的色鬼

例(19d):是个卑鄙/奸诈/无耻/不守信的/活生生的小人

例(20a):? 是个行走江湖多年的流氓

例(20b):? 是个整体打扮得花枝招展的狐狸精

例(20c):? 是个浑身上下没有一丝优点的色鬼

例(20d):? 是个搬弄是非不务正业的小人

例(19)来自 BCC 多领域语料库的统计,均涉及评价性修饰语,与"是个NP"构式的语义色彩要求相得益彰。例(20)均涉及描述性修饰语,与"是个NP"构式的评价语义要求相冲突,因而接受度较低。

有迹象表明,"是个 NP"结构已发生构式化。对照 Traugott & Trousdale(2013)提出的语法构式化的三大指标,即能产性(productivity)的增加,图式性(schematicity)的增加,以及组构性(compositionality)的降低,"是个 NP"结构似乎均满足这些条件。[①] 按照 Traugott & Trousdale(2013),能产性的增加涉及构式类型(类符)及构例(形符)的同时扩张,图式性的增加涉及朝更抽象的程序功能的发展、图式及其内部构成的变化,组构性的降低涉及形义间关联的透明度的降低,不过在某些情况下依然可分析。就能产性而言,"是个NP"结构准入的类符多达 160 个,总体上涉及情感名词。就图式性而言,"是个 NP"结构主要表达说话者的主观评价,带有对指称对象的贬抑或褒扬倾向,其内部成分趋于固化,这表现在"是个"已经发生缩合,"个"不能重读,不能替换为其他量词,中间不能插入数词。就组构性而言,"是个 NP"结构已经失去指称功能,其根本特征在于"个"的数量义的隐没,形义间的关联趋于不可分析。如"是个屁/废物/负担"多用于形容人,但从字面义来讲是行不通的。种种迹象表明,"是个 NP"结构已经发生构式化,成为新晋的表达主观判断的构式。

二、语料库调查

为了说明"是个 NP"构式准入的名词短语的语义特征,我们基于 BCC 多领域语料库调查了该构式的典型准入名词,见表10.8。

---

① 张伯江、李珍明(2002)及李珍明(2002)讨论过一组类似的构式:"是 NP"构式与"是(一)个 NP"。表面上看,他们讨论的"是(一)个 NP",事实上真正涉及的对象仅有"是个 NP"。他们发现该构式带有强烈的主观色彩,也注意到了"个"在造就这种主观色彩中的作用。不过,他们将这种表达色彩归结为语用上的。如果是单纯的语用义,就不宜将"是 NP"与"是个 NP"视为两个构式,而是同一构式的不同变体。

表 10.8　"是个 NP"构式的典型准入名词

NP	频次	NP	频次	NP	频次	NP	频次
问题	598	例外	158	天才	85	胆小鬼	59
好人	511	梦	144	骗子	83	女子	57
孩子	343	傻瓜	137	陌生人	81	女孩	54
谜	301	难题	129	坏人	80	小孩子	54
女人	285	好日子	114	白痴	79	美人	53
奇迹	209	笑话	106	好兆头	69	傻子	52
男人	193	人才	92	秘密	65	女孩子	51
未知数	189	怪人	92	瞎子	64	关键	50
疯子	186	死人	89	屁	61	美女	48
错误	178	悲剧	89	男孩	61	空白	47

　　由表 10.8 可见,"是个 NP"构式的典型准入名词可分为四类。第一类涉及情感名词,带有正面或负面评价色彩,大部分涉及对人的肯定或否定评价,如"好人""疯子""傻瓜""人才""怪人""天才""骗子""坏人""白痴""胆小鬼""美人""美女";小部分涉及对事物的正面或负面评价,如"笑话""屁""好日子""好兆头"。另外一些名词如"陌生人""瞎子""死人"等通常暗含负面联想。

　　第二类涉及偏离常态期待的情况,如"问题""错误""例外""难题"。日常生活中存在着所谓的"乐观原则"(Pollyanna Principle),即我们期望事情朝着自己预期的方向发展,期待正面的、正确的、顺利的情况发生,不期待负面的、错误的、困难的情况发生。因此,问题、错误、难题于我们而言是不正常的,"是个问题""是个错误""是个难题"之类的表达方式可以较好地传达出这种"惊讶值"。

　　第三类涉及表达非现实及非同寻常的情况。如"谜""奇迹""秘密""未知数""梦"反映了情况超出说话者对现实的常规认知,因此成了谜团或意外。借助"是个谜""是个奇迹""是个例外",可以较好地传达出这种出乎意料之义。一些涉及非同寻常义的名词如"关键""空白"也可纳入该范畴。

　　第四类涉及性别及属人名词,如"女人""男人""孩子""男孩""女子""女孩""小孩子""女孩子"。"是个男人""是个女人""是个孩子"之类的表达带有一定的评价色彩,凸显了名词的典型语义属性,如男人的阳刚勇猛、意气用事,女人的温柔脆弱、细心敏感,小孩子的天真无知、喜怒无常。"他还是个孩子"通常用于孩子犯了错为其开脱的情况,暗含小孩子犯错情有可原、值得原谅之意。排在第 30、33 位的"是个男孩""是个女孩"的表达通常发生在生孩子的语境中,也往往隐含说话者的态度。生孩子时一般会对孩子的性别有所期待。由于中国文化传统讲究传宗接代,延续香火,因此有些人重男轻女,希望生个男孩,如果生的的确是男孩,"是个男孩"的表达就带有惊喜、得偿所愿的味道;反之,如果生的是女孩,"是个女孩"的说法则可能带有一定的不如愿味道。

接下来,我们将"是个 NP"构式的典型准入名词与相对客观的"是一个NP"构式的典型准入名词的频次加以对比,见表 10.9。

表 10.9　"是个 NP"与"是一个 NP"构式的典型准入名词频次对比

是个/一个 NP	频次	是个/一个 NP	频次	是个/一个 NP	频次
是个/一个问题	598/290	是个/一个例外	158/57	是个/一个骗子	83/14
是个/一个好人	511/95	是个/一个梦	144/122	是个/一个陌生人	81/35
是个/一个孩子	343/48	是个/一个傻瓜	137/37	是个/一个坏人	80/30
是个/一个谜	301/246	是个/一个难题	129/121	是个/一个白痴	79/24
是个/一个女人	285/145	是个/一个好日子	114/9	是个/一个好兆头	69/57
是个/一个奇迹	209/217	是个/一个笑话	106/43	是个/一个秘密	65/36
是个/一个男人	193/61	是个/一个人才	92/0	是个/一个瞎子	64/17
是个/一个未知数	189/104	是个/一个怪人	92/17	是个/一个屁	61/2
是个/一个疯子	186/38	是个/一个死人	89/34	是个/一个男孩	61/10
是个/一个错误	178/117	是个/一个悲剧	89/69	是个/一个关键	50/5
是个/一个胆小鬼	59/12	是个/一个美人	53/7	是个/一个美女	48/5
是个/一个女子	57/28	是个/一个傻子	52/15	是个/一个空白	47/7
是个/一个小孩子	54/28	是个/一个女孩子	51/22		
是个/一个女孩	54/10	是个/一个天才	85/21		

由表 10.9 可见,在"是个 NP"构式的典型参与名词中,大部分出现在"是一个 NP"构式中的频次远低于前者。第一类情感名词的这种情况尤为突出。其中,"人才"在"是个 NP"构式中出现了 90 例,在"是一个 NP"构式中无一例出现。"屁""好日子""美女""美人"出现在两种构式中的比例分别为 61/2、114/9、48/5、53/7。一个例外是"好兆头",出现在两种构式中的频次相当(69/57)。其次是第三类表达非同寻常情况的名词,如"关键""空白"出现在

"是个 NP"与"是一个 NP"构式中的比例分别为 50/5、47/7。有所例外的是第二类涉及偏离常态期待的名词,如"错误""例外""难题";以及第三类表达非现实情况的名词,如"谜""奇迹""未知数""梦"。它们出现在"是个 NP"与"是一个 NP"构式中的频次大致相当,不过还是对前者表现出弱偏好。"错误""例外""难题"出现在两种构式中的比例分别为 178/117、158/57、129/121,"谜""奇迹""未知数""梦"出现在两种构式中的比例分别为 301/246、209/217、189/104、144/122。

　　基于上述讨论,我们可以得出结论:带有情感评价义的名词对表达主观判断的"是个 NP"构式存在偏好。这一点与我们前期发现的"主主""客客"的语义分工倾向是一致的(黄蓓,2019),说明了主观性成分之间存在"吸引力",其互动作用可以造就主观性构式的涌现。

第三节　本章小结

　　本章考察了汉语词汇、语法与构式范畴的主观性互动模式,聚焦于两类典型互动模式,包括"给"与把字句、被字句及词项主观性的互动,以及"个"、认定构式及情感名词主观性的互动。在特殊主观性标记、构式和词项主观性的协同作用下,从语法构式中可以涌现出下位主观性构式。前者涌现出主观移情构式"把/被……给 VP"结构,后者涌现出情感评价构式"是个 NP"结构。其主观性高于源构式,表现出对词项的主观色彩更强烈的偏好。这种下位主观性构式的涌现,是对常规语法构式主观性弱化的补偿。

第十一章 汉语主观性成分的互动效果

本章考察汉语主观性成分的互动效果。汉语主观性成分在互动效果上呈现出四种效应：共时层面上的集群效应与压制效应，以及历时层面上的拉链效应与推链效应。集群效应涉及语义色彩的相容，通常产生主观性的叠加效果；压制效应涉及语义色彩的相斥，通常造就巨大的情感张力。拉链效应指在组合层面，强主观性成分可拉动结构语境中的弱主观性成分，使其发生主观化。推链效应指在聚合层面上，主观性成分表现出新老交替的特点，呈现出"长江后浪推前浪"的态势。在几大效应的作用下，可能涌现出下位主观性构式。

第一节　主观性的集群效应

在共时层面上，汉语主观性成分的互动效果表现为语义特征上的相容或相斥。前者造就了主观性成分高度集群的特征，形成集群效应。后者则造就了主观性词项与构式在语义特征上的错配效果，从而形成压制效应。集群效应与压制效应存在密切关联。

从目前对主观性的界定来看，主观性可分别表现为说话者对命题的态度、立场或情感，因而并非一个单一、均质的范畴，而是凝固于不同范畴中，如情感、视角、认识、评价。不同次范畴之间并无排他性，不同主观性成分存在共存的空间，表达式的主观性是各成分主观性的函项。已有研究表明主观性成分偏好、主观语境（黄蓓，2019），尚未语法化的强主观性成分不宜出现在纯客观语境中，而是通常要求与含主观色彩的成分共现（黄蓓，张建理，2015）。因此，主观性成分在共时层面呈现出不同主观性范畴彼此共存、合力作用的局面。这造就了主观性高度集群的特征，我们称之为"集群效应"。

一、集群效应及其表现

所谓"集群效应"，即组合语境中语义特征相容的主观性成分往往合力造就主观性解读。集群效应的原理类似于物理学中的共振现象，使得相同的语义特征彼此加强。在许可的情况下，集群可强化成分的主观性，并可能推动其进一步主观化。"集群"的主观性成分越多，表达式的主观性越强。如前所述，第一人称代词与认知动词并不单独传递主观性，主观性是由两者合力承载的。因其主观性彼此加强，两者在日常话语中高频共现，逐渐融合为一个固定格式。该格式的主观性又可通过添加认识情态词或语气副词等主观性成分而得到加强。如例(1)中"我觉得"与认识情态词"肯定"融合为更强的认识评价表达，表达了自己对于孩子与事业之间如何取舍的坚决立场。例(2)中"我认为"与语气副词"真的"融合为强式认识判断，更加坚定"你是一个骗子"的认识判断。

例(1)：当这样的问题抛到我们面前的时候，<u>我肯定觉得</u>，我事业可以放一放，孩子他在成长，我肯定是放不了的。(网易号 2018-7-16)

例(2)：苦苓大骗子：请原谅我这样称呼你，因为<u>我真的认为</u>你是一个骗子。(苦苓《苦苓作品集》)

再如，"非"明确传递出说话者的认识，但尚未发展为语法化的情态标记，需要相宜主观语境的支撑，否则句子不合格，如例(3b)的"他非去"。"非"可与带有主观色彩的第一人称代词结合，如例(3a)中的"我非去"，表达说话者的强烈意愿；或与情态助词"要"、语气副词"不可"结合，可容许数种不同的组合方式："非 VP 不可""非要 VP""非要 VP 不可"，分别见例(3c)—例(3e)，表达了"他"去意已决的态度(参见：王灿龙，2008)。随着主观性成分的叠加，"非"格式的主观性依次增强。

例(3a)：<u>我非去</u>，你管不着！
例(3b)：* <u>他非去</u>，我们也劝不了。
例(3c)：<u>他非去不可</u>，我们也劝不了。
例(3d)：<u>他非要去</u>，我们也劝不了。
例(3e)：<u>他非要去不可</u>，我们也劝不了。(王灿龙，2008：115)

主观性成分的集群可导致结构的构式化,并赋予构式整体主观性解读。正因其对主观语境的强烈依赖性,某些主观性成分倾向于高频共现,最终融合为一个框架构式。此时,成分的主观性逐渐降至次要地位,主观性最终附着在构式上。如"都"往往进入"把……都""比……都""连……都"组合,这些框式结构用于表达主观判断,隐含某种评价色彩,分别见例(4)—例(6)。"连""把""比"结构蕴含的主观性显然加强了"都"的主观性,但发生主观化的并非孤立的"都",而是其所在的整个构式。"连"字本身同样表现出不自足的特征,而是依附于"连……也""连……都"构式,而后者又可进入更大的"连……都/也,更不用说……"构式,分别见例(7)、例(8)。类似的框式主观性表达在汉语中有很多,如"才/没/不……就""既然……就""按说……该""非……不可""非要""好不……"等。此种组合方式绝非巧合,而正是主观性的集群效应在结构层面上的投射。

例(4):台风把碗口粗的树都连根拔起了。(《人民日报》2003年)

例(5):每天在海边优哉游哉地兜着风、喝着小酒,比神仙都惬意。(微博)

例(6):这道数学题连老师都做不出来。(自拟)

例(7):这道数学题连老师都做不出来,更不用说我了。(自拟)

例(8):他撒谎成性,连父母也不相信他了,更不用说同学和朋友了。(自拟)

二、集群条件及原则

语言成分依靠组合关系融合为更大的成分,进入组合关系的成分必须彼此协调。比如,人可以感冒,但石头不会感冒,因此"石头"与"感冒"在语义上是不协调的。作为一种特殊的语义特征,主观性的集群效应同样需要遵循组合关系中的语义限制,这就是我们接下来要谈的集群条件。

主观性的集群条件表现在:内在的主观性标记具有范畴上的排他性,即同一命题不能承载两种不同的视角、认识或情感,否则即会产生表达上的不可接受性。

其一,对同一情景的描述不能兼涉两种视角,正如我们难以同时从两扇窗户向外观望。① 如例（9）中的"来""去"：说话者以自身所在位置定位"来"
（朝向说话者）与"去"（远离说话者），"朝我跑去"这种说法违背了视角的同
一性。

例（9a）：我向窗外<u>望去</u>，小李正<u>朝我跑来</u>。（自拟）

例（9b）：＊我向窗外<u>望去</u>，小李正<u>朝我跑去</u>。

其二，对同一命题不能兼涉两种不同程度的信念。例如，倘若说话者表
明未来事态不确定，则无法再将其嵌入一个允诺言语行为。以例（10）为例，
"保证"表明说话者担保促成事态的发生，而加上"可能"后又悬置了完全的确
定性，因而语义上存在冲突。这可有效解释例（10c）为何不可接受。

例（10a）：我<u>可能</u>去参加你的聚会。（自拟）

例（10b）：我<u>保证</u>去参加你的聚会。

例（10c）：＊我<u>保证可能</u>去参加你的聚会。

其三，对听话人的期待同样不能前后不一。如"才"与"就"分别表示主观
增量与主观减量，"好"与"不/没"亦然（张谊生，2006）。因此，两类范畴存在
严格的搭配限制，即遵循"增增减减"的原则："不/没"只能与"就"共现，"好"
只能与"才"共现。按照这一原则，"没几步"表达主观减量，只能与同样表达
主观减量的"就"连用，而排斥表达主观增量的"才"。这一点可以解释例（11a）
与例（11b）的可接受度差异。反过来，如例（12）所示，表达主观增量的"好半
天"可以兼容同样表达主观增量的"才"，而排斥表达主观增量的"就"。

例（11a）：真没出息，走了<u>没几步就</u>说什么走不动了。（自拟）

例（11b）：＊真没出息，走了<u>没几步才</u>说什么走不动了。

例（12a）：敲了<u>好半天</u>门，这<u>才</u>打开了一条缝。（自拟）

例（12b）：＊敲了<u>好半天</u>门，这<u>就</u>打开了一条缝。

其四，主观性成分承载的情感应存在褒贬色彩上的一致性。如表"喜恶"

---

① 当然，某些不同质的视角表达可能违反前后一致性，如叙事中经常采用的自由间接言
语（free indirect speech）即体现出时体视角的错位，形成所谓的"was-now 悖论"。

义的动词要求与句中的评价形容词或评价名词具有褒贬上的一致性,否则影响句子的可接受度。例如:

例(13a):我讨厌这幅庸俗的壁画。(自拟)

例(13b):? 我讨厌这幅高雅的壁画。

例(13c):小李讨厌这幅高雅的壁画。

例(14a):他那副娘娘腔,我总是禁不住嘲笑一番。(自拟)

例(14b):? 他那副娘娘腔,我总是禁不住赞美一番。

对于同一主体而言,"讨厌"与"高雅"分别蕴含了负面和正面的情感色彩,两者原则上是不相容的,因此例(13b)可接受度很低。相比之下,例(13c)并不存在情感色彩的冲突,不属于病句,因为"讨厌"属于小李的好恶,"高雅"则出自说话者的评价。[①] 例(14a)中的"娘娘腔"与"嘲笑"均表达了说话者的负面态度,语义色彩和谐,因而句子可接受。而例(14b)中的"赞美"蕴含的正面态度与"娘娘腔"暗含的负面态度表现出冲突。即便该句可接受,也只能作反讽讲,结果依然是凸显贬义色彩。

不过,对语法化了的主观化标记而言,集群条件的表现更为复杂。这类标记具有认知上的定位功能,不能再被其他成分定位,但可与尚未语法化的主观性成分共现。按照该原则,同级情态词可以共现,但高值与低值情态词不能共现。如例(15)中"可能""也许""大概"可以共现,但"可能""一定"不能共现。

例(15a):* 下周他可能一定去上海出差。(自拟)

例(15b):下周他可能也许大概去上海出差。

① 这里涉及的是不同人称与认知动词共现的情况。由于第一人称是行为主体与言者主体的统一,此时认知动词既指向主语,又指向说话者,因此要求与句中其他出自说话者的评价保持一致;第三人称属于单纯的行为主体,此时认知动词指向的是主语,因此并不存在评价上的一致性要求。

第二节　主观性的压制效应

一、主观性压制的提出

传统压制研究强调构式对词项的统摄作用,即总是构式对词项施加压制(Pustejovsky,1995;Goldberg,1995)。这样做的弊端有两个:一是易于导致过度生成的情况,二是压制的作用方向过于绝对,在特定语境下谁影响谁并不清楚。因此,词项本身的选择限制也必须考虑进来。比如,同样是不可数名词,"water"与"blood"在冠词的搭配上大相径庭。在"a water"中,"water可被"a"压制为可数名词,指向一杯水,这种用法甚至已经约定俗成。但"blood"在"a blood"中却无法压制为"一滴血"或"一杯血",甚至会出现不合语法的搭配。这说明,压制并非构式(这里指句式中心词"a")的内在属性。事实上,所谓的压制不过是词项意义在构式语境中的调控效果,这种效果既非必然的("a"无法将所有的不可数名词压制为有界实体),也非单向的("a"本身的意义也发生了扩充,转向"a cup/bottle/glass of"等容积概念)。因此,压制现象可以并入更宏观的词汇与构式互动的情况。另外,现行压制研究所讲的通常是概念内容的压制,涉及语义鸿沟的弥合,如补语压制(Pustejovsky,1995);或语义冲突的消解,如论元结构压制(Goldberg,1995)。我们在研究中发现,还存在一类特殊的压制现象,涉及的不是概念内容的增效与语义鸿沟的弥合,而是语义色彩的冲突,而这种冲突并没有得到消解,因此无法涵盖在现有压制研究的框架内。例如:

例(16):建委不给他办,他把个副省长搬出来了。(胡小胡《太阳雪》)

例(17):严嵩是一代好相,可谓赫赫有名,恐怕要永留大名于青史了,他好也是好得很有水平,把个皇帝玩得团团转。(唐继军《为人处世 36 计》)

例(18):"被满意"引发"不满意"(中国军网 2020-11-18)

例(19):老旧小区装电梯底楼业主"被同意"?(海外网 2021-4-9)

例(20):你有哪些好吃到吐血的零食推荐?(知乎 2021-7-21)

例(21):吐血推荐,9 种丝巾的创意系法(微博)

吕叔湘(1965)明确提出,宾语代表无定的事物时不能用"把",这一点已成为众多研究者的共识。而例(16)、例(17)恰恰涉及"个"进入把字句的直接宾语的情况。被字句本身带有"承受""受动"的语义特征,因此要求所接续的动词必须是自主的,而例(18)、例(19)中的被字句接续的恰恰是自主动词。这种情况甚至还蔓延到了带有自主色彩的名词、形容词的情况,如"被幸福""被小康"。例(20)、例(21)涉及带有正面色彩的词项与带有负面色彩的修饰语共现的情况,从而导致情感上的极性错配。这些表达均承载了强烈的情感色彩,但这种语义效果似乎拒斥理性分析,也无法落实到特定成分上。我们分别将三类情况概括为〔有定—无定〕冲突、〔自主—非自主〕冲突、〔正极性—负极性〕冲突。若按照一般的压制思想,将其处理为概念内容的压制,似乎很难行得通。这些例子既不像传统论元结构压制那样会导致论元增加,也不像体压制那样涉及有界—无界的转移。我们将这种由语义色彩的冲突触发的压制称为"主观性压制"。

二、主观性压制的特征

传统关注的压制现象均涉及语义内容方面的冲突,压制的目的在于通过对表达式的显性内容加以推理明示,将语义上的不相容转变为相容的情况,即实现语义和谐。典型例子如单及物动词压制为双及物动词的情况,如例(22)[①]:

例(22):新员工连续 200 天,每天孝敬师傅一包烟,一年后师傅说:你走吧。(新浪新闻 2018-5-31)

例(23):这个笔记本电脑糟蹋我不少银子。(自拟)

在构式语境的作用下,二价动词"孝敬""糟蹋"均转向三价动词用法,引申出"以特定的方式给予(正给予或负给予)"的意义,从而使得动词与宾语配价上的冲突得以消解。

---

① 英语中也有同样的情况,如例(1)、例(2)中"bake""crush"分别由二价、一价动词转向三价动词用法:

例(1):She baked him a cake.

例(2):Crush me a mountain. (Goldberg,1995)

　　而在主观意义的压制中，语义冲突并未得到真正意义上的消解，形义错配恰恰凸显了说话者强烈的感情色彩。这种错配不仅保留了概念内容的压制所具备的表达上的新颖性，更增加了语言表达的情感意蕴。而这一点是概念压制所不具备的。我们不妨回到上面的例子上来。把字句的宾语本要求是有定的，"个"的插入导致了［＋有定］与［－有定］的冲突。原本对说话者而言熟悉的指称对象，通过添加无定成分，带上了出乎意料、难以置信的强烈色彩。如沈家煊（2002）的"怎么把个老王也病倒了"的例子。情况可能是老王平时体壮如牛，从不打针吃药，此次却突然一病不起。这一点与说话者的常规预期截然相反，即说话者万万没想到病倒的会是这样一个健康的人。带有自主色彩的动词、名词及形容词前面添加"被"，则造就了［＋自主］与［－自主］的强烈冲突。这里的"自主"既包含主体自愿甚至意愿的情况（如"幸福""小康"），又包括自主发生的情况（如"自杀""支持"）。在例（20）中，吃到美味的东西本是一种愉悦的感受，却引发了负面的吐血行为。在例（21）中，推荐一样东西本是说话者自愿而为，却有如吐血般感觉到折磨、痛苦。这在语义搭配上显然是行不通的，因此导致"吐血"的意义发生转向，其概念内容义被遮蔽，仅仅表达程度之高、感受之强烈。这里的压制并不作用于概念内容层面，而是涉及语义色彩层面的错位效果。

　　就常规主观性语义的整合而言，构式倾向于吸附具有同样表达色彩的词项。而主观性压制则违反了这种倾向，其典型特征是词项与构式在语义色彩上存在冲突。按照 Stein（1995：146）的观点，常规句式往往预设了我们对信息间关系的常态理解，而对这种常规期待的破除越彻底，表达式的"惊讶值"就越高。说话者的主观性正是通过这种形义间的张力体现的：词项与构式的常规分布偏离越大，主观性就表现得越突出。语义上的情感宣泄与结构上的扭曲效果互为表里：形义间的冲突越强烈，情感张力越大，说话者的情绪也就渲染得越充分。在某种意义上，可将其看作一种情感压强。如在典型新被字构式"被自杀"中，说话者正是通过自主动词"自杀"与含被动色彩的"被"字之间的冲突，传达了某种讽刺、揶揄而又无可奈何之意。这种似有实无、欲说还休的感觉，远远胜过显性语言表达所能传递的东西。这种字里行间的感受义可随高频使用凝固成为构式语义的一部分。听话者参与形义错配解码的过程，就是将形义间的张力转换为说话者的情感张力的过程。正是通过这种看似不经意实则有意而为之的错位，说话者在字里行间造就了语义色彩的扭曲效果。下面我们以极性错配为例来说明主观性压制的运作。

三、主观性压制：极性错配

Jing-Schmidt（2007）注意到，在情感领域存在着负面偏好（negativity bias），即负面情感比正面情感更加强烈，如恐惧、愤怒、厌恶。但是，语言使用中也存在着正面偏好（positivity bias），即所谓的"乐观原则"。较之于负面词语，我们在使用上偏好正面词语，因其切合共同的社会准则与期待（Jing-Schmidt，2007：424）。正面原则与负面原则妥协的结果是：我们在表达方式的组合上偏好［正＋负］组合，此时负面词语制造的是某种类似于"惊悚片"的效果，通过这种词义间的扭曲关系造就强烈的主观性。这一点在情感词项的极性错配中体现得尤为明晰。

我们在第五章第二节谈到词项情感极性的"正—正""负—负"原则，如补语"得要命""得要死"的搭配模式："心疼得要命/死""可怜得要命/死"。然而，伴随着这类用法模式的规约化，这种语义极性的"共振"现象逐渐变得司空见惯，其"惊讶值"逐渐减小，难以满足凸显说话者强烈的情感色彩的需要。于是，在某些情况下，说话者蓄意制造语义上的不和谐，通过制造心理上的落差感来凸显其强烈的情绪感受。在现代汉语中，"要命""要死"在搭配模式上发生了极性错配，从"负—负"搭配模式转向"正—负"搭配模式，这使得"要命""要死"带上了某种高程度色彩，如"好吃得要死""激动得要命"。原有的负面语义内容被遮蔽，顺应构式语境，通过极性错配造就强烈的表达效果。如例（24）中"要死"的原有语义被遮蔽，"好吃得要死"相当于"好吃得很"或"非常好吃"，但后者无法收到这种极性错配所带来的震撼效果。再如，补语"到想哭"原本由负面行为或感受所引发，通常搭配"难过""想哭"，符合"负—负"搭配模式。然而，"好吃到想哭"扭转了这一搭配模式，如例（25）中"好吃"与"想哭"一正一负，构成极性错配，形容食物的美味既形象又生动，引人遐想。

> 例（24）：这些零食好吃得要死，不服来辩啊～（个人图书馆 2017-5-13）
>
> 例（25）：有没有那种好吃到想哭的食物？（知乎 2019-3-13）

除了上面提到的从"负—负"搭配模式转向"正—负"搭配模式的情况外，还存在相反的演化路径，即从"正—正"搭配模式转向"正—负"搭配模式。"不要太"的情况可谓典型。"太"本身有一义项，可表达'过犹不及'的负面意义（赵琪，2012），此种情况下接续的均是正面词语，如例（26）、例（27）中的"漂亮""美丽""突出"。这种模式可视为"负一正"搭配。

例（26）：我就知道你那个助理长得<u>太漂亮</u>，一定会出事的。（婉婉《爱人保镖》）

例（27）：一朵花儿<u>太美丽太突出</u>，总会被人摘去……（微博）

因此，此种情况下，"不要太"作为对"太"的否定就意味着正面色彩，劝诱听话者保持合适的度，防止过犹不及，可视为"正一正"搭配模式。如：

例（28）：李敖：<u>不要太执着</u>，对爱情本身也不好，对自己也不好。（李敖《李敖对话录》）

例（29）：切记，做人<u>别太把自己当回事</u>。（哈叔职场微课堂2021-4-6）

而在现代汉语中，"不要太"在结构上经历了重新分析（reanalysis），"太"不再和后续成分结合，而是首先与"不要太"结合，生成一个强化结构，相当于"很"。这使得"不要太"结构发生了意义转向（参见：赵琪，2012）。当然，这种重新分析是有条件的，通常句末有"哦"等语气标记，并带有诙谐的口吻。如"不要太漂亮"通常分析为［不要［太［漂亮］］］，"不要太漂亮哦"则通常可被重新分析为［［不要太］［漂亮］哦］。此外，这种评价结构通常独立成句（如例410a）或作为结束句（如例410b），很少作为始发句而存在。在我们检索的语料中，没有出现1例"不要太"充当始发句的情况。

例（30）："手机医院"<u>不要太方便哦</u>！（邵逸夫医院网站2014-10-10）
例（31）：骂人的句子骂女生，<u>不要太狠哦</u>。（拉蒙短信网2015-6-10）

从上面的分析来看，情感词项与构式语境的情感错位可以凸显说话者强烈的主观性，这种错位效果是主观性的重要来源之一。这种力量甚至可以强大到对常规句法结构加以改组，如从［不要］［太 A］转变为［不要太］［A］。①

―――――――――――

① 不过，值得一提的是，这种情感错位的高频使用可能使得极性冲突减弱。构式化发生后，成分的意义逐渐降至次要地位，语义限制松动，导致错位效果不再。

第三节 主观性的拉链效应

主观性的拉链效应指在组合层面,强主观性成分可拉动结构语境中的弱主观性成分,使其发生主观化。拉链效应与主观性对结构语境的敏感性息息相关。黄蓓、张建理(2015)论证了主观性对结构语境具有敏感性:主观性越弱,其对主观结构语境的依赖度越高。主观性越强,其越能赋予结构辖域内的成分以主观解读。在主观性的拉链效应下,某些构式可表现出结构赋义的特征。

一、拉链效应与主观性对结构语境的敏感性

从一般意义上的搭配模式来讲,词项对其共现成分存在着选择限制。这一点在主观性成分间的搭配中表现得更加分明。主观性成分间的相互依存关系使其表现出对主观结构语境的强烈依赖。这种选择限制带来了主观性成分在结构分布上的特殊性,存在着选择主观语境的内在偏好。不过,这种偏好存在个体差异。对主观语境的选择受制于主观性的强弱及规约度:一方面,主观性的强弱似乎与其对语境的依赖度成反比;另一方面,主观性的规约度似乎与其对语境的依赖度成反比。

(1)主观性越弱,越需要借助主观结构语境的激发得以凸显。

例如,认知动词与第一人称主语搭配时才能显示其主观性,因而主观性仅实现于[第一人称+认知动词]组合中。当我在表达"我觉得"的时候,我所阐述的是自己内心的某种看法或者感受;而当我在使用"他觉得"的时候,我只不过是在转述别人的感受或观点。同样,第一人称的主观性也有赖于认知动词的激发。与行为动词共现时,第一人称描述的是主语的行为,"我吃饭""我散步"与"他吃饭""他散步"并无本质区别,此时"我"仅仅充当着行为主体的角色。再如分级形容词的情况。在"一本有趣的书"中,"有趣的"在很大程度上是描述性的,只有在与程度副词结合的情况下(如"一本非常有趣的书"),其意义中的评价成分才得以凸显。

对于呈中度主观性的程度副词而言,一方面,其所强化的对象虽表现出主客观语义上的限制,但仅限于状态类的分级形容词及心理活动类的认知动词,而不能用于其他情状类型,(包括非心理活动类、达成类、实现类等),如例

(32c)—例(32e)所示。另一方面,程度副词并不存在所谓的非主观用法。

例(32a):他老婆好漂亮。   （状态类）

例(32b):我很讨厌他。   （心理活动类）

例(32c):＊小李很在听歌。   （非心理活动类）

例(32d):＊我很看见一个小偷在扒窃。   （达成类）

例(32e):＊中国很实现了四个现代化。   （实现类）（自拟）

(2)主观性越强,对主观结构语境的依赖度越低。

我们发现,认识情态作为公认的强主观性范畴,其主观性是相对独立的,可作用于任何人称、任何动词类型,因此很少存在对主观语境的依赖。再如,语气副词不受情状类型的限制,这一点与主观性较低的程度副词形成了鲜明对比。例如:

例(33a):他老婆真是漂亮。

例(33b):我真是讨厌他。

例(33c):小李真的在听歌。

例(33d):我真的看见一个小偷在扒窃。

例(33e):中国真的实现了四个现代化。（自拟）

这印证了程度副词与语气副词作用于不同的结构区间,程度副词以谓词为辖域,语气副词则以整个述谓为辖域。例如:

例(34a):我［很［讨厌］］他。

例(34b):＊我［很［看见］］一个小偷在扒窃。

例(34c):＊小李［很［在听］］歌。

例(34d):＊中国［很［实现了］］四个现代化。

例(35a):我［真是［讨厌他］］。

例(35b):我［真的［看见了一个小偷在扒窃］］。

例(35c):小李［真的［听着歌］］。

例(35d):中国［真的［实现了四个现代化］］。

这说明,伴随着主观性朝命题结构外的游移,与命题内容的关联越来越弱,对谓词语义上的限制也越来越少。以语气副词为界,其辖域内的主观性范畴依然受制于论元结构的选择限制,其辖域外的成分则已从论元结构中游离出来,因此结构上的选择限制较弱。概言之,命题内的主观性成分在概念上具有依存性,命题外的主观性成分在概念上则是自主的(与命题内容不再有选择限制关系)。

(3)对同一主观性范畴而言,地位稳固的成分对结构语境的依赖度相对较低,反之亦然。

以情态为例。情态范畴中的"得""要""必须""该"已语法化为完全的情态助词,因而无须主观语境的支撑。而"非"作为新成员虚化尚不彻底,其情态用法是有条件的:要么需与第一人称主语共现,如"我非去"("他非去"不可用);要么需与含主观色彩的"不可"或"得"共现[1],如"他非去不可""他非得去"。再以程度副词为例。地位稳固的成员对修饰对象的分级性要求有所减弱,可接续某些名词,形成"副名结构",如汉语中的"很"。这类程度副词的分级能力相当强大,可以激活某些名词内在属性中可量度的特征,从而赋予修饰成分某种正面或负面评价。如"很绅士"通常是一种褒义评价,"很乡村"则是一种贬义评价。[2] 而地位不稳固的成员依靠修饰对象的分级义才能获得程度义解读,因此接续非分级成分时难以成立。汉语中的新兴程度副词如"爆/贼/巨"只能接续分级形容词,如"爆好吃""贼漂亮""巨难听";而"爆/贼/巨＋绅士""爆/贼/巨＋乡村"之类的说法难以成立。[3] 不过,在某些方言中,特定程度副词已经达到无标记用法的地步,因此解除了分级限制。如东北方言中,程度表达"贼"的修饰对象已侵入名词范畴,如"贼淑女"。

总体上讲,主观性越弱,要获得主观解读,结构上的选择限制就越强。主观性越强,结构上的选择限制就越弱。推衍到历时层面,伴随着成分主观性的增加,对主观结构语境的限制也在逐渐解除。综观不同成分的主观化走向

---

① 这里的"得"有别于补语标记"得",属于情态动词,读作 děi。
② 事实上,在汉语中,这类名词还可以接受"不"的否定(参见:侯瑞芬,2016)。同典型程度副词一样("不"相当于零程度),这种偏离性用法与"不"的强主观性特征密切相关,在修饰结构中,名词内在语义特征中可量度的属性被激活。如例(3)中的"不淑女":
　　例(3):这可说是她有生以来做过最"不淑女"的事了。(乔安《恋上山寨主》)
③ 这一限制对英语程度副词同样成立。英语典型程度副词可接续非分级形容词,如"terribly""very""extremely":"That woman is terribly/very/extremely Swedish."。这一点对新兴程度副词则不适用,例如,"remarkably/surprisingly Swedish"难以成立。此外,英语句法范畴搭配存在更严格的限制,无法形成汉语那样的"副名结构",这一点可能与汉语的意合特征有关。

可以发现,当其获得主观意义后,句法特征通常大为削弱,语境限制自然也在减少。Company(2006:392)指出,主观化了的成分通常体现出"句法的孤立与删略",如句式结构的调整、特殊成分的省略、句法关系的隐退、范畴特征的逐渐减少甚至完全丧失等。这和我们基于共时考察得出的结论是一致的。

二、程度副词范畴的拉链效应

汉语典型程度副词出现时间早且使用频率高,搭配模式较为固定。以典型程度副词"很"为例,它通常与表达正面语义色彩的分级形容词共现。如:

例(36):今天把很久积蓄的委屈都爆发出来了。很舒服!(微博)

例(37):县委书记嫌有些生硬,要求最好有一两句很精辟、很生动、很形象的话来过渡。(陈世旭《将军镇》)

典型程度副词与分级形容词形成了稳定的共现模式,即"程度副词＋分级形容词"程度修饰构式。伴随着构式的扩展,程度副词表现出明显的拉链效应,即拉动结构语境中的低主观性成分,使其发生主观化。汉语"程度副词＋分级形容词"构式的拉链效应表现在两个方面。

首先,典型程度副词可接续分级形容词以外的词类,使其带上分级义。汉语典型程度副词可接续名词以构成副名结构。出于其强大的分级功能,这类副词可以激活某些名词内在的属性义。其所接续的名词语义中,通常带有某些典型的可量度特征,如"男人"一般与阳刚、"女人"一般与阴柔联系在一起。在"副＋名"结构中,名词语义中的典型属性义被激活,从而带上形容词的属性。程度副词在意义范畴上促进了名词属性义的凸显。说一个男人"很男人"通常是褒义评价,说一个男人"很娘儿们"则通常是一种贬义评价。例如:

例(38):她们俩最大的共同点就是讲话都很温柔,不急不缓,很淑女。(《都市快讯》2003年)

例(39):北方视南方"好赚钱",南方看北方"很暴力"。(《人民日报》2016年)

例(38)中的"淑女"是褒义词,淑女往往具有知书达理、温柔善良的属性,与"很"搭配时,构成对人性格的正面评价,具有赞美的意味。例(39)中的"暴力"是贬义词,使人联想起"伤害""犯罪""阴暗"等一系列贬义词,与"很"搭配时构成负面评价。这些名词的属性义是人们根据经验对客观事物进行分析总结而形成的词义内容。在汉语典型程度副词的修饰下,名词所带有的典型属性义被凸显出来。

其次,汉语"程度副词+分级形容词"构式可同化某些非程度副词,使其带上程度义。新兴程度副词的来源各异,如动词("爆")、形容词("巨")、名词("贼")、否定短语("无敌")。"爆"在字典中的意思为"猛然炸裂并发出响声"或"出人意料地出现或发生"。"巨"作为形容词原本表达"非同寻常地大"之意。"贼"原为名词,意为"偷东西的人"。"无敌"的字面义为"没有敌人""找不到敌人"或"无人能敌"。进入"程度副词+分级形容词"构式后,这些成分原本的内容义被遮蔽,引申出高程度义。如在"爆好吃""爆辣"等组合中,"爆"仅强调了其后形容词所描述的程度之深,而"爆"的实词义和内容义并未得到体现。"爆"本身的主导语义依然是动词义"爆炸",尚未获得"非常"义。①在"巨多""巨搞笑"中,"大"的意思被遮蔽,引申出程度相当高之意。在"无敌漂亮""无敌好吃"中,"无敌"的字面义趋于不可分析,反向引申出"自己或某人最强"的意思。在"贼漂亮""贼辣"中,"贼"的字面义完全被遮蔽,转而获得高程度义解读。例如:

例(40):爆好吃的原味寿司,销量太好了。(微博)

例(41):最讨厌冬天下雨了,巨冷巨恶心!(微博)

例(42):年初一与老爸老妈老弟海心沙一日游……无敌开心……(微博)

例(43):睡前喝一口,呛得眼泪流,贼辣啊!(微博)

例(40)中的"爆好吃"凸显了这款寿司的美味程度。例(41)中的"巨冷""巨恶心"表明冬天下雨时异乎寻常地冷,说话者非常反感这种天气。例(42)中的"无敌开心"形容开心程度之甚。例(43)中的"贼辣"凸显了辣味之重,带有让说话者感到不舒服的意味。这些程度副词因其用法新颖性,比"很"更能凸显高程度意味。常规程度副词需要叠用才能收到这种表达效果,如"很辣"

---

① 另有流行语"好吃到爆"的说法,说明"爆"依然保留了部分实词义,其程度副词用法属于结构赋义的情况。

不足以表达说话者味蕾受到的冲击,大概需要用"很辣很辣"才能获得与"贼辣"近似的心理感受。

典型程度副词可以搭配分级形容词以外的成分,使其带上分级义。相比之下,新兴程度副词要进行主观性解读,只能接续分级形容词。这说明其用法尚未稳固,只能体现为一种结构赋义。我们发现,"爆""巨""无敌""贼"的副词用法在《现代汉语词典》第 7 版中尚未收录。这里我们分别选取典型程度副词"很""非常""相当""无比""特别""有点",新兴程度副词"超""巨""爆""贼""特""绝",统计出各自的前 10 位高频共现形容词。分别见表 11.1、表 11.2。

统计发现,汉语典型程度副词与新兴程度副词在典型情况下均接续分级形容词,作程度义解读。其搭配成分存在重叠之处,典型搭配形容词包括"好""大""多"等。这在某种意义上印证了非典型程度副词的程度义解读依赖的是[程度副词＋分级形容词]这一固化的组合模式。

表 11.1　汉语典型程度副词的高频共现形容词

	汉语典型程度副词					
	很	非常	相当	无比	特别	有点
形容词	好 164455	重要 16055	大 7720	激动 475	好 4091	小 7461
	大 153063	好 10892	长 4740	强大 296	多 3186	冷 3138
	久 49410	高兴 4777	多 3799	兴奋 226	重要 2142	累 2081
	高 35097	大 4212	高 2960	自豪 223	大 1673	大 1692
	重要 31823	显著 3472	严重 2398	开心 165	严重 1414	多 1496
	开心 24865	必要 2536	不错 2366	巨大 154	快 834	紧张 1351
	强 22401	高 2412	重要 1686	美好 144	高 806	怪 1136
	不错 22046	明显 2401	好 1663	高兴 136	高兴 789	失望 1110
	难 20310	困难 2152	可观 1237	幸福 127	开心 697	痛 980
	高兴 20025	简单 1838	普遍 1162	愤怒 126	敏感 629	晚 851

表 11.2　汉语新兴程度副词的高频共现形容词

	汉语新兴程度副词					
	超	巨	爆	贼	特	绝
形容词	大 4965	多 397	粗 1357	秃 260	好 1435	美 1435
	好 3939	痛 392①	红 781	一样 147	勤 832	好 1399
	强 3734	复杂 294	冷 735	好 133	多 804	大 797
	可爱 3273	好 275	香 461	多 110	强 390	少 279
	长 1949	灵 242	好 310	冷 79	大 359	冷漠 262
	细 1839	繁重 186	多 142	大 72	高 339	艳 247
	好吃 1558	好吃 167	强 125	快 64	灵 332	类似 187
	好听 1542	冷 160	大 125	羞涩 57	新 309	高 174
	好看 1451	疼 154	碎 106	贵 50	小 280	假 160
	多 1191	贵 101	弱 102	精 40	浓 264	少有 106

综上所述,在拉链效应的作用下,"程度副词＋分级形容词"构式呈现出结构赋义的特征。这带来了两个后果:一是典型程度副词衍生出副名结构,凸显出其所搭配名词内在的属性义;二是新兴程度副词不断涌现,非副词成分出现在"程度副词＋分级形容词"构式中,可能带上程度副词的意义。

第四节　主观性的推链效应

主观性的本质在于表现力,而表现力总是随高频使用而"老化",因而呼唤范畴更新。这使得主观性范畴处于不断补给之中,表现出强烈的新陈代谢效应。在历时层面上,主观性成分表现出新老交替的特点,呈现出"长江后浪推前浪"的态势。我们称之为"推链效应"。

一、推链效应与主观性范畴的"喜新厌旧"

琼·拜比(Joan Bybee)发现,使用频率对语言系统具有深刻影响(Bybee &

---

① 这里的"痛"做形容词解,排除了"巨痛"充当双音节名词的情况。

Hopper,2001;Bybee,2003,2006),我们发现,这一点对主观性也不例外。频率造就了主观性表达的规约化,但长远来看却对主观性强度具有破坏力。这与隐喻的情况颇为相似。Svanlund(2007)发现,时间的冲洗与高频的使用往往自动导致隐喻力度的削弱。他在比较瑞士语中的重量隐喻时发现,在成对出现的近义词或反义词中,频率较高的那个隐喻力度弱于频率较低的那个。主观性成分须有足够的使用频率,才能发生规约化。然而,如同过度使用的隐喻会褪去隐喻色彩一样,高频使用的主观性表达亦可能失去主观色彩。随着语言的规约化进程,原有的主观性可能不断被磨蚀。

　　从朴素认知的角度来讲,经常使用的东西时间长了便易发生老化;同样,经常重复的事物带给我们的刺激会不断减弱,我们对它的反应也会变得迟钝,无形中导致语言表达形式/意义的弱化(Haiman,1985)。新颖性与表达效果成正比,因此越是新颖的主观性表达,其主观性强度越高。伴随着表达式的规约化进程,主观性不断被磨蚀。例如,在词汇化的情感范畴中,情感色彩已在相当程度上凝固为词项概念义的一部分,因此主观性并不强(如"漂亮""好吃")。构式的主观性也不例外。伴随着准入词项主观色彩限制的削弱,构式的主观性往往遭到"稀释"(如把字句、被字句目前频繁出现在学术语体中)。① 主观性的本质正在于表现力,因此对使用频率具有高度敏感性。这一点造就了主观性范畴独特的更迭效应。Bolinger(1972)最早注意到程度副词范畴呈现出层出不穷的新创图景,其成员众多,更新频仍,构成了英语中语义变化与更新的主阵地。其中,极性程度副词范畴同义词甚多(如"fully""completely""absolutely""totally""wholly"),并仍在更新之中(如"perfectly""utterly");相比之下,弱化词数量有限,成员稳定(如"a few""a little""slightly")。这显然并非单纯的表意需求使然,因为实际生活中并不存在更多程度高的事物。原因只能从说话者的表达需求上寻找:高程度表达往往带有夸张色彩,更具表现力,但高频使用往往会逐渐弱化其程度义,从而呼唤该范畴的频繁更新。Traugott & Dasher(2002)也注意到,强主观性表达中存在着鲜明的"新陈代谢"。在其考察的三个发生过交互主观化的范畴(言语行为动词、立场副词、敬体标记)中,均发生过相关表达的更替。如英语中的"promise"继承了"þat"的允诺义;"please"因袭了"pray"的交互主观化路径,发展出礼貌功能;立场副词"indeed""in fact""actually"均走上了交互主观化

---

① 因此,主观性强度最高的往往是那些正在形成之中,而尚未进入编码型语言的主观用法。

道路,呈现出历时交替特征。在敬语领域,日语中的"はべり""さぶらふ"与"ます"同样呈此消彼长之势(Traugott & Dasher,2002)。新的表达一经固化,旧的成分即宣告淡出使用,或仅滞留于特定语域。如古英语中的"swiþe"如今已经淡出英语舞台(Swet & Zeitlinger,2003:380);"precious"的强化用法仅局限在少数固定搭配上,如"precious few",但不再能说"precious hot"(Bolinger,1972:18);中古英语中最高频的程度副词"full"如今仅在诗歌领域保留了一席之地,如"full glad""full well"。从这方面来说,主观性范畴符合语法化中一般的"层叠"(layering)原则,即某一功能范畴中新成员层出不穷的情况(Hopper,1991:21)。那么,此种范畴更迭的原因何在? 吴福祥(2009)指出,词汇的消长大致来讲不外乎两种原因:一种是外因,当词语指称的对象绝迹,该词也就失去了存在的基础并随之消亡;另一种是内因,表现在词语所指对象/属性依然存在,但旧有形式难以满足表达上的需求,从而使得该词在与同类词语的竞争中被淘汰出局。从主观性范畴的非指称、非命题本质来看,上述成分的代谢显然属于后者,反映了其表达色彩随高频使用而淡化,因而呼唤范畴"更新"。① 正如用滥了的隐喻会变成"死喻",高频使用的主观性表达同样会褪去主观色彩。

在此意义上,主观性是敏感于语言使用的,主观性范畴的频繁更迭印证了表达色彩的磨蚀效果的客观存在。表达色彩正是主观性的本质之所在(Traugott,1982),而范畴更新正是对表达性损耗的一种补偿机制。表达色彩的磨蚀来自高频使用,因而是与主观性的规约化背道而驰的。据此可推测,主观化程度越高,磨蚀效应越显著。这解释了为何 Traugott & Dasher(2002)所列举的代谢效应均发生在后期的交互主观化阶段。可以预期的是,主观性范畴比一般范畴体现出的更迭效应更强。

有不少个案研究可支持主观性磨蚀—更新效应的存在。如沈家煊(2002)在考察汉语中的处置式时发现,处置介词"捉""取""将""把"在历史上此消彼长。近代兴起的把字句及至现代,其主观性已有所减弱。功能上的扩展使得非主观成分频繁进入把字句,从而弱化了其原有的表达色彩。Svenja(2010)系统考察了众多语言中时体范畴的语义走向,表明主观化并非一以贯

---

① 这类似语法化中的"更新效应"(renewal effect)(Hopper,1991),但两种更新效应的动因有别。语法化后期发生的更新往往源于形式的高度虚化,因表义需要而起,通常作用于整个结构;而主观性范畴的更新往往源于表达色彩的磨蚀,因表达需要而起,通常作用于单个词项。

之，主观性在后期甚至趋于丧失（如法语中的"passé composé"逐渐失去"现时关联"与"热点消息"义，转而用于单纯标记过去时间）。Loureiro-Porto（2012）发现，古英语中的"behove"在历史上经历了从非主观义（一般的必要性）到主观义（认识性）的转变，而后复归到非主观义（恰当性）。Traugott（1995a：45）早期列出了一些主观化单向性的反例，发现这些反例大多发生在语法化后期；后期她提出主观化更有可能发生在初级语法化中（即从词汇转向语法范畴），发生在次级语法化中（即从较虚的成分转向更虚的成分）的概率较小（Traugott，2010：36）。这或许表明，在语法化后期，主观性已在相当程度上被磨蚀。①

综上，磨蚀与更新构成了主观性范畴的一体两面。正是在两者的张力下，高度主观化的表达易于被新的更具表现力的语汇所代替，呈现出"后来居上"之势。主观性范畴更迭的现实表明：主观性语义存在着磨蚀效应。② 那么，这一范畴更迭的动因何在？ 我们认为，说话者交流个人态度与看法的需要，构成了语义演化的原动力和语义更新的源头。说话者往往需用更多的新创形式来满足不断膨胀的表达欲望，对既有形义配对加以引申或有意违反，从而导致形义重新分析或错配，而语用推理的连续性保证了语义的可推导性。但在推理义的规约化进程中，表达色彩往往随高频使用而弱化，从而使主观性范畴表现出"喜新厌旧"的倾向。

综观汉语主观性系统，主观性范畴呈现出鲜明的更迭效应。在词汇范畴中，更迭效应在程度词语中表现得尤为明晰。新兴程度词层出不穷，旧有的程度词因过度使用而失去表现力，从而呼唤范畴更新。在句法领域，更迭效应鲜明地表现在被动标记的更迭上。如下，我们以被动标记从"被"到"给"的更迭说明这一点。

二、句法领域的推链效应：以"给"被动句为例

（一）"给"被动句：被动结构中分化出的受损被动表达

被字句产生之初属于完全的受损被动句，带有强烈的不如意色彩。这来

---

① 即便持较为宽泛的观点，即"没有任何变化可能是毫无反例的"（Traugott，2003：124），主观性的磨蚀也不应被视为非常规现象。

② 这也表明，语义不会无限主观化下去，主观性总是因高频使用而被不断"客观化"。这一推论与特劳戈特的（交互）主观化单向性假设相左，不过这已超出本书的讨论范围。

自对"被"的蒙受动词义的继承,来自其概念内容虚化后滞留的语义色彩。早期准入被字句的动词无一例外均带有不如意色彩,然而,随着其使用范围的不断扩大,带有中性甚至如意色彩的词项逐渐进入被字句,使得其主观性大为削弱。在现代汉语中,被字句的句法权重逐渐压倒语义权重,目前广泛出现在客观的学术、新闻语体中,表明其主观色彩在逐渐褪去。伴随着被字句的扩张,其功能变得日益宏观化,逐渐朝宏观构式的方向演化。作为对这种语义泛化的补偿,被动句范畴的结构发生了新的调整。一方面是被字句分化出下位主观性构式,另一方面是衍生出新的不如意被动标记"给"。

在现代汉语中,"给"作为一个多功能语法标记,在主观性的表达中也获得了一席之地。除了演化出主观性标记"给"之外,汉语中还演化出了一个充当被动标记的"给",这个"给"可视为典型被动标记"被"的后起竞争者,是在被字句的主观性随构式扩张而弱化的背景下兴起的。在被动范畴内部,"给"被动句逐渐发展出不如意被动的专用功能。我们的基本假设是:现代汉语中兴起的"给 NP + VP"结构是汉语被动结构中分化出的受损被动表达(adversative passive),其功能在于表达对所发生事件的移情,可视为被字句的主观对应物。

首先我们可以论证,这两种"给"在汉语中均是客观存在的,"给"被动句与"给 VP"中的"给"存在本质区别。在两个"给"共现的情况下,这一点更加明显。邓思颖(2004)明确指出,"给 NP 给 VP"中前一个"给"相当于介词"被、把"。① 这里我们关注的是相当于介词"被"的"给",有证据表明,两者在语义上大致相当,这表现在不少"给"被动句均可替换为被字句,如例(44a)与例(45a)分别可替换为例(44b)与例(45b)。

例(44a):"碰!"小艇终给风帆撞个正着,断为两截,沉入水中。(岳凡《少年浪子》)

例(44b):"碰!"小艇终被风帆撞个正着,断为两截,沉入水中。

例(45a):方才大婶说,她隔壁的二愣子昨晚死了,是给妖怪害

---

① 关于作为"把"的"给",我们这里不特别讨论。不过,这种用法也是客观存在的,如例(4a)在语义上等同于例(4b):

例(4a):刘师傅生命的烛光终于燃尽,叶秀毓给老人收拾得干干净净,为他送了终。(郑晓薇《看太阳落下又升起》)

例(4b):刘师傅生命的烛光终于燃尽,叶秀毓把老人收拾得干干净净,为他送了终。

的。（陶陶《魔鬼的新娘》）

例（45b）：方才大婶说，她隔壁的二愣子昨晚死了，是<u>被妖怪害的</u>。

这一点对两个"给"共现的句子也是适用的，如例（46a）、例（47a）在语义上分别近似于例（46b）、例（47b）。

例（46a）：这次无限是因刚刚为自己的速度之快，洋洋得意，但马上<u>给别人给比了下去</u>，不免心中不服，欲上前看个究竟。（天宇《灭世九绝》）

例（46b）：这次无限是因刚刚为自己的速度之快，洋洋得意，但马上<u>被别人给比了下去</u>，不免心中不服，欲上前看个究竟。

例（47a）：端木恺立刻想吻她小而丰满的红唇，不料却<u>给她灵巧的给躲了开来</u>。（齐萱《最爱寒衣粘雪霜》）

例（47b）：端木恺立刻想吻她小而丰满的红唇，不料却<u>被她灵巧的给躲了开来</u>。

这样的话，第二个"给"就无法再处理为被动标记，否则无法处理两种"给"共现的情况，这说明，作为主观性标记的"给"与作为被动标记的"给"存在质的不同。不过，两者并非毫无关联，"给"的被动用法省略施事的情况与作为主观性标记的"给"构成了一个连续统。如例（48）中，"挡住"的施事显然是前面的"路边的柏树<u>丛</u>"，可以看作承前省略；例（49）中，"搞"的主体显然是前面的"掌握着媒体权力的人们"。

例（48）：路边的柏树丛又高又密，<u>视线也都给挡住了</u>。（王朔《看上去很美》）

例（49）：但是掌握着媒体权力的人们，你们想想这样做的后果是什么？<u>何教授这人确实给搞了一下</u>，可你们的母校呢？（微博）

需要指出的是，"给"被动句似乎尚未发展为独立的被动结构。[N₁ 给 N₂＋VP]可以兼表处置和被动，必须根据语义关系才能鉴别。如"给 X 骂了一顿"既可参照把字句来理解，又可参照被字句来理解。

例(50)：我这个人，记性越来越差，连钱也忘了带走，<u>给胡太大骂了一顿</u>。（芩凯伦《永恒的琥珀》）

例(51)：因为今天电话掉厕所里，发生了一连串的事件。旷课两节让老班刚好抓住，打电话给我妈说电话坏了，又<u>给我骂了一顿</u>。（微博）

根据上下文，例(50)中的"给胡太大骂了一顿"宜理解为"我被胡太大骂了一顿"，例(51)中的"给我骂了一顿"宜理解为"妈妈把我骂了一顿"。鉴于这一点，宜将处置"给"与被动"给"视为同一结构的两种用法。这说明"给"被动句依然处于形成中。不过，独立"给"被动句的存在是一个不争的事实，预期将来可能分化为独立的被动结构，改写被动范畴的结构空间。

（二）"给"的受损色彩强于"被"

按照语言的经济原则，貌似同义的成分往往在语义上存在细微差别，在功能上表现出分化倾向。就我们观察到的"给"被动句与被字句的情况而言，"给"的受损意味更强，在表达说话者的态度上"给"的移情效果大于"被"。

第一，某些"给"被字句改动后，句法上的合法度因语义色彩变化而有所减弱。例如：

例(52)：一时气愤，回到家里，就命令一个仆人把我的妻子杀了，据仆人的回报，她的尸体当时就<u>给狼吃掉了</u>。（方平、王科一/译《十日谈》）

这是一个杀害妻子的丈夫在法庭上的供词，主语第一人称略去未提。我们注意到，丈夫陈述仆人的话时用的是"给"而非"被"，这里可以感觉到仆人可能对妻子抱有同情心理，他不过是遵照主人的旨意办事而已。我们不妨去掉"据仆人的回报"这个转述，看看句子是否通顺。

例(53)：？一时气愤，回到家里，就命令一个仆人把我的妻子杀了，她的尸体当时就<u>给狼吃掉了</u>。

去掉后，整个表达尽管依然合乎句法，但似乎前后显得不一致。究其原因，前半句说话者杀妻的陈述是不带任何感情色彩的，后半句"给狼吃掉了"

似乎透露出说话者的同情心理,这正是"给"的作用使然。我们发现,将例(53)中的"给"换为"被"后,句子显得更为通顺,如例(54)。反过来,若将例(52)中的"给"换为"被",则仆人对被害妻子的移情味道大为削弱,例如:

例(54):一时气愤,回到家里,就命令一个仆人把我的妻子杀了,她的尸体当时就被狼吃掉了。

例(55):一时气愤,回到家里,就命令一个仆人把我的妻子杀了,据仆人的回报,她的尸体当时就被狼吃掉了。

我们也可从反面来看这个法庭陈述。我们注意到把字句中没有出现主观性标记"给",这和丈夫作为谋杀犯的身份是一致的。倘若在动词前添加"给",则只有妻子是他人主谋杀害的时,语感上讲才是通顺的。不妨对比例(52)与例(56)。

例(56):一时气愤,回到家里,就命令一个仆人把我的妻子给杀了,据仆人的回报,她的尸体当时就给狼吃掉了。

第二,"给"被动句与被字句共现时,两者表现出移情度上的差异。例如:

例(57):山羊的一切追求最终都是为了奉献于人呢。它到高山上去吃难寻的草,生出那么精美的羊肉、羊绒,最后都给人吃了用了。不像绵羊们,因为反正是被人吃用,就不到高山上去费力了,懒散在平原的花草间闲逛,混吃等死。(《人民日报》2001 年)

例(58):生产严抓质量关。质量好的牛奶都被牛喝了,假牛奶都给人喝了。(微博)

例(59):我开学那时候没有申请免修,脑子一定是被炮打了给炮打了。(微博)

例(57)中"最后都给人吃了用了"与"反正是被人吃用"在移情色彩上大相径庭。前者中的说话者是站在羊的立场上来叙述的,说明其辛苦丝毫不值得;后者中的说话者是站在绵羊的立场上来叙述的,尽管其下场和山羊相同,但没有费力寻草吃,其不幸色彩也显得没那么浓厚。当例(58)中的"给"作

"被"理解时,也存在同样的差异。① 牛喝好牛奶,而人喝假牛奶,对人而言显然是一种损失。站在人类中心主义的立场上,牛喝好牛奶甚至就是不应该的,但比这更受损的是人喝的居然是假牛奶。"被"与"给"的择用充分体现了这一移情度差异。例(59)中,说话者在被字句后面添加了一个"给"被动句,这种重叠效果进一步强调了脑子的"受损"程度,从而凸显了说话者自责、悔过的情绪。

即便是涉及施事省略的情况,也可以看出"被"与"给"的移情度差异。

例(60):"开这儿多久了?""两年了。""那么<u>他被释放了吗</u>?""没有,<u>他给关到地牢里了</u>。"(〔法〕大仲马《基督山伯爵》,郑克鲁译)

例(60)中,"释放"属于受益的情况,"关到地牢里"则属于受损的情况。说话者分别采用了"被"与"给"来表达,这说明"被"对受益情况表现出更强的兼容性,也从反面说明了"给"的受损意味更强。若将两者调换位置,句子将显得难以接受。

第三,在"给""被"共现的情况中,往往存在一定的分工倾向:"被"倾向于过程性描述,"给"则倾向于强调结果的负面影响;"被"涉及的多为复杂补语,描述色彩比"给"被动句强。例如:

例(61):永嘉分局的镖头讲得口沫横飞:江浙路总捕头的得力助手哮天犬<u>给人宰了</u>,弃尸金陵街头。总捕头苏无名则<u>被毒死在他相好的家中</u>。(陈毅聪《新游侠列传》)

第四,"给""被"合用时往往涉及说话者介入程度的差异,"给"的使用通常反映出说话者站在当事者的立场上来叙述,而"被"的使用通常反映的是中立的立场。例如:

例(62):两间办公室被法院查封,在干部群众中引来议论纷纷。"'司令部'给人封了,还让我们怎么干?"(《文汇报》2000年)
例(63):洪七登时被那猛虎压在身下,他大吃一惊,心道:"乖乖不得了! 这一次虎肉吃不到,只怕自己还要给老虎吃了。"只觉这大

---

① 这里的"给"似乎可做两解,即受益或受损,前者不属于被动用法。

虫的身子笨重非常,当下被它压得喘不过气来。(郭楚海《华山论剑》)

例(62)中,"被法院查封"是叙事者的陈述,"给人封了"是当事人干部群众的陈述。同一个受事在前者眼中不过是"两间办公室",在后者眼中则是"司令部"。例(63)采用了自由间接言语的叙事策略,"给老虎吃了"是洪七登的心理活动,"被它压得喘不过气来"则是叙事者的陈述。总体上讲,使用"被"时说话者与当事人不重合,使用"给"时说话者与当事人重合。

综上所述,较之于典型被动标记"被",新起的"给"的受损意味更强,更鲜明地表达出说话者的态度。"给"被动句与被字句共现时,两者表现出移情度上的差异。在被字句与"给"被动句共现的情况下,存在着一定的分工倾向。二者的使用反映出说话者介入程度的差异,使用"给"时说话者站在当事者的立场上来叙述,使用"被"时通常反映的则是中立的立场。这足以说明,"给"的移情色彩比"被"更强。

当然,由于"给"与"被"的主导语义特征均为受损,因此在出自同一说话者视角的情况下,两者差异不大,更多的是出于表达多样性的需要。如例(64)、例(65)的情况。

例(64):我跟你们一样也做过美妙的梦,可是都被人打破了。我的希望没有一个实现过。我的幸福早就给人剥夺了。(巴金《家》)

例(65):刚想把"格格"的身份抬出来,才开口就咽住了,心想:"我这么丢脸,包袱给人偷了,钱也输掉了,还被人绑在厨房里,千万不能让人知道我是还珠格格!"(琼瑶《还珠格格》)

基于上述分析,显然在现代汉语中,"给"被动句比被字句更趋近受损被动表达。伴随着被字句主观性的弱化,在推链效应的作用下,新起的"给"被动句占据了受损被动表达的阵地,被字句则泛化为一般的被动表达。从"被"到"给"的更替,不过是整个被动范畴更大链条上的一环。从古至今,"吃""叫""让""被"的兴替验证了被动范畴宏观推链效应的存在。

本节讨论了汉语主观性范畴在历时层面上表现出的推链效应,论证了推链效应与主观性范畴"喜新厌旧"的本质息息相关,并以"给"被动句的浮现为例,说明了句法领域存在主观性的推链效应。

第五节　本章小结

本章揭示了汉语主观性成分间的互动效果。主观性成分的相互作用可带来共时层面上的集群效应与压制效应,以及历时层面上的拉链效应与推链效应。集群效应涉及语义色彩的相容,通常产生主观性的叠加效果;压制效应涉及语义色彩的相斥,通常造就巨大的情感张力;拉链效应指在组合层面,强主观性成分可拉动结构语境中的弱主观性成分,使其发生主观化;推链效应指在聚合层面,同一范畴中新兴的主观性成分往往后来居上,挤占原有主观性成分的位置。在主观性的集群效应、压制效应、拉链效应及推链效应的联合作用下,在历时层面上可进而导致主观性成分的集结与构式化,从而造就主观性构式的涌现。

第十二章　主观性对汉语语法系统的渗透作用

作为汉语的一大显著特征,主观性对汉语语法产生了深刻影响。这一影响的重要性尚未被学界充分认识到。我们发现,主观性对汉语语法系统存在渗透作用,这表现在如下四个方面:第一,造就汉语中的主—客分化倾向。第二,造就主观性在语法结构中的左向分布。第三,造就汉语中的有标记编码。第四,带来对汉语常规句法的突破,体现出主观性对句法的重塑作用。

第一节　汉语中的主—客分化倾向

不少学者(如 Traugott,1995a;李晋霞、刘云,2004;沈家煊,2015)注意到,不少多义词涉及用法分布上的主客差异,如例(1)、例(2)。同样,某些近义词表达相同的命题义,仅表现出主客表达色彩上的差异,如例(3)、例(4)。

例(1a):老妈突然很兴奋滴跑过来说:下周日我们出去吃饭吧!我请客!(微博)

例(1b):"好的,明天天一亮我们就回家去,我们吃药打针,不住院挂瓶了。"(王旭烽《筑草为城》)

例(2a):小王回来了,因为他还爱小丽。

例(2b):小王还爱小丽,因为他回来了。(沈家煊,2001:271)

例(3a):说实在的,我很喜欢你。(微博)

例(3b):讨厌了,人家和你说着玩的,人家很喜欢你的。(微博)

例(4a):她防备地瞪着他,"你别把每个人都想得跟你一样……"(楼采凝《禁果的诱惑》)

例(4b):紫玉哼了哼:"妈妈每次都说我是跟你一个样,那我到底是像谁嘛!"(蓝雁沙《我爱芳邻》)

"我们"的指称对象通常包含说话者本人,如例(1a);但在哄人吃药打针时则不然,例(1b)中,说话者借"我们"表达了与听话者的共情。例(2a)—例(2b)中,"因为"分别用于客观描述与主观推断,前者表达前因后果关系,后者则是说话者根据结果(小王回来了)推断原因(他还爱小丽)。指称说话者本人时默认采用"我",不带特殊情感色彩,"人家"则带有撒娇、亲昵的口吻,不妨对比例(3)中的"我很喜欢你"与"人家很喜欢你的"。"一样"与"一个样"均表示"同样、无差别",但前者强调客观上无差别,后者则是基于说话者认定的相似性。例(4a)中的"跟你一样"可替换为"跟你一模一样",例(4b)中的则不可。

同样,不少构式的命题义相差无几,但在表达色彩上存在细微差别。如例(5)中"把个 N+VP"句较之于把字句多了一层"出乎意料"义,例(6)中"被……给 VP"句较之于被字句多了一层遭受色彩。

例(5a):老虎见了大惊,试探着接近,驴先生仰颈而鸣,把老虎吓了一跳。(柏扬《婚恋物语》)

例(5b):我不能在木板下等死,举起双臂向上猛推木板,一下子把个 300 多斤重的猛虎摔出 4 米多远。(《文汇报》2003 年)

例(6a):人都是被现实逼出来的,我现在才有如此深刻的理解和体会。(微博)

例(6b):其实女人也不想那么现实,都是被现实给逼的!(微博)

上述成分来自不同范畴,看似互不相干,但不乏共性。例(1)、例(2)涉及词语的主观用法与客观用法,例(3)、例(4)涉及近义词的主—客分工,例(5)、例(6)涉及近义构式的主—客分工。从功能上讲,(a)例涉及客观描述,(b)例涉及主观评价。从结构上讲,(a)例属于常规用法,(b)例属于非常规用法。按照刘大为(2010a,2010b),(a)例与(b)例分别可归入语法构式与修辞构式。来自这些范畴的对立表明,语言中存在主—客分化倾向。同一概念容许不同编码方式,其差别通常不在概念内容而在主客观色彩上。从真值上讲,(b)例完全可替换为(a)例,例(3b)—例(6b)依次可替换为例(7)—例(10),但变换后其主观意味会减弱甚至消失。

例(7):讨厌了,我和你说着玩的,我很喜欢你的。

324

例(8)：紫玉哼了哼："妈妈每次都说我是<u>跟你一样</u>，那我到底是像谁嘛！"

例(9)：我不能在木板下等死，举起双臂向上猛推木板，一下子<u>把 300 多斤重的猛虎摔出 4 米多远</u>。

例(10)：其实女人也不想那么现实，<u>都是被现实逼的</u>！

上述不同范畴内部的形式对立，实质上反映了在同一场景的编码中表达客观命题内容与表达说话者观点的不对称性。宏观上讲，主观性可归入表达性意义的范畴，与语言最基本的描述功能区别开来。主观成分与客观成分的对立本质上反映的是语言的表情功能与达意功能的分化。这使得语言系统中存在着或隐或显的主客分工，主观性—客观性不但是词义分化的重要理据，而且是构式分化的重要理据。

一、主观性—客观性作为词义分化的理据

黄蓓、张建理(2015)发现，主观性对组合语境具有敏感性，即主观性成分存在着对主观语境的内在偏好。由于词项的主观性并不自足，因此词项对主观语境的依赖形成了"主—客"义的互补分布格局。这体现在：具有强主观性的成分通常与非主观成分呈互补分布态势，这是近义词分布的重要理据；具有中度主观性的成分往往兼司主客功能，其用法语境表现为"主—主""客—客"分布，这是多义词分布的重要理据。

(一)主观性—客观性作为近义词分布的理据

许多捉对出现的词项含有相同的概念内容，其区别仅在于是否蕴含了说话者的主观色彩。从宏观上看，这反映了语言表达客观概念内容与表达说话者主观性的分工倾向。两者在搭配语境上分别偏好客观语境与主观语境。在汉语中，"主—主""客—客"搭配模式在近义词中广泛存在。存在主客观性差异的近义词表现出语境选择限制上的差异：主观词项通常要求语境中含有主观性成分，客观词项则无这种要求。有迹象表明，同一概念范畴的成员内部差别可能不在概念内容上，而在主观性的强弱上。这种分化效果鲜明地表现在因果连词与否定范畴中。如"既然"与"由于"同属表原因的连词，前者通常伴有主观性标记(如"一定""必定""可能""应该")，或表言者主观推理的成分(如"想来""认为""以为""我看")；后者则不存在这一要求(李晋霞、刘云，

2004)。在否定领域,这种主—客分工倾向也是相当明显的。主观否定通常用"不"来表达,客观否定则一般用"没有"来表达。因此,带有主观性的分级形容词只能用"不"来否定("不好看""不好吃""不舒服"),而不能用"没有"来否定("? 没好看""? 没好吃""? 没舒服")。

即便在主观性范畴内部,也不难发现存在主—客分布上的差异。以语气副词"实在"与"的确"为例,两者语义内容相近,但在分布上表现出明显的主客差异。"实在"通常接续程度表达或"是"用于强调,或者接续"不"以示否定,又或者接续情感表达用于凸显表情功能(王叶萍,2008)。"的确"可与不同的动词、形容词连用,"实在"对动词、形容词则带有选择性,仅限心理动词及部分能愿动词,并要求其后词语蕴含程度义或描述性特征。对主观语境的选择限制说明,"实在"的主观性高于"的确"。再如,情态词及认知动词属于公认的主观性范畴,但在捉对出现的情态词"应该—应当"及认知动词"以为—认为"中,前者对主观语境均存在更为强烈的偏好。据此,可在一定程度上甄别同一范畴内成分的主观性强弱。

正因主观性强弱上的差异的存在,概念内容相同的表达才呈现语境分布上的互补性,由此获得了自身生存的土壤。如果两个语言成分的语义内容完全重叠,则有一方可能在竞争中被淘汰出局。汉语史上曾出现过这类情况,如认知动词"想必"在与"想来"的竞争中后来居上,使得后者最终消亡(王灿龙,2008)。在此意义上,主观性—客观性可看作近义分工的一个重要理据。

(二)主—客分化作为多义词分布的理据

语言的表情功能与达意功能的分化可造就捉对出现的主客观表达。不过需要指出,主观性成分与客观性成分的出现有先后之分。语言最基本的功能是"达意",然后才是"表情",因而表情功能的出现通常晚于达意功能。许多语言成分在历时层面表现出"主观化"倾向,即起初用来编码客观义的成分转而用于编码主观义。这使得在主观化进程的某一阶段,同一成分可能表现出主观义与客观义并存的特征。如"其实"兼有主观用法与客观用法,两者在分布上表现出明显的主—客分化倾向。表主观的"其实"需与否定、程度、预期等标记共现;表客观的"其实"则不存在这些限制,但也不允许添加"我认为"之类的主观性标记(崔蕊,2008)。对于这类兼具主观解读与客观解读的成分而言,两者分别是由主观语境与客观语境促成的。单独来看,这类成分本身不存在主/客之分,是语境赋予了其主观/客观的属性,其主观性通常有赖于主观语境来获得凸显。汉语中的"又""就""还""连""都"等多功能副词多属此类,一般认为其主观性与主观量的表达密切相关(蒋静忠、魏红华,2017;周莉莉,2017)。例如,"都"的用法介乎总括副词与语气副词之间,分别表达全称量化与主观强调,前者侧重客观描述,后者侧重主观评价(徐以中、杨亦鸣,2005;张谊生,2005)。两者对语境存在不同的选择作用:前者通常要求概念上存在范围分布的成分,如例(11)、例(12);而后者多与"连"字连用以凸显量级义,如例(13),或者与"一点"连用用于加强否定,如例(14),又或者与"是"连用用于归咎责任,如例(15)。这表明,"都"的主观性的实现有赖于强主观性语境的诱发。

例(11):我们之所以到雪山来,不就是为了证明男人和女人都一样吗?(毕淑敏《毕淑敏散文集》)

例(12):大连今天的天空真的美得不像话,每一秒的云层、光线、颜色都不同。(微博)

例(13):他这会儿是箭在弦上不得不发,连退路都没有了,该怎么办?(董妮《赖你爱我》)

例(14):因为有你们在,所以我很自信,一点儿都不怕。(微博)

例(15):都是你把我的名声弄臭,不然他们怎么会不信我说的话?(洛炜《鸳鸯契》)

综上所述,多义词主客观意义的分化与其分布语境的差异呈高度相关性,从而形成了"主—主""客—客"的搭配模式。从某种意义上说,词项在语境的选择限制下生成一个新的义项,其多义解释应归功于这种语境上的分化效果。由于这种互补分布的存在,主观意义的出现并没有导致原有客观意义的消失,只是进一步扩大了其使用范围。从这个意义上说,主观性—客观性是多义词分化的一个重要理据。

二、主—客分工作为构式分化的理据

命题义与主观义不仅在语义上存在分工倾向,而且在句法上也表现出分化效果。命题义与句子的论元结构密切相关,主观义则往往游离于论元结构外。我们发现,汉语中许多近义构式并不涉及概念内容方面的差异,而是涉及命题义和主观义的互补分布格局。究其原因,不同的意义要求不同的结构语境,主观意义总是依赖主观的结构语境,客观意义则不存在这种要求。这种分化效果表现在两方面：一是主观性构式同其上位构式间的分化效果；二是平行近义构式间的主—客分化效果。

（一）主观性构式同其上位构式间的分化效果①

在常规语法构式中，特殊主观性标记的插入可造就下位主观性构式的涌现。目前已发现的主观性标记有"个""他""给"。主观性标记已经剥离了命题内容，仅剩下语义色彩。因其引入的语义特征并非客观存在的，所以去掉主观性标记后句子的概念内容（命题义）并未减弱，失去的仅仅是表达色彩。这一点与主观性的非命题性本质是一致的。以主观性标记"给"为例。② "给"可进入不及物句、把字句及被字句的动词前，生成三个下位主观性构式，表达某种受损色彩，同时传达说话人的移情，例如：

例（16a）：在此之前，她连一点预感都没有，当场就给愣住了。（《作家文摘》1995 年）

例（16b）：在此之前，她连一点预感都没有，当场就愣住了。

例（17a）：三位老爷子怕吵，把我们都给轰出来了，你进去可轻着点！（萧逸《七禽掌》）

例（17b）：三位老爷子怕吵，把我们都轰出来了，你进去可轻着点！

例（18a）：努尔哈赤还余怒未息，便说道："便宜了这小子！可惜朕的白龙驹被这小子给废了！"（李文澄《努尔哈赤》）

例（18b）：努尔哈赤还余怒未息，便说道："便宜了这小子！可惜朕的白龙驹被这小子废了！"

我们发现，不及物动词前的"给"删去后，句法上更容易说通。在"把"与"给"共现的句子中，去掉"给"句子依然成立，仅仅是表达力度有所减弱。"被"与"给"共现的情况亦然。去掉主观性标记"给"后，例（16b）属于普通的不及物结构，例（17b）属于普通的把字句，例（18b）则属于普通的被字句。

---

① 本书讨论的主观性构式不包括带有习语色彩的特定格式，如"杯弓蛇影""半斤八两""死马当活马医"。

② 主观性标记"给"有别于介词"给"，其功能在于标记说话者的移情（黄蓓，2016b；寇鑫，袁毓林，2018）。

"给"字属于这些常规句法结构中增生的成分。由于主观义与命题义形成了某种对立，"给"在命题结构中并非必不可少的成分，因此，从句法上说，添加这个"给"属于"多此一举"。

从构式分化的角度而言，主观性构式与其上位构式最明显的区别是"主—主""客—客"的搭配模式，主观语境构成了插入主观性标记的语义约束条件。有迹象表明，主观性标记"给"不能插入涉及纯粹描述的构式中。以把字句为例。如例（19a）为转移交付类把字句，例（20a）为致使移动类把字句，例（21a）为认定类把字句。这三类均属于相对客观的把字句，对比（a）例与（b）例可以发现，这三类都是不能添加"给"的。

> 例（19a）：伤病旅客感激地点点头，把拐杖递给她。（《1994 年报刊精选》）
>
> 例（19b）：？ 伤病旅客感激地点点头，把拐杖给递给她。
>
> 例（20a）：把鼠标移到应用，然后点我的应用，把乱七八糟的授权都关了就行。（微博）
>
> 例（20b）：？ 把鼠标给移到应用，然后点我的应用，把乱七八糟的授权都给关了就行。
>
> 例（21a）：与中国文化的人文主义相比，希腊文化把人看作天地万物之一。须仰赖万物才能生存。（BCC 多领域语料库科技文献）
>
> 例（21b）：？ 与中国文化的人文主义相比，希腊文化把人给看作天地万物之一。须仰赖万物才能生存。

不妨对比加"给"的典型把字句，例如：

> 例（22）：这段时间忙着找工作，竟把这事给忘了。（卞庆奎《中国北漂艺人生存实录》）
>
> 例（23）：一家人供奉一个"小皇上""小公主"，溺爱过了头可就把娃娃们给坑害了。（《1994 年报刊精选》）

这类把字句通常包含明显的主观性成分，如例（22）中的语气副词"竟"、例（23）中的语气副词"可""就"。显然，主观性标记"给"的插入是有条件的，否则可能出现"在任意的地方插入任意的成分"的情况，从而导致"过度生成"（overgeneralization）。这个条件就是其所插入的构式必须带有主观性，对客观的构式而言并不适用。这一限制也适用于其他主观标记,如"个""他"。"个"的作用是为构式添加某种诙谐、轻松或出乎意料之义(杉村博文,2002;陈晓阳,2006),不仅可以插入动宾结构、动补结构中,还可插入把字句宾语前,甚至是离合词内部,分别见例(24)—例(27)。

> 例(24):有钱没钱,剃头过年,我今年是病得连过年都顾不上剃个头了。(《1994年报刊精选》)
> 例(25):要笑就笑个痛痛快快,要哭就哭个歇斯底里,不要压抑自己。(微博)
> 例(26):半辈得子,德发欢天喜地,把个儿子宠上了天。(《1994年报刊精选》)
> 例(27):近些年,离个婚已不算什么了。(李佩甫《羊的门》)

从分布语境上讲,例(24)中的"连……都"结构、例(25)中的四字格"痛痛快快"与"歇斯底里"、例(26)中的补语"宠上了天"以及例(27)中的评价结构"不算什么了"均或多或少为构式赋予了主观性。此外,"个"只在特定构式语境中表现出主观性,由此往往形成特定的固化结构,如"把个N+VP"结构以及由离合词离析而来的"V个N""V个VP"结构。[①]

再如主观性标记"他",其功能在于为构式添加某种宣泄色彩(杨子、熊学亮,2009)。"他"可插入各种动补结构中,如一价动词:"哭他两声";二价动词:"吃他一斤";甚至是已插入"个"的动补结构,分别如例(28)—例(30)所示。

> 例(28):达庆到底有点不好意思,想了想道:"不行,我和致广到底是兄弟,他死了,我怎么着也得先哭他两声!"(朱秀海《乔家大院》)
> 例(29):你不是也爱吃龙虾酱吗?咱们师徒先吃他一斤,你邵师伯不会发现的。(谢天《无极天渊》)
> 例(30):欢乐时就笑他个三天三夜,忧伤时就哭他个痛痛快快。(360问题,2017-2-5)

有迹象表明,获得宣泄义解读的"他"通常出现在含有主观色彩成分的语

---

① 关于"V个N""V个VP"结构,相关研究分别参见:周清艳(2009)、杉村博文(2002)、王海峰(2008)。

境中：第一，句中通常伴有情态动词（如"会""要"）或认知动词（如"想""希望"）；第二，该标记通常出现在表达主观愿望的意愿句或祈使句中；第三，构式的主语通常仅限于第一人称主语"我"，用于其他人称时只能被视为转述的情况，如："？老李要逛他三天街"与"老李说要逛他三天街"。① 事实上，有其他强意愿词语共现时，非第一人称主语通常不可接受，例如：

例（31）：？渴死了，小王要一口气吃他五个苹果。（自拟）

例（31）中"渴死了"只能出自说话人的视角，而后半句又切换为第三人称"小王"的视角，因此除非作转述理解，否则句子显得难以接受。

（二）平行近义构式间的主—客分化效果

主—客分化效果不仅存在于主观性构式与其上位构式之间，还存在于平行近义构式之间。这一点是自然而然的，反映了近义词项的主—客分布模式在句法平面的延伸。例如，"并＋否定"与"可＋否定"结构出于主客观性的差异，在结构模式上的表现同样大相径庭。警告、声明、劝阻等主观性强的结构模式不适用于"并＋否定"构式，定语、宾语等主观性弱的结构模式也不适用于"可＋否定"构式（朱明媚，2002）。我们发现，这种分化效果存在于许多汉语近义构式中，下面以"是个NP"与"是一个NP"构式为例说明这一点。②

与"是一个NP"构式相比，"是个NP"构式的显著特征在于"个"的数量义被隐没，转而用于表达某种评价色彩。两个构式表现出功能上的分化，分别涉及客观描述与主观评价。对于可同时进入"是个NP"与"是一个NP"构式的词项，比较容易看出这一点：

---

① 这种转述理解通常出现在文学作品中，属于自由间接言语（free indirect speech），并非日常会话的一般特征。如例（1）中的"他多想找个安静的地方睡他几天几夜"。

　　　例（1）：他多想找个安静的地方睡他几天几夜，但他心里明白这是不可能的。（《人民日报》1996年）

② 汉语中类似的还有存现句"有一个N"与"有个N"对举出现的情况。其语法表现大致平行。

例(32a):是个好丈夫　　　　例(32b):是一个好丈夫

是个好学生　　　　　　　是一个好学生

是个伟大领袖　　　　　　是一个伟大领袖

是个正宗技术员　　　　　是一个正宗技术员

对于"是一个NP"构式,主语与NP满足范畴化关系,即主语是NP所指范畴的一员。"张三是一个好丈夫"这一论断的依据是张三满足好丈夫的各种指标,如顾家、善良、疼老婆、勤奋、能挣钱、照顾孩子等优秀品质。"好丈夫""好学生""伟大领袖""正宗技术员"均预设了一定的品质或水准。"是个NP"这一论断则不一定直接唤起这些特征,甚至未必基于这些客观特征之上,而是涉及说话人的主观评价。不过,要认识到这一点并不容易,因为例(32)中NP的修饰语本身通常带有某种评价义。我们不妨删去这些修饰语,观察其用法差异。

例(33a):是个丈夫(4例)　　　　例(33b):是一个丈夫(5例)

是个学生(72例)　　　　　　是一个学生(33例)

是个领袖(3例)　　　　　　　是一个领袖(3例)

是个技术员(4例)　　　　　　是一个技术员(0例)

基于BCC多领域语料库的调查结果显示,除了"技术员","丈夫""领袖""学生"在(a)例与(b)例均有出现,前两者出现频次相当,而"是个学生"的出现频次远超"是一个学生"。删去这些评价性修饰语后,"是一个NP"通常解读为某个人扮演的角色、身份,"是个NP"做角色身份解读时接受度较低,通常转向激活名词语义中蕴含的典型特征。一个证据是(b)例可接受特征否定,(a)例则不可[①]。

例(34a):? 他是个丈夫/学生/领袖,但一点都没有丈夫/学生/领袖的样子。(自拟)

例(34b):他是一个丈夫/学生/领袖,但一点都没有丈夫/学生/领袖的样子。

---

① 因"是一个技术员"没有出现,此处不再对比其(a)例与(b)例用法。

这表明,"是一个 NP"构式可兼容主观 NP 与客观 NP,"是个 NP"则在一定程度上排斥客观 NP,偏好带有评价义的名词或激活名词的内在特征义。那么,不妨观察一下名词本身蕴含评价义的情况。我们调查了 BCC 多领域语料库中"流氓""狐狸精""无赖""小人"在"是个 NP"和"是一个 NP"构式中的使用情况,如例(35)所示。

例(35a):是个流氓(43 例)　　例(35b):是一个流氓(8 例)

是个狐狸精(10 例)　　　　是一个狐狸精(2 例)

是个无赖(34 例)　　　　　是一个无赖(8 例)

是个小人(27 例)　　　　　是一个小人(9 例)

我们发现,这些情感名词出现在(a)例中的频次远超(b)例,这说明本身蕴含评价色彩的名词对"是个 NP"构式有较强的亲附性,而对"是一个 NP"构式具有一定的排斥作用。基于例(32)—例(35)的分析,可以得出结论:"是一个 NP"属于相对中性的构式,偏好中性 NP;"是个 NP"则属于主观性构式,偏好主观 NP。从这个意义上说,主—客分工构成了构式分化的重要驱动力。

主观性—客观性的分化不仅适用于特定语法构式,也适用于一般的句子表达。① 传统上所谓的同义句是仅从其真值上而言的,在主观性的表达上却存在强弱之别,如例(36a)—例(36d)四句的主观性依次渐强。

例(36a):人人都骂她不要脸。

例(36b):所有的人都骂她不要脸。

例(36c):谁都骂她不要脸。

例(36d):没有一个人不骂她不要脸。(自拟)

上面两小节的讨论表明,语言表达主观性的驱动力在一定程度上构成了语言结构变异与分化的原动力。主—客近义/多义词及主—客近义构式的分布语境存在着明显的"主—主""客—客"分工倾向,即主观性成分内在偏好主观语境,非主观成分则内在偏好非主观语境。这表明,在语言系统中,描述性成分与主观性成分之间存在着高度分化效果,主观性本身构成了一个有组织的系统。这在一定程度上印证了 Potts(2007)论断的表达性与描述性存在质

---

① 一定程度上概括了普通语法结构中的主—客分布差异,相关研究参见:李国宏(2013)。

的区别。总之,从语言表达的功能上看,主观表达和客观表达对意义的编码有不同的侧重点。客观表达通常用于对外部事态加以指称、描述的情况;在主观表达中,说话人所关注的不再是"镜像般地"描述周围世界,而是如何将自身的视角和态度投射到事态之上。

本节考察了主观性与语言的结构分工的关联,发现主观性可造就汉语中的主—客分工倾向,主观性—客观性不但是词义分化的重要理据,而且是构式分化的重要理据。出于对主观语境的依赖,词项的主观义形成了与客观义互补分布的格局:在近义词分布中,具有强主观性的成分通常与非主观成分呈互补态势;在多义词分布中,同一成分往往兼司主—客功能,其用法语境呈"主—主""客—客"分布倾向。近义构式的主—客分工表现在两方面:一是主观性构式同其上位构式间的分化效果;二是平行近义构式间的主—客分化效果。

第二节　主观性与汉语句法的左向分布

总体上讲,主观性的强弱在结构连续统上呈现出明显的线性分布:主观性越强,越趋于结构外层分布;主观性越弱,越趋于结构内层分布。从功能上讲,命题内的修饰语主要起到描述功能,命题外的修饰语则主要起到评价功能。从辖域上讲,描述的辖域小于评价;从分布上看,两者依次呈左向分布,主观性依次渐强。由于修饰语跨越了结构空间的不同层级,因此比较容易看出这一点。

主观性通常沿修饰区呈左向分布,即越接近句首位置越主观,越接近中心词位置则越客观。理想情况下,主观化是对此种主客观分布的历时演绎:随着某一成分的日益主观化,其修饰位置呈不断左移之势。如"好"从描述性修饰语转向程度副词,沿结构空位左移了一个位置([好][大]风>[[好]大]风)。如下,我们将分别以定语与状语为例,说明主观性与左向分布的关系。

一、定语的主观性与左向分布

定语尽管处于命题内层,但内部依然存在主观性梯度。关于定语的主客分布问题,来自类型学派、功能学派、认知学派的学者均有过探讨。Whorf(1956:93)率先论述了象似性在形容词词序中的体现,并概括了一条普遍准则:指称内在特征的形容词,比指称外在特征的形容词更趋近中心名词。Dixon(1982)发展了其象似性观点,并提出一个内在性等级,类似于 Quirk 等(1985:612)后来所做的论述:"在名词短语中,表示中心语(相对)稳固的、可见的、可客观识别或可及的修饰语,倾向于更接近中心语;而表达观点的、由说话者强加于中心语上的、不可见的、仅主观可及的修饰语通常出现在其后。"Adamson(2000:42)提出主观性与前置修饰区左侧边缘的关联假设:越趋于左侧分布,成分的主观性越强;越趋于右侧分布,成分的客观性越强。这一倾向在汉语中同样存在。[①] 汉语前置形容词在修饰区中的分布情况如图12.1 所示。

图 12.1　前置形容词在修饰区中的分布情况

　　按照上述观点,前置形容词的修饰位置与主观性存在照应关系:在多重修饰语并存的情况下,越靠近中心语的形容词,其客观性越强;越远离中心语的形容词,其主观性越强。由此形成以下主—客连续统(见图 12.2)。

（外在属性）（…）（…）（内在属性）中心名词

主观 ◄-------------------------------► 客观

图 12.2　定语的主观性连续统

　　鉴于形容词在前置修饰区中的分布差异,在共时层面上,同一形容词可依其功能不同而出现在不同位置。如在"中国流行音乐"中,"流行"对"音乐"起次范畴化作用;而在"流行的中国音乐"中,"流行"对"音乐"起描述作用。在历时层面上,某些形容词发生主观化时,在句法上即表现为修饰区位置的左移。强化形容词的衍生可佐证这一点。在程度修饰结构中,范畴的转移(形容词＞程度副词)往往伴随着句法位置的左移,即移向形容词前置修饰区的最左端。以"好"为例,在感叹句中,"好＋性质形容词＋名词"往往由并列结构重新分析为偏正结构(李晋霞,2005)。如:

　　　　例(37a):他欠身迎着道:"哥哥,好大风啊! 你从那里走来?"……

———————

① 　最早注意到这一倾向的是马庆株(1995)。

"哏,好风!哏,好风!老孙也会呼风,也会唤雨,不曾似这个妖精的风恶!"(吴承恩《西游记》)

例(37b):时当六月中旬,炎天正热。那一日,史进无可消遣,捉个交床,坐在打麦场边柳阴树下乘凉。对面松林透过风来,史进喝采道:"好凉风!"(施耐庵《水浒传》)

例(37a)的"好大风"及例(37b)中的"好凉风"本是"好的大的/凉的风"的意思,"好""大/凉"对于"风"而言具有同等重要的修饰语地位。但当"好大/凉风"用在凸显说话者主观感受的感叹句中时,其并列定语的地位即可能发生动摇,属性义更具体的性质形容词"大/凉"成为定语的结构和语义中心,"好"的属性义弱化而蜕变为一个程度副词,"好大/凉风"经历了如下重新分析:[好][大/凉][风]>[好[大/凉]][风]。这是"好"发展出程度副词用法的句法条件,其句法位置的左移与主观化存在着照应关系。[①]

二、状语的主观性与左向分布

副词充当不同状语时通常呈现不同的句法构造,这一点已有学者论及(Quirk et al.,1985;Morzycki,2005)。其修饰区可分布在句子的不同位置,但同样体现出自左至右的主—客连续统特征。汉语不同状语范畴在该连续统上的分布情况如图12.3所示。

(评注性状语)(语气副词)(程度副词)(方式状语)
主观 ◄------------------------------------► 客观

图12.3 状语的主观性连续统

通常,评注性状语指向说话者,多位居句首;方式状语涉及对谓词属性的描述,常现于句末,亦称"外围状语";程度副词则指示某一属性的程度差异,常出现在该成分的前置修饰区;语气副词则常位于主谓之间,用于标记说话者对命题真值的强烈信念(Quirk et al.,1985)。由此可见,多功能副词通常体现出与其功能相对应的句法位置的游移,典型例子如"真的"。

[①] 英语中也存在类似情况,如形容词"pure"的句法环境曾发生了由[pure+N]向[pure+A+N]的转变。伴随着形容词的插入,"pure"的位置相对左移,从而由修饰名词转向修饰形容词(Vandewinkel & Davidse,2008)。

例（38a）：这条裙子真的漂亮。

例（38b）：这条裙子真的好漂亮。

例（38c）：真的，这条裙子好漂亮。（自拟）

从例（38a）到例（38c），"真的"的位置依次左移，就同一命题的真值进行评论的主观性随之递增：在例（38a）中充当"漂亮"的程度副词，到在例（38b）中评价作为整体的"好漂亮"，再到在例（38c）中位于句首用于对整个命题的评论。

三、主观化与左向移动

历时主观化往往隐藏着句法关系的重新分析。如例（39）所示，"迷人的"从描述义转向情感义，其间经历了两次重新分析：由并列修饰转向修饰语内层级分布，继而转向修饰语外层级分布。

例（39a）：［迷人的］［大长］腿　　　［并列修饰：形容腿又好看又长］

例（39b）：［迷人的［大长］］腿　　　［修饰语内层级分布：形容腿型长因而好看］

例（39c）：［迷人的［［大长］腿］］　　　［修饰语外层级分布：形容长腿看起来迷人］

这表明，主观化了的形容词通常分布在名词修饰区的左侧边缘。这一趋势对副词同样适用。随着副词的主观化，其修饰语位置同样可能呈左移之势。如语气副词转向评注性状语的情况。语气副词一般出现在主谓之间，伴随其进入评注性状语范畴，在句法上通常移向句首或句末位置，并以逗号与命题隔开。[①] 以"其实"为例，从例（40）到例（41），"其实"从语气副词蜕变为评注性状语，其结构辖域发生了扩张，这是一个主观化的过程。[②]

[①] 传统上两者分别被称为语气副词的"低位"用法与"高位"用法，但并非所有语气副词均可同时进入两个位置，在本书看来，更可取的做法是区分语气副词用法与评注性状语用法。

[②] 关于"其实"的主观化，详见：崔蕊（2008）。

例(40):说到社会责任感,这**其实**是一切讲公德的人们所具有的基本素质。(《人民日报》1996 年)

例(41):**其实**,只要爱对了人,情人节每天都过。(微博)

再如汉语中的定位与状位易位现象。如例(42)—例(43)所示,"圆圆的/地""浓浓的/地""大大的/地"可同时出现在定语与状语位置。从前者到后者,其意义从静态转向动态,语义指向从宾语转向动词,涉及对动作结果的补充,带有说话者的主观评价。因此,相对而言,状位的主观性强于定位。①

例(42a):他画了一个**圆圆的**圈。

例(42b):他沏了一杯**浓浓的**茶。

例(42c):他写了一个**大大的**字。

例(43a):他**圆圆地**画了一个圈。

例(43b):他**浓浓地**沏了一杯茶。

例(43c):他**大大地**写了一个字。(张黎,2003:37)

在此,我们看到局部句法环境在促发语义演变中所起的作用。当一类副词进入另一类副词的默认修饰区时,可能带上该类副词的典型意义。事实上,这一点并非汉语的特殊情况。跨语言研究中有不少个案研究可以支撑主观化与左向移动的关联,如 Cacoullos & Schwenter(2006)以及 Degand & Fagard(2011)的研究。Traugott(2010:60)也明确指出,主观化了的成分往往会移至结构左侧边缘。同时,需要考虑语言的基本语序问题。从语言类型来看,SVO 语言中左侧居多,SOV 语言中右侧居多。如西班牙语与日语中修饰语主观化后往往呈右移之势,这可能与该语言的线性组织有关。不过,概括来讲,主观化了的成分通常分布在句法结构的边缘位置,固着在命题内容的最外层,这一点切合主观性的本质意蕴,即表达说话者对命题内容的态度、情感或立场。这表现了句子结构与语言功能之间的象似性。

在共时层面上,强主观性成分在结构上分布于句子的边缘,典型例子如评注性状语:"[这里有群山叠翠,云蒸霞蔚,茂林修竹,奇花异草]P,真是美极了。"在历时层面上,主观化了的成分往往被推向句子结构的边缘,主观化程

① 关于定状易位及汉语中的相关"镜像"结构,相关研究参见:张黎(2003)及李国宏(2013)。

度越高,距离命题辖域越远。这类成分在结构上体现出固着和孤立的趋势,不能充当核心成分。这说明,主观性只能作为句子的外围成分特征而存在,句子的核心位置是由命题性成分占据的。当然,这种线性分布只能理解为一种倾向,而不是绝对的。句法位置受制于多种因素,这里的左向分布只是对语义变化的一种滞后反映,不宜单纯以其为依据,判断某一成分是否涉及主观化。

第三节　主观性与汉语的标记性编码

我们在本章第一节论证了在汉语中概念内容的编码表现出主—客分化倾向,主—客分化既是汉语词义分化的重要理据,也是构式分化的重要理据。这种语义上的分化与结构上的标记性编码存在高度关联,即主观性成分偏好有标记编码,客观性成分则偏好无标记编码。这种结构—语义的协同分化造就了汉语独特的句法表现。

一、主观性—客观性与有标记—无标记特征的一致性

上述分析表明,主—客分化构成了语言中的重要对立,这是从概念语义层面来说的。在结构上,主观性表达同样有别于对应的客观性表达,通常前者以有标记形式出现,后者以无标记形式出现。句法上的"零度"与"偏离"往往对应于语义上的客观与主观。① 按照 Haiman(1980:528)的观点,"在形态句法上有标记的范畴,在语义上同样是有标记的"。主观义的产生与标记性编码密切相关,语义上主观性—客观性的分化往往对应于形式上有标记项—无标记项的分化。无标记项表达相对客观的概念内容,有标记项则通常来自说话者对语言常规的违反,意在编码其认识、态度或情感。② 因此,不难理解为什么非常规句式相对于常规句式来说主观性更强。如分别从把字句与被字句中分化出的"把个 N+VP"结构与"被……给 VP"结构,相对于源构式均带有强烈的主观意味。据此,在一定程度上可从标记性特征识别主观性的语

---

① 关于句法偏移的主观性,参见:赵国军(2004)。
② 当然,标记性也可来自其他动因,如性别(男性用语—女性用语)、社会角色(受教育者用语—文盲用语)、方言(高层变体—低层变体),这些情况本书暂不考虑。

言编码。

　　非命题意义要得以产生,在该结构空位上就必须容许选择存在。这意味着主观性结构要成立,对应的客观性结构也应该是可能的(如"王冕死了父亲"要成立,"王冕父亲死了"也应该能成立)。这是其标记性的根源。有标记性预设了可选性而非强制性,强制性的句法结构因句法权重压倒语义权重,主观色彩往往较弱。不妨对比英汉被动结构。英语"be＋V-en"被动句属于句法上的无标记表达,主观性较弱,科技语体中常刻意采用被动结构以收到"客观化"效果,不妨对比例(45a)与例(45b)。[①] 而汉语被字句属于有标记表达,与之相对的是无标志被动句,两者在主观性上存在强弱差异。对比例(46a)与例(46b),前者侧重门窗、锅碗瓢盆所处状态(损坏、破碎),后者侧重门窗、锅碗瓢盆如何过渡到这种状态,同时隐含对施事的责备、对家具损坏的惋惜,因而主观性更强。

　　　　例(44a):I suppose every dad wants a daughter. (COCA)

　　　　例(44b):He writes: It is supposed that thoughts cannot just come and go, but need a person to think them. (COCA)

　　　　例(45a):这个庄子的火整整烧了大半天,各家的门窗砸坏了,锅碗盆罐打碎了。(刘知侠《铁道游击队》)

　　　　例(45b):这个庄子的火整整烧了大半天,各家的门窗被砸坏了,锅碗盆罐被打碎了。

　　综上所述,主观性表达相对于客观性表达带有一定的标记色彩。这种不对称性符合"元象似标记性"原则,即在认知层面有标记的范畴,在结构层面同样带有标记色彩(Givón,1991:106;1995:58)。[②] 反过来,"有标记的意义靠有标记的形式来体现"(Jakobson,1966:270)。主观性的这种标记性特征具备概念和加工上的心理真实性。从概念层面讲,对经验的临摹越忠实,构式在结构特征上越合乎常规,客观性越强;对经验的编码越偏离场景本身,构式在

[①] 值得一提的是,英语中也存在有标记被动结构:get 被动句,通常暗含不如意与责备意味,如 His wallet got stolen in the street。

[②] "元象似标记性"原则(the meta-iconic markedness principle),又称"标记性匹配象似性",最初由 Jakobson(1966)提出,后经 Haiman(1980)、Givón(1991,1995)加以发展。

结构特征上越显"另类",主观性越强。① 从加工层面讲,有标记表达增加了说话者的编码努力与听话者的解码努力。心智加工努力越大,表达式的新颖度越高,表现力越强。因此,主观性—客观性与有标记—无标记特征之间存在高度一致性。

语言中的大量有标记用法,看似不合语法却又在情理之中,通常是主观性使然。以英语"非常规"进行体为例。进行体一般用于表达动作的持续状态,默认接续持续类动词。然而,英语中还存在[非持续类 V+-ing]的组合方式,如例(46)、例(47)。这种非常规进行体承载了说话者的特殊表达意图,带有强烈的主观性(Killie,2004)。其所表达的不再是物理经验,而是短暂而强烈的认知或情感经验。例(46)中,"changing clothes"既是客观事实,也涉及说话者的主观印象,流露出其不满情绪。例(47)中,"telling"并非简单地描述告知行为,而是表达说话者的认知/情感立场。

例(46):She is constantly changing clothes. (COCA)

例(47):You are telling me you don't love me anymore. (COCA)

再如人称移指用法。默认情况下,第一人称指向说话者,第二人称指向听话者。而在人称移指中,指称关系与外在实际关系不一致,如例(48)中妈妈采用"我们"的说法,但实际上仅有孩子吃药。通过这种移指,说话者将自己代入情景中,从而移情于听话者。例(49)中说话者自称"你",与自己拉开距离,从而达到客观审视自己的目的。因此,人称移指符合人们对自我—他人、主体—客体关系的认知体验,涉及"自我的客观化与客体的主观化"(王义娜,2008:34)。

例(48):(妈妈对宝宝)乖乖,我们吃药吧。(移情)(自拟)

例(49):(自言自语)王璐啊王璐,你这个人怎么这样呢?(自责)(自拟)

---

① 按照 Goldberg(1995)的"场景编码假设"(scene encoding hypothesis),简单构式编码的是与人类经验相关的场景,如某物发生移位(移位构式)、某物处于某一位置(处所构式)、将某物交付某人(双宾构式)。这一对应关系构成了构式客观性的来源。

一般而言,标记性越强,表达式的新颖度越高,主观色彩越强烈。标记性过强时,表达式可能被判为不合语法。但在一定范围内,出于对合作原则的遵守,听话者可基于逻辑关系或语用推理对其做出有意义的解读。在此,习语构式表现得尤为突出。作为标记性最强的构式,习语通常约定俗成地承载了说话者态度。字面义的冲突促使听话者寻求非字面解释,从而捕捉说话者的表达意图。[①] 如汉语"X 没说的"构式涉及程度评价义(王晓辉,2018),如例(50)、例(51);"有 X 好 VP 的"构式暗含了"警告""威胁""幽默"的语义特征(周启红,2014),如例(52)、例(53)。

> 例(50):<u>生活没说的</u>,越过越好……(《人民日报》1996 年)
> 例(51):<u>这姑娘没说的</u>,俺家穷,人家爹娘能愿吗?(《作家文摘》1995 年)
> 例(52):老虎嘴上拔毛,<u>有他好受的</u>!(杜鹏程《保卫延安》)
> 例(53):跟领导硬顶是<u>永远没有好果子吃的</u>,一定要迂回。(六六《王贵与安娜》)

综上,有标记句式通常传递出说话者的主观意图,这种非命题意义的产生是经由对常规句法/语义的偏离实现的。异态句法预设了常态句法,因此有标记—无标记与主观性—客观性存在一定的对应关系。当然,这种对应并不绝对,一种语言中的有标记编码在另一种语言中可视为无标记编码,一定时期内的有标记编码也可随高频使用蜕变为无标记编码。

二、结构、语义与功能的协同演化

传统上语言有两大功能:一是达意,二是表情。前者借语言成分编码客观事实,后者借语言成分编码说话者的主观感受。主观性与客观性表达的对立,本质上反映了语言的表情功能与达意功能的分化(黄蓓,2019:97)。主观性与标记性编码的相关性,与两者的分化顺序有关。达意功能之于语言交际

---

① 这一点具有跨语言普遍性。如例(2)、例(3)所示,英语"What's X doing Y?"构式暗含说话者的诘难语气(Kay & Fillmore,1999),希伯来语强化构式 [X die/crazy/ill/devastated on Y]传达了说话者的强烈爱慕、渴望(Vardi,2015)。

> 例(2):What's a good girl like you doing in such a place?
> 例(3):אני מת עליך. (我想死你了。)

是第一性的,是"众多信息承担的首要任务"(Jakobson,1960:342),因为复杂信息只能借助语言来传递。情感的表达手段则更为丰富,可借助表情、手势(语)等传递,如皱眉表示不快,撇嘴表示不屑,竖中指暗含鄙视。出于表达经济性的考虑,语言形式优先编码达意功能。随着表达式使用范围的扩大,产生表情功能的编码需求。其手段通常是对无标记形式加以改组/破格,而非另起炉灶。因此,客观性表达通常更为基本,主观性表达则是派生性的。那么,说话者何不采用新创形式而是以"旧瓶装新酒"的方式换取更强的表达色彩? 除了语言的经济性使然,还有主观化机制在起作用。语言表达中存在着"主观化"倾向(即从命题意义转向说话者对命题的态度),且主观化具有单向性(Traugott & Dasher,2002)。因此,不难解释为何同义的语言表达中,主观性强的往往出现较晚。此外,语言的历时演化顺序总是从无标记到有标记,而有标记成分随高频使用及规约化总是体现出中性化倾向。因此,可以设想,从达意功能到表情功能、从客观性到主观性,以及从无标记到有标记的演化顺序存在高度一致性。这一点绝非偶然,而正说明了语义、结构与功能的协同演化(见表 12.1)。

表 12.1　语义、结构与功能的协同演化

	演化倾向
语义	客观性——主观性
结构	无标记——有标记
功能	达意——表情

　　主观性的标记性动因与语言的表情功能息息相关。构式的产生在很大程度上受功能驱动,主观性构式的产生旨在满足语言的表情功能。伴随着表情功能的规约化,构式与其初始义之间形成了多义关系。构式为适应新功能,在语法结构及使用方面做出系统性调整,生成有别于源构式的新结构(Croft,2000:126-127)。功能驱动结构发生重组,是语言结构演变的重要原动力。在主观性领域,表情功能可驱动语言结构发生改组,分化出下位主观性构式。这类构式通常涉及对常规无标记结构的偏离和破格,带有强烈的标记色彩。
　　例如,在把字句与被字句内部,主观性更强的下位构式通常以有标记形式出现,与上位构式形成互补对立。如把字句与"把个 N＋VP"构式的情况。把字句的宾语默认要求[＋有定],而量词"个"的插入打破了这种常规期待,从而传递出"出乎意料"义。例(54a)表明在火车上生孩子与认知常规不符,纯

属意外。杉村博文（2002：24）称之为对"孩子应生在医院里"这一情理值的违反。"个"删去后句子仍成立，但"出乎意料"义顿失，见例（54b）。①

例（54a）：小张把个孩子生在火车上了。（杉村博文，2002：24）
例（54b）：小张把孩子生在火车上了。

新被字句与常规被字句的对立如：

例（55）：起义军遭到失败，葛荣本人也被杀害了。（墨人《中华上下五千年》）
例（56）：据悉，推出"镇保"后，本市已有 35.2％的非农人员被推荐就业。（《文汇报》2003 年）
例（57）：在没有吃东西，打哈欠，甚至都没有张嘴的情况下，咬舌头了，还出血了，这要是死了，就是"被自杀"……（微博）
例（58）：教育部：严防就业数据失真，重点核查"被就业""花式签约"（封面新闻 2023-5-16）

常规被字句要求接续的动词带有［－自主］特征，如例（55）、例（56）中的"杀害、推荐就业"，切合被字句的"受动"意味。而新被字句恰恰违反了这一选择限制，接续的谓词通常带有［＋自主］特征，如主体自愿甚至甘愿的情况（"被幸福""被小康"），以及自主发生的情况（"被自杀""被就业"）（刘斐、赵国军，2009：77），如例（57）、例（58）。这一特征与"被"的"受动"意味形成语义冲突，使其大幅偏离了常规被字句。如在"被自杀"（他杀而被伪装成/说成自杀）中，说话者正是通过自主动词"自杀"与受动意味的"被"字之间的冲突，传达了讽刺而又无可奈何的意味。作为对无标记被字句的改组和破格，新被字句与常规被字句表现出分布上的互补对立，从而在语言系统中获得了生存空间。

① 这里需要区分事件本身的非同寻常与语言表达的出乎意料义。在某种意义上，在火车上生孩子本身带有非同寻常义，因为孩子常态下应生在医院里或家里。对于这种非常态事件，语言表达既可选择常态表达（常规把字句），也可选择异态表达（"把个 N＋VP"结构）。显然，后者的主观性更强，与非常态事件本身更为匹配，符合"有标记的意义采用有标记的形式来编码"（Jakobson，1966：270）的偏好。说话者的主观性（主观识解）于这种择用中可见一斑。

三、标记性的更迭与主观性的消长

（一）标记性的消失与主观性的弱化

主观性构式产生之初带有标记性，涉及对无标记语法/语义规则的突破，这种突破可基于说话者的主观认定而获得合理解释。这使其表现出一定的新颖性和涌现性，形式上也带有一定的不可预测性（徐盛桓，2012：6）。伴随着表达式的固化，新颖性和涌现性逐渐减弱。构式功能的扩展使其逐渐摆脱语义、语用限制，进而取代无标记结构的功能，导致标记性消失。[①] 这一过程不可避免地带来主观色彩的弱化。可以说，构式功能的扩展通常是以其主观性的弱化为代价的。下面仍以把字句与被字句为例来说明。

沈家煊（2002）注意到，现代汉语把字句的主观性发生了弱化。由于动词的复杂化，有些动宾句须借助"把"将宾语提前，使得部分把字句无法还原为动宾句，失去标记性。标记对立的消失使得把字句的主观色彩被中和，表现力随之褪色。为此，我们统计了 BCC 多领域语料库中"把 N＋V"结构的前 10 位准入动词，大致可以反映现代汉语中把字句优先编码的事件类型，见表 12.2。

表 12.2　BCC 多领域语料库中"把 N＋V"结构前 10 位准入动词[②]

排序	把 N＋V	频次	排序	把 N＋V	频次
1	把车（子）停	1468	6	把事情做	631
2	把车（子）开	1259	7	把脸转向	572
3	把重点放在	1103	8	把电话挂	571
4	把目光投向	918	9	把目光转向	547
5	把脸埋	855	10	把事情弄	517

统计发现，把字句编码的前 10 类事件均属相对中性的情况。描述停车、

---

① 构式功能的扩展与语法化具有同步性，而去标记化（demarking）是语法化不可避免的一环（Lehmann，1989）。

② 理想情况应该是选取前 30 位高频动词，从而与"把……给 VP"构式形成对照，不过为了表现出显著性差异，10 位已经足以说明问题，因此调查从简。如下被字句的情况也是如此。

开车动作的把字句高居榜首,位移类把字句也占了很大比例(第 3、4、7、9 位),其他或表达纯粹动作(第 8 位),或接续地点状语(第 5 位)。这些把字句的动词及状语均不带主观性,其负面色彩主要来自补语的贡献。可接续补语的仅有排在第 2、6、10 位的结构,如"把车(子)开报废了""把事情做得一塌糊涂""把事情弄得一团糟"。

再如被字句的情况。被字句由"蒙受"义动词"被"语法化而来,并继承了其不如意色彩,主观性可视为其主导语义特征。王力(1957)已注意到,被字句多表达不如意或出乎意料之事,如遭遇事故、损失或受骗。这是从共时层面做出的观察。在历时层面,被字句的功能扩张与主观性的弱化似乎具有同步性。伴随着其结构的扩展,不具备"蒙受"义的成分也可准入被字句,语义色彩限制的松动使其主观性遭到"稀释"。为验证这一点,我们统计了 BCC 多领域语料库中进入标准被字句(长被字句)与无施事型被字句(短被字句)的前 10 位典型动词,见表 12.3。

表 12.3　BCC 多领域语料库中两类被字句的前 10 位准入动词

排序	标准被字句	频次	排序	无施事型被字句	频次
1	被风吹	1770	1	被称为	16902
2	被人(们)称为	1502	2	被认为	12359
3	被人发现	1474	3	被打	10645
4	被人说	1211	4	被誉为	8514
5	被车撞(死)	908	5	被发现	8397
6	被人打	827	6	被骗	6127
7	被洪水围困	716	7	被逼	6109
8	被狗吃	648	8	被吓	6040
9	被人遗忘	587	9	被视为	5837
10	被人骂	574	10	被困	5706

在标准被字句中,排在前几位的动词均无明显不如意色彩。第 1 位的"被风吹"只有在补语涉及负面描述时才是不如意的。第 2 位的"被人(们)称为"表达相对客观的认定关系。第 3、4 位的动词属于元明清时期兴起的感知与言说类动词,进入被字句后才呈现受损意味。相较于其他常规表达负面情况的高频场景,如"被人打""被洪水围困""被狗咬""被人遗忘""被车撞""被人谩

骂",其使用频率更高。在无施事型被字句中,第1、2、4、9位均为中性的认定类动词,占上述全部被字句的54.2%,其中"称为"位居榜首,比第3位的"打"高出6000多例。常规认为,表达受损的典型动词"骗""逼""吓""困"均位于其后。统计表明,被字句的主观性有减弱迹象。在几千年的语法化进程中,被字句的语义色彩逐渐减弱,其语义权重逐渐被句法权重所压倒。中性动词比重的扩大,弱化了被字句的标记色彩及其"受损"语义特征。

(二)重新标记化与主观性的保持

由于标记性与熟悉度成反比,因此在高频使用及功能扩张的作用下,有标记构式可能失去标记性,使得其表达色彩减弱。要避免被更具表现力的成分取代的命运,构式就需要发展出特定的补偿机制。表现力总是随高频使用而钝化,增加表达式的标记性则可使其再度锐化。对已有表达式重新进行标记化处理,是针对其主观性弱化的重要补偿策略。把字句与被字句的发展可谓典型。伴随着能产性的增强,把字句与被字句失去标记性,导致主观性降低。作为对其主观性弱化的补偿,把字句衍生出两个下位主观性构式①:一是"把个N+VP"结构,如例(59)、例(60);二是"把……给VP"结构,如例(61)、例(62)。

例(59):马王爷对我们这五张大肚皮,很反感,他阴沉着脸,把个锅锅灶灶弄得乱响。(《作家文摘》1995年)

例(60):两口子经常带些猪下水回来,把个厨房弄得又腥又臭,饭都吃不好。(《故事会》2005年)

例(61):孩子,你可回来了,差点没把我给急死!(潇湘月《司马紫烟》)

例(62):这不过是个小小的惊吓,怎么就把她给吓得昏死过去了?(于晴《龙的新娘》)

---

① 宽泛地讲,保留宾语把字句也可视为把字句的下位主观性构式,尤其是动词涉及分离、受损的情况,如"把脸擦破了皮""把狗打折了腿"。同领主属宾句一样,通过在形式上将受事与其领有对象分离开来,进一步凸显了语义上的丧失。不过,相较于对应的被字句,这类把字句在表达上较为受限。对于高度受损的情况,说话者会偏好用移情度更高的被字句编码,如"狗被打折了腿"的说法更为常见。因此,这类把字句本书不予讨论。

被字句则衍生出三个下位主观性构式:"被……给 VP"结构,如例(63)、例(64);领主属宾被字句,如例(65)、例(66);新被字句,如例(67)、例(68)。

例(63):这家伙也就是跑得快,要不然也被公安局给抓走了。(高杨《红尘世界》)

例(64):你看看他多狡猾,小心被他的花言巧语给骗了。(陈明娣《小女子大作风》)

例(65):三年前就有一个疯女人被掏了肠子,惨死在冰天雪地里。(BCC 多领域语料库科技文献)

例(66):解放前,工农群众被剥夺了学文化的权利,有80%以上是文盲。(《福建日报》1960 年)

例(67):你们沉默不发声就是等着被代表呢?(微博)

例(68):过春节好吗?听说每逢佳节被相亲?(微博)

此外,把字句和被字句还会融合成"把被"共现句,例如:

例(69):被狗把腿抓破皮了,请问要打针吗?(微博)

例(70):我们两个出来找兼职,被人把钱包偷走了……(微博)

这些结构在形式上均带有强烈的标记色彩,在语义上带有比上位构式更强的主观性。"把个 N + VP"结构与新被字句前面已有提及,不再赘述。"把……给 VP"与"被……给 VP"结构涉及主观性标记"给"进入把字句、被字句的情况,其主观性因此得到加强。"把被"共现句糅合了被动式和处置式的主观性,带有强烈的受影响义及主观移情义。领主属宾被字句属于蒙事型被字句的范畴,指蒙受者遭受整个负面事件,与日语"不幸"被动句的意蕴最为接近。

如下,以"给"进入把字句与被字句分化出下位构式来说明主观性的补偿。基于对 BCC 多领域语料库的调查,我们在第十章第一节调查了"把……给 VP"与"被……给 VP"结构的前30位准入动词,前10位复述为表 12.4。

表 12.4　BCC 多领域语料库中"把/被……给 VP"结构前 10 位参与动词

排序	把……给 VP		排序	被……给 VP	
	V	频次		V	频次
1	忘	640	1	吓	580
2	吓	298	2	吸引	191
3	弄	237	3	骗	182
4	杀	194	4	弄	120
5	毁	133	5	震	108
6	吃	118	6	打断	99
7	丢	102	7	逼	82
8	宰	102	8	气死	80
9	卖	102	9	拉	73
10	烧	98	10	震慑	66

由表 12.4 可见,进入"把……给 VP"结构的前 10 位动词绝大部分带有负面色彩,排在前两位的"忘""吓"涉及负面心理状态,第 4、5、8、10 位的"杀""毁""宰""烧"涉及杀戮、破坏,第 3、7 位的"弄""丢"涉及有意或无意丢弃、破坏,受损意味较重。仅有第 9 位的"卖"为中性动词,但在该结构中依然呈现受动意味。这奠定了"把……给 VP"结构的负面色彩。对照表 12.2 可见,"把 N+V"结构的准入动词以中性居多,显然"把……给 VP"结构的主观性更强。同"把……给 VP"结构一样,"被……给 VP"结构的高频准入动词大多带有受损意味,如"吓""骗""弄""震""打断""逼""气死"。不过,排在第 2、5 位的"吸引""迷"及第 10 位的"逗(逗笑、逗、逗乐)"带有中性甚至正面色彩,但本质上含有不受控制义,其被动色彩仍可见一斑。对照表 12.3 可见,"被……给 VP"结构中,受损动词的比重远高于标准被字句,主观性明显高于其上位构式。

整体来看,现代汉语中的把字句与被字句表现出去标记化倾向,既可编码客观性表达,又可编码主观性表达;而后起的下位构式带有强烈的标记色彩,专用于编码主观性表达。换言之,前者已演化为通用构式,后者则属于专用(主观性)构式。由此可见,获得重新标记化,衍生出下位主观性构式,是针对构式主观性弱化的重要补偿策略。标记性的消长与主观性的关联可表述为表 12.5。

表 12.5　标记化的消长与主观性的关联

标记性	客观性表达	主观性表达
去标记化构式	√	√
重新标记化构式	×	√

本节考察了主观性与标记性的关联,得出如下结论:1)作为编码同一概念的不同方式,主观性表达相对于非主观性表达是有标记的;2)主观性与标记性呈正相关,有标记—无标记、主观性—客观性与表情—达意功能分化的对应反映了结构、语义与功能的协同演化;3)带有主观性的构式经功能扩张失去标记性后,往往伴随着主观性的弱化;4)对既有结构重新进行标记化处理,分化出下位主观性构式,是针对主观性损耗的重要补偿策略。因此,主观性与标记性存在内在关联。

第四节　主观性对汉语常规句法的突破

本章第一节与第二节讨论了汉语主观性的集群效应与压制效应,两种效应并非截然对立,而是存在系统关联。集群的主观性成分越多,主观性强度越高,越有可能违反一般的句法限制,从而表现为句法结构上的类型错配,这正是压制效应的来源。原因在于,集群的主观性成分越多,聚焦的主观性强度越高,因而越有可能使非常规句子获得合法解读。在集群效应与压制效应的共同作用下,可涌现出特异性的主观性构式。

主观性的集群效应与压制效应的存在,造就了汉语中大量的偏离句法表达。如"V+他+数量"结构(如"渴死了,我要吃他三个苹果!")在第一人称主语(尽管通常省略)、宣泄语气、主观大量的烘托下,"他"蜕变为带有宣泄语气的主观性标记,形成所谓的"宣泄"构式。"他"不再充当动词宾语,而是充当虚指论元,起到加强语气的作用。二价动词及一价动词均可进入该结构,多涉及吃喝玩乐类动词,其耗费消遣义在构式中得到凸显。例如:

例(72):我先洗一个澡……然后上茶馆去<u>喝他一盅茶</u>……然后<u>睡他一个大觉</u>……(欧阳山《三家巷》)

例(73):准备! 准备! 难得我今天休假,我们开车出去好好的<u>玩他一天</u>……(琼瑶《秋歌》)

以上表述字面上均违反了结构选择限制。如"睡""玩"属于不及物动词，不能接续宾语，但可以构成离合表达或接续补语："睡一个大觉"（"觉"为死宾语）、"玩一天"。在"睡他一个大觉""玩他一天"中，"他"属于不占据句法位置的插入式成分，其插入为句子增添了酣畅淋漓的表达效果，体现了"V＋他＋数量"构式对常规句法规则的突破。该构式又可和主观性标记"个"进一步融合为"V他个＋X"构式，"他"与"个"均失去指称义，解除了原有语义选择限制，可以接续各种带有高程度义或主观大量义的补语。双及物动词、二价动词及不及物动词均可进入该结构，分别见例（74）—例（76），如"给他个一问三不知""唱他个一天一宿，唱他个昏天暗地，唱他个你死我活，唱他个内牛满面""睡他个一天"。前两者带宾的语义选择限制被违反，转向不及物用法，其原有语义在一定程度上被遮蔽，凸显耗费使成义。

> 例（74）：这一回，工兵装傻充愣，<u>给他个一问三不知</u>。（毕淑敏《最后一支西地兰》）
> 例（75）：我想去唱歌了，<u>唱他个一天一宿，唱他个昏天暗地，唱他个你死我活，唱他个内牛满面</u>。（毕淑敏《最后一支西地兰》）
> 例（76）：早明儿白天俺一定要<u>睡他个一天</u>。（微博）

主观性对汉语句法常规的突破还体现在动词重叠上。对动词重叠而言，非自主动词一般不可重叠，但在主观性显著的语境中可突破此限制，并进一步强化话语的主观色彩。例如：

> 例（77a）：＊老王昨天<u>死了死</u>。
> 例（77b）：＊他<u>病了病</u>。
> 例（77c）：老王说死不可怕，<u>让他死死就知道死到底可怕不可怕</u>。
> 例（77d）：医生说你这个病不要紧，<u>略微病病就好了</u>。（刘正光，2011：336）

例（77c）中的祈使标记"让"、语气副词"就""到底"以及"V不V"构式均带有较强的主观性，例（77d）中的"略微""就"均表达主观小量，与动词重叠所表示的"主观小量"相得益彰。正是在这种强主观性语境下，看似不合逻辑的"死死""病病"成为一种合理的存在，因主观性而得到自然而然的解释。

汉语中的"把个N＋VP"构式同样属于主观性造就的非常规句法表达。

把字句的处置义要求其后宾语为定指成分,同时处置对象须是可控的,因此自主动词不可进入。但当其与多个高主观成分共现时,这两大限制均可能被违反。

例(78a):偏偏又把个老王病倒了。

例(78b):怎么忽然把个晴雯姐姐也没了。(沈家煊,2002:394)

上例中,把字句宾语前添加了无定成分"个",其处置对象"病倒""没"均是自主动词,不符合处置义的语境。按照沈家煊(2002)的解释,"老王""晴雯姐姐"虽是确定的,但出乎说话者意料之外,即没想到生病的是老王,死去的是晴雯姐姐,而不是别人。沈家煊认为,"个"的添加取决于凸显说话者主观性的目的,但这并非该句合乎语法的原因。事实上,"个"许可的前提恰恰是高主观性语境的存在,正是例(78a)中的"偏偏""又""把"、例(78b)中的"怎么""把""也"共同塑造的强烈主观色彩,导致了把字句的有定限制与处置对象的可控性限制的松动。

综上所述,在主观性的集群效应与压制效应的作用下,语义选择限制可能被违反,从而产生特异性的主观性构式。主观性对常规句法的突破,体现了主观性对汉语句法的重塑作用。这一点与汉语的意合特征是一致的。由于汉语以意驭形的属性,形式不致对意义构成绝对桎梏,因此说话者可以出于表意需求而违反形式限制,造就偏离句法。诚如洪堡特所言,"在任何时候,任何情况下,一种语言对人来说都不可能形成绝对的桎梏"(姚小平,1995:175)。汉语主观性对语法的干涉作用正是对这一论断最好的注脚。

第五节　本章小结

本章考察了主观性对汉语语法系统的渗透作用。这表现在如下四个方面:第一,造就汉语中的主—客分化倾向。汉语中存在大量成对出现的近义词和近义构式,表现出明显的主—客分化倾向,表现在主观表达和客观表达通常对举分布,呈现出"主—主""客—客"的分布模式。第二,造就主观性在语法结构中的左向分布。在汉语中,主观性成分通常出现在命题的外围,呈现出明显的左向分布的倾向,同时表现出结构和语义之间的象似性。第三,造就汉语中的有标记编码。在汉语中,主观性和有标记性之间存在密切的联系。主观性是汉语中有标记编码的重要促动因素之一。第四,打破了汉语常规句法,展现了主观性对句法的重塑作用。主观性的集群效应与压制效应可导致说话者违反选择限制,从而产生特异性的主观性构式。

第十三章　结　论

第一节　本书的主要发现和结论

本书以汉语主观性成分为研究对象,从基于认知观的狭义主观性理论出发,采用基于语料库的方法,研究汉语主观性系统中涉及的成分互动问题,探索主观性成分的互动模式、互动过程中的认知机制及其互动效果。内容涵盖词汇、语法、构式范畴内部的主观性互动模式,以及三大范畴间的主观性互动模式。

本书立足主观性研究的前沿,在反思既有研究不足的基础上提出主观性的互动观,尝试从互动论视角构建汉语主观性的互动理论模型,并结合多种类型的汉语个案进行分析,将理论建构与实践探讨相结合,定性研究与定量研究相结合,初次揭示了主观性对汉语语法系统的塑造作用。

本书的发现和结论主要反映在如下七个方面:

(一)汉语词汇范畴内部的主观性互动

在词汇范畴内部,实词范畴与功能词范畴在主观性的表达上相互依存,形成稳定的互动模式。前者内在地表达主观性,如评注性副词、语气副词、程度副词;后者可分化出主观用法,如认知动词、分级形容词、情感名词、评价形容词。越靠近功能词范畴,主观性越强,对结构语境的依赖度越低;越靠近实词范畴,主观性越弱,对结构语境的依赖度越高。其互动机制表现在:强主观性成分拉动弱主观性成分,弱主观性成分为强主观性成分提供填充项。对两大典型互动模式[程度副词＋分级形容词][情感形容词＋极性补语]的分析证明了这一点。

(二)汉语语法范畴内部的主观性互动

语法范畴在主观性的表达上分化出三种情况:一是内在表达主观性的情况,二是常规语法范畴分化出主观用法的情况,三是从常规语法标记中分化出主观性标记的情况。

这些主观性成分可相互叠加,生成更大的主观性结构。对[他＋个][个＋给]两大互动模式的考察表明,从语法范畴内部分化出的主观性标记可彼此发生互动,形成更大的主观性结构,表达色彩更浓厚的主观性语义,并与构式的主观性发生融合,生成下位主观性构式。如[他＋个]组合模式与动词结合形成表达宣泄义的"V他个＋X"构式,[个＋给]组合模式分别与处置式、被动式结合形成"把个N给VP""被/让/叫个N给VP"构式,在表达说话者移情的同时传递出乎意料之义。

(三)汉语构式范畴内部的主观性互动

构式范畴内部的主观性互动表现为两个带有主观性的构式彼此融合,一般涉及负面语义。互动结果是融合成新的主观性更强的构式,负面语义凝结到构式中去,形成受损事件的编码化表达。典型互动模式包括被字句与把字句主观性的互动、受事主语句与领主属宾句主观性的互动,以及被字句与领主属宾句主观性的互动。这种两两互动分别造就了"把被"共现句、主观丧失句以及领主属宾被字句的涌现。语料库调查表明,三种构式均带有高度负面的色彩,具有比原构式更强的主观性。

(四)汉语词汇与语法范畴的主观性互动

词汇与语法范畴的主观性互动表现为携带主观性的语法标记与词汇范畴发生聚合,互动结果是生成携带强主观性的局域构式。典型互动模式如第一人称、认知动词及程度修饰结构主观性的互动,分级形容词、极性程度副词及情态评价义"了"主观性的互动,以及主观性标记"给"、动词及"了"主观性的互动。三种互动模式分别造就了[第一人称＋认知动词＋程度修饰结构]、[分级形容词＋极性程度副词＋了],以及[给＋V＋了]组合模式的固化,分别生成认识评价构式、极性评价构式及主观移情构式,成为说话者表达主观性的重要手段。

(五)汉语词汇与构式范畴的主观性互动

词汇与构式范畴的主观性互动表现为词项携带的主观性潜势在构式语

境的激发下获得凸显,词项的语义色彩对构式语义存在浸染效果。典型互动模式包括把字句与动词主客观性的互动、被字句与施事及动词主观性的互动,以及受事主语句与补语主观性的互动。考察表明,动词类型与把字句的语义相互作用,生成或主观或客观的把字句,从而带来把字句内部主客观性的分化。动词的负面色彩在被字句的受损解读中起着重要作用,施事本身携带的负面语义框架甚至可以压倒动词的语义色彩,决定被字句的负面解读。在受事主语句的主观性解读中,补语起着重要的甚至决定性的作用。

(六)汉语词汇、语法与构式范畴间的主观性互动

携带主观性的词项、语法与构式范畴可共同作用,造就整个表达式的主观性。在主观性标记、词项与构式的合力作用下,可从语法构式中涌现出下位主观性构式,互动结果是生成带有强烈表达色彩(通常为贬义)的下位主观性构式,与宏观语法构式形成互补分布。典型互动模式如"给"与把字句、被字句及词项主观性的互动,以及"个"与认定构式及情感名词主观性的互动。前者涌现出主观移情构式"把/被……给VP"结构,后者涌现出主观判断构式"是个NP"结构。其主观性高于源构式,表现出对词项主观色彩更强烈的偏好。这种下位主观性构式的涌现,是对常规语法构式主观性弱化的补偿。

第二节　本书的创新之处

(一)提出主观性的互动观

在理论架构上,本书在总结当代主观性理论的得失的基础上,重新思考主观性的语言表征方式,提出主观性的互动观。已有研究表明,词汇、语法及构式层面均蕴含了可供说话者调用的表达"主观性"概念的资源。不同层面的主观性如何彼此关联是一个关键问题。然而,以往的主观性研究多持分解论取向,因循个案式的分析思路,在主观性成分的判断上存在"见木不见林"的弊端。我们在前期研究中发现,主观性对组合语境具有敏感性,主观性成分在结构上存在着选择主观语境的内在偏好。正是这种不自足色彩造就了组合语境中不同主观性成分相互依存的特征。这促使我们超越分解论,转向主观性的互动观。在语义上,强主观性成分与弱主观性成分之间存在互动。在范畴上,词汇、语法与构式范畴之间存在互动;在结构上,命题内与命题外

的主观性成分存在互动。因此,句子的主观性解读来自不同范畴、命题内外及程度有别的主观性成分的互动作用,无法约减为单一维度或单一成分的主观性,如此才能就主观性的复杂性做出充分说明。特别就词项与构式的主观性而言,两者存在高度的相互依存关系。携带主观性潜势,后者的主观性隶属于其经验编码功能。在主观性的解读中两者发生互动,构式对词项的主观性起到激活作用,词项的主观色彩则对构式语义存在浸染效果。

(二)揭示了汉语主观性成分的互动效果

特别就词项与构式的主观性而言,两者存在高度的相互依存关系。携带主观性潜势,后者的主观性隶属于其经验编码功能。在主观性的解读中两者发生互动,构式对词项的主观性起到激活作用,词项的主观色彩则对构式语义存在浸染效果。汉语主观性成分间的互动作用可能造就共时层面的集群效应与压制效应,以及历时层面的拉链效应与推链效应。集群效应涉及语义色彩的相容,通常产生主观性的叠加效果;压制效应涉及语义色彩的相斥,通常造就巨大的情感张力。拉链效应指在组合层面,强主观性成分可拉动结构语境中的弱主观性成分,使其发生主观化。推链效应指在聚合层面,同一范畴中新兴的主观性成分往往后来居上,挤占原有主观性成分的位置。在主观性的集群效应、压制效应、拉链效应及推链效应的联合作用下,在历时层面上可能导致主观性成分的集结与构式化,从而造就主观性构式的涌现。

(三)揭示了主观性对汉语语法系统的深刻影响

主观性对汉语语法系统的渗透作用表现在如下四个方面:第一,造就汉语中的主—客分化倾向。汉语中存在大量捉对出现的近义词与近义构式,呈显著主—客分化倾向,主观表达与客观表达往往呈对举分布,形成"主—主""客—客"的分布模式。第二,造就主观性在语法结构中的左向分布。在汉语中,主观性成分通常出现在命题的外围,呈明显的左向分布,表现出结构与语义的象似性。第三,造就汉语中的有标记编码。在汉语中,主观性与有标记性存在密切关联,主观性是汉语中的有标记编码的一个重要动因。第四,带来对汉语常规句法的突破,体现出主观性对句法的重塑作用。在主观性显著的语境中,主汉语表达可突破常规句法限制,造就特异性的主观性表达。

(四)论证了语法与主观性的关联

本书的研究表明,汉语语法范畴如人称代词、语气、情态、数量词、体标记均可用于表达主观性,甚至某些语法范畴内部如与格标记、人称、量词内部分化出主观性标记"给""他""个",可插入某些构式中,使其分化出下位主观性构式。这表明,语法并非冷冰冰的毫无意义的空洞形式,而是有血有肉的有情之物。这一点也驳斥了形式语言学所坚称的"语法是纯形式的"这一基本命题。

第三节　本书的不足之处

由于时间、精力、学养所限,本书在研究覆盖面、研究视角和研究方法上还存在一定的不足。这些不足留待后续研究加以完善。

(1)在研究覆盖面上,本书虽然尽可能兼顾汉语词汇、语法、构式各个范畴的主观性互动模式,但仅选取了典型范畴及典型互动模式加以考察。汉语主观性范畴林林总总,不一而足,本书所涵盖的范畴难免挂一漏万。主观性范畴的互动模式也远比本书刻画的更为复杂多样。首先,本书没有考虑较为习语化的带有主观性的格式,如"A 不到哪里去""有你好 V 的""你 A 你的 B,我 C 我的 D""不 A 不 B""A 就是 A"。这类格式在汉语中大量存在,尽管其主观性相对自足,但并非与其他主观性范畴毫无瓜葛。这类格式与其他主观性成分的互动模式虽然较为零碎,但依然有必要去捕捉。其次,由于篇幅所限,本书并未对语气副词及评注性状语与其他主观性范畴的互动模式加以刻画。语气副词作为汉语中相当典型的主观性范畴,与其他主观性范畴存在高度兼容性,可参与多个带有主观性的语法构式,如把字句、被字句、主观认定构式"是个 NP",以及极性评价构式"GA＋极性程度副词＋了"。最后,对于评注性状语,因其表现形式多样,在结构上与命题内容相对独立,对于其所参与的主观性互动模式的刻画只能停留在较为概括的层面上。对主观性成分典型互动模式的概括也存在一些遗漏,如受事主语句、开放式分级形容词与带有情态评价义"了"的主观性可发生互动,从而涌现出表"结果偏离"义的"VA了"构式。另外,还可能存在多级互动模式,如［程度副词＋分级形容词］组合不仅可以与［第一人称＋认知动词］组合发生互动,还可进一步参与到各种语法构式中去,如把字句、被字句,甚至是最客观的 SVO 句式。

(2)在研究视角上,本书主要是共时的、静态的,聚焦于共时层面的主观性成分互动模式。尽管必要时为说明问题辅以历时调查,并且在互动效果上考虑到了历时层面的推链效应与拉链效应,但主体部分依然是静态的。然而,语言并非一成不变的,作为对语言使用高度敏感的主观性范畴,更是常变常新。理想情况下,主观性成分的互动模式应该是动态的,不断更新的,并且可在一定程度上基于构式语义做出预测。如典型程度副词与名词的组合模式可能依然在扩大中,那么哪些名词最有可能作为候选项进入该模式,原则上是可以加以预测的。同样,新兴程度副词方兴未艾,其与分级形容词的互动模式也在动态更新中。对于这种动态变化,理想的情况是建构一个动态演进模型,从事后描写走向事前预测。另外,本书特别提到语法标记表达主观性的情况,区分了语法标记中分化出主观用法与语法标记中分化出主观性标记的情况。从历时来看,这种主观用法(如"了")与主观性标记的分化(如"个""他""给")属于主观化的情况。如果这些语法标记与其他主观性成分存在显著互动,后者无疑构成了其主观化发生的构式语境,要捕捉这些语法成分的主观化走向,需要进一步考察其互动模式的历时演变。这些在本书的静态视角下未能得到足够重视。

(3)在研究方法上,本书还存在一些不足之处。首先,本书采取定性与定量相结合的方法,基于自建主观性语料库提取典型互动模式,进而基于 BCC 大型语料库调查具体互动模式的频次,做出分析解释。同时,本书基于 CCL 古代汉语语料库,辅以部分历时语料库调查,用于捕捉互动模式出现的临界点。为了捕捉新兴主观性互动模式的出现,本书还参考了少量来自网页的语料。由于自建语料库规模较小,因此在频次统计时需求助于大型语料库数据。尽管采用多个语料库、多个数据来源比较容易支撑本书的观点,但语料来源不够统一,可能使得本书的结论稍打折扣。理想情况是采取单一大型语料库,采取完全自下而上的基于语料库的方法。这样可以更好地避免先入为主的假设,更为客观地刻画主观性互动范畴及互动模式。由于 BCC 大型语料库无法有效观察到主观性互动模式,其历时子语料库未做年代区分,因此本书采用自建专门语料库、BCC 现代汉语语料库以及 CCL 古代汉语语料库相结合的做法,实属不得已而为之。其次,本书的数据呈现方式及数据加工深度还有较大改进空间。就数据呈现方式而言,要更直观地呈现主观性成分间的互动效果,理想的情况是采用可视化技术手段如词云加以呈现。BCC 语料库提供了词云呈现方式,但词云不能照顾到具体用例频次以及非典型互动成分,同时呈现数据列表及词云会占据过多篇幅,因此本书舍弃了词云呈现方式。就数据挖掘深度而言,本书仅提供了原始频次,没有来得及进行显著性测试。要有效捕捉到主观性范畴间的亲疏关系,发掘哪些构式对哪些词项在表达色彩上存在"共振"效应,区分不同词项与构式之间吸引力的强弱,有必要进行更深入的数据加工。理想情况是采用构式搭配分析方法（collostruction analysis）（Stefanowitsch & Gries，2003；Gries & Stefanowitsch，2004），就各个主观性互动模式进行显著性测试，从而析出各个主观性构式的典型准入词项，更精确地捕捉哪些主观性成分倾向于彼此共现，哪些主观性成分倾向于相互排斥。

第四节　未来研究展望

未来研究应朝如下三个方面推进：一是汉语主观性成分互动模式的语体分布差异，二是汉语主观性成分互动模式的历时演变，三是主观性互动模式的跨语言对比。具体如下：

（一）汉语主观性成分互动模式的语体分布差异

鉴于主观性与说话者的密切关联，可以期待主观性在特定语域如日常会话、小说语体中分布更为密集。由于本书侧重不同主观性范畴的互动作用，这在相对完整的句子结构中更易观察到，因此本书选取了 BCC 语料库中较为正式的多领域语料库作为主要语料来源。BCC 对话语料库（语料库规模约 5 亿汉字）包含更为生动的、口语化的、"与时俱进"的表达，预期可更好地反映出汉语本族语者对主观性成分的使用情况。一般而言，主观性表达在日常口语中较之于书面语中使用频次更高，但口语句子结构不及书面语完整，对比口语与书面语中主观性成分的互动模式将大有发现。另外，文学、报刊、科技等不同语体中的主观性表达的使用情况也大相径庭，文学重在以情动人，科技重在以理服人，分别代表了较为主观与较为客观的语体。主观性成分互动的多寡及具体表现也应该因语体而异。基于 BCC 文学语料库（30 亿汉字）、报刊语料库（20 亿汉字）及科技语料库（30 亿汉字），对文学、报刊、科技语体中的主观性成分互动模式进行对比，考察主观性互动模式的语体差异，预期可为现有互动模式提供有益的补充。

（二）汉语主观性成分互动模式的历时演变

鉴于表达色彩在高频使用过程中易于退化，主观性范畴具有内在的不稳定性，历时过程中随着语言成分主观性的增强（主观化）或减弱（去主观化），主观性成分的互动模式也可能相应地发生变化。尤其是构式的功能扩张易于导致非主观词项的准入，这种"门户开放"导致构式语义色彩上的选择限制松动，最终使得其主观性发生弱化。如被字句的参与动词早期多限于受损动词，然而随着构式使用范围的扩大，非受损动词越来越多地进入被字句，使得被字句的主观性遭到"稀释"。要使其主观性得以维持，存在两种手段。一是其他主观性成分如情态词、语气副词、负面施事、负面补语均可对构式的主观性起到补偿作用。二是借助主观性标记的插入分化出下位主观性构式，如"个""给"的添加使得被字句分化出"被个 N＋VP""被……给 VP"下位构式，其主观性显著强于宏观被字句。第一种涉及词项与构式的互动模式变化，第二种涉及语法成分与构式的互动模式变化。考察这种变化对于捕捉汉语语言系统内部的结构演变具有重要启发意义。可以考虑借助 BCC 历时语料库，就本书考察的相关互动模式加以历时演绎，将静态互动模式转换为动态互动模式。另外，某些范畴随时间推移可能淡出某种互动模式，对于这种衰减同样有必要做出观察和描写。如主观性标记"个"与把字句发生互动，生成下位主观把字句"把个 N＋VP"构式。该构式萌芽于北宋时期，兴盛于元代，到现代汉语中有减少趋势。再如，"把……给 VP"构式萌芽于清代，到了现代汉语中用法激增，准入词项类型从负面动词逐渐扩展到中性动词与正面动词。对于"把个 N＋VP"构式是否会继续衰减，甚至退出语言使用，"把……给 VP"构式是否会继续扩张，甚至走向中性化，理想的情况是建构一个动态互动模型加以构拟。

（三）主观性互动模式的跨语言对比

本书以汉语语料为基础建构了主观性的互动观，考察汉语主观性成分间的相互作用及其互动模式。那么，这种互动效应对其他语言是否适用？主观性成分的互动模式是否因语言而异？一种具有语言普遍性的理论需要建立在对不同语言个性的考察上，也需要承认不同语言间在主观性上表现出的个性差异。早在新世纪伊始，沈家煊先生就针对汉语的主观性研究指出了今后的研究方向："汉语和世界其他语言在主观性与主观化上有哪些共通性，又有哪些自身的特点……应该在国外已有的基础上做进一步的探索"（沈家煊，2001：275）。本书主要聚焦于汉语在主观性表征方式上的个性，未来研究应聚焦于主观性互动模式的跨语言表现。就英汉比较而言，英语与汉语分属不同语系，其主观性实现方式存在较大差异，预期其主观性成分的互动模式也大相径庭。如汉语语法范畴中分化出了特殊的主观性标记"个""他""给"，这些成分又彼此发生互动，融合为更大的主观性标记（如"他个"），或作为非必有成分插入带有主观性的语法构式中,使其分化出"另类"的下位主观性构式(如"把个 N+VP"构式)。英语中则不存在这种分化情况,更不存在上述看似不合逻辑的下位主观性构式。究其原因,这一点分别与汉语的"意合"及英语的"形合"特征是一致的。由于汉语以义驭形的属性,形式不致对意义构成绝对桎梏,因而可以出于表情功能的需要而对形式加以有意的破格,造就偏离句法。英语对句法形式有严整要求,意义对句法边界的"冲撞"远不及汉语来得自由,因此也限制了其主观性表达手段的使用及其互动模式的多样性。

新世纪伊始,沈家煊先生的《语言的"主观性"和"主观化"》(2001)一文将主观性理论引入国内,迅速引起汉语学界的重视,掀起了汉语主观性研究的热潮。如今,20多年过去了,这股热潮依旧方兴未艾,关于汉语主观性研究的文献可谓汗牛充栋。对汉语主观性表现手段的认识随着研究的不断拓展而深化,但其庐山真面目在一个接一个的个案分析的掩盖下依旧如云山雾罩。本书在吸收已有研究成果的基础上,发现主观性成分之间存在高度依存关系,由此提出主观性的互动观,致力于发掘汉语主观性成分间的互动模式。本书的分析表明,汉语中的主观性成分构成了一个有组织的系统,该系统对整个汉语语法系统存在深刻影响,甚至起到变革作用。由于时间、学养所限,本书在观点和覆盖面上还存在这样那样的不足,敬请各位方家批评指正。

参考文献

Aaron, J. & Cacoullos, R., 2005. Quantitative measures of subjectification: A variationist study of Spanish *salir* (*se*). *Cognitive Linguistics*, 16(4): 607-633.

Adamson, S., 2000. A lovely little example. Word order options and category shift in the premodifying string. In Fischer, O., Rosenbach, A. & Stein, D. (eds.), *Pathways of Change. Grammaticalization in English*. Amsterdam: John Benjamins: 39-66.

Almeida, S. & Ferrari, L., 2012. Subjectivity, intersubjectivity and epistemic complementation constructions. The 4th UK Cognitive Linguistics Conference. London, July 10—12, Vol:110-127.

Athanasiadou, A., 2006. Adjectives and subjectivity. In Athanasiadou, A., Canakis, C. & Cornillie, B. (eds.). *Subjectification: Various Paths to Subjectivity*. Berlin/New York: Mouton de Gruyter: 209-240.

Athanasiadou, A., 2007. On the subjectivity of intensifiers. *Language Sciences*, 29(4): 554-565.

Athanasiadou, A., Canakis, C. & Cornillie, B., 2006. Adjectives and subjectivity. In Athanasiadou, A., Canakis, C. & Cornillie, B. (eds.), *Subjectification: Various Paths to Subjectivity*. Berlin, Boston: Gruyter De Mouton: 209-240.

Austin, J. L., 1962. *How to Do Things with Words—The William James Lectures Delivered at Harvard University in* 1955. Oxford: Clarendon Press.

Bally, C., 1965[1932]. *Linguistique Générale et Linguistique Française*. 2nd ed. Paris: Berne.

Barsalou, L. W., 1999. Perceptual symbol systems. *Behavioral and Brain*

Sciences，22(5)：577-660.

Benveniste，E.，1971[1958]. Subjectivity in language. In Meek，M. E.
（trans.），*Problems in General Linguistics*. Coral Gables：University of
Miami Press：223-230.

Biq，Y. O.，2004. Construction，reanalysis，and stance："V yi ge N" and
variations in Mandarin Chinese. *Journal of Pragmatics*，36（9）：
1655-1672.

Bolinger，D.，1972. *Degree Words*. The Hague：Mouton.

Bréal，M.，1964[1900]. *Semantics：Studies in the Science of Meaning*.
Gust，H.（trans.）. New York：Dover.

Breban，T.，2006. Grammaticalization and subjectification of the English
adjectives of comparison. In Athanasiadou，A.，Canakis，C. & Cornillie，
B.（eds.），*Subjectification：Various Paths to Subjectivity*. Berlin，
Boston：Gruyter De Mouton：241-278.

Breban，T.，2010. *English Adjectives of Comparison：Lexical and
Grammaticalized Uses*. Berlin，New York：De Gruyter Mouton.

Brinton，L. J.，1996. *Pragmatic Markers in English：Grammaticalization
and Discourse Functions*. Berlin，New York：De Gruyter Mouton.

Brisard，F.，2006. Logic，subjectivity，and the semantics/pragmatics
distinction. In Athanasiadou，A.，Canakis，C. & Cornillie，B.（ed.），
Subjectification：Various Paths to Subjectivity. Berlin，Boston：De
Gruyter Mouton：41-74.

Bühler，K.，1990[1934]. *Theory of Language：The Representational
Function of Language*. Goodwin，D. F.（trans.）. John Amsterdam：
Benjamins.

Bybee，J.，2003. Mechanisms of change in grammaticization：The role of
frequency. In Joseph，B. D. & Janda，R. D.（eds.）. *The Handbook of
Historical Linguistics*. Oxford：Blackwell：602-623.

Bybee，J.，2006. From usage to grammar：The mind's response to
repetition. *Language*，82(4)：711-733.

Bybee，J. & Hopper，P.，2001. Introduction to frequency and the
emergence of linguistic structure. In Bybee，J. & Hopper，P.（eds.），
Frequency and the Emergence of Linguistic Structure. Amsterdam：John

Benjamins: 1-24.

Bybee, J., Perkins, D. & Pagliuca, W., 1994. *The Evolution of Grammar: Tense, Aspect and Modality in the Language of the World*. Chicago: University of Chicago Press.

Cacoullos, T. R. & Schwenter, S. A., 2006. Towards an operational notion of subjectification. In Cover, R. T. & Kim, Y. (eds.), *Proceedings of the 31st Annual Meeting of the Berkeley Linguistics Society: General Session and Parasession on Prosodic Variation and Change*. Berkeley: Berkeley Linguistics Society: 347-358.

Carlier, A. & DeMulder, W., 2010. The emergence of the definite article: *ille* in competition with *Ipse* in Late Latin. In Davidse, K., Vandelanotte, L. & Cuyckens, H. (ed.), *Subjectification, Intersubjectification and Grammaticalization*. Berlin, New York: De Gruyter Mouton: 241-275.

Clift, R., 2001. Meaning in interaction: The case of actually. *Language*, 77(2): 245-291.

Company, C., 2006. Zero in syntax, ten in pragmatics: Subjectification and syntactic cancellation. In Athanasiadou, A., Canakis, C. & Cornillie, B. (ed.), *Subjectification: Various Paths to Subjectivity*. Berlin, Boston: De Gruyter Mouton: 375-398.

Cornillie, B., 2005. On modal grounding, reference points, and subjectification. The case of the Spanish epistemic modals. *Annual Review of Cognitive Linguistics*, 3(1): 56-77.

Cornillie, B., 2006. Conceptual and constructional considerations on the subjectivity of English and Spanish modals. In Athanasiadou, A., Canakis, C. & Cornillie, B. (ed.), *Subjectification: Various Paths to Subjectivity*. Berlin, Boston: De Gruyter Mouton: 177-205.

Cornillie, B., 2007. *Evidentiality and Epistemic Modality in Spanish (Semi-) Auxiliaries: A Cognitive-Functional Approach*. Berlin, New York: De Gruyter Mouton.

Croft, W., 1999. Some contributions of typology to cognitive linguistics and vice versa. In Janssen, T. & Redeker, G. (ed.), *Cognitive Linguistics: Foundations, Scope and Methodology*. Berlin, New York: De Gruyter Mouton: 61-93.

Croft，W.，2000. *Explaining Language Change: An Evolutionary Approach*. 2nd ed. Oxford: Oxford University Press.

Davidse，K.，Vandelanotte，L. & Cuyckens，H. (eds.)，2010. *Subjectification, Intersubjectification and Grammaticalization*. Berlin，New York: De Gruyter Mouton.

de Smet，H. & Verstraete，J. C.，2006. Coming to terms with subjectivity. *Cognitive Linguistics*，17(3): 365-392.

Degand，L. & Fagard，B.，2011. *Alors* between discourse and grammar: The role of syntactic position. *Functions of Language*，18(1): 29-56.

De Haan，F.，1999. Evidentiality and epistemic modality: Setting boundaries. *Southwest Journal of Linguistics*，18(1): 83-101.

Dewell，R.，2007. Moving around: The role of the conceptualizer in semantic interpretation. *Cognitive Linguistics*，18(3): 383-415.

Dixon，R. M.，1982. *Where have All the Adjectives Gone?: And Other Essays in Semantics and Syntax*. Berlin，New York: De Gruyter Mouton.

Englebretson，R. (ed.)，2007. *Stancetaking in Discourse: Subjectiving, evaluation, interaction*. Amsterdam/Philadelphia: John Benjamins.

Erman，B.，2001. Pragmatic markers revisited with a focus on *you know* in adult and adolescent talk. *Journal of Pragmatics*，33(9): 1337-1359.

Fauconnier，G.，1985. *Mental spaces: Aspects of Meaning Construction in Natural Languages*. Cambridge: Cambridge University Press.

Fillmore，C. J.，Kay，P. & Connor，M. C.，1988. Regularity and idiomaticity in grammatical constructions: The case of *let alone*. *Language*，64(3): 501-538.

Finegan，E.，1995. Subjectivity and subjectification: An introduction. In Stein，D. & Wright，S. (eds.)，*Subjectivity and Subjectivisation. Linguistic Perspectives*. Cambridge: Cambridge University Press: 1-15.

Fitzmaurice，S.，2004. Subjectivity，intersubjectivity and the historical reconstruction of interlocutor stance: From stance markers to discourse markers. *Discourse Studies*，6(4): 427-448.

Foolen，J.，2011. Emotional intensifiers in Dutch. The 7th Chinese Cognitive Linguistics Conference. Shanghai，July 8—9.

Ghesquière, L., 2010. On the subjectification and intersubjectification paths followed by the adjectives of completeness. In Davidse, K., Vandelanotte, L. & Cuyckens, H. (ed.), *Subjectification, Intersubjectification and Grammaticalization*. Berlin, New York: De Gruyter Mouton: 277-314.

Givón, T., 1991. Markedness in grammar: Distributional, communicative and cognitive correlates of syntactic structure. *Studies in Language*, 15 (2): 335-370.

Givón, T., 1995. *Functionalism and Grammar*. Amsterdam/Philadelphia: John Benjamins.

Goldberg, A. E., 1995. *Constructions: A Construction Grammar Approach to Argument Structure*. Chicago: The University of Chicago Press.

Goldberg, A., 1996. Jakendoff and construction-based grammar. *Cognitive Linguistics*, 7(1): 3-19.

Goldberg, A. E., 2006. *Constructions at Work: The Nature of Generalization in Language*. Oxford: Oxford University Press.

Grice, P., 1975. Logic and conversation. In Cole, P. & Morgan, J. (eds.). *Syntax and Semantics, Vol. 3: Speech Acts*. New York: Academic Press: 41-58.

Gries, S. T. & Stefanowitsch, A., 2004. Extending collostructional analysis: A corpus-based perspective on "alternations". *International Journal of Corpus Linguistics*, 9(1): 97-129.

Haiman, J., 1980. The iconicity of grammar: Isomorphism and motivation. *Language*, 56(3): 515-540.

Haiman, J., 1984. *Natural Syntax: Iconicity and Erosion*. Cambridge: Cambridge University Press.

Halliday, M. A. K., 1985. *An Introduction to Functional Grammar*. London: Edward Arnold.

Halliday, M. A. K., 1994[1985]. *An Introduction to Functional Grammar* (2nd ed.). London: Eduard Arnold.

Halliday, M. A. K. & Matthiessen, C. M., 1999. *Construing Experience Through Meaning: A Language-based Approach to Cognition*. New York: Continuum.

Halliday, M. A. K. & Matthiessen, C. M., 2004. *An Introduction to*

Functional Grammar 3rd ed. London: Hodder Arnold.

Hole, D., 2006. Extra argumentality—affectees, landmarks, and voice. *Linguistics*, 44(2): 383-424.

Hopper, P. J., 1991. On some principles of grammaticization. In Traugott, E. C. & Heine, B. (eds.), *Approaches to Grammaticalization*, *Vol. 1: Focus on Theoretical and Methodological Issues*. Amsterdam/Philadelphia: John Benjamins: 17-35.

Horn, L. R., 1984. Toward a new taxonomy for pragmatic inference: Q-based and R-based implicature. In Schiffrin, D. (ed.), *Meaning, Form, and Use in Context: Linguistic Applications*. Washington, D. C.: Georgetown University Press: 11-42.

House, J., 2013. Developing pragmatic competence in English as a lingua franca: Using discourse markers to express (inter-) subjectivity and connectivity. *Journal of Pragmatics*, 59(1): 57-67.

Huddleston, R. & Pullum, G. K., 2002. *The Cambridge Grammar of the English Language*. Cambridge: Cambridge University Press.

Ikegami, Yo., 2005. Indices of a "subjectivity-prominent" language: Between cognitive linguistics and linguistic typology. *Annual Review of Cognitive Linguistics*, 3(1): 132-164.

Jakobson, R., 1957. *Shifters, Verbal Categories, and the Russian Verb*. Cambridge, MA: Harvard University, Russian Language Project.

Jakobson, R., 1960. Linguistics and poetics. In Sebeok, T. A. (ed.), *Style in Language*. Cambridge, MA: MIT Press: 350-377.

Jakobson, R., 1966. Implications of language universals for linguistics. In Greenberg, J. H. (ed.), *Universals of Language*. 2nd ed. Cambridge, MA: MIT Press: 263-278.

Jing-Schmidt, Z., 2007. Negativity bias in language: A cognitive-affective model of emotive intensifiers. *Cognitive Linguistics*, 18(3): 417-443.

Kay, P. & Fillmore, C. J., 1999. Grammatical constructions and linguistic generalization: The *What's X Doing Y?* construction. *Language*, 75(1): 1-33.

Killie, K., 2004. Subjectivity and the English progressive. *English Language and Linguistics*, 8(1): 25-46.

Kristeva, J., 1989. *Language the Unknown: An Initiation into Linguistics*. Menke, A. M. (trans.). New York: Columbia University Press.

Kuno, S., 1987. *Functional Syntax: Anaphor, Discourse and Empathy*. Chicago: University of Chicago Press.

Kuno, S. & Kaburaki, E., 1977. Empathy and syntax. *Linguistic Inquiry*, 8(4): 627-672.

Lakoff, G., 1987. *Women, Fire and Dangerous Thing: What Categories Reveal about the Mind*. Chicago: The University of Chicago Press.

Langacker, R. W., 1985. Observations and speculations on subjectivity. In Haiman, J. (ed.). *Iconicity in Syntax*. Amsterdam: Benjamins: 109-150.

Langacker, R. W., 1987. *Foundations of Cognitive Grammar, Vol. 1: Theoretical Prerequisites*. Stanford: Stanford University Press.

Langacker, R. W., 1990a. Subjectification. *Cognitive Linguistics*, 1(1): 5-38.

Langacker, R. W., 1990b. *Concept, Image, and Symbol The Cognitive Basis of Grammar*. Berlin, New York: De Gruyter Mouton.

Langacker, R. W., 1991. *Foundations of Cognitive Grammar, Vol. 2: Descriptive Application*. Stanford: Stanford University Press.

Langacker, R. W., 1997. Consciousness, construal, and subjectivity. In Stamenov, M. (ed.). *Language Structure, Discourse and the Access to Consciousness*. Amsterdam and Philadelphia: John Benjamins: 49-75.

Langacker, R. W., 1998. On subjectification and grammaticalization. In Koenig, J. P. (ed.), *Discourse and Cognition: Bridging the Gap*. Stanford: CSLI: 71-89.

Langacker, R. W., 1999a. *Grammar and Conceptualization*. Berlin, New York: De Gruyter Mouton.

Langacker, R. W., 1999b. Losing control: Grammaticlization, subjectification, and transparency. In Blank, A. & Koch, P. (ed.), *Historical Semantics and Cognition*. Berlin, Boston: De Gruyter Mouton: 147-175.

Langacker, R. W., 2002. Deixis and subjectivity. In Brisard, F. (ed.).

Grounding：*The Epistemic Footing of Deixis and Reference*. Berlin and New York：Mouton de Gruyter：1-28.

Langacker，R. W.，2003. Extreme subjectification：English tense and modals. In Cuyckens，H. *et al.* (eds.)，*Motivation in Language*. *Studies in Honor of Günter Radden*. Amsterdam：John Benjamins：3-26.

Langacker，R. W.，2006. Subjectification，grammaticization，and conceptual archetypes. In Athanasiadou，A.，Canakis，C. & Cornillie，B. (ed.)，*Subjectification*：*Various Paths to Subjectivity*. Berlin，Boston：De Gruyter Mouton：17-40.

Langacker，R. W.，2008. *Cognitive Grammar*：*A Basic Introduction*. New York：Oxford University Press.

Langacker，R. W.，2012. Interactive cognition：Toward a unified account of structure，processing and discourse. *International Journal of Cognitive Linguistics*，3(2)：95-125.

Lasersohn，P.，2005. Context dependence，disagreement，and predicates of personal taste. *Linguistics & Philosophy*，28(6)：643-686.

Lehmann，C.，1989. Markedness and grammaticalization. In Tomic，O. (ed.). *Markedness in Synchrony and Diachrony*. Berlin & New York：Mouton De Gruyter.

Lehmann，C.，1995 [1982]. *Thoughts on Grammaticalization*. Munich：Lincom Europa.

Lemmens，M.，1998. *Lexical Perspectives on Transitivity and Ergativity*：*Causative Constructions in English*. Amsterdam：John Benjamins.

Lenk，U.，1998. *Marking Discourse Coherence*. *Functions of Discourse Markers in Spoken English*. Tübingen：Gunter Naar Verlag.

Levinson，S. C.，1983. *Pragmatics*. Cambridge：Cambridge University Press.

Levinson，S. C.，2000. *Presumptive Meanings*：*The Theory of Generalized Conversational Implicature*. Cambridge，MA：MIT Press.

Loureiro-Porto，L.，2012. On the relationship between subjectification，grammaticalisation and constructions. Evidence from the history of English. *Journal of Historical Pragmatics*，13(2)：232-258.

Lyons，J.，1977. *Semantics*，2 Vols. Cambridge：Cambridge University Press.

Lyons, J., 1982. Dexix and Subjectivity: Loquor, ergo sum? In Jarvella, R. & Klein, W. (eds). *Speech, Place and Action. Stdeies in Deixis and Related Topics*. Chinester & New York: John Wiley: 101-124.

Lyons, J., 1994. Subjecthood and subjectivity. In Yaguello, M. & Institute, F. (eds.), *Subjecthood and Subjectivity: Proceedings of the Colloquium "The Status of the Subject in Linguistic Theory"*. London, Ophrys.

Lyons, J., 1995. *Linguistic Semantics: An Introduction*. Cambridge: Cambridge University Press.

Martin, J., 2000. Beyond exchange: Appraisal systems in English. In Hunston, S. & Thompson, G. (eds.), *Evaluation in Text: Authorial Stance and the Construction of Discourse*. Oxford: Oxford University Press: 142-175.

Martin, J. & Rose, D., 2003. *Working with Discourse: Meaning Beyond the Clause*. London: Continuum.

Martin, J. R. & White, P. R., 2005. *The Language of Eualuation: Appraisal in English*. New York: Palgrave Macmillan.

Matisoff, J. A., 1973. *The Grammar of Lahu*. Berkeley: University of California Press.

Méndez-Naya, B., 2003. On intensifiers and grammaticalization: The case of *swiþe. English Studies*, 84(4): 372-391.

Morzycki, M., 2005. Mediated modification: Functional structure and the interpretation of modifier position. Amherst, MA: University of Massachusetts (Doctoral Dissertation).

Narrog, H., 2005. Modality, mood, and change of modal meanings: A new perspective. *Cognitive Linguistics*, 16(4): 677-731.

Narrog, H., 2012. *Modality, Subjectivity and Semantic Change*. Oxford: Oxford University Press.

Nevalainen, T. & Rissanen, M., 2002. Fairly pretty or pretty fair? On the development and grammaticalization of English downtoners. *Language Sciences*, 24(3-4): 359-380.

Nuyts, J., 1998. Layered models of qualifications of states of affairs: Cognition vs. Typology. In van der Auwera, J. et al. (eds.), *English as a Human Language*. München: Lincom Europa: 274-284.

Nuyts, J., 2001a. Subjectivity as an evidential dimension in epistemic modal expressions. *Journal of Pragmatics*, 33(3): 383-400.

Nuyts, J., 2001b. *Epistemic Modality, Language and Conceptualization: A Cognitive-pragmatic Perspective*. Amsterdam: John Benjamins.

Nuyts, J., 2011. Pattern versus process concepts of grammar and mind: A cognitive-functional perspective. In Brdar, M., Gries, S. T. & Fuchs, M. Ž. (eds.), *Convergence and Expansion in Cognitive Linguistics*. Amsterdam/Philadelphia: John Benjamins: 47-66.

Nuyts, J., 2012. Notions of (inter-)subjectivity. *English Text Construction*, 5 (1): 53-76.

Nuyts, J., 2015. Subjectivity: Between discourse and conceptualization. *Journal of Pragmatics*, 86(1): 106-110.

Ochs, E. & B. Schieffelin., 1989. Language has a heart. *Text-Interdisciplinary Journal for the Study of Discourse*, 9(1): 7-25.

Okell, J., 1969. *A Reference Grammar of Colloquial Burmese*. London: Oxford University Press.

Ostman J., 1986. *Pragmatics as Implicitness: An Analysis of Question Particles in Solf Swedish, with Implications for the Study of Passive Clauses and the Language of Persuasion (Coherence, Politeness, Finland)*. Berkeley: University of California Press.

Pander Maat, H., 2006. Subjectification in gradable adjectives. In Athanasiadou, A., Canakis, C. & Cornillie, B. (ed.), *Subjectification: Various Paths to Subjectivity*. Berlin, Boston :De Gruyter Mouton: 279-320.

Perkins, M. R., 1983. *Modal Expressions in English*. Norwood, No: Ablex Publishing Corporation.

Perlmutter, D. M., 1978. Impersonal passives and the unaccusative hypothesis. Papers from the Annual Meeting of the Berkeley Linguistic Society, 4, UC Berkeley: 157-189.

Potts, C., 2007. The expressive dimension. *Theoretical Linguistics*, 33 (2): 165-198.

Pustejovsky, J., 1991. The generative lexicon. *Computational Linguistics*, 17 (4): 409-441.

Pustejovsky, J., 1995. *The Generative Lexicon*. Cambridge, MA: The MIT Press.

Quirk *et al.*, 1985. *A Grammar of Contemporary English*. London: Longman.

Rehbein, J., 2007. Matrix constructions. In Rehbein, J., Hobenstein, C. & Pietsch, L. (eds.), *Connectivity in Grammar and Discourse*. Amsterdam: John Benjamins: 419-448.

Sæbø, K. J., 2009. Judgment ascriptions. *Linguistics and Philosophy*, 32 (4): 327-352.

Sanders, J. & Redeker, G., 1996. Perspective and representation of speech and thought in narrative discourse. In Fauconnier, G. & Sweetser, E. (eds.), *Spaces, Worlds and Grammar*. Chicago: University of Chicago Press.

Sanders, J. & Spooren, W., 1997. Perspective, subjectivity, and modality from a Cognitive Linguistic point of view. In Liebert, W. A. et al. (eds.), *Discourse and Perspectives in Cognitive Linguistics*. Amsterdam/Philadelphia: John Benjamins: 85-112.

Saussure, L. & Schulz, P., 2009. Subjectivity out of irony. *Semiotica*, 2009(173): 397-416.

Scheibman, J., 2002. *Point of View and Grammar. Structural Patterns of Subjectivity in American English Conversation*. Amsterdam/Philadelphia: John Benjamins.

Schiffrin, D., 1987. *Discourse Markers*. Cambridge: Cambridge University Press.

Schiffrin, D., 1990. The principle of intersubjectivity in communication and conversation. *Semiotica*, 80 (1/2): 121-151.

Smith, T., 2005. *Affectedness Constructions: How Languages Indicate Positive and Negative Events*. Berkeley: University of California (Doctoral Dissertation).

Stefanowitsch, A. & Gries, S. T., 2003. Collostructions: On the interaction of words and constructions. *International Journal of Corpus Linguistics*, 8(2): 209-243.

Stefanowitsch, A. & Stefan, T. G., 2003. Collostructions: Investigating the interaction between words and constructions. *International Journal of Corpus Linguistics*, 8(2): 209-243.

Stein, D., 1995. Subjective meanings and the history of inversions in English. In Stein, D. & Wright, S. (eds.), *Subjectivity and Subjectivisation: Linguistic Perspectives*. Cambridge: Cambridge University Press: 129-150.

Stein, D. & Wright, S., 1995. *Subjectivity and Subjectivisation: Linguistic Perspectives*. Cambridge: Cambridge University Press.

Svanlund, J., 2007. Metaphor and convention. *Cognitive Linguistics*, 18 (1): 47-89.

Svenja, K., 2010. Grammaticalization, subjectification and objectification. In Stathi, K., Gehweiler, E. & König, E. (eds.). *Grammaticalization: Current Views and Issues*. Amsterdam/Philadelphia: John Benjamins: 101-122.

Sweetser, E., 1990. *From Etymology to Pragmatics: Metaphysical and Cultural Aspects of Semantic Structure*. Cambridge: Cambridge University Press.

Talmy, L., 1988. Force dynamics in language and cognition. *Cognitive Science*, 12(1): 49-100.

Talmy, L., 2000. *Toward a Cognitive Semantics*. 2 vols. Cambridge, MA: The MIT Press.

Traugott, E. C., 1982. From propositional to textual and expressive meanings: Some semantic-pragmatic aspects of grammaticalization. In Lehhmann, W. & Malkiel, Y. (eds.), *Perspectives in Historical Linguistics*. Amsterdam/Philadelphia: John Benjamins: 245-271.

Traugott, E. C., 1988. Pragmatic strengthening and grammaticalization. In *Proceedings of the Fourteenth Annual Meeting of the Berkeley Linguistics Society*. Berkeley: Berkeley Linguistics Society: 406-416.

Traugott, E. C., 1989. On the rise of epistemic meanings in English: An example of subjectification in semantic change. *Language*, 65(1): 31-55.

Traugott, E. C., 1995a. Subjectification in grammaticalisation. In Stein, D. & Wright, S. (eds.), *Subjectivity and Subjectivisation: Linguistic Perspectives*. Cambridge: Cambridge University Press: 31-54.

Traugott, E. C., 1995b. The role of the development of discourse markers in a theory of grammaticalization. Paper Presented at the 12th International Conference on Historical Linguistics. Manchester, Aug. 22-24.

Traugott, E. C., 1999a. From subjectification to intersubjectification. Paper Presented at the 14th International Conference on Historical Linguistics. Canada, Vancouver, Aug. 9-13.

Traugott, E. C., 1999b. The rhetoric of counter-expectation in semantic change: A study in subjectification. In Blank, A. & Koch, P. (eds.), *Historical Semantics and Cognition*. Berlin, Boston: De Gruyter Mouton: 177-196.

Traugott, E. C., 2003. From subjectification to intersubjectification. In Hickey, R. (ed.), *Motives for Language Change*. Cambridge: Cambridge University Press: 29-64.

Traugott, E. C., 2007. (Inter) subjectification and unidirectionality. *Journal of Historical Pragmatics (Special Issue on Subjectivity, Intersubjectivity and Historical Changes in Japanese)*. Netherland: Benjamins: 295-309.

Traugott, E. C., 2010. (Inter)subjectivity and (inter)subjectification: A reassessment. In Davidse, K., Vandelanotte, L. & Cuyckens, H. (ed.), *Subjectification, Intersubjectification and Grammaticalization*. Berlin, New York: De Gruyter Mouton: 29-74.

Traugott, E. C., 2011. Grammaticalization and (inter)subjectification. In Takada, H., Shiina, M. & Onodera, N. (eds.), *Introduction to Historical Pragmatics*. Tokyo: Taishukan: 59-89.

Traugott, E. C., 2012. Intersubjectification and clause periphery. *English Text Construction*, 5(1): 7-28.

Traugott, E. C., 2016. Identifying micro-changes in a particular linguistic change-type: The case of subjectification. In Pahta, P. & Kytö, M. (eds.), *The Cambridge Handbook of English Historical Linguistics*. Cambridge: Cambridge University Press.

Traugott, E. C. & König, E., 1991. The semantics-pragmatics of grammaticalization revisited. In Traugott, E. C. & Heine, B. (eds.),

Approaches to Grammaticalization. Volume I：Focus on Theoretical and Methodological Issues. Amsterdam/Philadelphia：John Benjamins：189-218.

Traugott, E. C. & Dasher, R. D., 2002. *Regularity in Semantic Change*. Oxford：Oxford University Press.

Traugott, E. C. & Trousdale, G., 2013. *Constructionalization and Constructional Change*. Oxford：Oxford University Press.

Van Bogaert, J., 2011. *I think* and other complement-taking mental predicates：A case of and for constructional grammaticalization. *Linguistics*, 49(2)：295-332.

Vandewinkel, S. & Davidse, K., 2008. The interlocking paths of development to emphasizer adjective *pure*. *Journal of Historical Pragmatics*, 9(2)：255-287.

Vardi, R., 2015. "*I'm dying on you*"：Constructions of intensification in Hebrew expression of love/desire/adoration. *Review of Cognitive Linguistics*, 13(1)：28-58.

Verhagen, A., 1995. Subjectification, syntax, and communication. In Stein, D. & Wright, S. (eds.), *Subjectivity and Subjectivisation：Linguistic Perspectives*. Cambridge：Cambridge University Press：103-128.

Verhagen, A., 2005. *Constructions of Intersubjectivity. Discourse, Syntax, and Cognition*. Oxford：Oxford University Press.

Visconti, J., 2013. Facets of subjectification. *Language Sciences*, 36(1)：7-17.

Vološinov, V. N., 1973. *Marxism and the Philosophy of Language*. Cambridge, MA：Harvard University Press.

Wang, Y. F., 2008. Beyond negation—the roles of *meiyou* and *bushi* in Mandarin conversation. *Language Sciences*, 30(6)：679-713.

Whorf, L., 1956. *Language, Thought, and Reality：Selective Writings of Benjamin Lee Whorf*. Carroll, J. B. (ed.). Cambridge, MA：The MIT Press.

曹秀玲,张磊,2009.“否则”类连词的语法化梯度及其表现.汉语学习(6)：11-21.

陈鸿瑶,2012. 副词"也"主观性的认知解释. 东北师大学报(哲学社会科学版)(2):95-98.

陈嘉映,2003. 语言哲学. 北京:北京大学出版社.

陈立民. 2005. 也说"就"和"才". 当代语言学(1):16-34.

陈前瑞,2003. 汉语内部视点体的聚焦度与主观性. 世界汉语教学(4):22-31,1.

陈前瑞,2005. "来着"的发展与主观化. 中国语文(4):308-319,383.

陈小荷,1994. 主观量问题初探——兼谈副词"就""才""都". 世界汉语教学(4):18-24.

陈晓阳. 2006. 与"个"相关的两种主观性句式研究. 北京:北京语言大学硕士学位论文.

成军,2021. 有界/无界:形容词描写与评价功能的认知识解. 西南大学学报(社会科学版)(2):192-203,230.

崔蕊,2008. "其实"的主观性和主观化. 语言科学(5):502-512.

邓思颖,2004. 作格化和汉语被动句. 中国语文(4):291-301,383.

董秀芳,李虹瑾,2018. 客观性状形容词与主观性状形容词. 对外汉语研究(2):96-109.

范晓,2006. 被字句谓语动词的语义特征. 长江学术(2):79-89.

方梅,2005. 认证义谓宾动词的虚化——从谓宾动词到语用标记. 中国语文(6):495-507,575.

高莉,2013. "不过"的主观性与交互主观性建构. 吉首大学学报(社会科学版)(1):124-128.

高增霞,2003. 汉语担心—认识情态词"怕""看""别"的语法化. 中国社会科学院研究生院学报(1):97-102,112.

高增霞,2006. 现代汉语连动式的语法化视角. 北京:中国档案出版社.

龚千炎,1980. 现代汉语里的受事主语句. 中国语文(5):335-344.

郭才正,2011. 从用频差异看转折连词的主观性——以"只是""可是""但是"为例. 国际汉语学报(2):147-154.

郭光,2022. 从"否定—存在循环"视角看"不"和"没"的中和. 中国语文(3):324-338,383-384.

郭光,陈振宇,2021. 也说"不"与"没"的区别——汉语"否定—存在循环"考察. 语言研究集刊(2):51-75,389.

哈贝马斯,1993. 交往行动理论(第二卷)——论功能主义理性批判. 洪佩郁,蔺青,译. 重庆:重庆出版社.

韩景泉,2000. 领有名词提升移位与格理论. 现代外语(3):262-272,261.

何文彬,2013. 话语标记"X了"与主观性. 西南交通大学学报(社会科学版)(1):37-41.

洪堡特,1997. 论人类语言结构的差异及其对人类精神发展的影响. 姚小平,译. 北京:商务印书馆.

洪波,卢玉亮,2016. 领主属宾式的句法来源和句式意义的嬗变. 中国语文(6):643-656,766.

侯瑞芬,2016. 再析"不""没"的对立与中和. 中国语文(3):303-314,383.

胡梦娇,2021. 主观评价构式"你这(个)NP"研究. 武汉:华中师范大学.

胡显耀,曾佳,2010. 翻译小说"被"字句的频率、结构及语义韵研究. 外国语(上海外国语大学学报)(3):73-79.

黄蓓. 2009. 形容词衍生之强化词的主观性与主观化. 重庆:西南大学.

黄蓓,2010. 顺序扫描与总体扫描:虚设的二元对立. 天津外国语学院学报(5):20-28.

黄蓓,2012. 前置形容词主观性的认知语法分析. 哈尔滨学院学报(4):97-102.

黄蓓,2013. 重释主观性——语言主观性泛化的出路. 天津外国语大学学报(3):1-9.

黄蓓,2014. 对(交互)主观化单向性假说的几点质疑. 天津外国语大学学报(4):1-8.

黄蓓,2016a. Langacker 主观性理论的贡献与不足. 现代外语(2):207-214,292.

黄蓓,2016b. 作为主观性标记的"给"?——兼论句法标记说的不足. 语言科学(4):377-390.

黄蓓,2019. 主观性—客观性作为语义分化的理据——兼谈其对语言教学的启示. 汉语学习(5):97-105.

黄蓓,文旭,2012. 意义的心智之维——作为表征主观性的意义. 外语学刊(2):1-5.

黄蓓,张建理,2015. 论主观性的语境使成条件及集群效应. 语言教学与研究(3):95-103.

黄正德,2007. 汉语动词的题元结构与其句法表现. 语言科学(4):3-21.

蒋静忠,魏红华 2017. "都"表主观量的规则及相关解释. 汉语学习(3):

13-21.

金立鑫,1998. 试论"了"的时体特征. 语言教学与研究(1):105-120.

金立鑫,2014. 否定的客观性与主观性. 2014 年"语言的描写与解释"国际学术研讨会. 上海,9 月 20-21 日. 论文集:67-68.

寇鑫,袁毓林,2018. "给 VP"结构的主观性分析. 语言科学(1):35-48.

雷冬平,2017. "V 个 XP"构式家族及其主观量一致性研究. 上海师范大学学报(哲学社会科学版)(3):87-97.

雷冬平,胡丽珍,2006. "他个"的形成、性质及其功能研究. 语言科学(4):29-35.

黎锦熙,1992[1924]. 新著国语文法. 北京:商务印书馆.

李国宏,2013. 基于主观性理论的汉语镜像成分句法和语义功能研究. 上海:上海外国语大学.

李国宏,刘萍,2014. 状语性状的主观性及语义表现. 现代外语(2):157-167,291.

李晋霞,2005. "好"的语法化与主观性. 世界汉语教学(1):44-49,96,115.

李晋霞,刘云,2004. "由于"与"既然"的主观性差异. 中国语文(2):123-128,191.

李俊玲,2007. 程度副词的主观性研究. 武汉:华中科技大学.

李丽君,2014. "你 A 你的(X),我 B 我的(Y)"对举格式研究. 湘潭:湘潭大学.

李临定,1986. 现代汉语句型. 北京:商务印书馆.

李美妍,2007. "V+个+N"结构研究. 长春:吉林大学.

李青,2011a. 现代汉语把字句主观性研究. 长春:吉林大学.

李青,2011b. 现代汉语"被"字句的主观性研究. 大连大学学报(2):71-73.

李珊,1994. 现代汉语被字句研究. 北京:北京大学出版社.

李文浩,2018. 浮现、消蚀与强化:"NP 一个"构式义解析——兼谈"NP 一个"与"一个 NP"的区别. 励耘语言学刊(1):185-203.

李宇明,1999. "一 V……数量"结构及其主观大量问题. 汉语学习(4):2-6.

李珍明,2002. 现代汉语表示归类的"是 NP"和"是一个 NP"的对比研究. 北京:中国社会科学院研究生院.

李宗江,2006. "回头"的词汇化与主观性. 语言科学(4):24-28.

李佐文,张天伟,2004. 再谈语言学中的两种研究思路. 河北大学成人教育学院学报(3):53-55.

梁珊珊,陈楠,2018. 基于"三域"理论的结果连词主观性研究. 云南师范大学学报(对外汉语教学与研究版)(6):55-64.

蔺璜,1988. 动宾谓语"被"字句. 山西大学学报(哲学社会科学版)(4):31-36.

刘彬,袁毓林,2016. "$S_1 S_2$ 是 V"句式的主观性及其形成机制. 语文研究(3):39-43.

刘大为,2010a. 从语法构式到修辞构式(上). 当代修辞学(3):7-17.

刘大为,2010b. 从语法构式到修辞构式(下). 当代修辞学(4):14-23.

刘斐,赵国军,2009. "被时代"的"被组合". 修辞学习(5):74-81.

刘继超,1997. "被""把"同现句的类型及其句式转换. 江西师范大学学报(哲学社会科学版)(1):63-68.

刘瑾,2009. 语言主观性的哲学考察. 外语学刊(3):9-12.

刘兰民,2003. 现代汉语极性程度补语初探. 北京师范大学学报(社会科学版)(6):115-120.

刘乃仲,2001. 关于《"打碎了他四个杯子"与约束原则》一文的几点疑问. 中国语文(6):555-557.

刘世铸,2006. 态度的结构潜势. 济南:山东大学.

刘晓林,王文斌,2017. 英语句法结构"主观性语法成分+实义性成分"的历史来源考察. 外国语上海外国语大学学报(3):2-11.

刘正光,2006. 语言非范畴化:语言范畴化理论的重要组成部分. 上海:上海外语教育出版社.

刘正光,2011. 主观化对句法限制的消解. 外语教学与研究(3):335-349,479.

刘子瑜,1995. 唐五代时期的处置式. 语言研究(2):133-140.

陆方喆,李晓琪,2013. "何况"的主观性表达功能——兼析与"况且"的区别. 汉语学习(6):47-54.

陆俭明,2002. 再谈"吃了他三个苹果"一类结构的性质. 中国语文(4):317-325,382.

罗耀华,刘云,2008. 揣测类语气副词主观性与主观化. 语言研究(3):44-49.

罗主宾,2012. "V +Num+是+Num"构式的主观性分析. 理论月刊(1):83-86.

吕叔湘,1965. 被字句、把字句动词带宾语. 中国语文(4):287-292.

吕叔湘,1980. 现代汉语八百词. 北京:商务印书馆.

吕叔湘,1982. 中国文法要略. 北京:商务印书馆.

吕叔湘,1999. 现代汉语八百词(增订本). 北京:商务印书馆.

吕叔湘,朱德熙,1952. 语法修辞讲话. 上海:开明书店.

吕文华,1987. "被"字宾语的有无. 第二届国际汉语教学讨论会论文选. 北京:北京语言学院出版社:351-357.

马纯武,1981. 也谈"被"字句的语义问题. 汉语学习(6):4-8.

马庆株,1995. 多重定名结构中形容词的类别和次序. 中国语文(5):357-366.

马庆株,2003. 主客观态度与汉语的被动表述//邢福义,编. 汉语被动表述问题研究新拓展——汉语被动表述问题国际学术研讨会论文集. 武汉:华中师范大学出版社.

牛保义,2009. "把"的"掌控"义的概念化研究——以使用为基础的词义研究视角. 外语教学(5):5-9.

牛庆,2017. 高量级绝对程度副词的主观性与主观化研究. 济南:山东大学.

潘海华,韩景泉,2005. 显性非宾格动词结构的句法研究. 语言研究(3):1-13.

潘海华,韩景泉,2008. 汉语保留宾语结构的句法生成机制. 中国语文(6):511-522,575-576.

邱述德,孙麒,2011. 语用化与语用标记语. 中国外语(3):30-37.

邱贤,刘正光,2009. 现代汉语受事主语句研究中的几个根本问题. 外语学刊(6):38-43.

杉村博文,2002. 论现代汉语"把"字句"把"的宾语带量词"个". 世界汉语教学(1):18-27,114.

邵敬敏,1983. "把"字句与"被"字句合用小议. 汉语学习(2):33-35.

沈家煊,1995. "有界"与"无界". 中国语文(5):367-380.

沈家煊,2001. 语言的"主观性"和"主观化". 外语教学与研究(4):268-275,320.

沈家煊,2002. 如何处置"处置式"? ——论把字句的主观性. 中国语文(5):387-399,478.

沈家煊,2006. "王冕死了父亲"的生成方式——兼说汉语"糅合"造句. 中国语文(4):291-300,383.

沈家煊,2009. "计量得失"和"计较得失"——再论"王冕死了父亲"的句式意义和生成方式. 语言教学与研究(5):15-22.

沈家煊,2010. 英汉否定词的分合和名动的分合. 中国语文(5):387-399,479

沈家煊,2015. 汉语词类的主观性. 外语教学与研究(5):643-658,799.

施春宏,2010. 从句式群看"把"字句及相关句式的语法意义. 世界汉语教学(3):291-309.

石毓智,1992. 肯定和否定的对称与不对称. 台北:学生书局.

石毓智,姜炜,2010. 英语进行体向主观化功能的扩展. 外语与外语教学(1):48-51.

史金生,2003. 语气副词的范围、类别和共现顺序. 中国语文(1):17-31,95.

史锡尧,1995. "不"否定的对象和"不"的位置——兼谈"不"、副词"没"的语用区别. 汉语学习(1):7-10.

宋协毅,2000. 论日语主观性形容词的客观化. 外语与外语教学(8):18-20.

孙颖,2016. 主观性与话语标记再认识. 外语学刊(6):57-60.

谭晓庆,2016. Because 因果关系复句的主观性和交互主观性研究. 重庆:西南大学.

汤敬安,2018. 现代汉语受事前置句的认知研究. 长沙:湖南师范大学.

汤敬安,白解红,2015. 认识情态的主客观性变化及机理——主观性和主观化视角之分析. 外语教学与研究(4):522-534,640.

唐燕玲,刘立立,2022. 基于语料库的英汉愿望类违实条件句的认知对比研究. 外语教学与研究(5):680-689,799.

宛新政,2008. "(N)不 V"祈使句的柔劝功能. 世界汉语教学(3):16-27,2.

王灿龙,2008. "非 VP 不可"句式中"不可"的隐现——兼谈"非"的虚化. 中国语文(2):109-119,191.

王灿龙,2009. 一个濒于消亡的主观性标记词——"想是". 当代语言学(1):35-16,94.

王春辉,2015. 条件句中的"那/那么". 汉语学习(2):41-48.

王春杰,2012. 新被字构式的认知动因研究. 开封:河南大学.

王还,1957. "把"字句和"被"字句. 北京:新知识出版社.

王还,1984[1957]. 汉语知识讲话:"把"字句和"被"字句. 上海:上海教育出版社.

王海峰,2008. 现代汉语离合词离析形式功能研究. 北京:北京语言大学.

王力,1943. 中国现代语法. 北京:商务印书馆.

王力,1957. 汉语史稿(上册). 北京:科学出版社.

王力,1958. 汉语史稿(中册). 北京:中华书局.

王力,1985[1943]. 中国现代语法. 北京:商务印书馆.

王文格,2012. 试论现代汉语体标记的显著度和主观性. 语文建设(14):64-36.

王晓辉,2018. 习语构式的动态浮现——由程度评价构式"X 没说的"说开去.

语言教学与研究(4):34-45.

王晓凌,2008. 说带虚指"他"的双及物式. 语言教学与研究(3):12-19.

王彦杰,2001. "把……给 V"句式中助词"给"的使用条件和表达功能. 语言教学与研究(2):64-70.

王叶萍,2008. 副词"确实"和"实在"的多角度辨析. 广州:暨南大学.

王一平. 1994. 从遭受类动词所带宾语的情况看遭受类动词的特点. 语文研究(4):28-34.

王义娜,2006. 从可及性到主观性:语篇指称模式比较. 外语与外语教学(7):1-4.

王义娜,2008. 人称代词移指:主体与客体意识表达. 外语研究(2):30-34.

王寅,王天翼,2009. "吃他三个苹果"构式新解:传承整合法. 中国外语(4):22-30.

温宾利,陈宗利,2001. 领有名词移位:基于 MP 的分析. 现代外语(4):413-416,412.

温锁林,2012. 话语主观性的数量表达法. 语言研究(2):72-80.

文旭,黄蓓,2008. 极性程度副词"极"的主观化. 外语研究(5):9-13.

文旭,伍倩,2007. 话语主观性在时体范畴中的体现. 外语学刊(2):59-63.

吴葆棠,1987. 一种有表失义倾向的"把字句":句型和动词. 北京:语文出版社.

吴福祥,2009. 语法化的新视野——接触引发的语法化. 当代语言学(3):193-206,285.

吴嘉琪,2018. 汉语状语主观性语义的英译技巧研究. 广州:华南理工大学.

吴一安,2003. 空间指示语与语言的主观性. 外语教学与研究(6):403-409,481.

武果,2009. 副词"还"的主观性用法. 世界汉语教学(3):322-333.

武钦青,2012. 述程结构"V/A＋得＋程度补语"研究. 上海:上海师范大学.

席留生,2008. "把"字句的认知研究. 开封:河南大学.

席留生. 2013. "把"字句主观性的实现机制. 温州大学学报(社会科学版)(3):73-80.

肖建华,吴小隆,2000. 证据判断的主观性及其客观化. 江西财经大学学报(5):46-51,80.

肖治野,沈家煊,2009. "了₂"的行、知、言三域. 中国语文(6):518-527,576.

谢翠玲,2003. 程度量主观性及副词"太"的相关分析. 上海:上海师范大学.

谢应光,2003. 语境中的主观因素. 四川外语学院学报(6):68-72.

邢福义,2004. 承赐型"被"字句. 语言研究(1):1-11.

熊学亮,2007. 英汉语双宾构式探析. 外语教学与研究(4):261-267,321.

熊学亮,杨子,2008. "V＋NP＋NP"结构的语用分析. 外语与外语教学(6):1-3.

徐福翠,2011. 汉语被动式与处置式共现合用句研究. 芜湖:安徽师范大学.

徐杰,1999. 两种保留宾语句式及相关句法理论问题. 当代语言学(1):16-29,61.

徐杰,2001. "及物性"特征与相关的四类动词. 语言研究(3):1-11.

徐盛桓,2012. 心智如何形成句子表达式?. 天津外国语大学学报(2):1-8.

徐以中,杨亦鸣,2005. 副词"都"的主观性、客观性及语用歧义. 语言研究(3):24-29.

徐义志,2003. 语言的主观性:对情态、及物性和"亲和"的认知研究. 长沙:湖南大学.

许红花,2015. 现代汉语受事主语句研究. 长春:吉林大学.

许歆媛,2020. 汉语保留宾语结构的生成模式再探. 同济大学学报(社会科学版)(4):104-116.

颜红菊,2006. 话语标记的主观性与主观化——从"真的"的主观性和语法化谈起. 湖南科技大学学报(社会科学版)(6):80-85.

闫娇莲,2008. 现代汉语中"被""把"同现套用句分析. 大连:辽宁师范大学.

杨帆,2008. "(S)语气副词＋是＋VP"句考察. 北京:北京大学.

杨黎黎,2017. 汉语情态助动词的主观性和主观化. 广州:世界图书出版广东有限公司.

杨梦源,2017. "说什么＋也/都＋X"结构及教学策略研究. 长春:吉林大学.

杨万兵,许嘉璐,2006. 现代汉语语气副词的主观性和主观化研究. 语言文字应用(3):141.

杨永龙,2003. 句尾语气词"吗"的语法化过程. 语言科学(1):29-38.

杨佑文,管琼,2015. 语言的主观性与人称指示语. 外语学刊(3):46-52.

杨子,熊学亮,2009. "动词＋他/它＋数量短语"结构的构式分析. 汉语学习(6):26-32.

姚小平,1995. 洪堡特——人文研究和语言研究. 北京:外语教学与研究出版社.

叶建军,2014. "被NP施 将/把NP受 VP"的生成机制与动因. 古汉语研究(3):

46-56,96.

叶狂,潘海华,2014. 把字句中"给"的句法性质研究. 外语教学与研究(5):
656-665,799.

袁雪梅,2005. 现代汉语虚指的"他"的来源. 四川师范大学学报(社会科学版)(6):45-49.

曾常红,2003. "被字构件"与"把字构件"套用分. 汉语被动表述问题研究新拓展——汉语被动表述问题国际学术研讨会论文集. 武汉:华中师范大学出版社.

张宝胜,2003. 副词"还"的主观性. 语言科学(5):71-76.

张伯江,2001. 被字句和把字句的对称与不对称. 中国语文(6):519-524,575-576.

张伯江,李珍明,2002. "是 NP"和"是(一)个 NP". 世界汉语教学(3):59-69,3.

张博宇,2015. 话语标记语的主观性与交互主观性探析. 外语学刊(3):79-83.

张楚楚. 2007. 论英语情态动词道义情态的主现性. 外国语(5):23-30.

张黎,2003. "有意"和"无意"——汉语"镜像"表达中的意合范畴. 世界汉语教学(1):30-39,2.

张黎,2007. 汉语"把"字句的认知类型学解释. 世界汉语教学(3):52-63,2-3.

张旺熹,2001. "把"字句的位移图式. 语言教学与研究(3):1-10.

张现荣,2017. 英语社论语篇主观性的实现与劝说功能. 济南:山东大学.

张谊生,2000. 现代汉语虚词. 上海:华东师范大学出版社.

张谊生,2005. 副词"都"的语法化与主观化——兼论"都"的表达功用和内部分类. 徐州师范大学学报(1):56-62.

张谊生,2006. 试论主观量标记"没""不""好". 中国语文(2):127-134,191-192

赵国军,2004. 从句法偏移看主观性对句法的介入. 上海:华东师范大学.

赵琪,2012. 从极性程度的表达看修辞构式形成的两条途径. 当代修辞学(1):26-35.

赵燕华,2011. "把"字句研究新视角——"致使—位移"构式. 哈尔滨师范大学社会科学学报(4):53-58.

赵元任,1979. 汉语口语语法. 吕叔湘,译. 北京:商务印书馆.

周莉莉,2017. 现代汉语副词框架表主观量研究. 保定:河北大学.

周明强,2002. 汉语量词"个"的虚化特点. 语文学刊(1):41-44.

周启红,2014."有 X 好 VP 的"构式意义及历史形成.宁夏大学学报(人文社会科学版)(2):32-35.

周清艳,2009.现代汉语中"V 个 N/VP"结构与隐性量研究.北京:北京语言大学.

朱敏,2007.陈述语气中第二人称主语与动词谓语的选择性研究.南京师大学报(社会科学版)(4):144-148.

朱明媚,2002."并/可+否定"的主观性差异研究.北京:北京语言文化大学.

朱一凡,胡开宝,2014."被"字句的语义趋向与语义韵——基于翻译与原创新闻诗料库的对比研究.外国语(上海外国语大学学报)(1):53-64.

朱义莎,2005.现代汉语"被"字句的句式语义研究.成都:四川师范大学.

主要英文缩写词注释

A	adjective 形容词
Ad	adverb 副词
be	系动词
GA	gradable adjective 分级形容词
N	noun 名词
NGA	non-gradable adjective 非分级形容词
NP	noun phrase 名词短语
P	proposition 命题
Quan	quantifier 量词
S	subject 主语
SOV	subject ＋ object ＋ verb 主宾谓语序
SVO	subject ＋ verb ＋ object 主谓宾语序
V	verb 动词
V-en	动词的过去分词
Vi	intransitive verb 不及物动词
V-ing	动词的现在分词
VP	verb phrase 动词短语
X	不指明成分